AUTOCAD 2018

Mehmet Şamil
Demiryürek

KODLAB®
Yayın Dağıtım Yazılım ve Eğitim
Hizmetleri San. ve Tic. Ltd. Şti.

KODLAB 200

AUTOCAD 2018

MEHMET ŞAMİL DEMİRYÜREK

ISBN 978-605-9118-95-8
Yayıncılık Sertifika No: 13206

11. Baskı: Şubat 2018

Genel Yayın Yönetmeni
Barış Elitoğ

Yayına Hazırlık
Hüseyin Üstünel
Eray Küçük

Grafik Tasarım
Mustafa Said Şahin

Sosyal Medya Sorumlusu
Mahmut İpek

Satış ve Pazarlama
Can Üstünel
Yavuz Şengönül

Baskı: İnkılâp Kitabevi Yayın San. Tic. A.Ş.   Tel: (0212) 496 11 81
Çobançeşme Mah. Sanayi Cad. Altay Sk. No:8 Yenibosna/İSTANBUL
Sertifika No: 10614

Bu kitabın bütün yayın hakları Kodlab Yayın Dağıtım Yazılım ve Eğitim Hizmetleri San. ve Tic. Ltd. Şti.'ne aittir. Yayınevimizin yazılı izni olmaksızın kısmen veya tamamen alıntı yapılamaz, kopya çekilemez, çoğaltılamaz ve yayınlanamaz.

KODLAB Yayın Dağıtım Yazılım ve Eğitim Hizmetleri San. ve Tic. Ltd. Şti.
15 Temmuz Mah. 1481. Sok. No: 44/A   Bağcılar / İSTANBUL

tel: 0(212) 514 55 66   **web:** www.kodlab.com
fax: 0(212) 514 66 61   **e-posta:** bilgi@kodlab.com

MEHMET ŞAMİL DEMİRYÜREK

1981 yılında Ankara'da doğdu. İlkokulu Çankaya Yıldız İlkokulunda, Ortaokulu Ahmet Andiçen İlköğretim Okulunda, liseyi İskitler Teknik ve Endüstri Meslek Lisesi Yapı Ressamlığı Bölümü'nde okuyarak 1997 senesinde mezun olmuştur. 1997 senesinden bu zamana kadar birçok Mimarlık ofisinde Teknik Ressam kadrosunda görev aldı. Bu süre zarfında AutoCAD üzerinde profesyonel olarak çalışmalarına devam etmektedir.

Yazarımız şu anda AutoLisp programlama dili ile küçük ve orta ölçekli programlar yazarak AutoCAD kullanıcılarının daha pratik bir şekilde çizim yapmasına yardımcı olmaktadır.

Ayrıca yazarımızın KODLAB'tan AutoCAD 2011, 2012, 2013, 2015 ve 2017 kitapları çıkmıştır.

Bu kitabı yazmamda manevi desteklerini benden esirgemeyen aileme, eşime, oğlum Bahadır'a, kızım Elif Sena'ya, Fazlıoğlu Mimarlık'a ve ilk kitaptan bu yana ilgisini ve desteğini eksik etmeyen tüm okurlarıma ithaf ediyorum...

ÖNSÖZ

1982'den bu yana devam eden AutoCAD macerası, AutoCAD 2018 serisi ile devam etmektedir. Geçmiş versiyonlara nazaran sürekli kendini yenileyen bir program olarak çizim dünyasında liderliğini açık ara sürdürmektedir.

AutoCAD ile tanışmam R12 sürümüne denk gelmektedir. Aradan geçen 16 yıllık süre zarfında AutoCAD kullanımımda sayısız deneyimler elde ettim. Bu sayısız deneyimlerin hem mesleğimi geliştirmemde hem de bu kitabı yazarken faydalarını gördüm.

AutoCAD'in her sürümü çıktığında incelemek için sabırsızlanırım. Yeni sürümdeki en küçük değişikliğin bile benim için her zaman bir değeri olmuştur.

Peki bu yeni sürümde yeni olan ve geliştirilen neler var?

Bu sürümde ilk dikkat çeken, çizim dosyaları artık 2018 formatında olduğudur.

Önceki sürümde eklenen pdf dosyasının autocad ortamına eklenmesi ile ilgili **PDFIMPORT** geliştirilmiş. Dosya içine eklenen pdf'deki yazılara font tanıma özelliği eklenmiş.

SELECTIONOFFSCREEN sistem değişkeni ile seçim yaparken çizime zoom komutu uygulanabilir. Bu sayede seçim alanı ekranda görünmese bile nesneler seçim setine dahil edilebilir.

COMBINETEXT komutu ile single-text tipindeki yazılar toplu halde seçilerek MText nesnesine dönüştürülebilir.

2018 sürümü ile birlikte yüksek çözünürlüklü ekran desteği sunulmaktadır. Bu sayede 4K ve üzeri ekranlarda en iyi ekran kalitesi ile çizim yapabilirsiniz.

Bu kitabı hazırlarken mümkün olduğunca kişisel olarak kendini geliştirmek isteyen arkadaşlarımızı da düşünüp bir ders kitabı gibi işlenebilmesini de göz önünde bulundurarak yazmaya çalıştım. Böylece bu kitap, yeni sürümle tanışmak ve AutoCAD kullanım yeteneklerini geliştirmek isteyen tüm arkadaşlarımıza faydalı olacaktır.

MEHMET ŞAMİL DEMİRYÜREK

Bu Kitap Kimlere Hitap Ediyor?

AutoCAD 2018 programı, ilk piyasaya çıktığı zamandan bu zamana kadar geçen süre içerisinde birçok meslek grubunun katkılarıyla günümüzdeki halini aldı.

Programı kullanan başlıca meslek grupları;

- Mimar

- Peyzaj Mimarı

- İnşaat Mühendisi

- Makine Mühendisi

- Elektrik Mühendisi

- Mobilya Sektörü

- Haritacılar

AutoCAD vektörel bir çizim programı olduğu için birçok meslek dalına hitap etmektedir. Bu meslek grupları çizim olan her türlü işlerinde AutoCAD programını kullanılabilir.

İÇİNDEKİLER

1 AUTOCAD'E GİRİŞ — 1
Dosya İşlemleri — 3
    Boş Dosya Açma — 3
    Dosya Kaydetme — 3
    Dosya Açma — 4
Ribbon ve Toolbar — 5
    2D Drafting & Annotation — 6
    3D Basic — 6
    3D Modeling — 6
Toolbar — 6
Menü Tanıtımları — 7
Durum Düğmeleri — 7
    Coordinates — 8
    Grid — 8
    SnapMode — 9
    Infer Constraints — 10
    Dynamic Input — 10
    Ortho Mode — 11
    Polar Tracking — 11
    Isometric Drafting — 12
    Object Snap Tracking — 12
    2D Object Snap — 14
    LineWeight — 14
    Transparency — 14
    Selection Cycling — 14
    3D Object Snap — 15
    Dynamic UCS — 15
    Selection Filtering — 15
    Gizmo — 15
    Annotation Visibility — 15
    Auto Scale — 15
    Annotation Scale — 15
    Workspace Switching — 15
    Annotation Monitor — 16
    Units — 16
    Quick Properties — 16
    Graphics Performance — 17
    Clean Screen — 17

2 AUTOCAD 2018 İLK GİRİŞ AYARLARI — 19
Units — 19

Çizim Sınırlarını Belirleme (Drawing Limits) ... 20
Şablon Dosya Oluşturmak ... 20
AutoCAD 2018 Genel Ayarlar ... 22
Komut Çalıştırma Yöntemleri ... 28
Koordinat ve Açı Sistemi ... 30

3 ÇİZİM YÖNTEMLERİ ... 33
Mutlak Koordinatlara Göre Çizim ... 33
İzafi Koordinatlara Göre Çizim ... 34
İzafi Kutupsal Koordinatlara Göre Çizim ... 35
Koordinatsız Çizim ... 36
Açı Kullanarak Çizim ... 36

4 NESNE KENETLEME KOMUTLARI (OSNAP) ... 37
Object Snap On (F3) ... 38
Object Snap Traking On (F11) ... 38
Endpoint (Uç Nokta) ... 40
Midpoint (Orta Nokta) ... 40
Center (Merkez) ... 40
Geometrik Center (Geometrik Merkez) ... 41
Node (Düğüm) ... 41
Quadrant (Çeyrek Daire) ... 42
Intersection (Kesişim) ... 42
Extension (Uzantı) ... 42
Insertion (Ekleme) ... 43
Perpendicular (Dik) ... 43
Tangent (Teğet) ... 44
Nearest (En Yakın) ... 44
Apparent Intersection (İzafi Kesişim) ... 45
Parallel (Paralel) ... 45
Select All (Tümünü Seç) ... 46
M2P (Mid 2 Point) ... 46

5 ÇİZİM KOMUTLARI (DRAW) ... 47
Line (Çizgi) ... 47
Construction Line (Sonsuz Çizgi) ... 48
PolyLine (Bileşik Çizgi) ... 50
Rectangle (Dikdörtgen) ... 54
Arc (Yay) ... 56
Circle (Çember) ... 58
Revision Cloud (Revizyon Bulutu) ... 60
Spline (Eğrisel Polyline) ... 61
Ellipse (Elips) ... 62
Ellipse Arc (Yay Elips) ... 62
Insert Block (Blok Çağırma) ... 63

Make Block (Blok Yapma)	63
Point (Nokta)	64
Hatch (Tarama)	65
Gradient (Boyama)	65
Region (Bölge)	65
Table (Tablo)	65
MultiLine Text (Çok Satırlı Yazı)	70
Add Selected (Seçilenden Ekle)	70
Boundary Icon (Sınır)	70

6 NESNE DÜZENLEME KOMUTLARI (MODIFY) — 73

Erase (Silme)	73
Copy (Kopyalama)	74
Mirror (Aynalama)	75
Offset (Öteleme)	76
Array (Dizi)	79
Rectangular (Array)	79
Reset (Array)	82
Path (Array)	83
Polar (Array)	84
Move (Taşıma)	84
Rotate (Döndürme)	85
Scale (Ölçekle)	88
Stretch (Sündürme)	90
Trim (Budama)	92
Extend (Uzatma)	94
BreakAtPoint (Noktasal Koparma)	95
Break (Koparma)	96
Join (Birleştir)	96
Chamfer (Pah Kır)	97
Fillet (Köşeleri Yuvarlama)	100
Blend Curves	101
Explode (Patlatma)	102
Pedit (Polyline Edit)	103
Spline Nesnesini Polyline Nesnesine Dönüştürme	105
Overkill	106

7 SEÇİM İŞLEMLERİ — 109

Window	110
Crossing	110
Previous	110
All	110
Fence	111
Wpolygon	112

    Cpolygon   112
    Group   112
8 ZOOM VE PAN KOMUTLARI   113
    Zoom Window   113
    Zoom Dynamic   114
    Zoom Scale   114
    Zoom Center   115
    Zoom Object   115
    Zoom In   116
    Zoom Out   116
    Zoom All   116
    Zoom Extents   116
    Zoom Realtime   117
    Pan   117
    Mouse Kullanımı   117
9 SEÇİM KOMUTLARI   119
    Quick Select   119
    Filter   122
10 YAZI YAZMA VE DÜZENLEME   125
    Yazı Stili Oluşturma   125
    SinglelineText   127
    MultilineText   127
    Yazı Düzenleme   128
    Yazı Yerleşim Yeri ve Düzenleme   129
    Text Scale   130
11 TARAMA YAPMA VE DÜZENLEME   133
    Hatch   134
    Gradient   138
    Edit Hatch   139
12 ÖLÇÜLENDİRME VE ÖLÇÜLENDİRME AYARLARI (DIMENSION)   141
    Dimension Style   142
    Yeni Bir Stil Oluşturmak   143
        Lines   144
        Symbols and Arrows   145
        Text   147
        Fit   148
        Primary Units   150
        Alternate Units   151
        Tolerances   153
    Ölçü Komutları   154
        Dimension   154

Linear	155
Aligned	156
Arc Length	156
Ordinate	157
Radius	157
Jogged	157
Diameter	158
Angular	159
Quick Dimension	159
Baseline	160
Continue	161
Dimension Space	162
Dimension Break	163
Tolerance	164
Center Mark	165
Inspection	165
Jogged Linear	167
Dimension Edit	167
Dimension Text Edit	169
Dimension Update	169
Dim Style Control	169
Dimassoc	170
Multi Leader	171
Mleaderstyle	172
Add Leader	177
Remove Leader	177
Align MultiLeaders	177
Collect MultiLeaders	178

13 KATMANLAR (LAYER) — 183

Renk (Color)	185
Çizgi Tipi (Linetype)	187
Çizgi Kalınlığı (Lineweight)	188

14 LAYER TOOLS — 193

Layer Match	193
Change to Current Layer	194
Layer Isolate	194
Layer Unisolate	195
Copy Objects to New Layer	195
Layer Walk	195
Layer Freze	196
Layer Off	196
Layer Lock	196

Layer UnLock ... 196
Isolate ... 197

15 BLOK HAZIRLAMA VE YÖNETME ... 199
Block Oluşturma (Block) ... 199
Block Çağırma (Insert) ... 202
Write Block ... 203
Xref (Dış Referans) ... 205
Blok Düzenleme (Edit Block Definition) ... 210
Pdf Import ... 213
    Pdf Data to Import ... 214
    Layers ... 214
    Import Options ... 214
Pdf Shx Import ... 215
    Recognition Settings ... 215
    Recognize Shx Text ... 216
    Combine Text ... 217

16 NESNE SORGULAMA (INGUIRY) ... 219
Distance ... 219
Radius ... 220
Angle ... 221
Area ... 222
Volume ... 224
Region/Mass Properties ... 225
List ... 226
Locate Point ... 227

17 GROUP (GRUP YAPMAK) ... 229
Group ... 229
Ungroup ... 230
Group Edit ... 230
Named Group ... 230
Group Selection ... 232

18 PROPERTIES ... 233

19 DESIGN CENTER ... 235

20 TOOL PALETTES ... 237

21 NİTELİK OLUŞTURMA VE YÖNETME (ATTRIBUTE) ... 241
Eattedit ... 245
Battman ... 246

22 ANNOTATION ... 249

23 DRAWORDER ... 251
Bring to Front ... 251

Send to Back	252
Bring Above Objects	252
Send Under Objects	252
Bring Text Objects to Front	253
Bring Dimension Objects to Front	253
Bring Leader Objects to Front	253
Bring All Annotation Objects to Front	253
Send Hatch to Back	253

24 MATCHPROP (ÖZELLİK KOPYALAMA) — 255

25 İZOMETRİK ÇİZİM — 259

26 PARAMETRİK KOMUTLAR — 263

Geometric Constraints	263
Coincident	264
Perpendicular	264
Paralel	265
Tangent	266
Horizontal	266
Vertical	267
Collinear	268
Concentric	268
Smooth	269
Symmetric	269
Equal	270
Fix	271
Dimensional Constraints	272
Aligned	272
Horizontal	273
Vertical	274
Angular	275
Radius	276
Diameter	277
Auto Constrain	279

27 IMAGE VE IMAGE YÖNETİMİ — 283

Image Modify	285
Adjust	285
Quality	286
Transparency	286
Frame	287
Clip	287

28 LAYOUT VE DRAWING VIEWS — 289

Layout	289

29 PLOT (BASKI ALMA) — 297
30 TOOLBAR VE MENÜ ÖZELLEŞTİRME — 307
Toolbar — 308
Menü — 310
31 DİĞER KOMUTLAR — 311
Çok Fonksiyonlu Grip — 311
Copy — 312
Paste — 312
Copy Base Point — 312
Paste As Block — 312
Rename — 313
Find — 314
Purge — 316
Audit — 317
Recover — 317
Kısayol Değiştirme (ACAD.PGP) — 317
32 3 BOYUTLU ÇİZİM VE KOMUTLARI — 319
Bakış Açıları (View) — 319
  Top — 320
  Bottom — 320
  Left — 320
  Right — 320
  Front — 320
  Back — 320
  SW (SouthWest) — 320
  SE (SouthEast) — 320
  NE (NorthEast) — 320
  NW (NorthWest) — 320
UCS (User Coordinate System) — 321
  UCS — 322
  World — 322
  Previous — 322
  Face — 322
  Object — 323
  View — 323
  Origin — 323
  Z Axis Vector — 323
  3 Point — 323
  X — 324
  Y — 324
  Z — 325
  UCS Icon — 325

Visual Styles	326
2D Wireframe	327
3D Wireframe	327
3D Hidden	327
Realistic	328
Conceptual	328
Manage Visual Styles	328
Shaded	330
Shaded with edges	330
Shades of Gray	330
Sketchy	331
X-Ray	331
33 MODELLEME YAPMA VE DÜZENLEME	**335**
Katı Model Oluşturma	335
PolySolid	335
Box	336
Wedge	337
Cone	338
Sphere	339
Cylinder	339
Torus	340
Pyramid	340
Helix	341
Planar Surface	342
Extrude	342
Presspull	342
Sweep	345
Revolve	345
Loft	347
Union	349
Subtract	350
Intersect	350
Brep	351
Katı Model Düzenleme (Solid Editing)	352
Extrude Faces	352
Move Faces	353
Offset Faces	353
Delete Faces	354
Rotate Faces	354
Taper Faces	355
Copy Faces	356
Color Faces	356

Fillet Edges	357
Chamfer Edges	358
Copy Edges	358
Color Edges	359
Imprint	359
Clear	360
Seperate	360
Shell	361
Check	361

34 MESH MODEL OLUŞTURMAK — 363

Primitives	364
Meshes, Revolved Surface	365
Meshes, Edge Surface	366
Meshes, Ruled Surface	367
Meshes, Tabulated Surface	367
Mesh	368
Smooth Object	369
Smooth More	371
Smooth Less	371
Refine Mesh	371
Add Crease	372
Remove Crease	373
Mesh Edit	374
Extrude Face	374
Split Face	375
Merge Face	375
Close Hole	376
Convert Mesh	376
Convert to Solid	376
Convert to Surface	378
Section	378
Section Plane	379
Live Section	379
Add Jog	380
Generation Section	381
Subobject	382
Culling	382
Selection Mode	382
Gizmo	384
Move Gizmo	384
Rotate Gizmo	384
Scale Gizmo	384
No Gizmo	384

35 SURFACE MODELLEME — 385
Create — 385
- Network — 385
- Loft — 386
- Sweep — 386
- Planar — 387
- Extrude — 388
- Revolve — 388
- Blend — 389
- Patch — 390
- Offset — 390
- Surface Associativity — 391
- NURBS Creation — 391

Edit — 392
- Filet — 392
- Trim — 392
- Untrim — 393
- Sculpt — 393

Control Vertices — 394
- CV Edit Bar — 394
- Convert to NURBS — 395
- Show CV — 395
- Hide CV — 396
- Rebuild — 396
- Add — 397
- Remove — 398

Curves — 398
- Spline — 398
- 3D Polyline — 400

Project Geometry — 400
- Project to UCS — 400
- Project to View — 401

36 3D OPERATION KOMUTLARI — 403
- 3D Move — 403
- 3D Rotate — 404
- 3D Align — 405
- Align — 405
- 3D Array — 407
- 3D Mirror — 408
- Interfere — 411
- Slice — 412
- Thicken — 413

Extract Edges	414
FlatShot	415

37 3D OSNAP (3 BOYUTLU KENETLEME) — 417

Vertex	418
Midpoint on Edge	418
Center of Face	419
Knot	419
Perpendicular	420
Nearest to Face	420
Point Cloud	421
Node	421
Intersection	421
Edge	421
Corner	422
Nearest to Plane	422
Perpendicular to Plane	423
Perpendicular to Edge	423
Center	423

38 3 BOYUT GÖRSELLEŞTİRME — 425

Camera	425
Light	428
From Map	430
Mark Position	432
From File	432
Işık Kaynakları	433
Point	434
Spot	435
Distant	437
Weblight	438
Materials	440
Mevcut Dokuya Müdahale	442
Position	443
Scale	444
Repeat	444
Yeni Doku Oluşturmak	444
Mapping	446
Planar	447
Box	447
Cylindirical	448
Spherical	448
Background (Arka Fon)	449
Environment and Exposure	450

Render	450
Animasyon Hazırlama	452
Camera	453
Target	453

39 EXPRESS TOOLS — 455

Blocks	455
Text	458
Modify	457
Layout	470
Draw	472
Dimension	475
Tools	476
Web	483
Show URLs	484
Change URLs	485
Find and Replace URLs	485
Selection Tools	486
Get Selection Set	486
Fast Select	486
File Tools	487
Move Backup Files	487
Convert PLT to DWG (PLT2DWG)	487
Edit Image (ImageEdit)	488
Save All Drawing (Saveall)	488
Close All Drawing (Closeall)	488

40 AUTOCAD PÜF NOKTALARI — 489

ALIŞTIRMALAR — 492

AutoCAD'E GİRİŞ

Yükleme işleminden sonra masaüstünde bulunan **AutoCAD 2018-English** ikonuna çift tıklayarak programımızı başlatalım. Karşımıza aşağıdaki gibi bir tablo gelecektir.

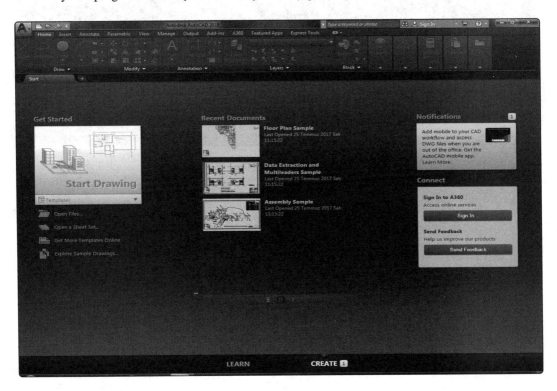

Bu tablo yardımı ile "Get Started" bölümünü kullanarak Autocad için boş bir dosya açılabilir yada mevcut çizimlerden istenilen bir dosyanın açılması sağlanır. "Recent Documents" bölümünde ise son yapılan çizimler gösterilerek çalışmalarınıza rahatlıkla ulaşabilirsiniz.

"Connect" kısmı ile Autodesk 360 üzerinde bulunan çizimlerinize ulaşabilir, "Send Feedback" bölümünü kullanarak program ile ilgil görüşlerinizi yada programda karşılaştığınız hataları bildirebilirsiniz. Alt kısımda görülen "Learn" bölümü ile program ile ilgili kısa eğitim videoları ve yenilikleri öğrenebilirsiniz.

Başlangıç arayüz tablosunu kapatmak için ve yeni bir dosya oluşturmak için "Start Drawing" butonuna basın. Karşımıza gelen programımızı genel hatlarıyla tanıyalım.

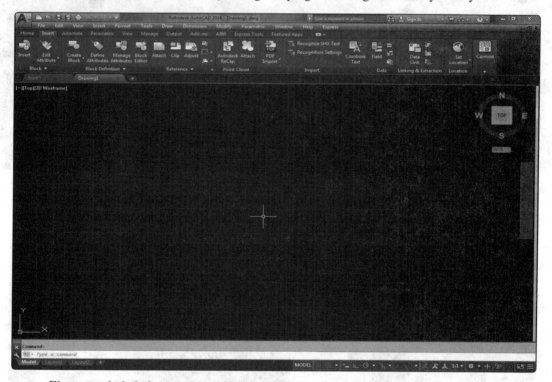

Ekran üzerinde bulunan seçenekleri ileriki derslerimizde inceleyeceğiz. Bu ekran görüntüsünde eski sürümlerde bulunan iki bölüm kapalı olarak gelmektedir. Biz derslerimizde bu bölümleri açarak eğitimimize devam edeceğiz.

İlk olarak **Pull-down** (*Çekme menü*) bölümünü aktif hale getirelim.

Komut olarak MENUBAR yazıp enter yapın. Değer olarak 1 yazıp enter yapın. Bu işlem sonucunda programın en üstünde **File**, **Edit**, **View**... isimleri adı altında menülerimiz gelecektir.

İşlem sırası:

```
Command: MENUBAR
Enter new value for MENUBAR <0>: 1 (enter)
```

Anlatacağımız komutları hem ribbon üzerinden, hem toolbar üzerinden hem de çekme menüler üzerinde göstereceğiz.

DOSYA İŞLEMLERİ

AutoCAD'i açtığımızda karşımıza boş bir dosya gelecektir. AutoCAD açık iken birden fazla dosya açabiliriz. Bu dosyalar tek bir program altında aktif olacaktır. Açık olan dosyalara **Window** çekme menüsü altından ulaşabilirsiniz. Ayrıca açık olan dosyaları çizim ekranının sol üst kısmında bulunan seçeneklere tıklayarak da açık olan diğer dosyalara geçiş yapabiliriz.

BOŞ DOSYA AÇMA

File menüsünden **New** seçeneğine tıklayarak ya da Standard toolbar üzerinde bulunan 🗋 butonuna tıklayarak açabiliriz. Bu komutu çalıştırdığımızda karşımıza bir tablo gelecek. Bu tabloda bulunan hazır şablon dosyalar vardır. 2 boyutlu dosyalar için kullanabilecek olan şablon dosya **ACADISO.DWT** dosyasıdır. Bu dosya, ondalıklı çizim ayarları yapılmış boş bir şablon dosyasıdır. Bu dosyayı seçip **Open** butonuna tıklayın. Ayrıca boş dosyayı komut satırına NEW yazıp enter yaparak da oluşturabilirsiniz.

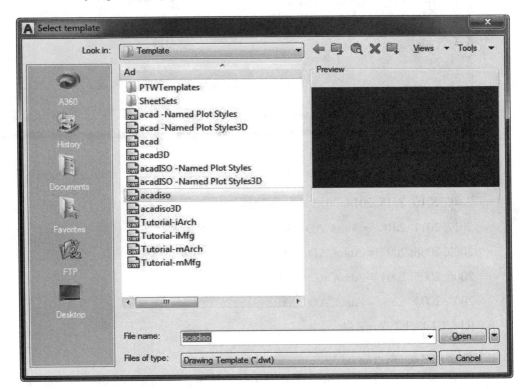

DOSYA KAYDETME

File menüsünden **Save** seçeneğinden ya da toolbarda bulunan 💾 boş dosyayı kaydetmek istediğimizde bu dosyanın adı olmadığı için ekrana bir tablo gelecektir. Bu tablo aracılığı ile dosyanın nereye kaydedileceğini ve ismini belirtebilirsiniz. Tablonun en altında bulunan **File Of Type** seçeneğinde dosyanın hangi formatta kaydedileceğini belirleyebilirsiniz. AutoCAD, her sürümünde olmasa da belirli sürümlerinde yeni yapısına göre kayıt işlemi yapar. Son sürümde çizilen bir dosya, eski sürümlerde açılmaz.

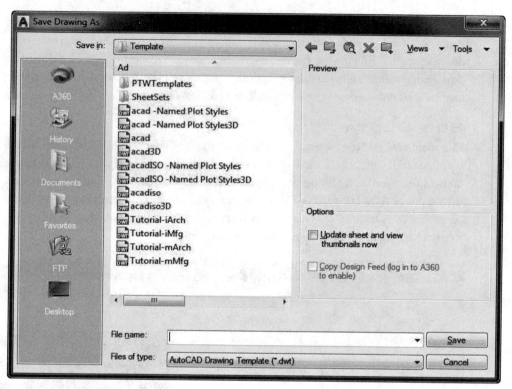

Kaydetme sürümleri şunlardır:

2018 = AutoCAD 2018

2017, 2016, 2015, 2014, 2013 = AutoCAD 2013

2012, 2011, 2010 = AutoCAD 2010

2009, 2008, 2007 = AutoCAD 2007

2006, 2005, 2004 = AutoCAD 2004

2002, 2000 = AutoCAD 2000

R14, LT98, LT97 = R14

DOSYA AÇMA

Daha önce çizilen bir dosyayı açmak için **File** menüsünden **Open**... seçeneğine ya da **Standard Toolbar** üzerinde bulunan ikonuna tıklayın. Aşağıda gördüğünüz gibi ekrana gelecek olan tablodan istediğiniz dosyayı seçip **Open** butonuna basarak dosyanın açılmasını sağlayabilirsiniz.

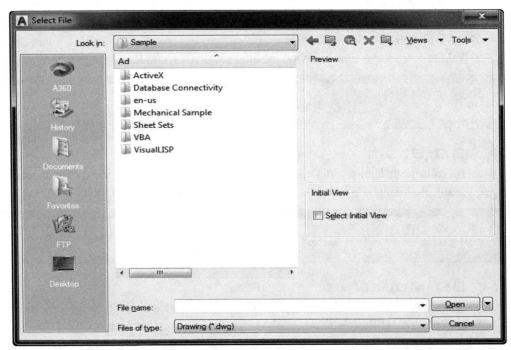

RIBBON VE TOOLBAR

AutoCAD'in 2009 sürümü ile karşımıza çıkan **ribbon**, gerek görünüm gerekse kullanım açısından biz kullanıcılara çok fayda sağlamıştır. Ekranda yer kaplaması dezavantaj olsa da, bu ribbon menü minimize ederek istediğimiz zaman çalışma ekranımızı büyütebiliriz. AutoCAD'i ilk çalıştırdığımızda ekranda sadece ribbon menü vardı. Bu görünümü istediğimiz gibi değiştirebileceğimizi unutmayalım.

Autocad 2015 sürümünden sonra "Autocad Classic" seçeneği kaldırıldı. Ancak bu bölüm kullanıcı tarafından özelleştirilip eklenebilir. Workspace bölümü ekran görüntülenmediğinden yerini bulmakta zorlanabilirsiniz. Bunun için Autocad ekranın sol üst kısmında bulunan küçük ikonların sağındaki ok işaretine tıkladığınızda resimdeki gibi bir tablo gelecektir. Bu tabloda bulunan Workspace seçeneğine tıklayarak ekranda görünür olmasını sağlayabilirsiniz.

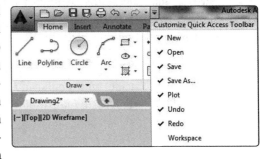

2D Drafting & Annotation

2 boyutlu çizim yapılacak düzlemdir. Bu düzlemde 3 boyut ile ilgili tüm komutlar ekrandan kaldırılır. Bu işlem sonucu ribbon menüler aşağıdaki resimde olduğu gibi görünecektir.

3D Basic

Bu çalışma düzlemi seçildiğinde 3 boyutlu komutların belli başlı olanları ribbon menüye aktarılır. Bu komutlar 3 boyutlu çizimlerde en çok kullanılan komutlardır.

3D Modeling

Bu çalışma düzleminde ise 3 boyut ile ilgili tüm komutlar ribbon menüye yerleştirilir. İkon görünümleri **3D Basic**'e nazaran daha detaylı olarak gösterilmiştir.

Toolbar

Autocad'in ilk açılışında ekrana gelmemektedir. Toolbar'ları açmak için, çekme menülerden Tools seçeneğine tıklayın. Açılan menüden Toolbars ve devamında AutoCAD seçeneğinden toolbar seçeneklerini göreceksiniz.

Örneğin, birazdan anlatacağımız DRAW seçeneğine tıklayın. Bu işlemden sonra Draw toolbar'ı ekrana gelecektir. Bu toolbar'ı kenarından sürükleyerek ekranda istediğimiz yere sürükleyerek ekranda sabitleyebiliriz. Ancak bu sürükleme işlemi gerçekleşmiyorsa, tüm toolbar'ların kilitli olmasındandır. Bu kilidi açmak için,

- Toolbar üzerinde sağ tuş yapın.
- Ekrana gelen listenin altında bulunan **Lock Location > All >Unlocked** seçeneğine tıklayın. Yada **CTRL** tuşunu basılı tutup toolbarın kenarından mouse'un sol tuşu ile yerini değiştirebilirsiniz.

Menü Tanıtımları

AutoCAD'in tanıtımını yaparken Pull-down menülerin ekrana getirilmesini öğrenmiştik. Peki, bu menüler nelerdir? Ne işe yararlar? Bunları öğrenelim.

File: Dosya kaydetme, dosya açma baskı alma gibi dosya işlemlerinin yapıldığı menüdür. Bu bölümden istediğiniz komutu çalıştırarak da işlem yapabilirsiniz.

Edit: Kopyalama, yapıştırma ya da tüm çizim ekranını temizleme gibi ek işlemlerin yapıldığı menüdür.

View: Çizim dosyası içinde iken bakış açıları, zoom görevleri ya da ekran ile ilgili komutların olduğu menüdür.

Insert: Mevcut çizim dosyamıza bilgisayarımızdan başka bir AutoCAD tarafından desteklenen dosyaları çağırmak için kullanacağımız menüdür. Bu desteklenen dosyalardan bazıları; *jpg, sat, pdf, dgn* vs. dosyalardır.

Format: AutoCAD'de çalışma araçlarımız için ve gerekli tüm ayarlamaların yapıldığı bölümdür.

Tools: AutoCAD'in sistem araçlarını ve AutoCAD için hazırlamış özelleştirme programlarını gösterir.

Draw: Çizim yapmamıza olanak tanıyan tüm çizim elamanlarının olduğu menüdür. Çizim komutlarını buradan da çalıştırabiliriz.

Dimension: Yaptığımız çizimi ölçülendirme yapabilmek için kullanacağımız ölçülendirme araçlarını ve bunları yönetme elemanlarını gösteren menüdür.

Modify: Çizim için yaptığımız tüm elemanları düzenleme komutlarını içerir. Örneğin; copy, rotate, erase vs.

Parametric: AutoCAD'in 2009 sürümü ile gelen parametrik kısıtlamalar ile çizimlerimiz bizim istediğimiz şekilde bağımsız çalışmasını engelleyen özelliklerdir. Örneğin; iki çizginin paralel olması istenilerek, bu çizgilerden herhangi birisine müdahale edildiğinde diğerinin de aynı anda paralelliğini korumasını sağlamak gibi komutlardır.

Window: Birden fazla açık dosya var ise, bu dosyalar arası geçişi ve istenirse bu açık dosyaların AutoCAD içinde nasıl dizileceğini gösteren menüdür.

Help: AutoCAD ve komutları ile alakalı yardım alabileceğimiz menüdür.

Durum Düğmeleri

Ekranın altında yer alan bu durum düğmeleri çizim içerisinde iken bize yardımcı olan komutların aktif/pasif olmasını yada bu komutların yönetilmesini sağlar. Autocad 2015 ile birlikte bu durum düğmeleri daha farklı bir görüntü almış bulunmaktadır.

Durum düğmelerinde tüm komutlar ekranda görünmemektedir. Tüm seçeneklerin açık olması ekranda fazlasıyla yer kaplayacağından, bu bölümün özelleştirilmesi kullanıcıya bırakılmış.

Durum düğmelerinin en sağında bulunan ≡ ikonuna tıklayın. Ekrana gelen listeden istediğiniz seçenekleri ekranda görünür kılabilir yada ekrandan kaldırabilirsiniz.

Listede bulunan Durum düğmelerini sırasıyla burada açıklayalım.

COORDİNATES MODEL

Layout düzleminde iken, çalışma alanı yada model alanında çalışılırken bu iki bölüm arasında geçiş yapılmasını sağlar.

GRİD

Limits değerleri kullanılarak yapılan çizimlerde, limits alanının ızgara şeklinde gösterilmesini sağlar. Bu ızgaralar tamamen görsel olup kullanıcının bu ızgaralar yardımıyla çizim yapmasına olanak tanır. Bu ızgaraların düzenlemesi için; Dsettings komutunu çalıştırın ve **Snap and Grid** sekmesine tıklayın...

Ekrana gelen tabloda sol üstte çerçeve içine alınmış bölüm snap komutu ile alakalı bölümdür. **Snap On (F9)** seçeneği, snap komutunu aktif yada pasif olacağına belirtir.

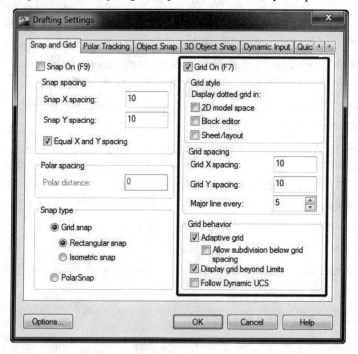

Klavyedeki **F9** tuşu bu işlevi de görmektedir. Ayrıca durum düğmesine tıklayarak da bu işlemi gerçekleştirebiliriz.

Snap X spacing ve **Snap Y spacing** değeri ise, mouse'un hareketinin kaç birim olacağını belirtir. Standart değer olarak 10 girilmiş. Demek ki bu komutu aktif hale getirdiğimize Mouse hareketi 10'ar 10'ar olacak şekilde hareket edecektir. Bu değerleri istediğiniz gibi değiştirebilirsiniz.

Equal X and Y spacing seçeneği ise, verilecek değerlerin eşit olmasını sağlar. Yani kullanıcı X değerine bir değer yazdığında aynı değer Y değerine de aktarılacaktır. Eğer iki değeri farklı yapmak istiyorsanız bu seçeneği kaldırın.

SNAPMODE

Çizim içerisinde tanımlanan X ve Y mesafelerinde çalışılmasını sağlar. Mouse'un sol tuşuna basarak bu komutun aktif yada pasif olmasını sağlayabiliriz. Peki aktif olduğunda ne gibi bir yardımı olmaktadır? Snap düğmesine sağ tuş yapın ve açılan menüden **Snap Settings…** seçeneğine tıklayın. Ekrana aşağıdaki resimde olduğu gibi bir tablo gelecektir.

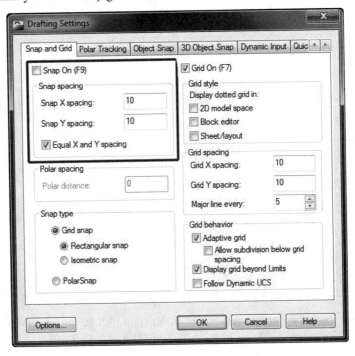

Ekrana gelen tabloda sol üstte çerçeve içine alınmış bölüm snap komutu ile alakalı bölümdür.

Snap On (F9) seçeneği, snap komutunu aktif yada pasif olacağına belirtir. Klavyedeki **F9** tuşu bu işlevi de görmektedir. Ayrıca durum düğmesine tıklayarak da bu işlemi gerçekleştirebiliriz. Snap butonunun sağındaki ok işaretine bastığımızda **Polar Snap** ve **Grid Snap** seçeneklerini göreceksiniz.

Polar Snap seçeneği aktif iken Mouse hareketi polar derecesine bağlı olarak hareket edecektir. **Grid Snap** seçeneği aktif iken Mouse hareketi grid noktalarına göre hareket edecektir.

Infer Constraints

Bu düğme aktif iken birden fazla çizgi çizildiğinde bu çizgilerin parametrik olarak birbirleriyle bağlantısı varsa otomatik olarak birbirine bağlanır. Bu parametrik komutları ileriki derslerimizde detaylı olarak göreceğiz.

Dynamic Input

Dinamik bilgi girişi dediğimiz bu bölümde, klavyeden vereceğimiz değerler artık imleç üzerinde olacaktır. Ayrıca her tıkladığımız noktalar ekran üzerinde bilgi verilecek oluşturulacaktır.

- **DYN** düğmesini aktif hale getirin.
- **Line** komutunu çalıştırın ve ekranda mouse'un sol tuşu ile bir nokta belirtin.
- Mouse'u hareket ettirdiğinizde resimdeki gibi bir görüntü elde edeceksiniz.

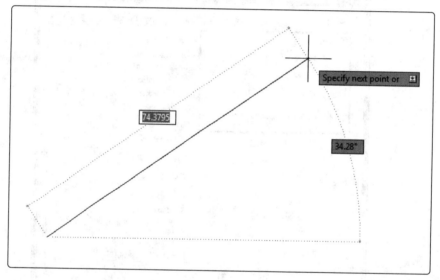

Bu resime göre referans gösterilen yer ile imlecin olduğu yer arasındaki mesafe 74.3795, açısı ise 34.28 derecedir. Şuan ki durum itibariyle hareket ettirdikçe iki değer de değişecektir.

Biz mesafeyi istediğimiz bir değerde kilitleyip açı değerini mouse'un hareketine göre bulmasını sağlayalım.

Bu aşamada iken klavyeden 100 yazıp TAB tuşuna basın. Bu işlem sonucunda gördüğünüz gibi 100 değeri yazılıp yanına kilit işareti konacaktır. Bu aşamadan sonra sadece açı değeri imlecin hareketine göre değişecektir. Bu iki değer arasında tekrar geçiş yapmak isteseniz TAB tuşunu kullanabilirsiniz. Kilitlenmiş bir değerde kilidi açmak isterseniz, TAB tuşu yardımıyla o bölüme geçin. Yazılı değeri silip tekrar TAB tuşuna bastığınızda o bölümün kilidi iptal edilecektir.

Ortho Mode ⌐

Bir çizgi çizerken yada copy, move, rotate gibi komutlarda Mouse hareketinin X, Y yönlerine dik hareket etmesini yada serbest hareket etmesini sağlar. Autocad kullanıcısının en çok kullanacağı komuttur. **F8** tuşu ile ortho komutunu aktif/pasif duruma getirebilirsiniz.

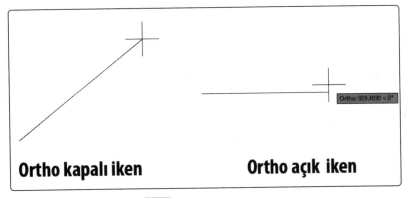

Ortho kapalı iken   **Ortho açık iken**

Polar Tracking ⟲ ▼

Bu bölümde tanımlanan açılarda çizim yapılmasını sağlar. Bu seçeneği örnek ile açıklayalım. Düğmenin üzerine sağ tuş yapın ve **Tracking Settings** seçeneğine tıklayın.

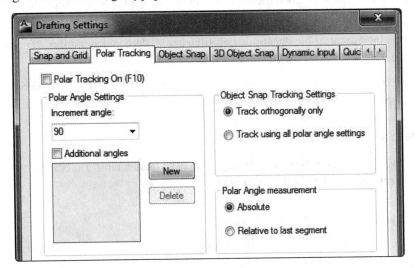

Polar Tracking On (F10) seçeneği bu düğmenin aktif yada pasif olmasını kontrol eder.

Increment Angle seçeneğinde gördüğünüz gibi 90 yazmakta. Bu değerin anlamı **Polar** düğmesi aktif iken çizim yapıldığında her 90 derecelik açılarda sanal bir izdüşüm ekrana gelecek ve bu sanal izdüşüm yardımıyla çizim yapmamızı kolaylaştıracaktır. Daha net anlaşılması için bu değeri 5 yapın ve **Ok** butonuna basın.

Polar düğmesi aktif değil ise üzerine tıklayarak aktif hale getirin.

Klavyeden L yazıp enter yapın.

Mouse'un sol tuşu yardımıyla çizim ekranında bir nokta gösterin.

Ardından mouse'u ilk gösterilen noktadan biraz uzağa çekip hareket ettirin.

Mouse hareket ettirildikçe her 5 derecede bir nokta nokta yardımcı çizgi oluşacaktır. İstediğiniz açıya geldiğinde klavyeden istediğiniz uzunluk değerini yazıp enter'a bastığınızda belirttiğiniz açı ve uzunlukta çizgi ekrana çizilecektir.

Additional angles seçeneği ise, sadece belirtilen açılarda yardımcı çizgi oluşmasını sağlar.

Bu bölümü de örnek ile anlatalım.

- **Increment Angle** değerini 90 olarak değiştirin. Aksi takdirde yeni vereceğimiz değerler ile karışacak ve yeni değerlerin anlamı kalmayacak.
- **Additional angles** seçeneğini işaretleyin.
- **New** butonuna basın. Değer olarak 15 yazın.
- Tekrar **New** butonuna basın ve değer olarak 40 yazın.
- **Ok** butonuna basıp tabloyu kapatın.
- Klavyeden **L** yazıp enter yapın.
- Mouse'un sol tuşu yardımıyla çizim ekranında bir nokta gösterin.
- Ardından mouse'u ilk gösterilen noktadan biraz uzağa çekip hareket ettirin.
- Mouse belirttiğimiz 15 ve 40 derecelik açılara geldiğinde bu yardımcı çizgiyi oluşturacaktır. Ayrıca Increment Angle değerinde belirtilen her 90 derecelik açılarda da bu yardımcı çizgiyi gösterecektir.

Polar komutu seçeneklerine ek olarak hazır açı değerleri vardır. Polar butonunun sağındaki ok işaretine bastığınızda, otomatik olarak hazırlanmış açı değerlerini de kullanabilirsiniz.

ISOMETRIC DRAFTING

Bu düğme aktif iken izometrik çizim yapılmasına olanak tanır. Bu bölümü detaylı öğrenmek için **İzometrik Çizim** bölümünü okuyunuz.

OBJECT SNAP TRACKING

Bir çizime başlamadan yada başladıktan sonra herhangi bir nesnenin referans noktasından hizalalama yapılarak çizim yapılmasını sağlar. Bu komut **Osnap** komutları ile bağlantılıdır. Yani hizalama alacağı zaman **Osnap** komutlarındaki kenetleme modlarına göre hizalama yapar.

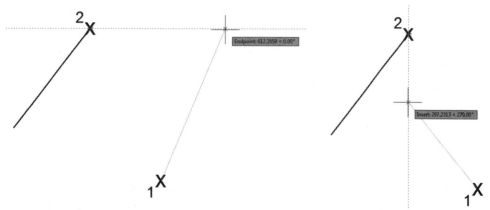

- **Line** komutunu kullanarak resimde soldaki gibi bir çizgi çizin.
- **Otrack** düğmesini aktif hale getirin.
- **Osnap** düğmesine sağ tuş yapın ve **Endpoint** seçeneğinin işaretli olduğunu kontrol edin.
- Tekrar **Line** komutunu çalıştırın ve 1 nolu yere tıklayın.
- Ardından imleci 2 nolu noktaya getirin. Tıklama yapmayın. İmleci bu nokta üzerinde bekletip sağa veya sola doğru çektiğinizde X yönünde yardımcı bir çizgi oluşacaktır. İmleç bu çizgi üzerinde ilerledikçe soldaki çizginin uç noktasından imlecin o anki yeri arasındaki mesafe ve açısı imleç üzerinde gösterilecektir. Klavyeden istediğiniz değeri yazarak 2 nolu noktadan belirttiğiniz mesafe uzaklığını yakalayacaktır.
- İmleci yukarı yada aşağı çektiğinizde bu sefer de Y düzleminde yardımcı çizgi oluşacaktır. Aynı işlemler bu düzlem içinde geçerlidir. Tek nesne gösterimi haricinde çift nesne gösterimi de yapılabilir.

Resimde görüldüğü bir kutu var ve bu kutunun orta noktası referans alınarak kopyalamak istiyoruz.

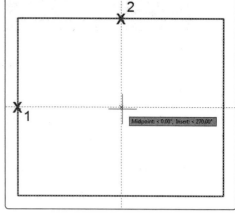

- Object Snap Tracking düğmesini aktif hale getirin.
- Osnap düğmesine sağ tuş yapın ve Midpoint seçeneğinin işaretli olduğunu kontrol edin.
- Copy komutunu çalıştırın.
- Mouse'un sol tuşu ile kutuyu seçip enter tuşuna basın.
- İmleci 1 nolu noktaya getirip çekin. Kesinlikle tıklamayın.
- Ardından 2 nolu noktaya getirip çekin.
- İmleci göz kararı kutunun ortasına doğru getirdiğinizde resimdeki gibi orta noktasını yakalayacaktır.
- Şimdi mouse'un sol tuşu yardımıyla tıklayarak bu noktanın referans nokta olduğunu belirtebilirsiniz.

2D Object Snap

Her çizilen nesnelerin referans noktaları vardır. Örneğin, bir çizginin orta ve uç noktası, çemberin merkez noktası gibi. Bu noktaların yakalanmasını ifade eder. Eğer bu düğme pasif durumda ise nesnenin referans noktasından tutmaz. Osnap seçenekleri için mouse bu düğmenin üzerinde iken sağ tuş yapın ve **Settings** seçeneğine tıklayın.

Osnap komutları için ileriki derslerimizde **Nesne Kenetleme Modları** adlı konuyu okuyun.

LineWeight

Layer tablosunda oluşturulan layer'lara verilen **Lineweight** değerinin ekranda görünmesini sağlar. Bu kalınlıklar sadece görsel amaçlıdır. Çizim baskı alındığında verilen bu kalınlıklara göre çıkacaktır. Bu bölümü Layer konusunda tekrar inceleyeceğiz.

Transparency

Autocad 2011 ile gelen bu yeni özellik, Layer tablosunda geçirgenlik verilen layer'ların ekranda aktif olarak gösterilmesini sağlar. Detaylı bilgi için **Layer** konusunu inceleyin.

Selection Cycling

komutu ile aynı yerde birden fazla nesne var ise bu nesnelerin hangisinin seçileceğini belirlemek için kullanılır.

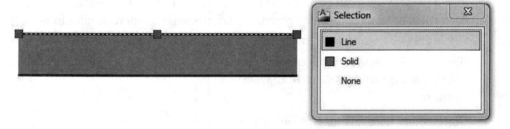

Resimde görüldüğü gibi 2 çizgi ve bu çizgilerin arasında **Solid** komutu ile yapılmış boyama vardır. Bu boyama çizgilerin üzerindedir. Burada üst çizgiyi silelim.

Selection Cycling düğmesini aktif hale getirin.

Komut satırına E (Erase) yazıp enter yapın.

Mouse'un sol tuşu ile çizgiyi seçin.

Sağdaki tablo ekrana gelecektir. Tablodaki bilgide, bu tıklanan yerde Line nesnesi ve Solid nesnesinin olduğu görülmektedir.

Hangi nesnenin seçilmesini istiyorsanız tablodan o nesne adını seçmeniz yeterlidir.

Bizim silmek istediğimiz Line nesnesi olduğuna göre Line seçeneğine tıklayın ve Enter tuşuna basın.

3D Object Snap

Osnap komutları gibi çalışan bu özellik, 3 boyutlu modellemelerin referans noktalarını yakalamak için kullanılan seçeneklerdir. Bu konu hakkında 3 boyutlu kenetleme adlı konuyu okuyun

Dynamic UCS

3 boyutlu çizimlerde kullanılan bu komut, herhangi bir komut aktif iken imleç modelin herhangi bir yüzeyine getirildiğinde UCS o yüzeyin UCS sine dönüşür. Bu dönüşüm sadece o anlık kullanılacak işlemler için geçerlidir. İmleci başka bir yüzeye çektiğinizde yada aktif olan komutu bitirdiğinizde güncel olan UCS düzlemine geri dönecektir. Bu düğmenin detayını UCS konusunda iken detaylı olarak inceleyeceğiz.

Selection Filtering

Bu komut için **Bölüm 34 – SubObject** kısmını okuyun.

Gizmo

Bu komut için **Bölüm 34 – Gizmo** kısmını okuyun

Annotation Visibility

Annotation özelliği verilmiş nesnelerin ölçek seçeneklerinde girilmiş olan ölçek değerleri haricinde başka bir ölçek seçilirse annotation özellikli nesneler gizlenir. Bu buton aktif olduğunda farklı ölçek değeri aktif olsa dahi tüm nesneler ekranda gösterilir. Bu bölüm hakkında detaylı bilgi için **Annotation** konusunu okuyun.

Auto Scale

Bu buton aktif olduğunda, çizimdeki tüm nesneler aktif olan Annotative Scale'e geçer. Pasif olduğunda otomatik ölçeklendirme kapalı olur.

Annotation Scale

Annotation nesneleri için ölçek değerlerini içerir. Listeden kullanılacak ölçek değeri seçilerek Annotation nesnelerinin ölçek değeri değiştirilebilir yada AutoScale butonu aktif iken değiştirildiğinde bu ölçek değeri Annotation nesnelerinin ölçek listesine eklenir.

Workspace Switching

Autocad çizim ekranında bulunan, şerit menüler, toolbar ve çizim ayarlarının saklandığı hazır şablonlar arasında geçiş yapılmasını sağlar. Kullanıcı isterse, kendi ayarlamış olduğu ekran düzenini bu bölümden kaydedip herhangi bir değişiklik esnasında tekrar bu bölümden ayarlamış olduğu seçenek ile geri yükleyebilir.

Annotation Monitor

Bu buton aktif iken çizim içerisinde ilişkilendirilmiş annotation nesneleri, bir değişikliğe uğrar ise program tarafından kullanıcıya uyarı iletisinin gelmesini sağlar.

Örneğin, Dimassoc değeri 2 iken, herhangi bir kutu çiziminin köşe noktaları referans alınarak ölçü (dimension) verildiğinde, bu referans alınan kutu silinirse uyarı iletisinin verilmesi sağlanır.

Units Decimal ▼

Çizim yapılacak dosyada hangi ölçü biriminin kullanılacağı seçilir. Ülkemizde ondalık ölçü birimi kullanıldığından aksi belirtilmedikçe **Decimal** seçili olmalıdır.

Quick Properties

Quick Properties düğmesi aktif iken komut girmeden bir nesne seçildiğinde bu nesne hakkında bilgi verilmesini sağlar. Bu özelliği bir örnek ile açıklayalım.

- Komut satırına C (Circle) yazıp enter yapın.
- Çizim ekranında mouse'un sol tuşu yardımı ile bir nokta gösterin.
- Klavyeden 125 yazıp enter yapın.

Bu işlem sonucunda çizim ekranında yarıçapı 125 olan bir çember çizilmiş olacaktır.

- QP düğmesini aktif duruma getirin.
- Komut girmeden mouse'un sol tuşu ile oluşturduğumuz çembere tıklayın.
- Resimdeki gibi bir tablo gelecektir.

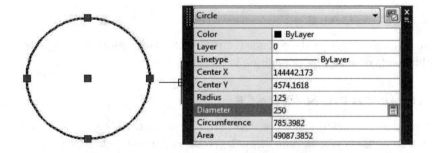

Tablodaki bilgilere gelince;

- **Color** : Renginin bu nesnenin layer'ının layer tablosunda belirtilen renk olduğunu yani BYLAYER
- **Layer** : Katman isminin 0 olduğu
- **Linetype** : Çizgi tipinin bu nesnenin layer'ının layer tabosunda belirtilen çizgi tipi olduğu

- **Center X :** Merkez X koordinatı
- **Center Y :** Merkez Y koordinatı
- **Radius :** Yarıçapı
- **Diameter :** Çapı
- **Circumference :** Çevre uzunluğu
- **Area :** Alanı

İstenirse bu bölümdeki değerler değiştirebilir.

Her nesneye ait farklı özellikler vardır. Bu özellikleri ileriki derslerimizde çizim nesnelerini öğrendikten sonra uygulayabilirsiniz.

Graphics Performance

Bu bölüme sağ tuş yapıp **Graphics Performance…** seçeneğine tıkladığınızda ekrana gelen tablo üzerinden donanım hızlandırma ayarlarını yapabilirsiniz. Eğer performans sorunu yaşıyorsanız bu buton kapalı yada uyumsuz ekran kartı kullanıyorsunuzdur.

Clean Screen

Bu komut kullanıldığında program üzerinde şerit menüler ve toolbarlar gizlenerek, çizim alanının olabildiğince büyütülmesini sağlar. Tekrar aynı butona bastığınızda ekran eski haline geri döner.

 Annotation Monitor komutunda nesne-ölçü arasındaki bağın sağlanabilmesi için DIMASSOC komutunu çalıştırın ve değerinin 2 olduğundan emin olun. Aksi takdirde yapılan her ölçü işleminden sonra ünlem işareti oluşacaktır. Bu ünlem işaretlerinin görünmesini istemiyorsanız, durum düğmelerinde yer alan Annotation Monitor butonunu pasif duruma getirin.

AutoCAD 2018 İLK GİRİŞ AYARLARI

2

İlk olarak AutoCAD 2018'in giriş ayarlarını düzenleyerek çalışmalarımıza başlayalım.

Units

AutoCAD'in tanıtımını yaptıktan sonra boş dosya için yapılması gereken bazı ayarlarımız var. Bu ayarlarımızı yeni bir dosyada çalışıyor isek yapmalıyız. İlk olarak komut satırına Units yazıp enter yapın ya da **Format** menüsünden **Units...** seçeneğine tıklayın.

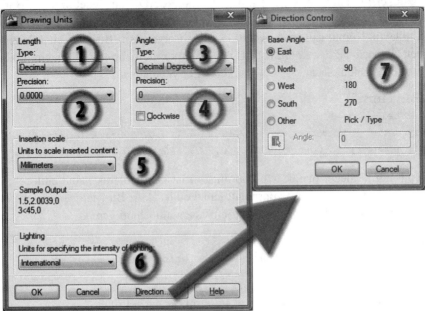

Ekrana gelen bu bölümü verilen numaralara göre tanıyalım.

1 nolu bölüm, ölçü birimleri için geçerli biçimi belirlemek için kullanılır. Burada seçili görülen **Decimal** seçeneği ondalıklı ölçü birimi olduğunu gösterir. Decimal bizim kullanacağımız ölçü birimidir. Bunun yanı sıra mimari, mühendislik, kesirli ve bilimsel ölçü birimleri de mevcuttur.

2 nolu bölüm, ölçü birimleri için hassasiyet değerini ifade eder. Bir uzunluk ölçüsünde virgülden sonra kaç basamak olacağını ayarlarız.

3 nolu bölüm, mevcut açı birimini ifade eder. Ondalıklı açı birimi bizim kullandığımız dereceli açıyı temsil etmektedir. Ayrıca, uzunluk biriminde olduğu gibi gelişmiş seçenekler mevuttur. Derece/Dakika/Saniye, Grad, Radyan ve Surveyor's birimini desteklemektedir.

4 nolu bölüm, açının virgülden sonraki hassasiyet değerini ifade eder.

5 nolu bölüm, bu dosya için çizim birimimizi belirteceğimiz yerdir. Bu bölümün önemi başka bir çizimi mevcut dosyamıza çağırmak istediğimizde hangi birime göre geleceğini ifade eder.

6 nolu bölüm, geçerli çizimde fotometrik ışık yoğunluğu ölçüm ve kontrol ünitesidir. Bu seçenek 3 boyutlu çizimlerde render alırken kullanılır.

7 nolu bölüm ise, sıfır açısı için yön belirlemek için kullanılır. Standart olan doğu yönü sıfır olarak kabul edilir. Bu bölüm aksi belirtilmedikçe değiştirilmemelidir.

Uzunluk ve açı birimimizi ayarladıktan sonra **OK** butonuna basarak tabloyu kapatın.

Çizim Sınırlarını Belirleme (Drawing Limits)

Yapacağınız çiziminizin eni boyu belli ise bunu AutoCAD'e tarif edebilirsiniz. Bunun için komut satırına LIMIT yazıp enter yapın. Ya da **Format** menüsünden **Drawing Limits** komutuna tıklayın. Komut çalışınca sizden iki değer isteyecektir. Birincisi çiziminizin sol alt koordinatı, ikincisi sağ üst koordinatı. Bunu bir örnek ile belirtelim. Örneğin; çiziminizin boyutu A4 boyutunda olacak. İşlemi aşağıdaki gibi yapmalısınız.

```
Command: LIMITS
Reset Model space limits:
Specify lower left corner or [ON/OFF] <0.0000,0.0000>: 0,0 (enter)
Specify upper right corner <420.0000,297.0000>: 210,297 (enter)
```

Görüldüğü gibi ilk değer olarak 0,0 koordinatını başlangıç olarak kabul edilecek, sağ üst köşenin koordinatı ise 210,297 koordinatı kabul edilecektir. Bu işlemden sonra ayarlanan koordinatların ekrana gelmesini sağlamak için aşağıdaki işlemi yapın.

```
Command: Z
Specify corner of window, enter a scale factor (nX or nXP), or
[All/Center/Dynamic/Extents/Previous/Scale/Window/Object] <real time>: A
```

Zoom komutunun All alt komutu limits değerlerini ekrana getirir.

ŞABLON DOSYA OLUŞTURMAK

AutoCAD açılışında boş olarak açılan dosya aslında birer şablon dosyası açılarak oluşur. AutoCAD'in kendi içinde birçok şablon dosyası mevcuttur. Bu mevcut dosyaları incelemek istersek, **File** menüsünden **New...** komutuna tıklayın. Ekrana gelen tabloda **Files of type** seçeneğinin **Drawing Template (*.dwt)** olduğundan emin olun. Bu DWT uzantılı dosyalar AutoCAD'in şablon dosyası anlamına gelmektedir.

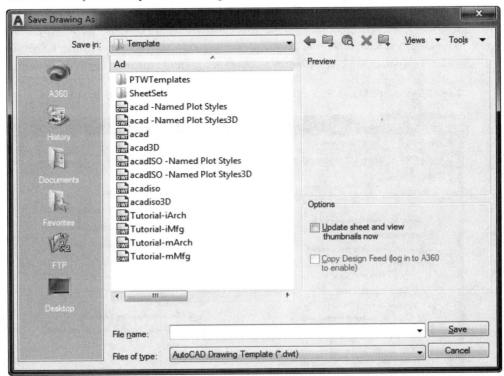

Resimde görüldüğü gibi **Template** klasöründe birçok mevcut şablon dosya içermektedir. 2 boyutlu çizim yapacak iseniz ve çizim biriminiz ondalıklı ölçü birimi ise burada seçilecek olan dosya **acadiso.dwt** dosyası olmalıdır. **Acad.dwt** dosyası ise inch biriminde çizim yapanların kullandığı şablon dosyadır.

Peki, bu şablon dosya nasıl oluşturulur? Yararları nelerdir?

AutoCAD her açıldığında hiçbir ayarı yapılmamış standart ayarlarla kullanıcıya sunulur. Kullanıcı isterse, boş bir dosya da tüm ayarlarını yapıp her açılışında bu kendi hazırlamış olduğu şablon dosyayı kullanabilir.

- Örnek olarak boş bir dosya açın.
- İstediğiniz ayarlamaları yapın.
- Daha sonra **File** menüsünden **Save As...** komutunu çalıştırın.
- Ekrana gelen tablonun en altında bulunan Dosya türünü **AutoCAD Drawing Template (*.dwt)** olarak değiştirin. Bu değişiklik yapıldığında dosya kayıt yeri otomatik olarak template klasörüne yönlendirilecektir.

- **File Name** bölümüne bir isim verip **Save** butonuna tıklayın.
- Bir tablo daha gelecek buna da **OK** butonuna basarak devam edin.

Artık kendi şablon dosyanız oluşmuştur. **File** menüsünden **New**... butonuna basın ve kendi hazırlamış olduğunuz şablon dosyasını seçerek **Open** butonuna basın. Dosyanın ayarlarını kontrol ettiğinizde sizin belirlemiş olduğunuz ayarlar olduğunu göreceksiniz.

AutoCAD 2018 Genel Ayarlar

AutoCAD her açılışında bazı standart seçeneklerle açılır. Örneğin; ekran rengi, fare imleç büyüklüğü vs. Komut satırına OP yazıp enter yapın ya da **Tools** menüsünden **Options**... komutunu çalıştırın. En çok kullanılacak ayarları aşağıdaki resimler üzerinden görelim.

Komutu çalıştırdıktan sonra ekrana gelen tablodan Display sekmesine tıklayın.

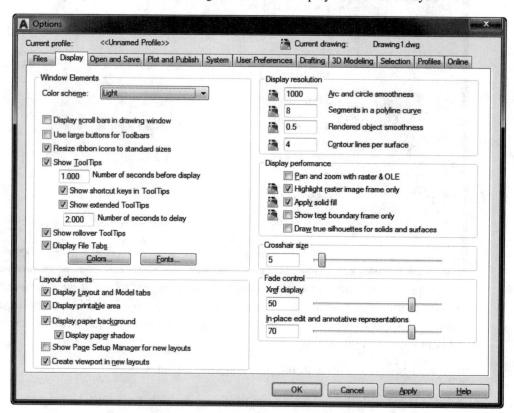

Display scroll bars in drawing window : Çizim ekranın sağ kısmında kaydırma çubuğunu gösterir.

Use large buttons for Toolbars : Toolbar ikonlarının büyük gösterilmesini sağlar.

Display File Tabs : Çizim ekranının sol üstünde bulunan dosya sekmesinin kapatılmasını-açılmasını sağlar.

Display Layout and Model tabs : Çizim ekranının sol altında bulunan Model-Layout sekmelerini gizler-gösterir.

Arc and circle smoothness : Yay ve çemberlerin hassasiyet ayarını ifade eder. En düşük değer 1, en yüksek değer 20000 dir.

Pan and zoom with raster & OLE : Çizim içerisine bir resim eklendiğinde pan ve zoom komutları uygulanırken resmin gösterilip gösterilmeyeceğini belirler.

Show text boundary frame only : Çizim içerisindeki tüm yazıları kutu şeklinde gösterir. Bu seçeneğin aktif olması için işaretledikten-işareti kaldırdıktan sonra Regen komutunu çalıştırmalısınız.

Crosshair size : Mouse artı imlecinin büyüklüğünü ifade eder. Değer 1-100 arasındadır.

Xref Display : Çizim içerisine eklenen xref dosyaların solgunluğunu ayarlar.

Colors… : autocad içindeki özelliklerin rengini değiştirmek için kullanılır. Colors… butonuna tıklayın. Aşağıdaki ekran görüntüsü gelecektir.

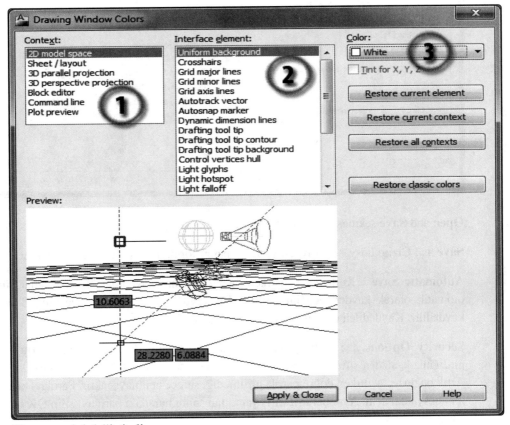

Ekran rengini değiştirelim.

1 nolu bölümden **2D Model Space** seçin.

2 nolu bölümden **Uniform Background** seçin.

3 nolu bölümden ekran renginizi belirleyip **Appy&Close** butonuna basın. Ekran renginiz değişmiş olacaktır.

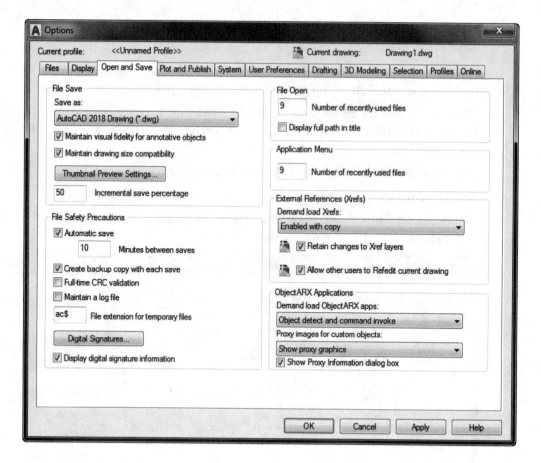

Open and **Save** sekmesine tıklayın.

Save as : Çizim dosyasını kaydettiğimizde hangi formatta kaydedileceğini belirler.

Automatic Save : Kullanıcı çalışırken eğer dosyasını kaydetmez ise ne kadar süre ile otomatik olarak kaydedileceğini belirtir. Bu kayıt aksi belirtilmedikçe temp klasörüne kaydedilir. Kaydedilen dosyasının uzantısı **SV$** dir.

Security Options… : Çalıştığınız dosyaya parola vermek için kullanılır. Bu bölüme girdiğinizde sizden şifre isteyecektir. Doğrulamayı da yaptıktan sonra dosyanızı kaydedin. Artık bu dosya açılırken doğru parola girilmediği sürece açılmayacaktır. Parolayı kaldırmak için dosyanızı açın. Aynı bölüme giriş yaptıktan sonra buradaki parolayı silip **OK** butonuna basmanız yeterlidir.

Display full path in title : Autocad'in program çubuğunda açılan dosyanın dosya adı ile birlikte dosya yolunun da yazılmasını sağlar.

 Parola konusunda dikkatli olmalısınız. Eğer şifreyi unutursanız dosyanızı açmanın başka yolu yoktur.

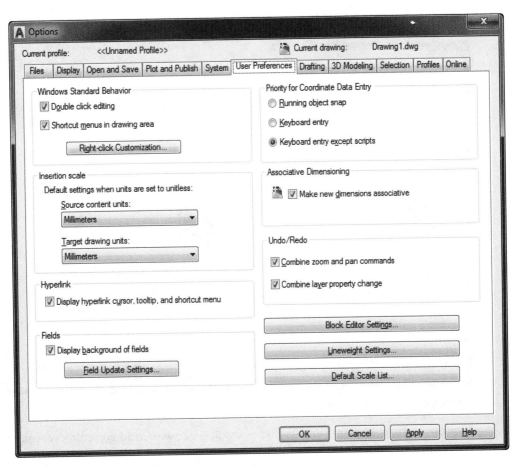

User Preferences sekmesine tıklayın.

Double click editing : Bu seçenek işaretli iken çizim içerisindeki nesnelere Mouse'un sol tuşu ile çift tıkladığımızda o nesne ile ilgili değiştirme tablosu gelir.

Shortcut menus in drawing area : Mouse'un sağ tuşuna bastığımızda bir menü gelir. Bu menüyü istemezseniz buradaki seçeneğin işaretini kaldırmalısınız. İşareti kaldırdığınızda sağ tuş enter görevini üstlenecektir. Sağ tuş menüsü ile ilgili ayarları kontrol etmek ve değiştirmek isterseniz **Right-click Customization...** butonuna tıklayıp değişiklik yapabilirsiniz.

Source contents units : Çizim içerisine **Insert** komutu kullanılarak başka bir çizim dosyasını çağırırken bu çizim belirli bir ölçeğe göre gelecektir. Bu seçenek Insert komutundan önce kaynak dosyanın çizim birimini belirler.

Target drawing units : Çizim içerisine **Insert** komutu kullanılarak başka bir çizim dosyasını çağırırken hedef çizimin çizim birimini belirler.

Lineweight Settings... : Yaptığımız çizimde kullandığımız çizgi kalınlıklarının yönetilmesini sağlar.

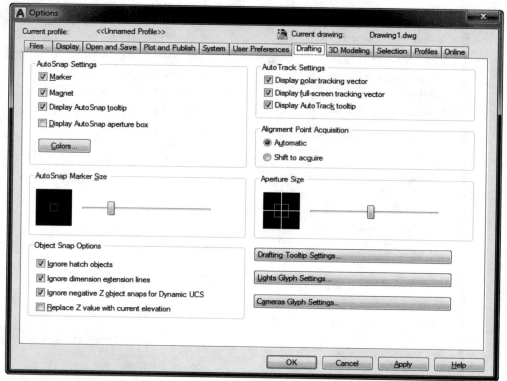

Drafting sekmesine tıklayın.

Marker : Osnap kenetleme modlarının nesne üzerinde gösterilip gösterilmeyeceğini belirler.

Magnet : Osnap kenetleme modları için mıknatıs görevini görür. Bu seçenek aktif iken, örneğin bir çizginin uç noktasından tutmak için mouse'u çizginin ucuna yaklaştırdığınızda imleç otomatik olarak çizginin uç noktasına bağlanacaktır.

Display Autosnap tooltip : Osnap kenetleme modlarının isimlerini tutulan noktada gösterilip gösterilmeyeceğini belirler.

Display Autosnap aperture box : Osnap kenetleme kutusunu imleç üzerinde gösterilmesini sağlar.

Autosnap Marker Size : Herhangi bir nesne için kenetleme modunu kullanırken, örneğin; bir çizginin ucundan tutarken ucunun tutulduğunu gösteren işaretleyicinin büyüklüğünü ayarlar.

Aperture Size : Osnap kenetleme işaretleyicisinin hangi hassasiyet ile kullanılacağını gösterir. Eğer ikon küçük olursa, referans noktayı tutmak için Mouse'u nesneye iyice yaklaştırmanız gerekir.

Ignore hatch objects : Bu seçenek işaretli iken osnap kenetleme seçenekleri tarama (hatch) nesnelerinde geçersizdir.

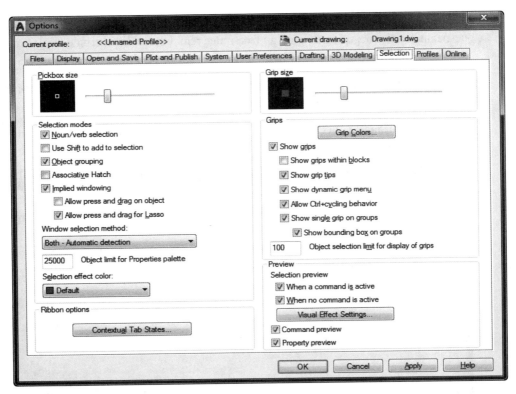

Selection sekmesine tıklayın.

Pickbox Size : Herhangi bir seçim komutunu çalıştırdığınızda artı işaretli olan Mouse imleci küçük bir kutu halini alır. Bu seçenek kutunun büyüklüğünü ayarlar. Bu kutu ne çok büyük ne de çok küçük olmalıdır. Kutunun amacı seçim aşamasında tek nesne seçimlerinde imlecin büyüklüğünü belirtir.

Noun/Verb Selection : Önce nesneleri seçip sonra komutu kullanmak istediğinizde bu seçenek sorgulanır. Eğer bu seçenek kapalı iken, örneğin önce nesneleri seçip sonra **Erase** komutunu çalıştırdığınızda nesneler silinmeyecektir.

Use Shift to add to selection : Herhangi bir seçim komutunda bir nesne seçildikten sonra ikinci bir nesne seçilmek istendiğinde ilk seçilen nesne seçili olmaktan çıkartılır ve ikinci seçilen nesne seçili durumda gösterilir. Komut olarak müdahale edilmek istenirse komut satırına **PICKADD** yazıp enter yapın. Değerini 1 olarak değiştirin.

Grip size : Komut girmeden mouse'un sol tuşu ile nesneler seçildiğinde nesne üzerine mavi kutucuklar gösterilir. Bu kutucukların büyüklüğünü ayarlar.

Object selection limit for display of grips : Kutucuk içerisinde belirtilen nesneye kadar toplu seçimlerde seçilen nesnelerin grip noktaları gösterilir.

Command Preview : Kullanılan komut sonucunda bir önizleme var ise bunu kontrol eder. Örneğin, bu seçenek aktif iken TRIM komutunu kullanırken kesilecek parça çizim üzerinde gösterilir.

Property Preview : Nesne üzerinde özellik ön bakış davranışı kontrol eder. Örneğin, bir nesnenin rengini değiştirmek istediğinizde imleç renk kutusunun üzerinde iken nesne rengi değiştirilir ve önizleme sağlanır. Bu önizlemenin yapılıp yapılmayacağını belirler.

When a command is active : Herhangi bir komut aktif iken imleç nesne üzerine getirildiğinde nesnenin yanıp sönmesini sağlar.

When no command is active : Komut aktif değil iken imleç nesne üzerine getirildiğinde nesnenin yanıp sönmesini sağlar.

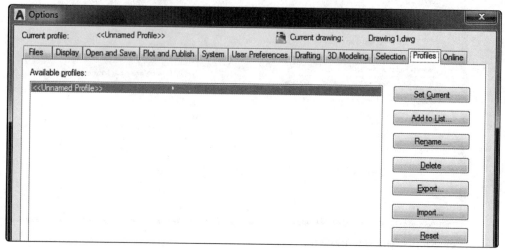

Profile sekmesine tıklayın.

Bir bilgisayarı birden fazla kişi kullanıyorsa ve her kullanıcının görünümü farklı ise bu bölümden yararlanarak profiller oluşturulur. Öncelikle yapılması gereken istediğiniz toolbar seçeneklerini açıp istediklerini kapatın. Diğer ayarlarınızı yapın. Bu işlemler bittikten sonra **Profile** sekmesine gelip **Add to List** butonuna tıklayın. Yeni bir tablo gelecek ve sizden profil için isim ve isterseniz açıklama yazmanızı isteyecek. Bu bilgilerden sonra **Add & Close** butonuna tıklayın. Yeni profiliniz oluşmuş olacaktır.

Eğer AutoCAD'inizde herhangi bir sorunla karşılaşırsanız, örneğin; toolbar'ların tamamı giderse menüleriniz kaybolursa bunları tekrar eski haline getirmek isterseniz, profil oluşturduysanız listeden profil ismini seçip **Set Current** yapın ya da **Reset** butonuna basarak AutoCAD'in ilk yüklendiği haline geri dönebilirsiniz.

Komut Çalıştırma Yöntemleri

AutoCAD'de komutları üç yol ile çalıştırabiliriz.

1. Çekme menülerden komutları çalıştırmak.
2. **Toolbar** ya da **ribbon** kullanarak komutları çalıştırmak.
3. Komut satırına komut adını ya da kısaltmasını kullanarak çalıştırmak.

Duruma göre komut satırını kullanmak pratik olmanızı sağlayabilir. Yeri gelince toolbar kullanmak da daha seri çizim yapmanıza olanak tanır.

Bir komutun adını tam hatırlayamıyorsanız komutun ilk harfini ya da hatırladığınız kadarını yazdıktan sonra TAB tuşuna basarak bu harfler ile ilgili tüm komutları sırası ile görebilirsiniz.

Eğer komutların nasıl çalıştığı konusunda yardım isterseniz toolbar veya ribbon üzerinde bulunan ikonlardan istediğiniz komutun üzerinde imleci bekletin. 3 saniye içinde bu komut ile ilgili resimli bilgi ekrana gelecektir. Bu güzel özellik her komut için olmasa da birçok komut için geçerlidir. Bu özellik, bazı komutlarda videolu olarak gösterilmektedir. Resimde görüldüğü gibi **Surface Offset** komutu hakkında videolu bilgi verilmektedir.

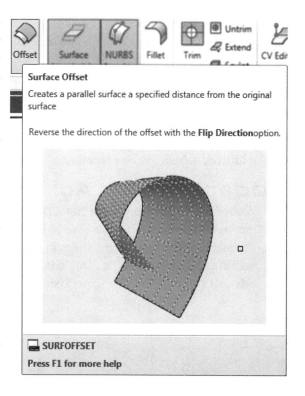

Komut satırından komutları çalıştırma yönteminde bulunan diğer bir özellik ise komut ile ilgili harflerin yazılırken o harfler ile ilgili tüm komutların ekranda gösterilmesidir.

Resimde görüldüğü gibi komut satırına F harfini yazdığımızda bu harf ile başlayan tüm komutlar liste halinde kullanıcıya sunulmaktadır.

Ancak, komutların gösterilmesini beğenmeyenler için bu durumu iptal etme ya da müdahale etme seçenekleri de mevcuttur. Bunun için komut mouse komut satırının üzerinde iken mouse'un sağ tuşuna basın.

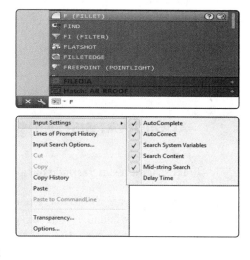

Ekrana gelen tabloda resimde görüldüğü gibi **Input Settings** seçeneği bu yenilik ile ilgili düzenelemelerin yapıldığı bölümdür. Bu bölümde beş seçenek görülmektedir. Anlamlarına gelince;

- **AutoComplete :** Herhangi bir komut için bir harf yazıldığında o harf ile başlayan tüm komutların gösterilmesini sağlar.

- **AutoCorrect :** Komut adı yanlış yazıldığında doğru olabilecek komut isimleri ile seçenek sunulmasını sağlar.

- **Search System Variables :** Komut önerilerinde sistem değişkenlerinin gösterilip gösterilmeyeceğini belirler.

- **Search Content :** Komut içerisindeki içeriklerin gösterilip gösterilmeyeceğini belirler. Örneğin, Hatch tarama desenlerini komut olarak yazabilirsiniz. Bu seçenek açık ise komut satırından direkt desenlere ulaşabilirsiniz.
- **Mid-string Search :** Bu seçenek AutoComplete seçeneği işaretli iken çalışır. Mid-string Search seçeneği ile, örneğin **LINE** komutunu yazdığımızda **LINE** ile başlayan komutlar haricinde içinde **LINE** geçen tüm komutları listeyecektir.
- **Delay Time :** Komut ismi yazdıktan sonra önerilecek komutlar için bekleme süresini belirler. Girilecek değer milisaniye birimidir.

KOORDİNAT VE AÇI SİSTEMİ

Daha önceden bahsettiğim gibi AutoCAD'de çizimler vektörel çizim mantığı ile çalıştığı için her nesne koordinat sistemine göre çizilmektedir. Bu koordinatlar 0,0 yani orjine göre yerleştirilmektedir. Her nesnenin yerleşim koordinatı isteğe göre ya koordinat belirterek, ya da kullanıcı Mouse yardımı ile çizimlerini oluşturur. Bu çizimler yapılırken kullanıcı isteğine göre açı kullanılır. Peki, bu açı ve koordinat sistemi nedir?

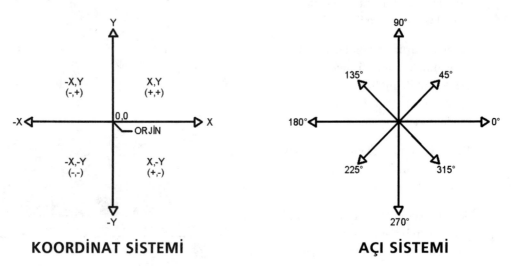

KOORDİNAT SİSTEMİ　　　　　**AÇI SİSTEMİ**

Bu iki sistemi resim üzerinde daha anlaşılır anlatmak gerekir.

Soldaki resim yani Koordinat sisteminde görüldüğü gibi 0,0 noktasından itibaren, doğu yönünü X, kuzey yönünü Y yönü kabul ederek çizim yaparız. Buna paralel olarak batı yönü -X, güney yönü de -Y yönü olacaktır. Bu yönlere yapılan çizime göre eksi değerini vermeliyiz.

Açı sisteminde de, daha önceden söylediğim gibi aksi belirtilmedikçe doğu yönü 0°'dir. Açı yönü saatin ters yönünde gitmektedir. Bir AutoCAD kullanıcısı bu iki sistemi çok iyi bilmelidir.

Çizim yapılırken ekranın sol altında sürekli değişen sayılar vardır. Bu sayılar imleç ekranın neresindeyse o yerin koordinatını belirtmektedir.

Bu koordinat yazılarının üzerine Mouse'un sol tuşu  ile tıklandığında koordinat sistemi aktif ya da pasif duruma geçer. Bu durum sadece görsel olup, pasif olduğunda değerler kullanıcıya gösterilmez.

Ayrıca herhangi bir komut içinde iken, örneğin; bir nesneyi taşıma işlemi yapılırken, bu bölüme tıklanılmasının üç evresi vardır.

Her tıklanıldığında...

- Koordinatlar kapatılır.
- Mesafe ve açı gösterilir.
- Koordinatı gösterilir.

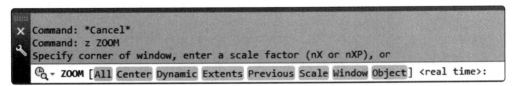

Autocad 2013 ile birlikte gelen yeni bir özellik ise, herhangi bir komutu çalıştırdıktan sonra bu komutun alt komutlarını çalıştırırken kısayol harflerini kullanmakla birlikte, Mouse yardımı ile çalıştırılabilir olmasıdır.

```
Command: *Cancel*
Command: z ZOOM
Specify corner of window, enter a scale factor (nX or nXP), or
ZOOM [All Center Dynamic Extents Previous Scale Window Object] <real time>:
```

Zoom komutunu çalıştırdığımızda alt komutlarını görmekteyiz. Bu alt komutlarının alt fonu gri ve çalıştırılabilir kısayol harfi mavi renktedir. Kullanıcı ister bu mavi renkli olan harfi klavye yardımı ile yazıp çalıştırabilir ya da Mouse yardımı ile tıklayıp komutu çalıştırabilir.

ÇiZiM YÖNTEMLERi 3

AutoCAD'de çizim yapabilmenin yöntemleri üzerinde duracağız. Bu çizim yöntemlerini beş başlık altında inceleyelim.

Mutlak Koordinatlara Göre Çizim

Çizilecek nesnelerin orjin noktasına göre koordinatlarını vererek çizeriz. Örneğin; **Line** komutunu çalıştırdıktan sonra kullanıcı ya Mouse'un sol tuşu ile ekranda bir nokta belirtir ya da ilk noktanın koordinatını yazar. Bu sistemi öğrenmek için **Line** komutunu kullanacağız. Komutu çalıştırmak için **Draw** menüsünden **Line** komutunu ya da **Draw** toolbarından ⌐ ikonunu ya da komut satırına L yazıp enter yaparak çalıştırabilirsiniz.

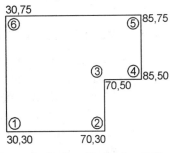

Yukarıdaki şekli mutlak koordinata göre çizim yöntemini kullanarak çizelim. Resimde görüldüğü gibi şekil 6 noktadan oluşmakta ve her noktanın orjine göre koordinatı belirtilmiştir. Bu çizimi yaparken ekranda görünmesini sağlamak için `Limits` komutunu kullanarak çalışacağız.

Öncelikle limits değerlerini A4 boyutuna getirelim.

```
Command: LIMITS
Reset Model space limits:
Specify lower left corner or [ON/OFF] <0.0000,0.0000>: 0,0   (enter)
Specify upper right corner <420.0000,297.0000>: 210,297   (enter)
```

Limits değerlerini A4 olarak ayarladıktan sonra bu değerlerin ekrana gelmesini sağlamak için aşağıdaki işlemi uygulayalım.

```
Command: Z
Specify corner of window, enter a scale factor (nX or nXP), or
[All/Center/Dynamic/Extents/Previous/Scale/Window/Object] <real time>: A (enter)
```

Bu iki işlemi yaptıktan sonra resimdeki şekli çizelim.

- Line komutunu çalıştırdıktan sonra sizden ilk noktayı isteyecek.
- 1. noktamızın koordinatı olan 30,30 yazıp enter yapın. İlk noktayı tuttuğunu göreceksiniz. Diğer noktaları da aynı şekilde yazın.
- 6. noktayı girdikten sonra Line komutunun alt komutu olan Close alt komutunu çalıştırın. Close alt komutu son nokta ile ilk nokta arasına çizgi çizerek komutu bitirmesini sağlar. İşlem sırasını ayrıca tek tek yazalım.

```
Command: L
Specify first point: 30,30 (enter)
Specify next point or [Undo]: 70,30 (enter)
Specify next point or [Undo]: 70,50 (enter)
Specify next point or [Close/Undo]: 85,50 (enter)
Specify next point or [Close/Undo]: 85,75 (enter)
Specify next point or [Close/Undo]: 30,75 (enter)
Specify next point or [Close/Undo]: C (enter)
```

Bu işlemleri sıralı bir şekilde doğru olarak yaptı iseniz, yukarıdaki resmin aynısını yapmış olacaksınız.

Limits kullanarak yapılan çizimlerde mouse üzerinde bulunan tekerleği ileri-geri yapmayın. Bu yapılan işlem çizim ekranını yaklaştırma-uzaklaştırma yapacağından yapmakta olduğunuz çizimde görsel olarak hakim olamayabilirsiniz.

İZAFİ KOORDİNATLARA GÖRE ÇİZİM

Bu çizim yönteminde ilk noktanın koordinatı mutlak koordinat olarak girildikten sonra diğer koordinatların başına @ işareti konularak çizim yapma tekniğidir. Bu @ işaretinin anlamı, son noktayı orjin kabul et anlamına gelir. Yani 2. noktayı girerken 0,0 noktasına uzaklık değerlerini değil, 1. noktaya olan uzaklığını girerek çizim yaparız.

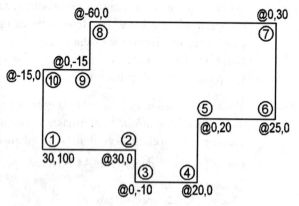

- Resimdeki çizimi yapmak için Line komutunu çalıştırın.
- İlk nokta olarak 30,100 koordinatını yazıp enter yapın.
- Sizden ikinci noktayı isteyecek. Bu noktayı @30,0 yazıp enter yaparak tespit edin.
- Bu değerden anlaşılıyor ki, @ işaretini yazarak son girilen noktayı orjin kabul etmesini istedik.

- Ardından X yönünde 30, Y yönünde de 0 gitmesini istedik.
- Sonuç olarak sağ yöne doğru düz bir çizgi oluşturdu. Bu değere göre ilk çizginin uzunluğu 30 birim diyebiliriz.
- Diğer noktaları da aynı şekilde yazarak şekli oluşturun.

İşlem sırası:

```
Command: L
LINE Specify first point: 30,100 (enter)
Specify next point or [Undo]: @30,0 (enter)
Specify next point or [Undo]: @0,-10 (enter)
Specify next point or [Close/Undo]: @20,0 (enter)
Specify next point or [Close/Undo]: @0,20 (enter)
Specify next point or [Close/Undo]: @25,0 (enter)
Specify next point or [Close/Undo]: @0,30 (enter)
Specify next point or [Close/Undo]: @-60,0 (enter)
Specify next point or [Close/Undo]: @0,-15 (enter)
Specify next point or [Close/Undo]: @-15,0 (enter)
Specify next point or [Close/Undo]: C (enter)
```

İZAFİ KUTUPSAL KOORDİNATLARA GÖRE ÇİZİM

Bu çizim yönteminde ilk noktanın koordinatı mutlak koordinat olarak girildikten sonra diğer koordinatları **@mesafe<açı** formülüne göre bularak çizimimizi yaparız. Bu formülde kullanılan < işareti sadece mesafe ile açıyı ayırt etmek için kullanılan bir ayraçtır.

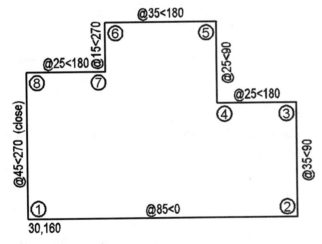

Resimdeki şekli bu çizim yöntemine ve formüle göre çizelim.

- Line komutunu çalıştırın.
- İlk nokta için 30,160 yazıp enter yapın.
- 2. nokta için @85<0 yazıp enter yapın.

2. nokta için yazdığımız bilgiye göre, çizgi uzunluğu 85 birim uzunluğunda ve 0° yönünde olduğunu belirttik. Bu bilgiye göre sağ yöne doğru 85 birim uzunluğunda çizgi oluşturuldu.

Diğer bilgileri yazarak şekli oluşturun.

İşlem sırası:

```
Command: L
LINE Specify first point: 30,160 (enter)
Specify next point or [Undo]: @85<0 (enter)
Specify next point or [Undo]: @35<90 (enter)
Specify next point or [Close/Undo]: @25<180 (enter)
Specify next point or [Close/Undo]: @25<90 (enter)
Specify next point or [Close/Undo]: @35<180 (enter)
Specify next point or [Close/Undo]: @15<270 (enter)
Specify next point or [Close/Undo]: @25<180 (enter)
Specify next point or [Close/Undo]: @45<270 ya da C (enter)
```

KOORDİNATSIZ ÇİZİM

Bu çizim yöntemi en kolay olanı ve kullanıcılar tarafından en çok tercih edilen çizim yöntemidir. Şimdiye kadar anlatılan çizim yöntemleri özel çizimler olmadığı sürece kullanılmaz. Bu yöntem ise bir çizimi pratik yoldan hızlı bir şekilde çizmemize olanak tanır.

- `Line` komutunu çalıştırın.
- İlk nokta olarak Mouse'un sol tuşu ile çizim ekranında bir nokta gösterin.
- Diğer nokta için Mouse ile yönünü gösterin.
- Çizgi uzunluğunu yazıp enter yapın.
- Diğer noktaları da bu şekilde girerek istediğiniz şekli oluşturun.
- İşleminiz bitince `Enter` tuşuna basarak komutu bitirin.

 Düz ya da eğik çizgi çizmek istiyorsanız **Durum** düğmelerinden **Ortho** butonunu kullanın ya da kısayolu olan **F8** tuşuna basın.

AÇI KULLANARAK ÇİZİM

Bu çizim yönteminde ise, açılı çizim yapılırken açı yönünü istediğimiz bir yöne sabitledikten sonra mesafeyi yazıp enter yaparız.

- `Line` komutunu çalıştırın.
- Mouse yardımı ile çizim ekranında bir nokta belirtin.
- 45°'lik bir çizgi çizecek isek, komut satırına <45 yazıp enter yapın.
- Mouse'u hareket ettirdiğinizde bu açı yönünde sabitlendiğini göreceksiniz. Şimdi istediğiniz mesafeyi yazıp enter yapın.
- Diğer nokta içinde, aynı şekilde önce açıyı yazıp enter yaptıktan sonra mesafeyi yazıp enter yapın.

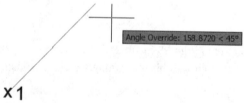

NESNE KENETLEME KOMUTLARI (OSNAP)

4

Çizim yapılırken oluşturulan nesnelerin belirli noktalarından tutmak gerekebilir. Örneğin; bir çizginin ucundan, çemberin merkez noktasından, yazıların yerleşim noktasından gibi...

Osnap komutları bu işlemleri yapmamızda bize yardımcı olacak komutlardır. Osnap komutları şeffaf komutlardır. Yani bağımsız bir komut gibi çalışamazlar. Mutlaka bir komut aktif iken çalışabilirler. Kısayolu; OS'dur.

Resimdeki tabloyu açmak için komut satırına OS yazıp enter yapın. Eğer herhangi bir komut aktif iken bu tabloyu açmak istiyorsanız durum düğmelerinde bulunan **OSNAP** düğmesine Mouse'un sağ tuşu ile tıklayın. Açılan menüden **Osnap Snap Settings...** seçeneğine tıklayın.

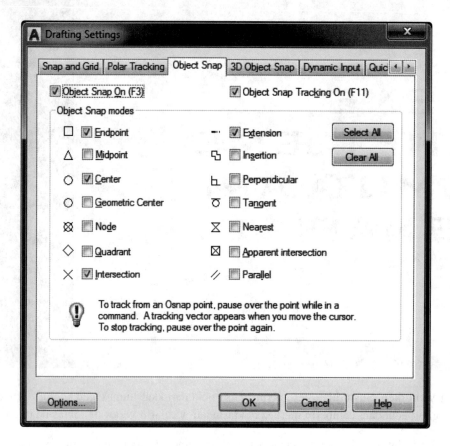

Bu tabloyu inceleyelim...

Object Snap On (F3)

Kenetleme modları açık iken pasif duruma getirilmesini istiyorsanız bu seçeneği kapatmalısınız. Eğer komut içinde bu modu kapatmak isterseniz kısayol olarak F3 tuşunu kullanabilirsiniz. Bu seçenek işaretli olan seçenekleri kapatmaz, sadece geçici olarak pasif eder.

Object Snap Traking On (F11)

Durum düğmelerinde de tanımlı olan bu seçenek, işaretli olan **Osnap** seçeneklerinden hizalama yapılması suretiyle yeni bir nokta tutulmasını sağlar.

Bu seçenek aktif ise, istenilen hizalama noktalarına imleci getirin. Tıklama yapmadan imleci çekin. Bu noktada bir sarı artı işareti olacaktır. Diğer noktaya da aynı işlemi yaptıktan sonra bu iki noktanın kesiştiği yerden tutma imkanı sağlar. Sarı renkteki artı işaretini iptal etmek istiyorsanız imleci tekrar o noktaya getirip çekin.

Bu işlemi aşağıdaki resimde daha net görebilirsiniz. Aşağıdaki şekilde bulunan kutunun orta noktasından tutalım.

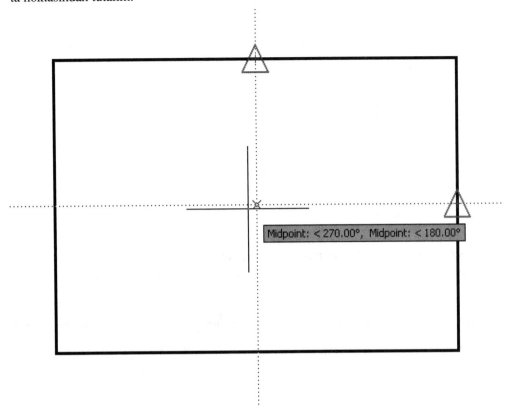

Bu işlemi yapmadan önce **Osnap** tablosunda **Midpoint** işaretli olsun.

- Line komutunu çalıştırın.
- İmleci üst çizginin ortasına getirip çekin. Artı işaretinin oluştuğundan emin olun.
- İmleci sağ çizginin ortasına getirip çekin. Artı işaretinin oluştuğundan emin olun.
- Şimdi imleci kutunun ortasına doğru getirdiğinizde iki noktanın kesişimini tutacaksınız. Mouse'un sol tuşu ile tıklayarak bu noktadan tutabilirsiniz.

Aşağıdaki kenetleme modlarını kullanırken, her mod için diğerlerini kapatıp sadece istediğiniz seçeneği açık bırakırsanız komutları anlamanızda daha faydalı olacaktır. AutoCAD'i çizim yapabilecek kadar öğrendiğinizde en çok kullandığınız kenetleme seçeneklerini açarak çalışabilirsiniz. Hatasız bir çizim yapmak istiyorsanız hiçbir zaman kenetleme modlarının tamamını açarak çizim yapmayın.

ENDPOINT (UÇ NOKTA)
Çizim ekranında bulunan bir çizginin veya yay parçasının uç noktalarından tutar.

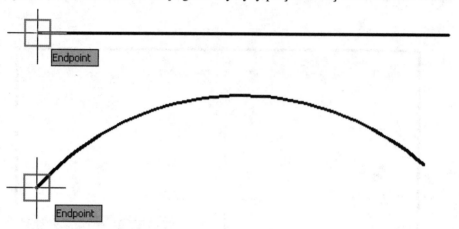

MIDPOINT (ORTA NOKTA)
Çizim ekranında bulunan bir çizginin veya yay parçasının orta noktasından tutar.

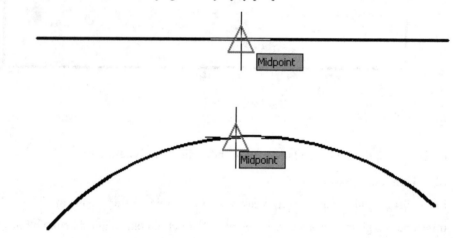

CENTER (MERKEZ)
Çizim ekranında bulunan bir çemberin, yay parçasının ya da elips'in merkez noktasından tutar.

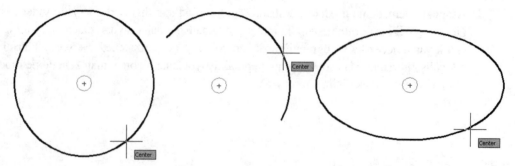

GEOMETRIC CENTER (GEOMETRİK MERKEZ)

Çizim ekranında bulunan çokgen ya da kapalı polyline nesnelerinin geometrik merkezinden tutulmasını sağlar.

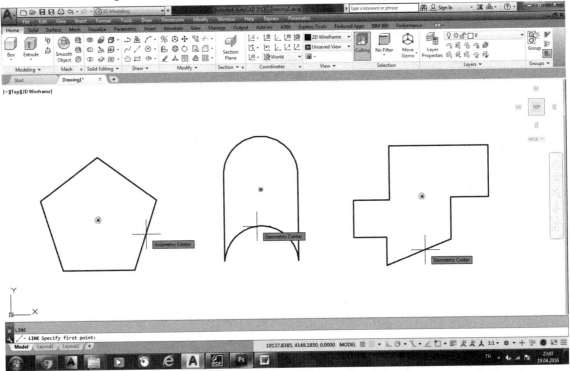

Resimde görüldüğü gibi çizim ekranında farklı şekillerde kapalı polyline nesneleri vardır. Geometric Center seçeneği ile bu nesnelerin merkez noktalarından tutarak farklı işlemlerde kullanabiliriz

NODE (DÜĞÜM)

Çizim ekranında bulunan point nesnesinden ya da iki yerleşim noktası bulunan yazıların yerleştirme noktasından tutar.

Bu şekilde, soldaki örnekte line nesnesi 3'e bölünmüş ve bölüm noktalarına point nesnesi konulmuştur. Bu point nesnenden tutmak için **Node** kenetleme modu kullanılır.

Yazıdaki örnekte ise, her yazının bir yerleşim noktası vardır. İsteğe bağlı olarak iki yerleşim noktası da olmaktadır. Örnekte görüldüğü gibi bu yazının yerleşim noktası **Bottom Center** olarak verildi. **Node** kenetleme modu, **Bottom** adı ile gösterilen noktadan tutar.

Quadrant (Çeyrek Daire)

Çizim ekranında bulunan çember, yay parçası veya elips'in çeyrek daire noktalarından tutar.

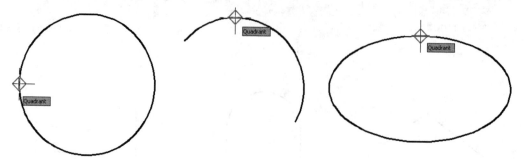

Intersection (Kesişim)

Çizim ekranında bulunan iki nesnenin kesişiminden tutar.

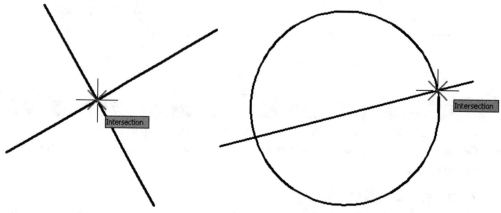

Extension (Uzantı)

Çizim ekranında bulunan bir çizginin veya bir yay parçasının kendi uzantısında bir noktadan tutmaya yarar. Bu modu kullanırken iki nesne işaretlenerek kesişim noktası da tutulabilir. Ayrıca bu modu diğer modlardan ayıran farkı, nesneye tıklanmaz. **Object Snap Tracking** komutunda olduğu gibi imleç istenilen noktaya getirilip işaretçi izi konularak kullanılır.

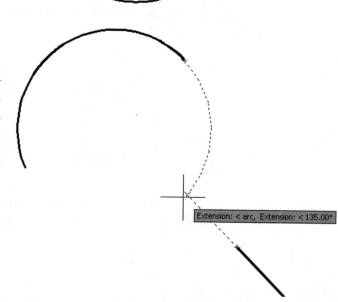

Şekilde bir yay nesnesi ve bir çizgi çizildi. Line komutunu çalıştırıp bu iki nesnenin ucuna işaretçi izi bıraktıktan sonra imleci bu iki nesnenin kesişeceği yere yaklaştırın. İmleç yeteri kadar yaklaşınca kesişim noktası resimde görüldüğü gibi belirtilecektir.

INSERTION (EKLEME)

Çizim ekranında bulunan blok nesnesinin yerleşim noktasından ya da yazının yerleşim noktasından tutar. **Node** kenetleme modunu anlatırken yazının yerleşim noktası iki tane olduğunda node komutunun diğer noktadan tuttuğunu söylemiştik. Bu kenetleme modu ise yazının yerleşim noktası ister tek olsun ister çift, mutlaka bu noktadan tutacaktır.

Soldaki şekil, bir blok nesnesidir. Bloklar dosyaya yerleştirilirken bir noktaya göre yerleştirilir. Bu yerleşim noktasından tutmak için insertion modu kullanılır. Bloklar ile ilgili tüm özellikleri ileriki derslerimizde göreceğiz.

Sağdaki şekil ise yine bir yazı nesnesidir. Görüldüğü gibi yazının iki yerleşim noktası vardır. Insertion modu, yazının center noktasından tutacaktır.

PERPENDICULAR (DİK)

Çizim ekranında belirtilen bir noktadan gösterilen nesneye dik olan noktasını bulur.

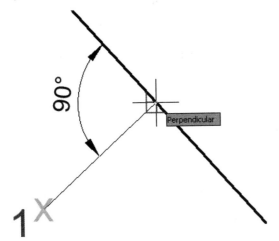

Tangent (Teğet)

Çember ve yay parçalarının teğet noktalarını tutar. Bu işlemi yapmadan önce, çizim ekranında bir nokta gösterilmedir. Ayrıca iki dairenin birbirine teğet olan noktalarından çizgi çizilebilir.

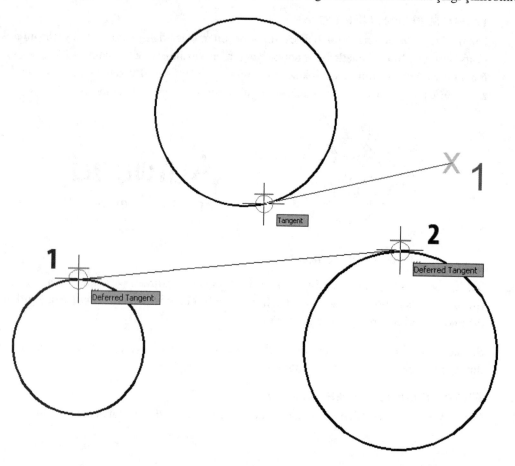

Üsteki şekilde **1.** nokta gösterildikten sonra teğet geçmesi istenilen bölüme doğru imleci yaklaştırıp Mouse'un sol tuşu ile tıkladığınızda, **1.** nokta ile teğet noktası arasında çizgi çizecektir. Bir noktaya göre dairenin iki teğet noktası vardır. Eğer çemberin alt kısmını gösterseydiniz o noktadan tutacaktı.

Alttaki şekilde ise, önce **1.** noktaya tıklayın daha sonra **2.** noktaya tıkladığınızda iki dairenin birbirine teğet olan noktalarından çizer.

Nearest (En Yakın)

İmleç objenin en yakın neresinde ise o noktadan tutulmasını sağlar. Örneğin; bir **Line** nesnesinin üç noktası vardır: **Başlangıç**, **Orta** ve **Bitiş**. Bu üç nokta haricinde herhangi bir noktadan tutmak isterseniz bu modu kullanabilirsiniz.

Çizim yaparken aksi bir durum olmadıkça bu kenetleme modunu sürekli açık bırakarak çizim yapmayın. Nedeni, siz farkında olmadan örneğin bir çizginin **uç noktasından** (*endpoint*) tutmak yerine yakın bir noktasından tutarak çiziminizin bu şekilde yanlış çizilmesine neden olabilirsiniz.

APPARENT INTERSECTION (İZAFİ KESİŞİM)

İki nesnenin kesişmeyen, ancak bakış açısından dolayı kesişmiş gibi görünen noktasından tutar. Bu komut özellikle 3 boyutlu çizimlerde kullanılır.

PARALLEL (PARALEL)

Bir çizginin üzerine işaretçi izi konularak aynı açıda başka bir çizgi çizmek için kullanılır.

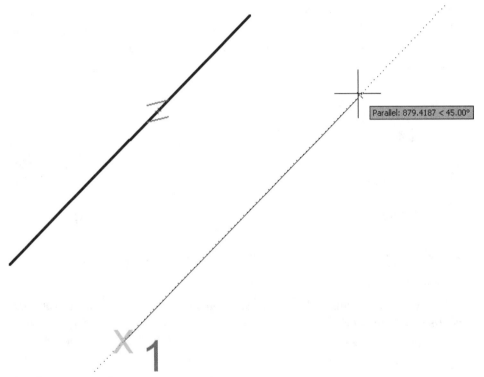

- **Line** komutunu çalıştırın.
- **1** nolu yere tıklayın.
- Daha sonra imleci çizginin üzerine getirip çekin. Çizgi üzerine işaretçi izi konulacaktır.
- İmleci çizgiye paralel olacak açıya doğru getirdiğinizde nokta nokta bir hat oluştuğunu göreceksiniz. İster bu hat üzerinde tıklayın, isterseniz klavyeden uzunluk yazarak istediğiniz uzunlukta ve belirttiğiniz çizginin açısında bir çizgi elde edebilirsiniz.

SELECT ALL (TÜMÜNÜ SEÇ)

Bu butona tıkladığınızda tüm kenetleme modları seçilecektir. Bu kenetleme modlarında dikkat edilecek husus, **Extension** ve **Parallel** kenetleme modlarında imleci nesnelerin istenilen yerlerine getirip çekiyoruz. Diğer kenetleme modlarında ise nesnelerin üzerlerine getirdikten sonra Mouse'un sol tuşu ile tıklıyoruz.

Kenetleme modlarından açık olmayan bir seçeneği bir defalık kullanmak isterseniz, komut içinde iken SHIFT tuşunu basılı tutup Mouse'un sağ tuşuna basarsanız kenetleme modları liste halinde gelecektir. Buradan istediğinizi seçip bir defalık kullanabilirsiniz.

M2P (MID 2 POINT)

Kenetleme tablosunda olmayan bir seçenek ise M2P komutudur. Bu komut ile gösterilen iki noktanın orta noktasının tutulmasını sağlar. Kendi başına bağımsız bir şekilde çalışmayan bu komut, osnap komutları gibi başka bir komutun altında çalışmaktadır. Yani şeffaf bir komuttur.

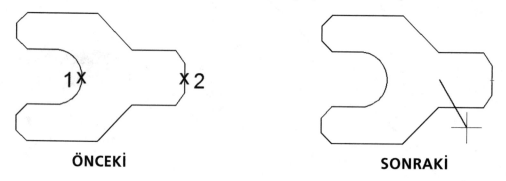

ÖNCEKİ   SONRAKİ

Soldaki şekilde **1** ve **2** nolu noktaların orta noktasından tutarak bir çizgi çizelim.

- Line komutunu çalıştırın.
- Shift tuşuna basılı tutun ve Mouse'un sağ tuşuna basın. Açılan menüden **Mid Beetween 2 Points** seçeneğini seçin.
- **1** nolu noktaya tıklayın.
- **2** nolu noktaya tıklayın.

İşlem sonucunda Line komutunun başlangıç noktası belirtilen **2** noktanın orta noktası olarak belirlenmiştir.

 NOT   Hem kendi başına hem de başka bir komut altında çalışabilen komutlara **Yarı şeffaf komut**, sadece başka komutların altında çalışabilen komutlara ise **Şeffaf komut** denir.

ÇİZİM KOMUTLARI (DRAW)

5

AutoCAD'de çizim yapmamıza olanak tanıyan komutlar vardır. Bunlara draw komutları adı verilir. Bu komutlara istenirse toolbar yardımı ile istenirse çekme menüden (*pulldown*) istenirse de komut satırına komutun tam adını ya da kısayolunu yazarak çalıştırabiliriz. Draw komutlarını resim üzerinden tek tek takip ederek uygulayalım.

LINE (ÇİZGİ)

Çizim ekranında belirtilen iki nokta arasına çizgi çizer. Bu çizgi ister 2 boyutlu düzlemde isterse 3 boyutlu düzlemde çizilebilir.

Menü: Draw → Line
Toolbar: Draw
Komut ile: LINE
Kısayolu: L

- Komut satırına L yazıp enter yapın.
- Çizim ekranında Mouse'un sol tuşu ile bir nokta belirleyin.
- Daha sonra diğer noktaları yine Mouse yardımı ile tek tek gösterin.
- Çizim işleminiz bitince komutu sonlandırmak için Enter tuşuna basın.

Resimdeki işlemi sırası ile yapalım.

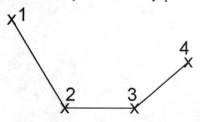

```
Command: LINE
Specify first point: (nokta gösterin)
Specify next point or [Undo]: (nokta gösterin)
Specify next point or [Undo]: (nokta gösterin)
Specify next point or [Close/Undo]: (nokta gösterin)
Specify next point or [Close/Undo]: (enter)
```

Komutu kullanırken görüldüğü gibi 3. noktadan sonra iki alt komut görünmekte. Bunlar: **Close** ve **Undo** komutları.

Undo komutunun anlamı, eğer bir noktayı yanlış gösterdiyseniz bu komutu kullanarak son girilen noktayı iptal edebilirsiniz.

Close komutunun anlamı ise, son girilen nokta ile ilk girilen nokta arasını bir çizgi ile bağlayıp komutu bitirir.

Bu tür alt komutları kullanmak için komutun hangi harfi ya da harfleri büyük ise, klavyeden o harfi ya da harfleri yazıp enter yapmalısınız.

CONSTRUCTION LINE (SONSUZ ÇİZGİ)

Çizim ekranında sonsuz çizgi çizilmesini sağlar.

Menü: Draw → Construction Line
Toolbar: Draw
Komut ile: XLINE
Kısayolu: XL

- Komut satırına XL yazıp enter yapın.
- Çizim ekranında bir nokta belirtin.
- Daha sonra çizginin açısını belirleyecek olan diğer noktayı belirtin.

Kullanıcı komutu sonlandırana kadar sizden sürekli nokta isteyecektir. Başka noktalar belirttiğinizde tek merkezli sonsuz çizgiler çizim ekranına çizilmiş olacaktır.

```
Command: XLINE
Specify a point or [Hor/Ver/Ang/Bisect/Offset]: (nokta gösterin)
Specify through point: (nokta gösterin)
```

```
Specify through point: (nokta gösterin)
Specify through point: (enter)
```

Xline komutunun beş tane alt komutu bulunmaktadır. Bunları sırası ile incelersek;

Hor (Yatay Düzlem): Sonsuz çizgiyi yatay düzlemde atmak için kullanılır.

- Komutu çalıştırın.
- H yazıp enter yapın.
- Çizim ekranında noktalarınızı belirtin.
- Oluşan tüm nesneler yatay düzlemde çizilmiş olacaktır.

Ver (Dikey Düzlem): Sonsuz çizgiyi dikey düzlemde atmak için kullanılır.

- Komutu çalıştırın.
- V yazıp enter yapın.
- Çizim ekranında noktalarınızı belirtin.
- Oluşan tüm nesneler dikey düzlemde çizilmiş olacaktır.

Ang (Açılı Düzlem): Sonsuz çizgiyi kullanıcı tarafından belirtilen açı ekseninde yapar.

- Komutu çalıştırın.
- A yazıp enter yapın.
- Açıyı çizim ekranında iki nokta gösterin ya da klavyeden açıyı yazarak enter yapın.
- Ardından çizim ekranında noktalarınızı belirtin.

Bisect (İkiye Bölerek): Kullanıcı tarafından 3 nokta ister. İlk iki nokta belirtildikten sonra 3. nokta ile diğer iki nokta arasının ortasından sonsuz çizgiyi oluşturur. Bu komut için resimdeki işlemi takip edin.

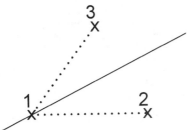

Offset (Öteleme): Gösterilen bir çizgiyi istenilen mesafe kadar öteler. Ötelenen mesafede yeni bir sonsuz çizgi oluşturur. Bu gösterilen çizgi xline, line, polyline olabilir.

- Komutu çalıştırın.
- O yazıp enter yapın.
- Öteleme mesafesini yazıp enter yapın.
- Ötelenecek çizgiyi seçtikten sonra hangi yöne doğru öteleneceğini Mouse'un sol tuşu yardımı ile belirtin.

PolyLine (Bileşik Çizgi)

Çizim ekranında bileşik çizgi çizilmesini sağlar. Bu komut Line komutuna benzer. Ancak line komutu ile oluşturulan çizgiler her biri bağımsız iken, polyline komutu ile oluşturulan çizgiler bir bütün halde oluşur. İstenirse bu polyline nesnesine arc nesnesi eklenebilir. Bu çizim nesnesinin bir bütün olmasının birçok avantajı vardır. En büyük avantajlarından bir tanesi kapalı bir nesne olmasından dolayı alan hesaplaması yapılabilir. Komutun kısayolu PL'dir.

Menü: Draw → PolyLine

Ribbon : Home -> Draw Panel -> Polyline

Toolbar: Draw

Komut ile: PLINE

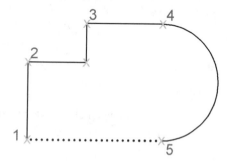

Kısayolu: PL

- Komut satırına PL yazıp enter yapın.
- Daha sonra Mouse'un sol tuşu yardımı ile ekranda noktalarınızı belirtin.
- Resimde görüldüğü gibi **4.** noktadan sonra çizgi **yay** (*arc*) şeklini almakta. Bu yay parçasını yapmak için **4.** noktayı da belirttikten sonra komut satırına A yazıp enter yapın ve **5.** noktayı belirtin.

Yay komutunu çalıştırdığımız için bu nesnede bundan sonraki tüm nokta gösterimlerinde yay çizecektir.

Yayı çizdikten sonra tekrar çizgi olarak devam etmesini istiyorsanız komut satırına L yazıp enter yapın.

Şekildeki **5.** noktayı da gösterdikten sonra işlemi bitirmek için enter yapabilir ya da Close alt komutunu kullanarak ilk girilen nokta ile son girilen nokta arasını kapatır.

Yukarıdaki şekli uygulayalım.

```
Command: PLINE
Specify start point: (nokta gösterin)
Current line-width is 0.0000
Specify next point or [Arc/Halfwidth/Length/Undo/Width]: (nokta gösterin)
Specify next point or [Arc/Close/Halfwidth/Length/Undo/Width]: (nokta gösterin)
Specify next point or [Arc/Close/Halfwidth/Length/Undo/Width]: (nokta gösterin)
```

```
Specify next point or [Arc/Close/Halfwidth/Length/Undo/Width]: (nokta gösterin)
Specify next point or [Arc/Close/Halfwidth/Length/Undo/Width]: A
Specify endpoint of arc or
[Angle/CEnter/CLose/Direction/Halfwidth/Line/Radius/Second pt/Undo/Width]:
(nokta gösterin)
```

5. noktadan sonra komut bitecek ise...

```
[Angle/CEnter/CLose/Direction/Halfwidth/Line/Radius/Second pt/Undo/Width]: (enter)
```

5. noktadan sonra çizgi kapatılacak ise...

```
Angle/CEnter/CLose/Direction/Halfwidth/Line/Radius/Second pt/Undo/Width]: L (enter)
Specify next point or [Arc/Close/Halfwidth/Length/Undo/Width]: C (enter)
```

Polyline komutunun da kendine ait alt komutları vardır. Bu alt komutları nasıl çalıştırılacağını daha önceden anlatmıştım. Tekrar etmek gerekirse, hangi alt komutu çalıştırmak istiyorsanız o komutun büyük harfini yazıp enter yaparak çalıştırabiliriz.

Bu alt komutları incelersek;

Arc: Polyline nesnesi oluşturulurken yay parçası eklenmesini sağlar.

Halfwidth: Polyline nesnesine kalınlık verilmesini sağlar. Başlangıç ve bitiş kalınlıkları farklı olabilir.

Halfwidth

```
Specify starting half-width <varsayılan>: 50 (enter)
Specify ending half-width <varsayılan>: 100 (enter)
```

Bu alt komut çalıştırıldığında yukarıdaki gibi iki değer isteyecek. İlk değer başlangıç yarı kalınlık değeri, ikincisi bitiş yarı kalınlık değeri. Resimde iki değer farklı girilmiştir. İstenirse başlangıç ve bitiş aynı kalınlık girilebilir. Verilecek değer negatif olamaz. Bu değerler komut bitse dahi hafızada kalacağından daha sonraki kullanımlarda tekrar bu alt komut çalıştırılarak değerler sıfırlanmalıdır.

Length: Bu alt komut çalıştırıldığında en son çizilen çizgi doğrultusunda verilen değer kadar ekleme yapar.

Undo: Son girilen çizgiyi iptal ederek bir önceki noktadan devam etmesini sağlar.

Width: Bu alt komut, half-width komutuna benzemektedir. Half-width komutunda kalınlığın yarısı verilirken bu alt komutta kalınlığın tam değeri verilir.

Width

```
Specify starting width <varsayılan>: 50 (enter)
Specify ending width <varsayılan>: 100 (enter)
```

AutoCAD'in 2001 sürümü ile birlikte pline nesnelerine müdahale çok kolaylaştı. Peki bu müdahaleler nelerdir?

Mevcut bir polyline nesnesine yeni bir çizgi ekleyebilir ya da çizgilerden herhangi birisini **arc** (*yay*) nesnesine dönüştürebiliriz.

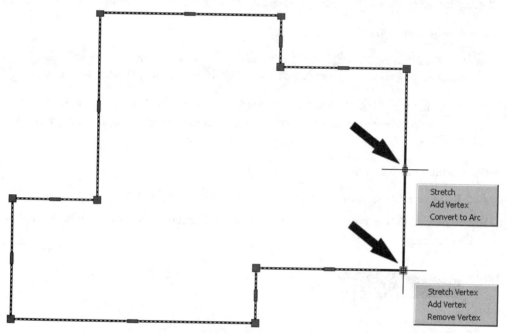

Resimdeki gibi çizim ekranında mevcut bulunan polyline nesnesini komut girmeden seçin. Bu nesnenin vertex noktalarında mavi kutucuklar göreceksiniz. Bu mavi kutucuklar iki farklı şekildedir. Köşe noktalarda kare şeklinde, çizginin ortasında ise dikdörtgen şeklindedir. İmleci bu mavi kutucukların üzerinde beklettiğinizde küçük bir tablo gelecek. Köşe noktalarda, **Stretch Vertex**, **Add Vertex** ve **Remove Vertex**'dir.

Çizginin ortasındaki mavi kutucukta beklettiğinizde ise **Stretch**, **Add Vertex** ve **Convert to Arc** seçenekleridir.

Stretch Vertex, mavi noktanın yerinin değiştirilmesini bununla beraber kutucuğa bağlanan iki çizginin de boyutunun değiştirilmesini sağlayacaktır.

Stretch, kutucuğun bulunduğu çizginin yer değiştirilmesini ve bu çizgiye bağlanan diğer iki çizginin de boyutunun değiştirilmesini sağlayacaktır.

Add Vertex seçeneğini seçtiğinizde, mevcut polyline nesnesine yeni bir çizgi daha eklenmesini sağlayacaktır.

Convert to Arc seçeneğini işaretlediğinizde ise, seçilen çizgi **arc** (*yay*) nesnesine dönüşecektir.

Mouse'u köşe grid noktalarından herhangi birisinin üzerine getirip beklettiğinizde köşe grid seçenekleri haricinde bu noktaya bağlı çizgilerin ebatları ile ilgili bilgiyi de göreceksiniz. Tıklama işleminden sonra bu çizgileri yeniden boyutlandırabilirsiniz. Çizgiler arasında geçiş için TAB tuşunu kullanın.

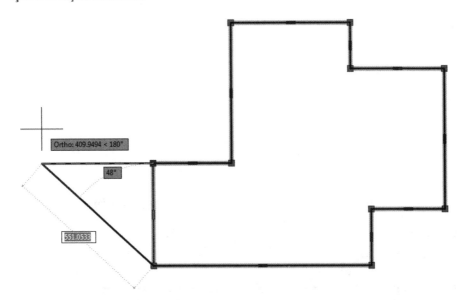

Polygon (Çokgen)

Kullanıcı tarafından köşe sayısı belirtilerek çokgen nesne oluşturulmasını sağlar. Bu çokgen'in köşe sayısı 3 ila 1024 arasında olabilir.

Komut satırına POL yazın ve enter yapın. Köşe sayısını girin. Oluşturulacak polygon merkez noktasını girin. **1.** nokta olarak merkez noktasını gösterdikten sonra, oluşturulacak polygon yöntemini girin. Bu yöntem için aşağıdaki resimi inceleyin. **2.** noktayı girdikten sonra çokgen nesnesi çizilecektir. Bu nesne yapı olarak polyline nesnesi ile aynıdır.

Ribbon: Home tab → Draw Panel → Polygon

Menü: Draw → Polygon

Toolbar: Draw

Komut ile: POLYGON

Kısayolu: POL

Inscribed in circle yöntemi kullanılarak çizilecek polygon, bir daire varmış gibi düşünür isek bu dairenin içinde oluşacaktır.

Circumscribed about circle yöntemi ile çizilecek polygon ise, dairenin dışında oluşacaktır.

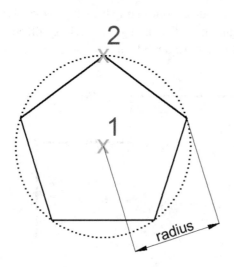
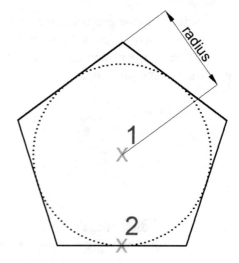

Inscribed in CircleCircumscribed about Circle

Komut sırası:

```
Command: POLYGON
Enter number of sides <4>: 5 (enter)
Specify center of polygon or [Edge]: (1. noktayı gösterin)
Enter an option [Inscribed in circle/Circumscribed about circle] <C>: I veya C
Specify radius of circle: (2. noktayı gösterin)
```

Polygon nesnesinde EDGE adlı bir alt komut vardır. Bu alt komutun anlamı, çizilecek çokgen nesnesinin kenar uzunluğunu girerek oluşturabilirsiniz.

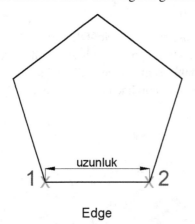

Edge

```
Command: POLYGON
Enter number of sides <4>: 5 (enter)
Specify center of polygon or [Edge]: E (enter)
Specify first endpoint of edge: (1.noktayı gösterin)
Specify second endpoint of edge: (2.noktayı gösterin ya da kenar uzunluğunu
yazıp enter yapın)
```

Rectangle (Dikdörtgen)

Çizim ekranına dikdörtgen çizer. Bu dikdörtgeni kullanıcı isterse Mouse yardımı ile değer girmeden, isterse değer girerek oluşturabilir. Bu nesne yapı olarak polyline nesnesi ile aynıdır.

Ribbon: Home tab → Draw Panel → Rectangle
Menü: Draw → Rectangle
Toolbar: Draw
Komut ile: RECTANGLE
Kısayolu: REC

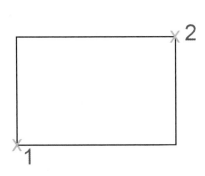

2 nokta girerek

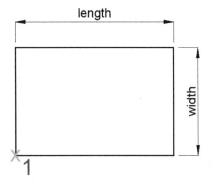

2 köşenin uzunluğunu girerek

İki nokta girerek:
- Rectangle komutunu çalıştırın.
- **1.** noktayı belirtin.
- **2.** noktayı belirtin.

2 kenarın uzunluğunu girerek:
- Rectangle komutunu çalıştırın.
- **1.** noktayı belirtin.
- D alt komutunu çalıştırın.
- X yönündeki mesafesini (*length*) yazıp enter yapın.
- Y yönündeki mesafesini (*width*) yazıp enter yapın..
- Oluşan dikdörtgenin yerleşim şeklini Mouse'un sol tuşu ile belirtin.

İşlem sırası:

```
Command: RECTANGLE
Specify first corner point or [Chamfer/Elevation/Fillet/Thickness/Width]: (1. nokta)
Specify other corner point or [Area/Dimensions/Rotation]: D (enter)
Specify length for rectangles <10.00>: (uzunluk değerini girin)
Specify width for rectangles <10.00>: (genişlik değerini girin)
Specify other corner point or [Area/Dimensions/Rotation]: (yerleşim şeklini belirtin)
```

Rectangle komutunun da alt komutları mevcuttur. Bunlardan en çok kullanılanlar;

Chamfer (Pah Kırma): Kullanıcı tarafından verilen değerler kadar köşeleri pah kırılarak dikdörtgen oluşturulur. Bu değer hafızada saklı kalacağından bir sonraki kullanımda sıfırlanmalıdır.

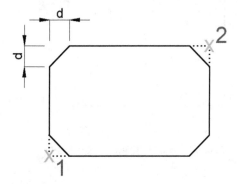

İşlem sırası:

```
Command: RECTANGLE
Specify first corner point or [Chamfer/Elevation/Fillet/Thickness/Width]: C (enter)
Specify first chamfer distance for rectangles <10.0000>: (Değer girin)
Specify second chamfer distance for rectangles <10.0000>: (Değer girin)
Specify first corner point or [Chamfer/Elevation/Fillet/Thickness/Width]:(1. nokta)
Specify other corner point or [Area/Dimensions/Rotation]: (2. nokta)
```

Fillet (Yuvarlama): Kullanıcı tarafından verilen yarıçap değeri kadar köşeleri yuvarlanarak dikdörtgen oluşturulur. Bu değer hafızada saklı kalacağından bir sonraki kullanımda sıfırlanmalıdır.

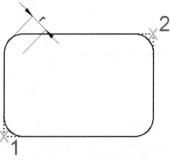

Rectangle / Fillet

İşlem Sırası:

```
Command: RECTANGLE
Specify first corner point or [Chamfer/Elevation/Fillet/Thickness/Width]: F (enter)
Specify fillet radius for rectangles <0.0000>: (Değer girin)
Specify first corner point or [Chamfer/Elevation/Fillet/Thickness/Width]:(1. nokta)
Specify other corner point or [Area/Dimensions/Rotation]: (2. nokta)
```

ARC (YAY)

Çizim ekranına yay parçası çizmemizi sağlar. Kullanıcı tarafından belirtilen 3 noktayı baz alarak yay parçası oluşturulur. Fonksiyonel olarak alt komutları da vardır. Ancak daha kullanışlı olması için bu komutun alt komutlarını **Draw** menüsündeki **Arc** komutunun içinde bulunan seçeneklerden yapmak daha pratik olacaktır.

Menü: Draw → Arc

Ribbon : Home -> Draw Panel -> Arc

Toolbar: Draw

Komut ile: ARC

Kısayolu: A

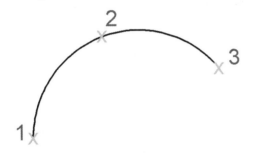

Şekilde örneği verilen çizimi yapmak için:

```
Command: ARC
Specify start point of arc or [Center]: (1. nokta)
Specify second point of arc or [Center/End]: (2. nokta)
Specify end point of arc: (3. nokta)
```

Arc komutunu daha pratik yapılabilmesini sağlayan bazı fonksiyonel alt komutlarının olduğunu söylemiştim. Bu komutlardan birkaçını resimli olarak gösterip uygulamasını yapalım.

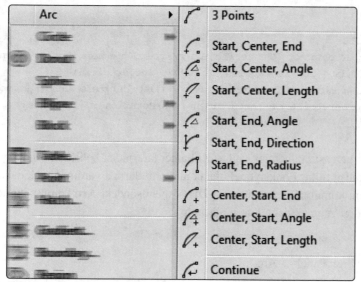

3 Points: Yukarıda örneğini yaptığımız **arc** çizimini yapar.

Start, Center, End (Başlangıç, Merkez, Son): 1. nokta arc'ın başlangıç noktası, **2.** nokta arc'ın merkez noktası, **3.** nokta arc'ın son noktası.

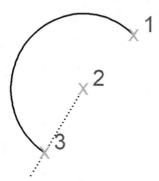

Start, Center, End

Start, Center, Angle (Başlangıç, Merkez, Açı): 1. nokta arc'ın başlangıç noktası, **2.** nokta arc'ın merkez noktası, **Arc**'ın açısı. Bu açı saatin ters yönünde ilerler.

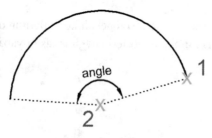

Start, Center, Angle

Start, Center, Length (Başlangıç, Merkez, Uzunluk): 1. nokta arc'ın başlangıç noktası, **2.** nokta arc'ın merkez noktası, Arc'ın başlangıç noktası ile bitiş noktası arasındaki dik mesafesi.

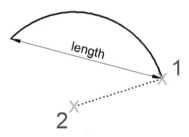

CIRCLE (ÇEMBER)

Çizim ekranına çember çizilmesini sağlar. Aksi belirtilmedikçe her zaman kullanıcıdan çemberin yarıçapı sorulur. Alt komutlar aracığı ile istenirse yarıçap yerine çap girilerek de çember oluşturulabilir. Komutun kısayolu C'dir.

Menü: Draw → Circle
Ribbon : Home -> Draw Panel -> Circle
Toolbar: Draw
Komut ile: CIRCLE

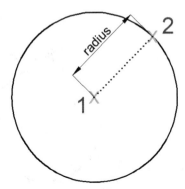

Çember çizilişini resimdeki örneğe bakarak yapabilirsiniz.

- Komutu çalıştırın.
- Çemberin merkez noktasını belirleyin.
- Çemberin 2nci noktası için nokta belirleyin ya da klavyeden yarıçap değerini yazıp enter yapın.

Diğer komutlarda olduğu gibi bu komutunda alt komutları mevcuttur. Bunları sırası ile inceleyelim.

3P (3 Point): Bu alt komutta verilen 3 noktadan geçen bir çember çizilir. Çizilen dairenin yarıçapı gösterilen 3 noktaya göre otomatik olarak hesaplanır. Komutu resimdeki örnek üzerinden iki şekilde gösterelim.

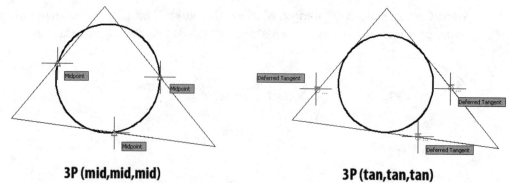

3P (mid,mid,mid)   **3P (tan,tan,tan)**

Soldaki şekilde 3 nokta isterken üçgenin orta noktaları işaretlenir. Oluşan çember görüldüğü gibi 3 noktadan geçecek şekilde çizilir.

Sağdaki şekilde ise 3 nokta gösterilirken midpoint yerine **Quadrant** seçeneği işaretlenerek çizgiler gösterilir. Bu oluşan çember, 3 çizgiye teğet olacak şekilde çizilir.

2P (2 Point): Bu alt komutta kullanıcı tarafından verilecek olan 2 noktaya göre daire çizilir.

Ttr (Tangent, Tangent, Radius): Bu alt komutta ise, isminden anlaşılacağı gibi, 2 nesnenin tanjant noktası gösterilir. Ardından yarıçap değeri girilir.

Şekildeki daireyi yapmak için;

- `Circle` komutunu çalıştırın.
- `Ttr` alt komutunu girin.
- **1**. çizgiyi gösterin.
- **2**. çizgiyi gösterin.
- Yarıçap değerini yazıp enter yapın.

Bu işlemi yaptığınızda verilen yarıçap değerine göre iki çizgiye teğet geçecek şekilde daire çizilir.

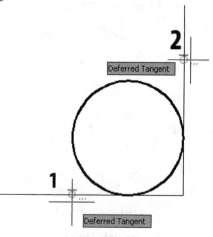

Ttr (tan,tan, radius)

Revision Cloud (Revizyon Bulutu)

Bulut şekli oluşturur. Bu bulut şekli çizim üzerinde bir bölümü ifade etmek için kullanılır.

Ribbon : Home tab Draw Panel Revision Cloud

Menü : Draw Revision Cloud

Toolbar : Draw

Komut ile : REVCLOUD

Revision Cloud komutunun 3 alt seçeneği vardır. Bunlar, Rectangular, Polygonal ve Freehand seçenekleridir.

Komut ilk çalıştırıldığında aktif olan Rectangular seçeneğidir.

- Komut çalıştırın ve çizim ekranı üzerinde mouse'un sol tuşu ile bir nokta gösterin.
- Mouse'u hareket ettirdiğinizde dörtgen şeklinde bulut çizimi oluşmaya başlayacaktır.
- Tekrar çizim ekranında mouse'un sol tuşu ile nokta belirterek bulut çizimini tamamlayın.

Polygonal seçeneğinde, bulut için başlangıç noktası belirtildikten sonra çizim ekranında diğer noktalar için tek tek tıklanarak bulutun oluşturulması sağlanır.

Freehand seçeneğinde ise, referans nokta gösterildikten sonra mouse'un hareketini takip ederek otomatik olarak bulut oluşturulur.

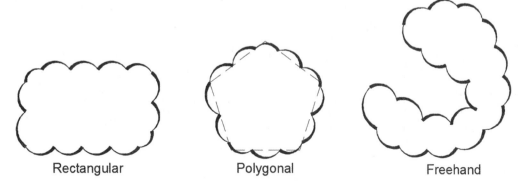

Bu komutun da diğer komutlarda olduğu gibi alt komutları vardır. Bu alt komutları sırası ile inceleyelim.

Arc length:

Bulutu oluşturan yayların minimum ve maksimum uzunluklarını girmek için kullanılır.

Specify minimum length of arc <15>: (Minimum yay uzunluğu)

Specify maximum length of arc <15>: (Maksimum yay uzunluğu)

Object :

Seçilen bir nesnenin bulut şekline dönmesini sağlar.

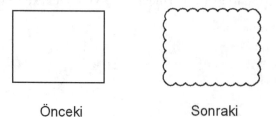

Önceki   Sonraki

Şekildeki resimde soldaki nesne `rectangle` komutu ile oluşturulmuş bir polyline nesnesi.

- Komutu çalıştırın.
- Object alt komutunu girin.
- Nesneyi seçin.
- Seçim işleminden sonra bir uyarı gelecek.

`Reverse direction [Yes/No] <No>:`

Bu uyarıya **No** derseniz, yaylar aynı şekilde kalacaktır. **Yes** derseniz yaylar dış bükey olarak çizilecektir.

Style :

Bulutu oluşturan yayların genişliğini değiştirir. 2 seçenek mevcuttur. Normal ve Calligraphy. Resimde ikisinin arasındaki farkı görebilirsiniz.

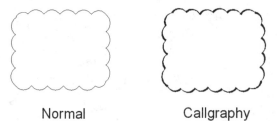

Normal   Callgraphy

SPLINE (EĞRİSEL BİLEŞİK ÇİZGİ)

Eğrisel polyline çizmek için kullanılır.

Menü: Draw → Spline
Toolbar: Draw
Komut ile: SPLINE
Kısayolu: SPL

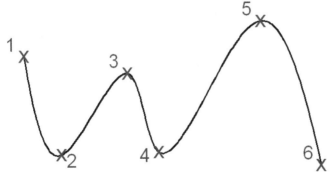

Komutu çalıştırın. Resimde sırası ile belirtilen noktaları gösterdikten sonra enter'a basın.

```
Specify start tangent:
```

Yukarıdaki ileti gelecektir. Anlamı, spline'nın başlangıç noktasının hangi teğet noktasına göre biteceğini sorar. Belirtilmeyecek ise enter'a basıp devam edin.

```
Specify end tangent:
```

İlk noktanın bitişinden sonra son noktanın hangi teğet noktasına göre biteceğini belirleyin. Belirlemeyecek iseniz enter'a basıp devam edin.

İşlem Sırası:

```
Specify first point or [Object]: (1. nokta)
Specify next point or [Close/Fit tolerance] <start tangent>: (2. nokta)
Specify next point or [Close/Fit tolerance] <start tangent>: (3. nokta)
Specify next point or [Close/Fit tolerance] <start tangent>: (4. nokta)
Specify next point or [Close/Fit tolerance] <start tangent>: (5. nokta)
Specify next point or [Close/Fit tolerance] <start tangent>: (6. nokta)
Specify start tangent: (enter)
Specify end tangent: (enter)
```

ELLIPSE (ELİPS)

Elips çizmek için kullanılan komuttur.

Menü: Draw → Ellipse
Toolbar: Draw
Komut ile: ELLIPSE
Kısayolu: EL

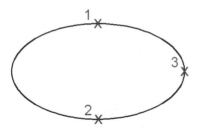

Komut kullanılırken kullanıcıdan 3 nokta ister. Bu 3 noktaya göre elips nesnesini çizim ekranına oluşturur.

ELLIPSE ARC (YAY ELİPS)

Parça şeklinde elips yapmak için kullanılır. Bu komut ayrı bir komut değil, Elipse komutunun alt komutudur.

Menü: Draw → Elipse Arc
Toolbar: Draw
Komut ile: ELLIPSE komutunun ARC alt komutu ile.

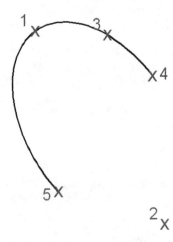

Bu komutu kullandığımızda ise AutoCAD kullanıcıdan resimde görüldüğü gibi 5 nokta ister.

Bu noktaların ne olduğunu incelersek;

```
Command: ELLIPSE
Specify axis endpoint of ellipse or [Arc/Center]: _A
Specify axis endpoint of elliptical arc or [Center]:
1       (Elipsin uzun aksının başlangıç noktası)
Specify other endpoint of axis:
2       (Elipsin uzun aksının bitiş noktası)
Specify distance to other axis or [Rotation]:
3       (Uzun aksın kısa aksa olan mesafesi)
Specify start angle or [Parameter]:
4       (Elips yayın başlangıç noktası)
Specify end angle or [Parameter/Included angle]:
5       (Elips yayın bitiş noktası)
```

INSERT BLOCK (BLOK ÇAĞIRMA)
Bu komut için BLOCK konusunu okuyun.

MAKEBLOCK (BLOK YAPMA)
Bu komut için BLOCK konusunu okuyun.

Point (Nokta)

Çizim içerisinde istenilen yerlere nokta koymak için kullanılır. Bu konulan noktaların Auto-CAD tarafından kullanıcıya sunulan nokta çeşitleri ile görünümleri sağlanabilir. Çizim içerisine nokta koymaktan ziyade, ileriki derslerde göreceğimiz Divide ve Measure komutlarında bu noktalar kullanılmaktadır.

Menü: Draw → Point → Single Point

Toolbar: Draw

Komut ile: POINT

Kısayolu: PO

Menüdeki point komutuna baktığımızda iki seçenek görülmektedir. Bunlar: **Single Point** ve **Multiple Point**

Single Point komutunu çalıştırdıktan sonra noktanın yerini ekranda gösterince komut bitmektedir.

Multiple Point komutunda ise nokta koyma işlemi bitince komut sürekli tekrarlanmaktadır.

Ekranda görmüş olduğunuz bu nokta çeşitlerini değiştirmek isterseniz;

Menü: Format → Point Style

Komut ile: DDPTYPE

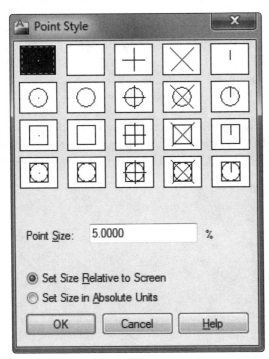

Komutu çalıştırdığınızda resimdeki görüntü gelecektir. Görüldüğü gibi tablomuzda 20 adet nokta çeşidi vardır. Bu noktalardan istediğinizi seçebilirsiniz. Bazı nokta çeşitleri çizgi gibi görünse de, çizgilerin sadece birer görüntü olduğunu bilin. Bu noktaların yerleşim yerinden tutmak için **Osnap** komutlarından **Node** seçeneğini kullanabilirsiniz.

Tablonun alt bölümünde iki seçenek mevcut. Bunların ne olduğunu açıklayalım.

Set Size Relative to Screen: Nokta büyüklükleri ekranın yüzdesine göre hesaplanacaktır. Çizimde yaklaşma-uzaklaşma işlemi yapıldığında REGEN komutu verilirse bu büyüklükler ekranın büyüklüğüne göre tekrar hesaplanacaktır.

Set Size in Absolute Units: Nokta büyüklükleri çizim olarak kabul edilerek sabitlenir.

Bu değerleri orta bölümde yer alan **Point Size** seçeneğinden ayarlayabilirsiniz.

 Çiziminizde görsel olarak bozukluklar olduğunda örneğin daireler yuvarlak değil de köşeli hale gelirse, **REGEN** (*Yeniden türet*) komutunu kullanarak bu sorunu çözebilirsiniz.

Hatch (Tarama)
Bu komut için Nesneleri Tarama konusunu okuyun.

Gradient (Boyama)
Bu komut için Nesneleri Boyama konusunu okuyun.

Region (Bölge)
2 boyutlu uçları birleşik kapalı nesneleri bir bütün hale getirir. Oluşan nesne özellik bakımından yüzeysel bir katı nesne olmuştur. Bir bütün haline getirilen nesne içerisinden başka bir kapalı alan çıkartılabilir. Bu sayede örneğin alan hesabı çok rahatlıkla yapılabilir. Alan ekleme-çıkarma işlemini katı model düzenleme bölümünde inceleyeceğiz.

Table (Tablo)
Bu komutla oluşturulan nesnelere özellik bakımından Excel diyebiliriz. Kullanıcı tarafından verilen satır ve sütun sayısına bağlı olarak tablomuzu oluşturup müdahale ederiz. Bu oluşturulan tablo üç bölümdür. **Ana başlık**, **ara başlık** ve **bilgi** bölümleridir (*Title, Header, Data*).

Ribbon: Home tab → Annotation Panel → Table
Menü: Draw → Table
Toolbar: Draw
Komut ile: TABLE

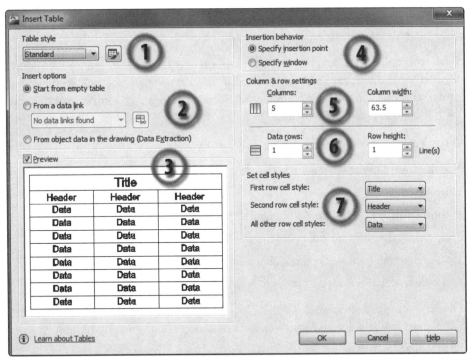

Komutu çalıştırın. Resimdeki gibi tablo gelecektir. Bu tabloyu numara sırasına göre inceleyelim.

1. Bu bölümde hafızada saklanan tablo ayarlarınızı seçebilirsiniz. Eğer yeni bir tablo ayarı yapmak ve kaydetmek istiyorsanız bu bölümdeki butona basabilirsiniz.

2. **Start from emptye table** seçeneği oluşturulacak olan tablonun boş bir tablo olacağını ifade eder. Eğer bu bölümde **From a data link** seçeneğini seçerseniz sizden bilgisayarınızda bulunan bir Excel dosyasını seçmenizi ister. Seçilen Excel dosyasındaki ayarlar bu tabloya aktarılır.

3. Bu bölümde yapılan tablo ayarlarının önizlemesini görebilirsiniz.

4. **Specify insertion point** seçeneği aktif iken **OK** butonuna basarsanız, girmiş olduğunuz değerlere göre tablo çizim ekranına yerleştirilir. Tablonun sol üst köşesi referans alınır. Eğer **Specify window** seçeneği aktif iken **OK** butonuna basarsanız, tablonun sol üst köşesi yerleşim noktası kabul edilir ve siz Mouse'u sağ alt bölüme doğru hareket ettirdiğinizde satır ve sütun sayıları otomatik olarak değişir. Bu seçeneği seçerken, **5** ve **6** nolu bölümde hangisini işaretler iseniz ona göre tablo biçimlendirilir. Örneğin; **5** nolu'da **Columns** seçeneğini işaretleyin ve değerini 5 yapın. **6** nolu yerde ise **Row height** seçeneğini işaretleyin. **OK** butonuna basın. Tablonun sol üst yerleşim noktasını işaretledikten sonra sağ alt bölüme doğru Mouse'u hareket ettirdiğinizde sütun sayısı sabit kalacak yani 5 sütun olacak. Satır sayısı ise Mouse'un yerine göre artacak ya da azalacaktır.

5. **Columns**, sütun sayısını ifade eder. **Column width** ise sütun aralıklarını belirlemenize yardımcı olur. **Specify window** seçili iken bu seçeneklerden birisini seçerek işlem yapabilirsiniz. Kapalı olan seçenek AutoCAD tarafından otomatik olarak hesaplanacaktır.

6. **Data rows**, satır sayısını ifade eder. **Row height** ise, satır yüksekliğidir.

7. Oluşturacağımız tablonun üç kısım olduğunu söylemiştik. Bu bölüm ise, her bölümün hangi stile sahip olacağını belirler.

   First row cell style: Ana başlık kısmının nasıl olacağına karar verir. Seçeneklerde **Title**, **Header** ve **Data** seçenekleri mevcuttur. Bu listeden istenilen seçenek seçilerek başlık kısmının nasıl olacağına karar verebilirsiniz. Seçilen özelliği değiştirdikçe sol bölümde preview bölümünden takip edebilirsiniz.

   Bu seçenekleri anlattığımıza göre bir uygulama yapalım.

   - **Specify insert point** seçeneğini seçin.
   - **Columns** değerini 3 yapın.
   - **Column width** değerini ise 50 olarak değiştirin.
   - **Data rows** değerini 5 olarak değiştirin.
   - **Data height** değerini ise 1 olarak değiştirin.
   - **OK** butonuna basıp ekranda bir nokta belirleyin.

   Gördüğünüz gibi 3 sütun ve 7 satırdan oluşan tablomuzu çizimimize yerleştirdik. Değer olarak 5 satır demiştik ancak 7 satır yaptı. Nedeni ise; 1. satır, ana başlık için, 2. satır ise ara başlıklar için eklenmiştir.

   Şimdi bu hücrelerin içine istediğimiz yazıları yazalım. Bu yapacağımız işlemler için bir komut yoktur. Yapmanız gereken hangi hücreye yazı yazmak istiyorsanız o hücreye tıklayıp istediğiniz yazıyı yazın.

- Ana başlık hücresine tıklayın ve `MALZEME LİSTESİ` yazın. Yazım işlemi bittikten sonra ekranın boş bir yerine Mouse'un sol tuşu ile tıklayın.
- Ara başlık hücresinde 1. hücreye `S.NO`, 2. hücreye `MALZEME ADI`, 3. hücreye ise `MİKTARI` yazın.
- `S.NO` altında kalan tüm hücrelere sırası ile 1, 2, 3, 4, 5 yazın.
- `MALZEME ADI` altında kalan hücrelere sırası ile `Defter`, `Kalem`, `Silgi`, `Çanta`, `Kitap` yazın.
- `MİKTARI` altında kalan hücrelere ise 50, 100, 100, 25, 40 yazın.

Bu değerleri yazdıktan sonra aşağıdaki gibi bir tablo elde edeceksiniz.

MALZEME LİSTESİ		
S.NO	MALZEME ADI	MİKTARI
1	Defter	50
2	Kalem	100
3	Silgi	100
4	Çanta	25
5	Kitap	40

Resimde görüldüğü gibi tüm sütunların ara mesafesi eşit. Halbuki `S.NO` sütununa daha az yer ayırabiliriz. Bunun için yapmanız gereken, herhangi bir komut girmeden Mouse'un sol tuşu ile tabloya tıklayın. Tablo üzerinde bazı noktaların grip noktalarını göreceksiniz. `S.NO` yanındaki çizginin grip noktasına tıklayın ve sola doğru istediğiniz yere kadar sürükleyip tıklayın.

`S.NO` altında bulunan sayılar gördüğünüz gibi sağa yaslanmış bir vaziyette. Bu yazıları ortalayalım. Bunun için çoklu seçim yapabilirsiniz.

5 nolu hücrenin içine Mouse'un sol tuşu ile basılı tutun 1 nolu hücrenin içinde sol tuşu serbest bırakın. Bu hücrelerin hepsi seçili olacaktır.

Mouse'un sağ tuşuna bastığınızda gelen menüden **Alignment → Middle Center** seçeneğini işaretlerseniz bu yazılar hücreye hem sağdan-soldan hem de yukarıdan-aşağıdan ortalanır.

Diğer seçenekleri kendiniz deneyebilirsiniz.

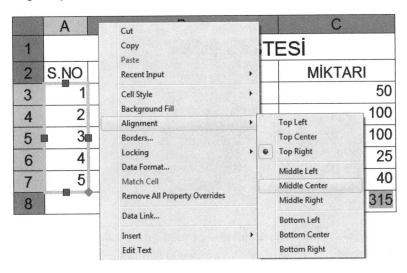

Bu yaptığımız tabloda en alta bir satır daha açmamız gerektiğini düşünelim. Bu hücreye de `TOPLAM` adını vererek değerleri toplayalım ve tablomuzu bitirelim.

En alttaki satırdan bir hücreye tıklayın ve sağ tuş yapın.

Açılan menüden satır ekleyeceğimiz için **Rows** bölümünde yer alan **Insert Below** seçeneğini seçin.

Bu işlem yeni hücrenin alta ekleneceğini ifade eder. Eğer üste eklemek isteseydik Insert Above seçeneğini seçmemiz gerekirdi. Bu işlemden sonra en alta yeni bir satırın eklendiğini göreceksiniz.

En alt satırda S.NO ve MALZEME ADI hücrelerini birleştirelim.

Bunun için iki hücreyi de seçin. Seçme işlemini bir hücrenin içinde Mouse'un sol tuşuna basılı tutarak diğer hücreye sürükleyin. Ya da bir hücrenin içine tıklayın klavyeden `SHIFT` tuşunu basılı tutup diğer hücreleri seçin. Aynı işlevi görecektir.

Ardından sağ tuş yapın.

Açılan menüden **Merge → All** seçeneğini işaretlerseniz bu iki hücre birleşecektir.

Bu hücreye de TOPLAM yazarak işlemi bitirin.

Son olarak da MİKTARI sütununda bulunan değerleri en alta formül girerek toplayalım. Bu işlemden sonra aynı excel'deki gibi değerleri değiştirdiğinizde sonuç otomatik olarak değişecektir.

Boş hücreye tıklayın ve sağ tuş yapın.

Açılan menüden **Insert → Formula → Sum** seçeneğini seçin.

Ardından toplamı alınacak hücreleri Mouse ile pencere açarak seçin.

Seçim işleminden sonra bu boş hücreye =Sum(C3:C7) yazdığını göreceksiniz.

Enter'a basarak işlemi bitirebilirsiniz.

	A	B	C
1		MALZEME LİSTESİ	
2	S.NO	MALZEME ADI	MİKTARI
3	1	Defter	50
4	2	Kalem	100
5	3	Silgi	100
6	4	Çanta	25
7	5	Kitap	40
8		TOPLAM	=Sum(C3:C7)

Şekilde görüldüğü gibi formül için seçim işlemini nasıl gireceğinizi ve seçim işleminden sonra ne yazması gerektiğini görüyorsunuz. Formülün anlamı, C3 hücresi ile C7 arasında bulunan tüm hücreleri topla demektir.

Sağ tuş görevleri:

Bir hücreye tıklayıp sağ tuş yaptığınızda bir menü gelecektir. Bu tablodaki seçeneklerin anlamlarını öğrenelim.

Cut: Seçilen hücredeki bilgileri hafızaya alıp, hücredeki bilgiyi siler. Baska bir hücreye **Paste** seçeneği ile yapıştırılabilir.

Copy: Seçilen hücreyi kopyalar.

Cell Style: Hücrenin özelliğini **Title, Header** ya da **Data** olarak değiştirmenize olanak tanır.

Background Fill: Hücreyi boyamanızı sağlar.

Alignment: Hücrenin içindeki verinin nasıl yerleşeceğini belirler.

Borders: Seçilen hücrenin etrafındaki çizgilerin özelliklerini değiştirmenizi sağlar.

Locking: Hücrenin özelliğinin ya da içeriğinin kilitlenmesini sağlar.

Data Format: Hücre içindeki verinin tarih, sayı, metin vs. olarak değiştirmenizi sağlar.

Match Cell: Hücre özelliğinin diğer hücrelere aktarılmasını sağlar. Bu seçeneği seçtikten sonra değişecek hücreleri gösterin.

Remove All Property Overrides: Hücreye uygulanmış özellikleri kaldırmanızı sağlar.

Data link: Hücreye Excel dosyasından bağlantı yapmanızı sağlar.

Insert: Hücre içine formül ya da bir dosya bağlanmasını sağlar.

Edit Text: Hücre içindeki veriye müdahale etmenizi sağlar.

Manage Content: Hücreye bağlanmış olan özelliklerin sırasını belirlemenize yardımcı olur.

Delete Content: Hücreye bağlanmış olan özelliklerden istediğiniz silmenize yardımcı olur.

Delete All Contents: Hücreye bağlanmış olan tüm özellikleri siler.

Columns: Sütun ekleme,çıkarma işlemlerini yapar.

Rows: Satır ekleme,çıkarma işlemlerini yapar.

Merge: Hücrelerin birleştirilmesini sağlar. Bu işlem için birden fazla hücre seçmelisiniz.

UnMerge: Birleştirilen hücrelerin eski haline gelmesini sağlar.

Properties: Hücre bilgilerini **Modify** tablosu içerisinde gösterir. Özellikleri bu tablodan da değiştirebilirsiniz.

Quick Properties: Durum çubuğunda bulunan **QP** aktif hale getirir. Bu özellik açık iken seçilen nesnelerin kısa bilgilerini içeren küçük bir tablo ekrana gelir.

MultiLine Text (Çok satırlı Yazı)

Bu komut için Yazı Yazma ve Düzenleme konusunu okuyun.

Add Selected (Seçilenden Ekle)

Bu özellik ile çizim içerisinde bulunan bir nesne referans alınarak aynı özellikte yeni bir nesne yapabiliriz.

Komutu çalıştırdığınızda kullanıcıdan referans bir nesne isteyecek. Bu referans nesne seçiminden sonra, seçilen nesne hangi komut ile oluşturulduysa o komut çalışır ve yeni nesne kullanıcının belirttiği nokta ve değerlere göre oluşturulmaya başlanır. Yeni oluşacak nesne, seçilen nesnenin özeliklerinin aynısını taşır.

BOUNDARY ICON (SINIR)

Kapalı bir alan içerisine hızlı bir şekilde polyline yada region yapılmasını sağlar. Bu komut, Draw toolbarında bulunmamaktadır.

Ribbon: Home Tab > Draw Panel > Boundary

Menü: Draw > Boundary

Komut ile: BOUNDARY

Kısayolu: BO

- Boundary komutunu çalıştırın.
- Object Type kısmından oluşturulacak nesneyi seçin.
- Ekrana gelen tablodan **Pick Points** butonuna tıklayın.
- Kapalı alan içerisine tıklayın.
- Alan kapalı ise, bu alan kesik kesik hat ile gösterilecektir.

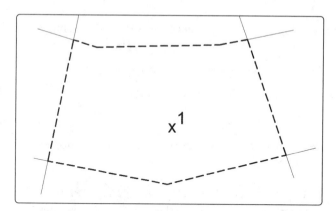

- İşlemi bitirmek için enter tuşuna basın.

İşlem sonucunda belirtilen kapalı alan çevresine istenilen nesne oluşturuldu.

NESNE DÜZENLEME KOMUTLARI (MODIFY)

6

Şu ana kadar AutoCAD içinde kullanılan nesne oluşturma komutlarını inceledik. Şimdi ise bu nesnelere müdahale komutlarını göreceğiz. Bu komutları çalıştırma yöntemleri diğer komutlarda olduğu gibi aynıdır. İsterseniz komut satırını isterseniz toolbar'ı kullanabilirsiniz. Bu toolbar eğer açık değil ise, herhangi bir toolbar üzerinde sağ tuş yapın. Açılan menüden **Modify** seçeneğini seçin.

Erase (Silme)
Çizim ekranı üzerinde bulunan nesnelerin silinmesini sağlar.

Ribbon: Home tab → Modify Panel → Erase
Menü: Modify → Erase
Toolbar: Modify
Komut ile: ERASE
Kısayolu: E

İşlem Sırası:

```
Command: ERASE
Select objects: (nesneyi seçin)
Select objects: (nesneyi seçin)
```

```
Select objects: (nesneyi seçin)
Select objects: (enter)
```

Yapılan işlem sonucu çizim ekranında bulunan üç nesne silindi.

Copy (Kopyalama)

Çizim dosyamızda bulunan nesnelerden seçilen nesneleri kopyalar.

Ribbon: Home tab → Modify Panel → Copy

Menü: Modify → Copy

Toolbar: Modify

Komut ile: COPY

Kısayolu: CO

Bu komutun tarifini yapmadan önce, kısa bir bilgi verelim. Bu komutta seçim işleminden sonra iki nokta ister. Bu noktalar, nesneler "nerden nereye" gidecek şeklinde düşünebiliriz. Bu komutu resimli olarak gösterelim. Sol şekilde bulunan iki adet çemberi sağ şekilde aynı yere kopyalayalım.

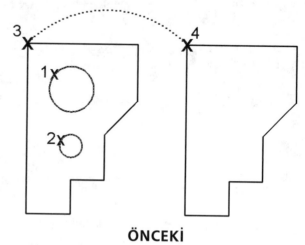

- Komutu çalıştırın.
- Çemberleri seçin ve enter tuşuna basın.
- Seçim işleminin ardından **3** nolu kesişim yerine tıklayın.
- Ardından **4** nolu yere tıklayın ve komutun bitmesi için enter tuşuna basın.

Yukarıda bahsettiğimiz "nerden nereye" sorusunda nesneler **3** nolu yerden **4** nolu yere kopyalandı olarak düşünebiliriz.

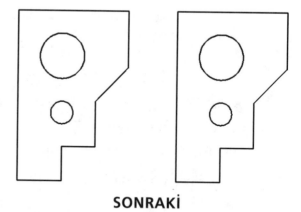

İşlem Sırası :

```
Command: copy
Select objects: (nesneyi seçin)
Select objects: (nesneyi seçin)
Select objects: (seçim işlemi bitti ise enter)
Current settings:  Copy mode = Multiple
Specify base point or [Displacement/mOde] <Displacement>: (1nci noktayı
gösterin)
```

```
Specify second point or [Array] <use first point as displacement>:(2nci
noktayı gösterin
Specify second point or [Array/Exit/Undo] <Exit>: (kopyalama işlemi devam
edecek ise diğer noktaları tek tek gösterin. Etmeyecek ise enter yapın.)
```

Array alt komutu ile kopyalanacak nesneler istenilen bir sayıda çoklu bir şekilde kopyalanmasını sağlar.

Resimdeki kutu üzerinden örnek bir uygulama yapalım.

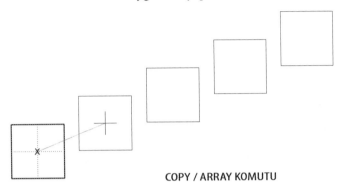

COPY / ARRAY KOMUTU

- Komutu çalıştırın.
- Kutuyu seçin ve enter tuşuna basın.
- Seçim işleminin ardından kopyalama işlemi için referans bir nokta gösterin.
- Array alt komutunu A yazıp enter'a basarak çalıştırın.
- Kopyalama adedini girip enter'a basın. Resimdeki örnek'de 5 girilmiştir.
- Mouse'u hareket ettirdiğinizde kopyalanacak nesnelerin sanal görüntüsünü ekranda göreceksiniz. Kopyalama adedi için girdiğiniz değer ana nesne ile beraber sayılacaktır.
- Kopyalama işlemi, ilk nesne ile ikinci nesne arasındaki mesafeye göre olacaktır. Ancak isterseniz "Fit" alt komutunu kullanarak belirtilen kopya sayısını göstereceğiniz iki nokta arasına sığdırabilirsiniz.

Bu işlemden sonra kopyalama işlemin devam edecektir. Komutu bitirmek için Esc tuşuna basarabilirsiniz.

Mirror (Aynalama)

Seçtiğimiz nesneleri bir eksen doğrultusunda simetrisini almamızı sağlar.

Ribbon : Home -> Modify Panel -> Mirror
Menü: Modify → Mirror
Toolbar: Modify
Komut ile: MIRROR
Kısayolu: MI

Mirror komutunu aşağıdaki şekil üzerinden tarif edelim.

- Komutu çalıştırın.
- **1**, **2**, **3** ve **4** no ile belirtilmiş nesneleri seçin ve enter yapın.
- Kullanıcıdan eksen hattı için iki nokta isteyecektir. Bu noktaları;
- Eksenin **1.** noktası için **5** nolu noktayı,
- Eksenin **2.** noktası için ise **6** nolu noktayı işaretleyin.
- Komut satırında bir ileti göreceksiniz.

```
Erase source objects? [Yes/No] <N>:
```

Yani kaynak objeler silinsin mi diye soruyor. Bu soruya `Yes` derseniz, seçilen nesneler silinecek ve eksen çizgisinin altına olan nesneler kalacaktır. Eğer `No` derseniz, nesnenin simetrisi alınacak ve seçilen objelerde silinmeyecektir.

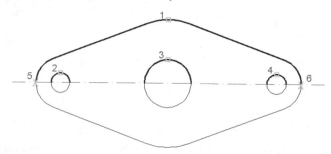

İşlem Sırası:

```
Command: MIRROR
Select objects: (1 nolu nesneyi seçin)
Select objects: (2 nolu nesneyi seçin)
Select objects: (3 nolu nesneyi seçin)
Select objects: (4 nolu nesneyi seçin)
Select objects: (seçim işlemi bittiği için enter'a basın)
Specify first point of mirror line: (5 nolu noktaya tıklayın)
Specify second point of mirror line: (6 nolu noktaya tıklayın)
Erase source objects? [Yes/No] <N>: Bu soruya N diyebilir ya da No değeri
hafızada olduğundan Enter yapabilirsiniz.)
```

Mirror komutu uygulanırken ayrı bir sistem değişkeni vardır. Bu sistem değişkeni mirror yapılacak nesnelerde yazı var ise bu yazıların nasıl davranacağını belirler.

Autocad | Autocad   Autocad | bɒɔoʇuA

Mirrtext = 0   Mirrtext = 1

`Mirrtext` sistem değişkeni 0 (sıfır) iken soldaki resimde görüldüğü gibi mirror işlemi yazılarda düzgün bir şekilde yapılmaktadır. Ancak bu değişkenin değeri 1 iken yapılmışsa resimde sağdaki gibi yazının gerçek tersini alarak işlemi tamamlar. Mirror işlemi yapmadan önce bu sistem değişkeni kontrol edilmelidir.

Eğer sağdaki gibi ters bir mirror işlemi yapılmışsa işlemi geri almalı, ardından Mirrtext değeri 0 yapılıp tekrar mirror işlemi yapılmalıdır.

Bu işlem için komut satırına `MIRRTEXT` yazıp enter yapın. Değerini 0 ya da 1 olarak değiştirin.

Offset (Öteleme)

Seçilen bir çizgiyi kullanıcı tarafından mesafe belirtilerek istenilen yönde kopyalanarak ötelenmesini sağlar.

Ribbon: Home tab → Modify Panel → Offset

Menü: Modify → Offset

Toolbar: Modify

Komut ile: `OFFSET`

Kısayolu: O

Bu seçilen nesne bir çizgi olmak zorundadır. **Offset** yapılan nesneleri sayarsak; **Line**, **Polyline**, **Xline**, **Ray**, **Circle**, **Arc**, **Ellipse** nesneleridir.

Komut çalıştırıldığında kullanıcıdan öteleme mesafesini ister. Kullanıcı bu değeri yazdıktan sonra ötelenecek nesneyi seçip öteleme yönü belirtir. Bu öteleme işleminden sonra komut bitmez ve kullanıcı komutu bitirene kadar tekrar nesne seçimi ister.

Bu komutu aşağıdaki resim üzerinde inceleyelim.

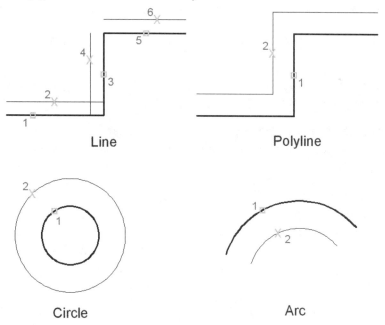

`Offset` komutunu **Line** nesnesine uyguladığımızda gördüğünüz gibi tek tek öteleme yapmakta ve ötelenen nesneler bağımsız nesneler gibi görünmekte.

Polyline nesnesine uyguladığımızda ise, pline nesnesi ne kadar parça parça da olsa, bir bütün olduğundan `offset` komutu uygulanırken bir bütün halde öteleniyor.

Circle nesnesinde ise, öteleme yönü çemberin dışı olduğu için mevcut çemberden daha büyük bir çember oluşuyor. Aynı şekilde **Arc** nesnesine uygulandığında, öteleme yönü arc nesnesinin içine doğru olduğu için bu sefer mevcut arc nesnesinin yarıçapından daha küçük bir arc oluşuyor.

İşlem sırası:

```
Command: OFFSET
Current settings: Erase source=No   Layer=Source   OFFSETGAPTYPE=0
Specify offset distance or [Through/Erase/Layer] <Through>: (mesafeyi yazın)
Select object to offset or [Exit/Undo] <Exit>: (nesneyi seçin)
Specify point on side to offset or [Exit/Multiple/Undo] <Exit>: (yönü gösterin)
Select object to offset or [Exit/Undo] <Exit>: (nesneyi seçin)
Specify point on side to offset or [Exit/Multiple/Undo] <Exit>: (yönü gösterin)
```

Offset komutunun alt komutlarına gelince;

Through: Bu seçenek, `offset` komutunu ilk çalıştırdığımızda mesafeyi yazdığımız bölümde aktif olduğunu göreceksiniz. Herhangi bir değer verdikten sonra bu seçenek yerine artık son girilen değer gelir. Öteleme değeri vermeden bu seçeneği kullandığımızda, nesneyi seçtikten sonra öteleme yönü için nereye tıklarsak, nesne o tıklanan yere ötelenecektir. Yani mesafeyi tıkladığımız yere göre program kendisi otomatik olarak algılayacaktır.

Erase: Komutu kullanırken seçilen ana nesnenin silinerek sadece ötelenen nesnenin kalmasını sağlar.

```
Specify offset distance or [Through/Erase/Layer] <Through>: E
Erase source object after offsetting? [Yes/No] <No>:
```

Görüldüğü gibi `Erase` alt komutunu çalıştırdığımızda bizden kaynak nesnenin silinip silinmeyeceğini soruyor. Bu yapılan değişiklik sürekli aktif kalacağından işlem bitince tekrar eski haline alınması gerekir.

Layer: Genel anlamda Layer özelliklerini daha görmediğimiz için bu konu yabancı gelebilir. Kısaca anlatmak gerekirse, AutoCAD içinde yapılan nesneleri özelliklerine göre sınıflandırmamız gerekir. Amaç, hem görsel anlamda istediğimiz layer'a ait nesneleri görünmemesini sağlayarak daha rahat çalışmak hem de baskı aşamasında her bir layer'a farklı kalınlıklar vererek baskımızın teknik çizim kurallarına uygun bir şekilde sunumunu yapmaktır. İleriki konularda Layer konusunu detaylı bir şekilde inceleyeceğiz.

Bu alt komutu seçtiğimizde aşağıdaki seçenekler gelir.

```
Specify offset distance or [Through/Erase/Layer] <Through>: L
Enter layer option for offset objects [Current/Source] <Source>:
```

Current ve **Source** seçenekleri vardır.

Current seçeneği, şuan hangi layer aktif ise ötelenen nesne o layer'a dönüşür.

Source seçeneği ise, seçilen nesnenin layer'ı ne ise ötelenen nesne de o layer'da oluşur.

Offset komutunu çalıştırdığımızda bu alt komutlar ile ilgili mevcut bilgileri verdiğini görmüşsünüzdür. Ancak alt komut listesinde bulunmayan bir değer daha var. Bunlar sistem değişkenleridir.

```
Command: OFFSET
Current settings: Erase source=No   Layer=Source   OFFSETGAPTYPE=0
```

Gördüğünüz gibi OFFSETGAPTYPE adlı bir sistem değişkeninin sıfır olduğu belirtilmektedir. Bu komut üzerinde durmayacağım. Ancak kısa bir bilgi çerçevesinde bilmenizde fayda var. Aksi belirtilmedikçe bu değerin sıfır olması gerekir. Bu sistem değişkeninin değerini değiştirmek için Offset komutundan tamamen çıkış yapın ve komut olarak OFFSETGAPTYPE yazıp enter yapın. 0, 1, 2 olmak üzere üç değeri vardır. Aşağıdaki resimde offsetlenen nesnelerin köşe birleşimleri hakkında bilgi edinebilirsiniz.

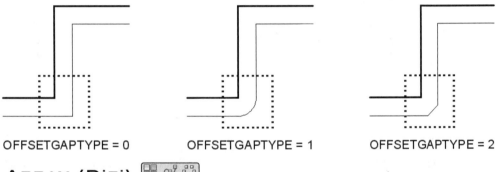

OFFSETGAPTYPE = 0   OFFSETGAPTYPE = 1   OFFSETGAPTYPE = 2

Array (Dizi)

Bu komut seçilen nesneleri sıralı bir şekilde ya da belirli bir nokta etrafında döndürülerek çoğaltılmasını sağlar. Ayrıca yeni gelen path array özelliği ile birlikte seçilen nesnelerin referans gösterilen bir hat üzerinde kopyalanır.

Menü : Modify → Array
Toolbar: Modify
Komut ile: ARRAY
Kısayolu: AR

Rectangular Array: Seçilen nesneleri X ve Y yönlerinde kullanıcının belirtmiş olduğu mesafe ve sayısı kadar çoğaltılmasını sağlar.

Yazının başında array komutunun çalışma sisteminin değiştiğini söylemiştik. Bu değişiklikte eski sürümlerde kullanılan arayüz tablosu iptal edilmiş ve daha hızlı ve seri bir şekilde komutu kullanmamızı sağlayan sistem gelmiştir.

Aşağıdaki şekilde **1** nolu kutuyu X ve Y yönünde belirli bir mesafe kullanarak dizi şeklinde çoğaltalım. Kopyalama ile ilgili bilgiler sağdaki şekilde mevcuttur.

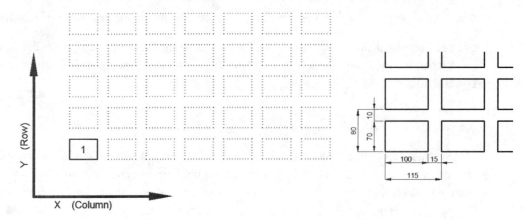

- **Array** butonuna basılı tutup açılan seçeneklerden **Rectangular Array** seçeneğini seçin.
- **1** nolu nesneyi seçip enter yapın.
- Mouse'u hareket ettirdiğinizde nesnelerin belirli bir düzen içerisinde kopyalandığını göreceksiniz. **Ortho** (F8) seçeneğini kapattığınızda Mouse'u çapraz yönde hareket ettirdiğinizde iki yönlü olarak çoğalacaktır. Bu kopyalama işlemini sağdaki resimde bulunan değerlere göre yapalım.
- Mouse'u hareket ettirerek X yönünde 7 adet, Y yönünde de 5 adet olarak belirleyip Mouse'un sol tuşuna basın.
- S (*Spacing*) yazıp enter'a basarak nesnelerin birbirleriyle arasındaki mesafeleri ayarlayalım.
- İlk olarak Y (Row) yönündeki mesafeyi ayarlayalım. Buraya verilecek değer, nesnenin Y yönündeki uzunluğu + iki nesne arasındaki boşluk mesafesidir. Soldaki şekle göre buraya verilecek değer 80'dir. 80 yazıp Enter'a basın.
- İkinci olarak da X (Column) yönündeki mesafeyi ayarlayalım. Değer olarak 115 yazıp Enter yapın.
- Komutu bitirmek için tekrar enter tuşuna basın.

İşlem sonucunda seçilen nesneden X yönünde 7 adet, Y yönünde de 5 adet kopyalanmıştır.

Yeni Array komutu ile birlikte gelen diğer bir özellik ise, yapılan array işlemine çok rahat bir şekilde müdahale edebilmektir. Herhangi bir komut çalıştırmadan yapılan Array nesnesini Mouse'un sol tuşu ile seçin.

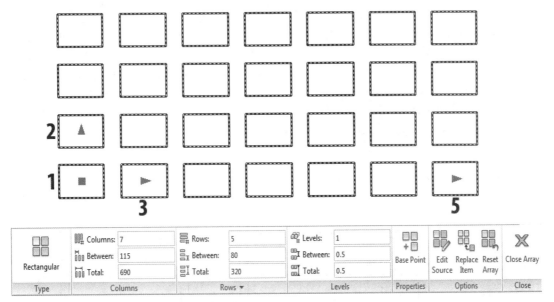

Bu işlem sonucunda yapılan array üzerinde mavi renkte kutu ve ok işaretleri görünecektir. Ek olarak ekranın üstünde **Ribbon** menüde yapılan array işlemi ile ilgili değerleri göreceksiniz.

İlk resimde bulunan mavi kutucukların ne anlama geldiklerini belirtelim. Bu mavi kutu ve oklara tıklayıp sağa sola çekerek işlem yapabilirsiniz.

1. Array işleminin yerleşim noktası.
2. Y (*Row*) yönünde mesafeleri değiştirir.
3. X (*Column*) yönünde mesafeleri değiştir.
4. Y (*Row*) yönünde kopyalanacak sıra sayısını arttırır-azaltır.
5. X (*Column*) yönünde kopyalanacak sütun sayısını artırır-azaltır.
6. Aynı anda hem X hemde Y yönünde kopyalanacak sıra ve sütun sayısını arttırır-azaltır.

Buna ek olarak ribbon menüde açılan özelliklerin ne anlama geldiklerini yazalım.

- **Columns:** X yönündeki kopyalama adeti, iki nesne arasındaki mesafe ve yerleşim noktasına göre ne kadar uzunlukta olduğunu gösterir.
- **Rows:** X yönündeki kopyalama adeti, iki nesne arasındaki mesafe ve yerleşim noktasına göre ne kadar uzunlukta olduğunu gösterir.
- **Levels:** Array işleminin diğer bir yön olan Z yönünde kopyalaması istendiğindeki değerleri ifade eder.
- **Base Point:** Array işleminin yerleşim noktasının değiştirilmesini sağlar.
- **Edit Source:** Array işlemine tabi olan ilk nesne üzerinde müdahale edilmesi, ekleme-çıkarma yapılabilmesini sağlar.

Bu seçeneğe tıkladığınızda sizden çizim üzerinde bir nesneyi seçmenizi isteyecek. Seçim işleminden sonra ekrana gelecek olan tabloda **Tamam** butonuna tıklayarak devam edin.

Seçilen nesne üzerinde istediğiniz müdahaleyi ya da eklemeyi yapabilirsiniz. Uygulama için bu kutu içerisine çember çizin. Çember çizim işlemi biter bitmez diğer tüm nesnelere de bu işlem uygulanacaktır.

Yapılan işlemi kaydetmek için ribbon menüde en sağda bulunan **Edit Array** düğmesine tıklayın ve **Save Changes** düğmesine tıklayın. Yapılan işlem sonucunda değişiklikler çizim ortamına aktarılacaktır.

- **Replace Item:** Array nesnesi içinde kopyalanan nesnelerden istenileni başka bir çizim ile yer değiştirilmesini sağlar.

Bu işlemi resim üzerinde anlatalım.

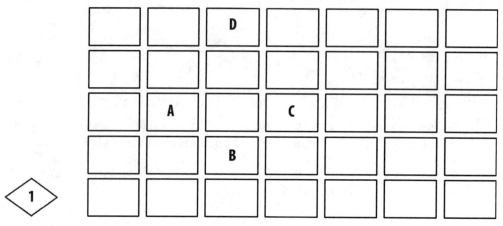

Soldaki **1** no ile gösterilen şekli daha önceden yapmış olduğumuz array modelinde A, B, C ve D nesnelerinin yerlerine yerleştirelim.

- `Replace Item` komutunu çalıştırın.
- **1** nolu şekli seçip enter yapın.
- Yerleşim noktası olarak mevcut array nesnenin yerleşim noktasından tutacak. Bu noktayı değiştirmeden Enter'a basarak devam edin.
- A, B, C ve D nesneleri tek tek seçip Enter yapın. Her nesne seçiminde otomatik olarak nesnelerin değiştiğini göreceksiniz.
- İşlemi sonlandırmak için iki defa Enter tuşuna basın.

Reset Array: `Replace Item` komutu ile değiştirilen Array nesnesinin orijinal hale getirilmesini sağlar.

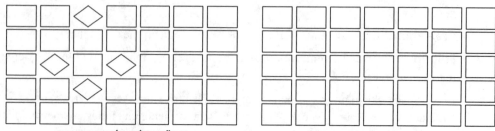

"RESET ARRAY" İŞLEMİNDEN ÖNCE   "RESET ARRAY" İŞLEMİNDEN SONRA

Path Array

Seçilen nesneleri referans gösterilen bir hat üzerinde istenilen sayı ve mesafeye bağlı olarak çoğaltılmasını sağlar. Resimde soldaki şekilde bulunan **1** nolu nesneyi **2** nolu nesne üzerinde 20 adet olacak şekilde çoğaltalım.

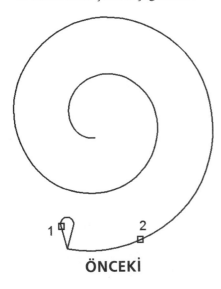
ÖNCEKİ

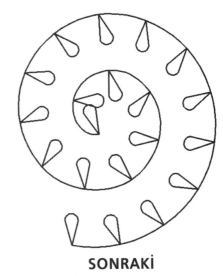
SONRAKİ

- `Path Array` komutunu çalıştırın.
- 1 nolu nesneyi seçip enter yapın.
- 2 nolu nesneyi seçin. Seçim işleminden sonra mouse'u hareket ettirdiğinizde 1 nolu nesne 2 nolu nesne üzerinde çoğaltılmaya başlayacaktır.
- `Expression (E)` alt komutunu çalıştırın ve değer olarak 20 yazıp Enter'a basın. Tekrar Mouse'u hareket ettirdiğinizde 20 adet olarak istediğiniz şekilde dizilmeye başlayacaktır.
- Enter'a bastığınızda **1** nolu nesne, **2** nolu hat üzerinde 20 adet olacak şekilde çoğaltılacaktır.

Bu komutun diğer bir özelliğini anlatalım.

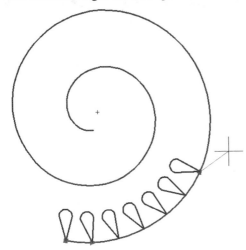

Yapılacak olan **Array Path** işlemini resimdeki gibi hat üzerinde kısmi olarak yerleştirin.

Komut girmeden mouse'un sol tuşu ile array nesnesini seçin ve bittiği yerdeki mavi ok işaretine Mouse'un sol tuşu ile tıklayıp hareket ettirin. Mouse'u hareket ettirdikçe array nesnelerine ekleme yaparak devam edecektir.

CTRL tuşuna basıp çektiğinizde mevcut çoğaltılan eleman sayısı sabit olup, bu nesneler hat üzerinde yayılarak devam edecektir. Tekrar CTRL tuşuna bastığınızda bir önceki fonksiyon geri gelip eleman sayısı artacaktır.

Polar Array

Seçilen nesnelerin bir noktaya ve belirtilen açıya göre döndürülerek çoğaltılmasını sağlar.

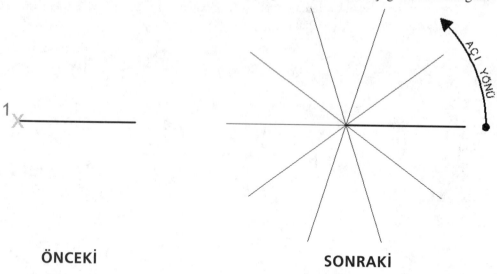

ÖNCEKİ   SONRAKİ

- Line komutunu kullanarak sıfır yönünde 100 birim uzunluğunda bir çizgi çizin.
- Polar Array komutunu çalıştırın.
- Çizdiğiniz Line nesnesini seçip enter yapın.
- Döndürme referans noktası için **1** nolu noktaya tıklayın.
- Döndürme adedi olarak 10 yazıp enter yapın.
- Mouse'u hareket ettirdikçe imlecin olduğu yere göre bu 10 adet nesne referans gösterilen noktaya göre döndürülerek çoğaltılacaktır.
- Döndürme açısını yazıp enter yapın. Sağdaki resime göre bu açı değer 360 derecedir.

> **NOT** Array komutu uygulanan nesneler yeni gelen özelliğe göre array değerlerini saklamaktadır. Bu özelliği iptal etmek için EXPLODE komutu ile nesneleri patlatabilirsiniz.

Move (Taşıma)

Nesnelerin bir noktadan başka bir noktaya taşınmasını sağlar. Çalışma mantığı Copy komutu ile aynıdır.

Ribbon: Home tab → Modify Panel → Move
Menü: Modify → Move
Toolbar: Modify
Komut ile: MOVE
Kısayolu: M

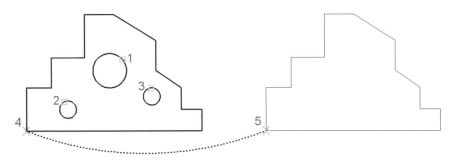

ÖNCEKİ

- Move komutunu çalıştırın.
- **1, 2** ve **3** nolu nesneleri seçip enter yapın.
- **4** nolu noktaya tıklayın.
- Ardından **5** nolu noktaya tıklayın.

Seçilen nesneler **4** nolu noktadan **5** nolu noktaya taşındı. Sonuç aşağıdaki resimde olduğu gibi olacaktır.

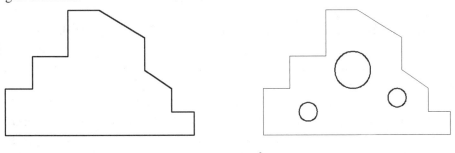

SONRAKİ

İşlem sırası:

```
Command: MOVE
Select objects: (1 nolu nesneyi seçin)
Select objects: (2 nolu nesneyi seçin)
Select objects: (3 nolu nesneyi seçin)
Select objects: (seçim işlemi bittiği için enter'a basın)
Specify base point or [Displacement] <Displacement>: (4 nolu noktaya tıklayın)
Specify second point or <use first point as displacement>:(5 nolu noktaya tıklayın)
```

ROTATE (DÖNDÜRME)

Seçilen nesnelerin belirtilen bir nokta etrafında istenilen açı kadar döndürülmesini sağlar. Döndürme işlemi eğer değer verilerek yapılacak ise bu değer saatin ters yönünde olacaktır.

Ribbon: Home tab → Modify Panel → Rotate

Menü: Modify → Rotate

Toolbar: Modify ⊙

Komut ile: ROTATE

Kısayolu: RO

Bu komutu iki aşamada inceleyelim.

İlk olarak açı değeri vermeden Mouse yardımı ile serbest bir şekilde döndürelim.

Örnek olarak 50x70 bir kutu çizin.

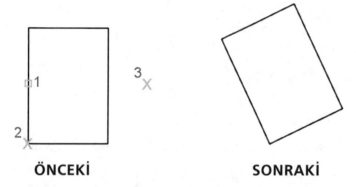

ÖNCEKİ   **SONRAKİ**

Rotate komutunu çalıştırın. Soldaki çizimde olduğu gibi **1** no ile gösterilmiş nesneyi seçip enter yapın. AutoCAD, kullanıcıdan döndürme noktasını isteyecektir. İlk olarak **2** no ile belirtilmiş noktaya tıklayın. Ardından **3** no ile belirtilmiş yere tıklayın. Bu **3**. nokta rastgele bir noktadır. Yapılan işlem sonucu çizmiş olduğunuz kutu sağdaki gibi dönmüş olacaktır. Bu yaptığımız işlem sonucu dönme açısı **2** ila **3** noktası arasındaki açı kadar dönmüştür. Sizler çizim yaparken eğer bu şekilde döndürme işlemi değil de dik bir şekilde döndürmek isterseniz, daha önceden de bahsettiğimiz durum düğmelerinde bulunan **Ortho** düğmesini aktif hale getirin ya da kısayolu olan F8 tuşuna basın.

```
Command: ROTATE
Current positive angle in UCS:  ANGDIR=counterclockwise  ANGBASE=0
Select objects: (1 nolu nesneyi seçin)
Select objects: (seçim işlemi bittiği için enter'a basın)
Specify base point: (2 nolu noktaya tıklayın)
Specify rotation angle or [Copy/Reference] <0>: (3 nolu noktaya tıklayın)
```

3 nolu noktaya tıklarken görüldüğü gibi <0> değeri yazmakta. Eğer tıklamak yerine değer yazsaydık aynı şekilde çizimimiz döndürülecektir.

Rotate komutunun çok kullanışlı bir alt komutu vardır. Bu komut Reference alt komutudur.

```
Specify rotation angle or [Copy/Reference] <0>:
```

Küsüratlı bir açıya sahip çizimi düzlemek için ya da istenilen bir açıya getirmek için kullanılır.

Bu bölümü daha iyi anlamak için bir örnek yapalım.

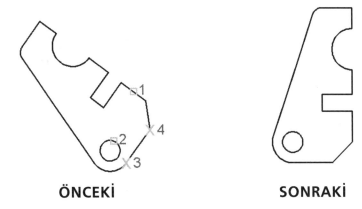

ÖNCEKİ　　　　　　　　SONRAKİ

Soldaki şekilde görüldüğü gibi çizim rastgele bir açı ile döndürülmüş. Eğer bu açının ne olduğunu öğrenip ters yönde döndür deseydik doğru bir döndürme yöntemi olmazdı ve işlem çok uzun olurdu. Bunun için reference alt komutunu kullanacağız.

- Rotate komutunu çalıştırın.
- **1** ve **2** no ile belirtilmiş nesneleri seçip enter yapın.
- **3** nolu noktayı dönme noktası olarak belirleyin.
- **R** alt komutunu girin.
- Komut kullanıcıdan referans açıyı istemektedir. Biz bu açıyı klavyeden yazmak yerine Mouse yardımı ile iki nokta arasındaki açıyı referans açı olarak belirteceğiz. Bunun için önce **3** nolu noktaya tıklayın ardından **4** nolu noktaya tıklayın.

Şimdi **Ortho**'yu aktif hale getirip Mouse'u sağa doğru sürükleyip tıklayın. Tıkladığınız yerde bir nesne olmamasına dikkat edin.

İşlemleri sırası ile yaptıysanız nesnemiz sağdaki gibi olacaktır. Burada yaptığımız çizimi **3** ve **4** nolu nokta arasındaki çizgiyi referans kabul ederek buna bağlı olarak çizimin tüm açısını X yönüne paralel hale getirdik.

İşlem sırası:

```
Command: ROTATE
Current positive angle in UCS: ANGDIR=counterclockwise  ANGBASE=0.00
Select objects: (1 nolu nesneyi seçin)
Select objects: (1 nolu nesneyi seçin)
Select objects:  (seçim işlemi bittiği için enter'a basın)
Specify base point: (3 nolu noktaya tıklayın)
Specify rotation angle or [Copy/Reference] <0.00>: R  (enter)
Specify the reference angle <0.00>:  (3 nolu noktaya tıklayın)
Specify second point: (4 nolu noktaya tıklayın)
Specify the new angle or [Points] <0.00>: (mouse'u sağa doğru çekip tıklayın)
```

Scale (Ölçekle)

Çizdiğimiz nesneleri yeri geldiğinde büyütme ya da küçültme yapmamız gerekebilir. Örneğin; bir parçayı çizdikten sonra, bu parçanın yanına aynı nesneyi 4 kat büyütülmüş olarak çizip ölçülendirmemiz istenebilir. Bu durumda ikinci parçayı yeniden çizmek yerine mevcut çizimden bir kopya oluşturup Scale komutu ile büyütebiliriz.

Ribbon: Home tab → Modify Panel → Scale
Menü: Modify → Scale
Toolbar: Modify
Komut ile: SCALE
Kısayolu: SC

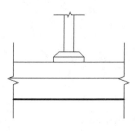
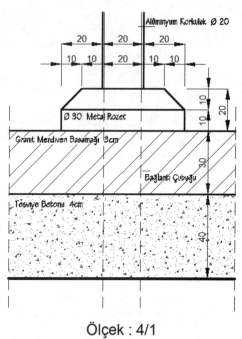

Ölçek : 1/1   Ölçek : 4/1

Soldaki çizimin detayı gerekmektedir. Bu kadar küçük bir çizimi ölçülendirmek ve isimlendirmek tamamen bir karışıklığa neden olur. Bu durumda çizimi büyütüp detaylandırmak daha iyi olacaktır. Öncelikle bu işlem için kopyalamanız gerekiyorsa çiziminizi kopyalayın.

- Scale komutunu çalıştırın.
- Nesneleri seçip enter yapın.
- Ölçeklendirme noktası için çizim üzerinde bir noktası belirleyin. Çiziminiz bu noktaya göre büyüyecek ya da küçülecektir.
- Ardından çiziminiz kaç kat büyüyecek ise klavyeden değerinizi yazıp enter yapın. Şekilde görüldüğü gibi sağdaki çizim diğer çizimden 4 kat büyüktür.

İşlem sırası:

```
Command: SCALE
Select objects: (Nesneleri seçin)
Select objects: (seçim işlemi bittiği için enter'a basın)
Specify base point: (çizim üzerinde bir nokta belirleyin.)
Specify scale factor or [Copy/Reference] <2.0000>: 4   (enter)
```

Scale komutunda eğer büyütme yapacak iseniz, vereceğiniz değer 1'den büyük olmalıdır. Küçültme olacak ise 1'den küçük bir değer vermelisiniz.

Değer > 1 = Büyütme   Değer < 1 = Küçültme

Scale komutunun da Reference adlı bir alt komutu vardır. Mantık olarak Rotate komutunda olduğu gibi çalışmaktadır.

Bunun için bir örnek yapalım.

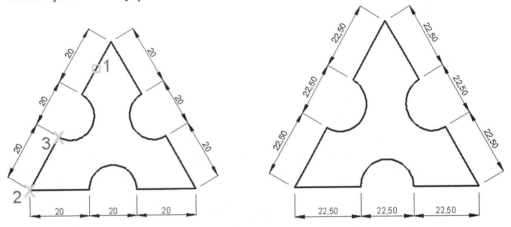

Soldaki şekilde çizimimizin boyutları görüldüğü gibi 20 birim olarak çizilmiş. Bizden bunu 22.50 olarak isteniyor. Burada scale değerini 1.125'de yaparak büyütebilir. Ancak bu 20 değeri küsuratlı bir değer olsaydı o zaman bu çizimi tam bir değere oturtmak sıkıntılı olacaktı.

- Scale komutunu çalıştırın.
- **1** no ile belirtilmiş nesneleri seçip enter yapın.
- Büyütme noktası olarak **2** nolu noktaya tıklayın.
- Reference alt komutunu girin.
- Referans uzunluk olarak önce **2** nolu noktaya ardından **3** nolu noktaya tıklayın.
- Yeni uzunluğu girip enter yapın.

İşlem sırası:

```
Command: SCALE
Select objects: (1 nolu nesneyi seçin)
Select objects: (seçim işlemi bittiği için enter'a basın)
Specify base point: (2 nolu noktaya tıklayın)
Specify scale factor or [Copy/Reference] <1.0000>: R (enter)
Specify reference length <1.0000>: (2 nolu noktaya tıklayın)
Specify second point: (3 nolu noktaya tıklayın)
Specify new length or [Points] <1.0000>: 22.5 (enter)
```

Yaptığımız bu işlem sonucunda 20 uzunluğuna sahip olan çizgi referans alınarak tüm çizim 22.50 uzunluğuna getirildi. Burada referans boyutu tıklama yapmak yerine **Specify reference length <1.0000>:** bölümüne 20 yazıp enter yaptıktan sonra **Specify new length or [Points] <1.0000>:** değerine de 22.5 yazarak aynı sonucu alabilirdik. Ancak az önce dediğimiz gibi, 20 değeri 21.2127 uzunluğa sahip olsaydı o zaman en mantıklı olanı referans boyutu Mouse yardımı ile belirlemek olacaktı.

Stretch (Sündürme)

Yapılan bir çizimde istenilen bir kısmın sündürülerek uzatılmasını ya da kısaltılmasını sağlar.

Ribbon: Home tab → Modify Panel → Stretch
Menü: Modify → Stretch
Toolbar: Modify
Komut ile: STRETCH
Kısayolu: S

Bu komutun diğer komutlardan farkı, uzatılmak istenilen nesneler seçilmez. Uzatılacak olan bölüm bir pencere içine alınarak belirtilmelidir. Bu pencere mutlaka kesik kesik olmalıdır.

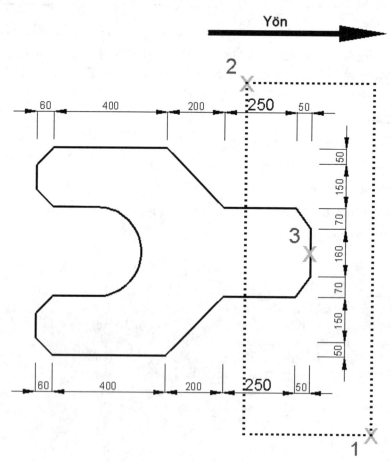

NESNE DÜZENLEME KOMUTLARI (MODIFY)

Yan sayfadaki ilk şeklimizde ölçü yazısı büyütülmüş olan 250 değeri var. Bu değerin 400 olması isteniyor. Çizimin bu kısmını değiştirmek yerine stretch komutunu kullanacağız.

- Stretch komutunu çalıştırın.
- **1** nolu noktaya tıklayın.
- **2** nolu noktaya tıklayın.
- Uzatılacak başka bir yer olmayacağı için enter tuşuna basın.
- Sündürme yeri referans noktası olarak **3** nolu yere tıklayın.
- Mouse'u sağa doğru sürükleyin. Ortho'nun açık olduğundan emin olun ki çizim düz bir şekilde uzasın.
- Ardından klavyeden 150 yazıp enter yapın.

İşlem sırası:

```
Command: STRETCH
Select objects to stretch by crossing-window or crossing-polygon...
Select objects: (1 nolu noktaya tıklayın)
Specify opposite corner: (2 nolu noktaya tıklayın)
Select objects: (seçim işlemi bittiği için enter'a basın)
Specify base point or [Displacement] <Displacement>: (3 nolu noktaya tıklayın)
Specify second point or <use first point as displacement>: 150 (enter)
```

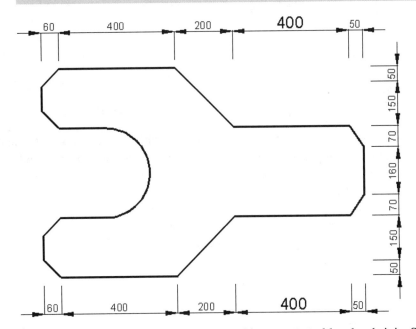

İşlemi doğru bir şekilde yaptıysanız üstteki görüntüyü elde edeceksiniz. Sündürülecek alanı seçerken mutlaka kesik kesik çizgi şeklinde yapmalısınız. Aksi takdirde istediğiniz işlemi yapamayacaksınız. Daha rahat bir seçim alanı belirlemek istiyorsanız komutu çalıştırdıktan sonra seçim işlemine geçmeden C yazıp enter yaptıktan sonra seçim yapın.

Bu işlem seçim pencere alanını her yönde kesik kesik yapacaktır.

```
Command: STRETCH
Select objects to stretch by crossing-window or crossing-polygon...
Select objects: C (enter)
Specify first corner: (1 nolu noktaya tıklayın)
```

TRIM (BUDAMA)

Çizim içerisinde çizgilerin istenilen kısımlarının budanmasını sağlar.

Menü: Modify → Trim
Toolbar: Modify
Komut ile: TRIM
Kısayolu: TR

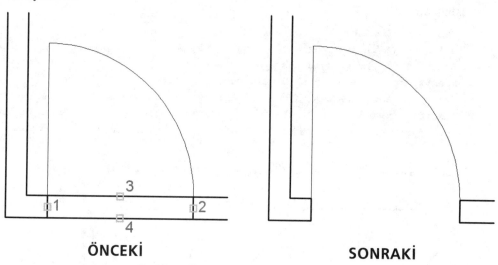

ÖNCEKİ　　　　　　　　　　SONRAKİ

Soldaki şekilde görüldüğü gibi duvar ve kapı çizimleri yer almakta. Ancak **3** ve **4** nolu duvar çizgileri kapının içinden geçmekte. Şimdi bu **3** ve **4** nolu çizgilerin kapının içinden geçenleri temizlemeliyiz. Bu işlemi Erase komutu ile yaparsak tüm çizgiler gideceğinden, trim komutu ile yapmalıyız.

- Trim komutunu çalıştırın.
- **3** ve **4** nolu çizgilerin hangi sınıra kadar kesileceğini belirtmeliyiz. Bunun için **1** ve **2** nolu çizgileri seçip enter yapın.
- Şimdi ise kesilecek olan **3** ve **4** nolu çizgileri seçin.
- Bu işlemden sonra **1** ve **2** nolu çizgilerin arasında kalan **3** ve **4** nolu çizgiler temizlenmiş olacak ve sağdaki şekilde olduğu gibi görünecektir.

İşlem sırası:

```
Command: TRIM
Current settings: Projection=UCS, Edge=Extend
Select cutting edges ...
Select objects or <select all>: (1 nolu nesneyi seçin)
Select objects: (2 nolu nesneyi seçin)
Select objects: (seçim işlemi bittiği için enter'a basın)
Select object to trim or shift-select to extend or
[Fence/Crossing/Project/Edge/eRase/Undo]: (3 nolu nesneyi seçin)
Select object to trim or shift-select to extend or
[Fence/Crossing/Project/Edge/eRase/Undo]: (4 nolu nesneyi seçin)
Select object to trim or shift-select to extend or
[Fence/Crossing/Project/Edge/eRase/Undo]: (komutu bitirmek için enter'a basın)
```

Bu komutun güzel özelliklerinden bir tanesi de, **1** ve **2** nolu nesne seçimini yapmadan trimlemek. Bunun için komutun ilk bölümü olan nesnelerin kesilme hizası olan **1** ve **2** nolu nesne seçimini yapmadan enter tuşuna basın. Bu işlem sonucunda tüm nesneler seçili duruma geçecektir. Ardından **3** ve **4** nolu nesneleri seçtiğinizde de nesneler budanacaktır. Ayrıca **3** ve **4** nolu nesneleri tek tek seçmek yerine uygun bir boş yere tıklayıp kesik kesik pencere olmak şartı ile bir defada birden fazla nesne seçerek budanmasını sağlayabilirsiniz.

İşlem sırası:

```
Command: TRIM
Current settings: Projection=UCS, Edge=Extend
Select cutting edges ...
Select objects or <select all>: (enter)
Select object to trim or shift-select to extend or
[Fence/Crossing/Project/Edge/eRase/Undo]: (3 nolu nesneyi seçin)
Select object to trim or shift-select to extend or
[Fence/Crossing/Project/Edge/eRase/Undo]: (4 nolu nesneyi seçin)
Select object to trim or shift-select to extend or
[Fence/Crossing/Project/Edge/eRase/Undo]: (komutu bitirmek için enter'a basın)
```

Bu komut ve bundan sonra anlatacağımız extend komutunun ortak bir sistem değişkeni mevcuttur. Komut başlangıcında yazan Edge sistem değişkeni.

```
Current settings: Projection=UCS, Edge=Extend
```

Edge sistem değişkeninin şuan Extend olduğunu belirtmekte. Eğer kapalı olsaydı, Edge=None yazacaktı. Bu sistem değişkenini değiştirmek için komut olarak EDGEMODE yazın. Açmak istiyorsanız 1, kapatmak istiyorsanız 0 yazın.

```
Command: EDGEMODE
Enter new value for EDGEMODE <1>: 0 ya da 1
```

Peki bu komut ne işe yarıyor? Bunun için resimdeki işlemi takip edin.

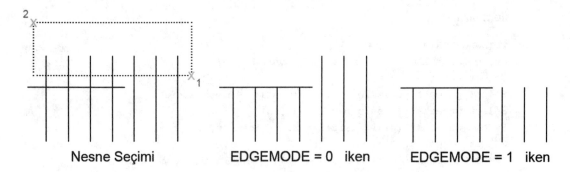

| Nesne Seçimi | EDGEMODE = 0 iken | EDGEMODE = 1 iken |

Soldaki şekilde nesnelerin nasıl seçildiğini görüyorsunuz. Bu işlem ile daha kısa bir yol ile nesnelerin seçimini sağlayabiliriz.

- `Trim` komutunu çalıştırın.
- Nesne seçimi yapmadan enter'a basarak tüm nesnelerin seçilmesini sağlayın.
- **1** nolu noktaya tıklayın.
- **2** nolu noktaya tıklayın.
- İşlem sonucu yatay çizginin üstündeki dikey çizgiler kesilmiş olacaktır.

Asıl konumuz olan **edgemode** sistem değişkenine gelince; Bu değişken 0 iken trim işlemi ortadaki gibi olacaktır. Yani kesilecek nesneler bir nesneye temas etmesi istenmektedir. Görüldüğü gibi sağdan 3 çizgi yatay çizgiye temas etmemektedir.

Sistem değişkeni 1 olduğunda ise, yatay çizgi sanki sonsuza gidiyormuş gibi sanal bir izdüşüm oluşturur ve yatay çizgi eksenindeki tüm nesnelere temas etmiş gibi algılamasını sağlar. Buna paralel olarak bizim işlemimizde sağdaki 3 çizgi de trim işlemine girerek sağdaki şekildeki gibi kesilir.

Extend (Uzatma)

Çizim içerisinde çizgilerin başka bir nesneye doğru uzatılmasını sağlar.

Menü: Modify → Extend
Toolbar: Modify
Komut ile: EXTEND
Kısayolu: EX

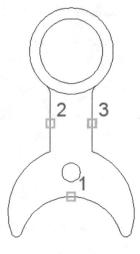

Şekilde görüldüğü gibi **2** ve **3** nolu çizgileri **1** nolu arc nesnesine uzatmak istiyoruz.

Bunun için;

- `Extend` komutunu çalıştırın.
- **1** nolu nesneyi seçip enter yapın ya da nesne seçimi yapmadan enter ile geçin.
- **2** ve **3** nolu nesneleri tek tek seçin.
- Komutu bitirmek için `Enter` yapın.

İşlem sonucunda **2** ve **3** nolu nesnelerimiz **1** nolu nesneye kadar uzatıldı.

Edgemode sistem değişkeni aynı şekilde bu komut içinde geçerlidir.

İşlem Sırası:

```
Command: EXTEND
Current settings: Projection=UCS, Edge=None
Select boundary edges ...
Select objects or <select all>: (enter)
Select object to extend or shift-select to trim or
[Fence/Crossing/Project/Edge/Undo]: (2 nolu nesneyi seçin)
Select object to extend or shift-select to trim or
[Fence/Crossing/Project/Edge/Undo]: (3 nolu nesneyi seçin)
Select object to extend or shift-select to trim or
[Fence/Crossing/Project/Edge/Undo]: (komutu bitirmek için enter'a basın)
```

Bir önceki komut olan `Trim` komutu ile `Extend` komutu arasında geçiş yapılmasını sağlayan bir fonksiyon vardır. Yani `Trim` yapılırken komuttan çıkmadan `Extend` yapılmasını ya da aynı şekilde `Extend` komutunu kullanırken `Trim` komutunun kullanılmasını sağlayabiliriz. Bunun için komut içinde iken, örneğin `Trim` yaparken fazladan uzattığımız çizgiyi `SHIFT` tuşuna basarak tekrar seçersek `Extend` komutu devreye girer ve nesneyi uzatmaya başlar. `SHIFT` tuşunu bıraktığımızda ise `Trim` komutuna devam eder.

BREAK AT POINT (NOKTASAL KOPARMA)

Seçilen bir çizgiyi, seçildiği yerden ikiye böler. Bu komut, `Break` komutunun otomatik olarak alt fonksiyonu eklenmiş halidir.

Menü: Modify → Break
Toolbar: Modify
Komut ile: BREAK
Kısayolu: BR

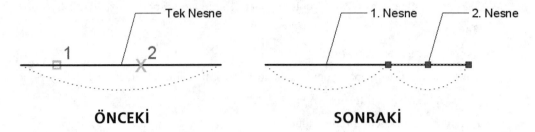

ÖNCEKİ   SONRAKİ

- Break komutunu çalıştırın.
- 1 no ile gösterilmiş olan nesneyi seçin.
- Ardından çizginin koparılacağı yer olan **2** nolu yeri gösterin.

İşlem sonucundan sağdaki resimde gördüğünüz gibi çizgi **2** no ile belirtilmiş olan yerden ikiye bölünmüştür.

Break (Koparma)

Bir nesnenin belirtilen iki nokta arasını silerek, bu nesnenin iki ayrı parça haline gelmesini sağlar. Genellikle bir bloğun ya da yazının üzerine gelen çizgilerin temizlenmesinde kullanılır.

Menü: Modify → Break
Toolbar: Modify
Komut ile: BREAK
Kısayolu: BR

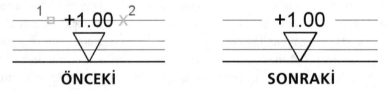

ÖNCEKİ   SONRAKİ

Soldaki şekilde +1.00 yazısının üzerinde geçen bir çizgi bulunmakta. Bu çizginin yazının üzerindeki bölümünü kopararak temizleyelim.

- Break komutunu çalıştırın.
- **1** nolu yerden çizgiyi seçin.
- **2** nolu yere tıklayın.

Bu işlem sonucunda çizim sağdaki gibi görünecektir.

Join (Birleştir)

Aynı eksene sahip çizgilerin tek bir obje olmasını sağlar.

Menü: Modify → Join
Toolbar: Modify
Komut ile: JOIN
Kısayolu: J

Bu komutu çalıştırdığınızda ilk önce sizden referans alınacak nesneyi ister. Ardından bu nesneye birleştirilecek diğer nesnelerin seçilmesini ister. Bu iki aşamayı da yaptığınızda tüm nesnelerin tek bir obje olmasını sağlar. Eğer birleşime dahil edilecek nesnelerden herhangi birisinin ekseni farklı ise o nesne birleşime dahil edilmeyecektir.

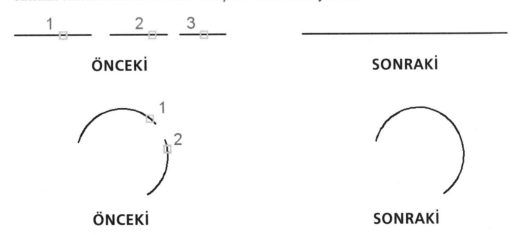

Bu komutu iki örnek ile anlatalım.

Sol üst resimde üç tane aynı eksene sahip line nesnesi bulunmakta. Join komutunu kullanarak bu nesneleri tek bir nesne haline getirelim.

- Join komutunu çalıştırın.
- **1** nolu nesneyi seçin
- **2** ve **3** nolu nesneyi seçin.

Bu işlem sonucunda 3 nesne sağ üst resimde görüldüğü gibi tek bir nesne haline dönüştü.

Sol alt resimde ise, 2 adet arc nesnesi bulunmakta. Bu iki nesne aynı merkeze ve aynı yarıçapa sahip. Birleştirme yapılabilmesi için bu iki özelliğe sahip olmalıdır. Hangi taraftan birleştirme yapılacak ise o uç noktayı seçmelisiniz. Resimde görüldüğü gibi boşluk kısmı az olan bölümden seçim yapıldı. Eğer diğer uç noktalardan seçilseydi boşluk kısmı geniş olan bölüm birleştirilecekti.

CHAMFER (PAH KIR)

Seçilen iki çizginin pahlanarak birleştirilmesini sağlar. Bu komut **Line**, **Polyline**, **Xline** ve **Ray** nesneleri için geçerlidir. Ayrıca katı modellemede de geçerli olan bu komutu 3 boyutlu modelleme derslerinde de inceleyeceğiz.

Menü: Modify → Chamfer
Toolbar: Modify
Komut ile: CHAMFER
Kısayolu: CHA

Bu komutu çalıştırdığımızda öncelikle pah kırma mesafelerini girmemiz gerekir. Bu komutu kullanmadan önce 100x75 bir kutu çizelim. Komutu bu kutu üzerinde uygulayarak öğrenelim.

- `Chamfer` komutunu çalıştırın.
- `D` yazarak `Distance` alt komutunu çalıştırın.
- Birinci pah kırma mesafesi olarak 40 yazıp enter yapın
- İkinci pah kırma mesafesi olarak 20 yazıp enter yapın.
- Birinci nesneyi seçin.
- İkinci nesneyi seçin.

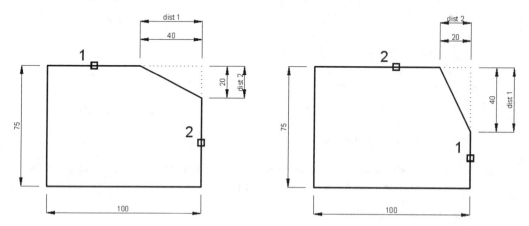

Resimde görüldüğü gibi bir şekil elde etmelisiniz. Bu komutta seçilen ilk nesne ile ilk değer birbiriyle bağlantılıdır. Soldaki şekle bakarsak, ilk değer 40 idi. Bu değer ilk seçilen nesneden kesilerek pah kırıldı. Sağdaki çizimde ise yine ilk değer 40 idi. Ancak ilk nesne olarak diğeri seçildi. Pah kırma mesafesi bu sefer diğer nesneden kesildi.

İşlem Sırası:

```
Command: CHAMFER
(TRIM mode) Current chamfer Dist1 = 0.0000, Dist2 = 0.0000
Select first line or [Undo/Polyline/Distance/Angle/Trim/mEthod/Multiple]:
(D Yazıp enter yapın)
Specify first chamfer distance <0.0000>: (40 yazıp enter yapın)
Specify second chamfer distance <40.0000>: (20 yazıp enter yapın)
Select first line or [Undo/Polyline/Distance/Angle/Trim/mEthod/Multiple]:
(1 nolu nesneyi seçin)
Select second line or shift-select to apply corner: (2 nolu nesneyi seçin)
```

Yazılan değerler bir sonraki kullanımda da hafızada kalacaktır.

Bu komutun alt komutlarına gelince;

```
Select first line or [Undo/Polyline/Distance/Angle/Trim/mEthod/Multiple]:
```

Undo: İşlemi geri alır.

Polyline: Seçilen nesnenin polyline olması gerekir. Bu işlemden sonra tüm köşeler verilen değerlere göre pah kırılır.

Distance: Pah kırma mesafelerinin girilmesini sağlar.

Angle: Bu Alt komut seçildiğinde ilk olarak birinci çizginin pah kırma mesafesini, ardından ikinci çizgiye doğru olan açısını sorar. Verilen değerlere göre pah kırma işlemini yapar. Bunu bir örnek ile açıklayalım.

Komutu çalıştırdıktan sonra Angle alt komutunu çalıştırın.

```
Specify chamfer length on the first line <0.0000>: (40 yazıp enter yapın)
Specify chamfer angle from the first line <0.00>: (30 yazıp enter yapın)
```

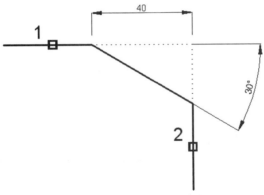

İlk değer olarak 40 girdik, açı olarak ise 30 derece olmasını istedik. Sonuç şekildeki gibi olacaktır.

Trim: Bu alt komutta ise iki seçenek vardır: **Trim** ve **No Trim**. **Trim** seçeneği seçilirse, pah kırma işleminden sonra köşedeki fazlalıklar temizlenir. **No trim** seçilirse pah kırılan köşelerdeki fazlalıklar silinmez ancak pah kırma işlemi yapılır.

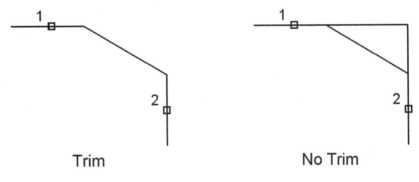

Method: Pah kırma işleminde iki seçenek sunulur. Bunlar; **Distance** ve **Angle**. Pah kırma işlemi hangi seçeneğe göre yapılacağını belirtir. **Distance** seçilirse, iki köşenin pah kırma mesafeleri yazılır. **Angle** seçilirse bir köşenin mesafesi ve açısı sorularak yapılır.

Multiple: Chamfer komutunu normal bir şekilde kullandığımızda iki çizgi seçildikten sonra komut biter. Eğer bu alt komutu çalıştırırsak, iki nesne seçiminden sonra komut sürekli kendi içinde tekrarlanarak birden fazla işlemin yapılmasını sağlar.

FILLET (KÖŞELERİ YUVARLAMA)

Seçilen iki çizginin köşelerinin isteğe bağlı olarak yuvarlanmasını ya da bu iki çizginin köşelerinin dik bir şekilde birleştirilmesini sağlar.

Menü: Modify → Fillet
Toolbar: Modify
Komut ile: FILLET
Kısayolu: F

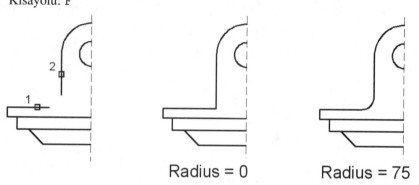

Radius = 0   Radius = 75

Bu komutu iki aşamada göreceğiz. Birincisi radius değeri sıfır olacak. İkincisi ise radius'a değer vereceğiz.

- Fillet komutunu çalıştırın.
- R yazıp radius alt komutunu çalıştırın ve radius değerinin sıfır olduğundan emin olun.
- **1.** nesneyi seçin.
- **2.** nesneyi seçin.

İşlem sonucu seçilen iki çizgi köşeleri dik olarak birleştirildi.

İşlem Sırası:

```
Command: FILLET
Current settings: Mode = TRIM, Radius = 0.0000
Select first object or [Undo/Polyline/Radius/Trim/Multiple]: (1 nolu nesneyi seçin)
Select second object or shift-select to apply corner: (2 nolu nesneyi seçin)
```

- Fillet komutunu çalıştırın.
- R alt komutunu girerek yarıçap değeri girin.

- **1.** nesneyi seçin.
- **2.** nesneyi seçin.

Bu işlem sonucunda ise iki çizgi verilen yarıçap değerinde kesişimleri yuvarlatılarak birleştirildi.

İşlem Sırası:

```
Command: FILLET
Current settings: Mode = TRIM, Radius = 0.0000
Select first object or [Undo/Polyline/Radius/Trim/Multiple]: R
Specify fillet radius <0.0000>: (yarıçap değerini yazıp enter yapın)
Select first object or [Undo/Polyline/Radius/Trim/Multiple]: (1 nolu nesneyi seçin)
Select second object or shift-select to apply corner: (2 nolu nesneyi seçin)
```

İşlem sonucunda bu iki çizgi yuvarlatılarak birleştirildi. Şekilde örneklerimiz itibariyle yarıçap değerini 75 yazdık. Bu işlemler sonucunda resimdeki görüntüyü elde ederiz.

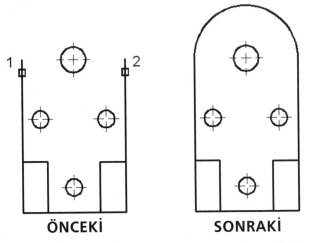

ÖNCEKİ SONRAKİ

Bu komutun güzel bir özelliği ise, paralel olan çizgilerin birleştirilmesi. İki paralel çizgiye fillet komutunu uygularsak, bitiş noktalarına yarım daire çizerek birleştirir. Resimdeki örnekte gördüğünüz gibi birleştirme yapılmıştır. Bu tür nesnelere `fillet` komutu uygulanırken `radius` değerinin önemi yoktur.

 NOT **Polyline** çizgisi ile **Line** çizgisi fillet yapıldığında bu iki nesne birleştirilir ve Line nesnesi Polyline nesnesine dahil olarak bir bütünlük sağlar.

BLEND CURVES

Seçilen iki nesne arasında yumuşak geçiş yaparak yeni bir spline eğrisi oluşturur.

ÖNCEKİ SONRAKİ

- `Blend Curves` komutunu çalıştırın.
- **1** nolu nesneyi seçin.
- **2** nolu nesneyi seçin.

İşlem sonucunda seçilen iki nesne arasında, uygun yumuşak bir geçiş sağlayarak yeni bir spline nesnesi oluşturuldu.

EXPLODE (PATLATMA)

Seçilen polyline ya da blok halindeki nesneleri patlatmak için kullanılır. Ayrıca model komutlarından olan Solid nesnesi patlatıldığında yine bir model nesnesi olan Region'a dönüşür. **Region** nesnesi patlatıldığında ise **Line** nesnesine dönüşür.

Ribbon: Home tab → Modify Panel → Explode
Menü: Modify → Explode
Toolbar: Modify
Komut ile: EXPLODE
Kısayolu: X

Bu komutu sadece **Polyline** nesnesi üzerinde uygulayacağız. Diğer nesneler ile ilgili uygulamayı o nesneler ile ilgili konuya geldiğimizde anlatacağız.

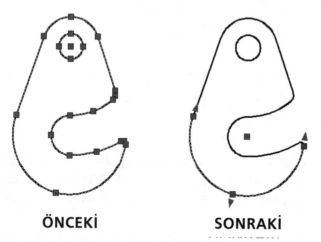

ÖNCEKİ　　　SONRAKİ

- Explode komutunu çalıştırın.
- Nesneleri seçip enter yapın.

Uygulama sonucunda polyline nesnesinin her bir parçası ayrı bir nesne haline geldi.

İşlem Sırası:

```
Command: EXPLODE
Select objects: (Nesneyi seçin)
Select objects: (Seçim işlemi bittiği için enter'a basın)
```

Pedit (Polyline Edit)

Bu toolbar'da bulunmayan ancak modify konusunda işlememiz gereken bir komut ise Pedit komutudur. Polyline nesnelerinin düzenlenmesini sağlar.

Ribbon: Home tab → Modify Panel → Edit Polyline

Menü: Modify → Object → Polyline

Toolbar: Modify II

Komut ile: PEDIT

Kısayolu: PE

Resimdeki zikzak şeklinde görülen nesneler Line komutu ile çizilmiş nesnelerdir. Bu nesnelerin polyline olmasını istiyoruz. Ya üzerinden polyline komutunu kullanarak yeniden bir çizim yapacağız ya da pedit komutunu kullanarak bu nesneleri birleştireceğiz. Bu birleştirme işleminini yapmak için nesnelerin hepsinin birbirine uç noktalarından birleşmesi şarttır.

- Pedit komutunu çalıştırın.
- Herhangi bir nesneyi seçin.

```
Do you want to turn it into one? <Y>
```

Çizgiyi seçtiğinizde yukarıdaki ileti komut satırında yazacaktır. Anlamı kısaca, seçilen nesne polyline değil, devam etmek istiyor musunuz diye sormaktadır. Yes, yani evet diyerek devam ettiğimiz seçilen nesne polyline nesnesi olup diğer alt komutlara geçecektir.

```
Enter an option [Close/Join/Width/Edit vertex/Fit/Spline/Decurve/Ltype gen/
Reverse/Undo]:
```

Birleştirme yapacağımız için kullanacağımız seçenek Join alt komutudur.

- J yazıp enter yapın.
- Diğer nesneleri seçip enter yapın.
- Komutu bitirmek için tekrar enter yapın.

Bu nesneyi kontrol ettiğiniz gibi artık bir bütün olarak Polyline nesnesi olduğunu göreceksiniz.

Diğer alt komutlardan bazılarını inceleyelim.

Close: Kapalı olmayan polyline nesnesinin başlangıç ile bitiş noktaları arasına çizgi çizerek bir bütün olarak polyline olmasını sağlar. Close alt komutu kapalı olmayan nesnelerin seçiminde görünür. Eğer kapalı bir polyline nesnesi seçilirse Close yerine Open seçeneği olacaktır.

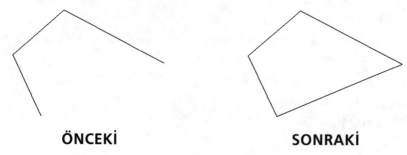

ÖNCEKİ **SONRAKİ**

- Komutu çalıştırın.
- Polyline nesnesini seçin.
- c (*Close*) yazıp enter yapın.
- Komutu bitirmek için tekrar enter yapın.

Width: Polyline nesnesine kalınlık vermek için kullanılır.

ÖNCEKİ **SONRAKİ**

- Komutu çalıştırın.
- Polyline nesnesini seçin.
- w (*Width*) yazıp enter yapın.
- Kalınlık için bir sayı yazıp enter yapın.
- Komutu bitirmek için tekrar enter yapın.

Fit: Seçilen polyline nesnesinin pürüzsüz bir eğri oluşturmasını ve bu eğrinin her bir köşesine grip noktasından geçmesini sağlar.

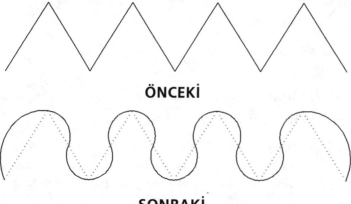

ÖNCEKİ

SONRAKİ

- Komutu çalıştırın.
- Polyline nesnesini seçin.
- F (*Fit*) yazıp enter yapın.
- Komutu bitirmek için tekrar enter yapın.

Spline: Seçilen polyline nesnesinin spline eğrisine dönüşmesini sağlar.

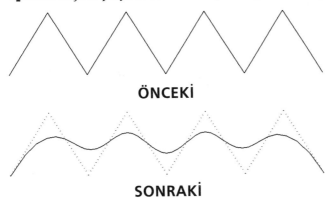

- Komutu çalıştırın.
- Polyline nesnesini seçin.
- S (*Spline*) yazıp enter yapın.
- Komutu bitirmek için tekrar enter yapın.

Decurve: Fit ya da spline uygulanmış polyline nesnesinin orijinal haline gelmesini sağlar.

- Komutu çalıştırın.
- Polyline nesnesini seçin.
- D (*Decurve*) yazıp enter yapın.
- Komutu bitirmek için tekrar enter yapın.

SPLINE NESNESİNİ POLYLINE NESNESİNE DÖNÜŞTÜRME

Pedit komutu spline nesnesine uygulanmak istendiğinde bu nesnenin öncelikle polyline nesnesine dönüştürüleceğini belirler.

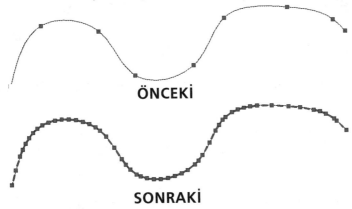

- Komutu çalıştırın.
- Spline nesnesini seçin.
- Y (*Yes*) yazıp enter yapın.
- **Specify a precision <10>:** uyarısına enter diyerek hassasiyet değerinin 10 olduğunu belirtin. Verilecek değer 0-99 arasında olabilir. Değer arttıkça hassasiyet oranı artar buna paralel olarak oluşacak polyline nesnesinin düğüm noktası sayısı da artacaktır.
- Komutu bitirmek için tekrar enter yapın.

İşlem sonucunda seçilen spline nesnesi polyline nesnesine dönüştürülmüş oldu. Bir polyline nesnesi ile spline nesnesi `pedit` komutunun `join` alt komutu ile birleştirilemez. Birleştirme yapılabilmesi için spline nesnesinin pline olması gerekmektedir.

OVERKİLL

Çizim içerisindeki Line, Arc ve Polyline nesnelerinde yinelenen veya örtüşenleri temizler. Ayrıca kısmen örtüşen yada bitişik olanları bir bütün haline getirir.

Menü : Modify→ Delete Dublicate Objects

Toolbar : Modify II

Komut ile : OVERKILL

Resimde soldaki çizimde polyline komutu ile çizilmiş bir çizim bulunmaktadır. Bu çizimde her çizginin tek bir çizgiyi ifade etmesi gerekirken, tek doğru üzerinde birden fazla çizgi bulunmaktadır. Overkil komutunu bu çizimi düzeltmek için kullanabiliriz.

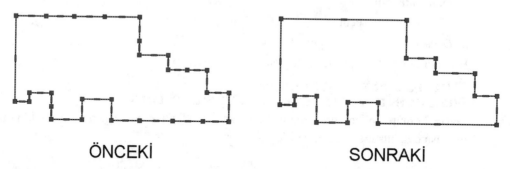

ÖNCEKİ　　　　　　　　SONRAKİ

- Overkill komutunu çalıştırın.
- Nesneyi seçip enter tuşuna basın.

Enter tuşuna basıldıktan sonra ekrana gelen tabloda uygulanacak işlem ile ilgili bilgiler bulunmaktadır.

Bu tablo üzerindeki seçenekleri inceleyelim.

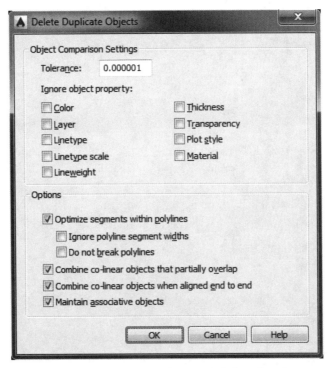

Tolerance: Temizleme işlemi esnasında nesneler arasında karşılaştırma mesafesini belirler.

Ignore object property: Temizleme işlemi uygulanırken göz ardı edilecek nesne özelliklerini içerir. Örneğin, bir çizgi üzerinde yer alan daha küçük bir çizgi var ise, komut uygulandığında küçük nesne silinir. Ancak bu küçük nesnenin renk seçeneği color özelliği kullanılarak değiştirilmiş ise temizleme esnasında bu nesne silinmez. Ignore object property kısmında yer alan Color seçeneği işaretlenirse farklı renklerde dahi olsalar üst üste geldiği için temizleme işlemi uygulanır.

Optimize segments within polylines : Bu seçenek işaretli iken, seçilen polyline nesne hatlarındaki fazla bölümler kaldırılır. Aynı hat üzerinde tekrarlanan bölümler ve noktalar da iptal edilir.

Ignore polyline segment width : Poyline nesnesinin bölümleri optimize edilirken bölüm genişliklerini yok sayar.

Do not break polylines : Poyline nesnesi değiştirilmez.

Combine Co-linear Objects That Partially Overlap : Çakışan nesneleri tek bir nesne yaparak birleştirir.

Combine co-linear objects when aligned end to end : Ortak noktaları olan nesneleri tek bir nesne yaparak birleştirir.

Maintain associative objects: Başka nesnelerle bağlantılı nesneler silinmez yada değiştirilmez.

İşlemi uyguladığımızda sağdaki resimde olduğu gibi polyline nesnesi üzerindeki fazla bölümler silinecektir.

SEÇİM İŞLEMLERİ 7

Herhangi bir komutu çalıştırdığımızda, bu komut bizden çoklu bir nesne seçimi istiyorsa nesne seçimlerini tek tek yerine pencere açarak seçebiliriz.

Bu seçim işlemini yaparken ilk tıkladığımız yerde bir nesne var ise nesne seçim setine eklenir. Eğer bu ilk tıkladığımız yerde bir nesne yok ise bir pencere açılmaya başlar ve pencerenin diğer çapraz köşesinin yerini belirtmemizi ister. Bu pencere açılırken iki şekilde görünür. İlk tıklanılan yere göre Mouse'u sağa doğru çektiğimizde açılan pencere düz çizgi ve içi mavi, sola doğru çektiğimizde ise pencere kesik kesik çizgi halinde ve içi yeşil renktedir.

Düz çizgi olduğunda bu pencere içine tamamen giren nesneler seçilir.

Kesik kesik çizgi olduğunda ise, pencere içine giren ve pencere çizgilerinin değdiği tüm nesneler seçilir.

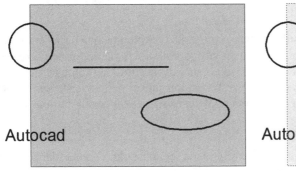

Pencere düz çizgi iken

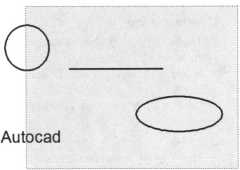

Pencere kesik kesik çizgi iken

Şekilde görüldüğü gibi soldaki seçimde sadece **Line** nesnesi ve **Elippse** nesnesi seçilir. Çünkü pencere içine sadece bu nesneler tamamen girmektedir.

Sağdaki şekilde ise, **Line** nesnesi ve **Ellipse** nesnesi tamamen girmekte **Circle** nesnesi ve yazı bu pencere çizgisine temas ettiği için seçime dahil edilmektedir. Seçim yapılırken mouse'un sol tuşuna basılı tutup mouse'u sağa doğru hareket ettirdiğinizde WPOLYGON, sol doğru hareket ettirdiğinizde CPOLYGON seçim komutu çalışacaktır.

Bununla beraber seçim işleminde yardımcı ara komutlar vardır. Bunlar;

WINDOW

Seçim ile ilgili bir komut çalıştırıldığında nesne seçimi isterken komut satırına W yazıp enter yaptığınızda ekranda bir nokta ister. Bu nokta gösteriminden sonra pencere açılır. Bu pencerenin özelliği ilk nokta gösteriminden sonra Mouse'u sağa da çekseniz sola da çekseniz pencere düz çizgi-mavi pencere olacaktır. Yani seçiminizde sadece bu pencere içine girecek nesneler seçilir.

Örnek:

```
Command: ERASE
Select objects: W (enter)
Specify first corner: (Pencere için bir nokta gösterin)
Specify opposite corner: (Pencerenin diğer noktasını gösterin)
```

CROSSING

Bu ara komut ise, Window ile aynı şekilde çalışmaktadır. Farkı her iki yönde de pencerenin kesik kesik çizgilerden oluşmasıdır. Yani bu pencere içine giren ve pencereye temas eden tüm nesnelerin seçilmesini sağlar. Bu ara komutu özellikle Stretch komutunda kullanmak faydalıdır.

Örnek:

```
Command: STRETCH
Select objects to stretch by crossing-window or crossing-polygon...
Select objects: C (enter)
Specify first corner: (Pencere için bir nokta gösterin)
Specify opposite corner: (Pencerenin diğer noktasını gösterin)
```

PREVIOUS

Herhangi bir seçim komutunu kullandıktan sonra başka bir komutta aynı nesneleri tekrar seçmek gerekir. Örneğin; çizimin bir bölümünü önce Move komutu ile taşıyıp ardından bu nesneleri Rotate ile çevirmeniz gerekiyor. Move komutunu çalıştırdıktan sonra nesnelerinizi seçip istediğiniz yere taşıyın. Ardından Rotate komutunu çalıştırın. Seçim isterken komut olarak P yazıp enter yapın. Bir önceki komutta seçilen nesneler tekrar seçili duruma geçecektir.

ALL

Herhangi bir seçim ile ilgili komutu çalıştırdığınızda seçim isterken komut olarak ALL yazıp enter yaparsanız dosya içindeki tüm nesneler seçilecektir.

Fence

Bu ara komutta ise, ara komut girilince, sizden ekran üzerinde noktalar göstermenizi ister. Bu noktalar arası sanki Polyline çizer gibi düşünebiliriz. Bu görsel olarak oluşan çizgiye hangi nesneler temas ediyorsa o nesneler seçilir.

Bu ara komutu bir örnek ile açıklayalım.

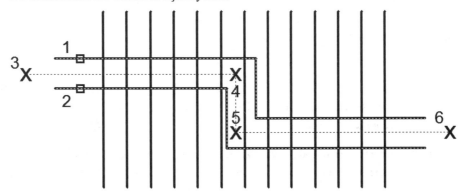

Şekilde görüldüğü gibi, **1** ve **2** nolu çizgilerin arasında kalan dik çizgileri temizlememiz gerekiyor.

Bunun için;

- `Trim` komutunu çalıştırın.
- **1** ve **2** nolu nesneleri seçip enter yapın.
- **F** yazıp enter yapın.
- **3**, **4**, **5** ve **6** nolu noktalara tıkladıktan sonra enter yapın.
- **1** ve **2** nolu çizgilerin arasında kalan çizgiler trimlenmiş olacaktır.

Bu işlemde **3**, **4**, **5** ve **6** noktaların yerleri sabit değildir. Yani göstereceğiniz noktalar yeter ki **1** ve **2** nolu çizgilerin arasından geçsin ve dik olan çizgilere temas etsin.

Komut sırası:

```
Command: TRIM
Current settings: Projection=UCS, Edge=Extend
Select cutting edges ...
Select objects or <select all>: (1 nolu çizgiyi seçin)
Select objects: (2 nolu çizgiyi seçin)
Select objects: (seçim işlemi bittiği için enter'a basın)
Select object to trim or shift-select to extend or
[Fence/Crossing/Project/Edge/eRase/Undo]: F (enter)
Specify first fence point: >: (3 nolu noktayı gösterin)
Specify next fence point or [Undo]: (4 nolu noktayı gösterin)
Specify next fence point or [Undo]: (5 nolu noktayı gösterin)
Specify next fence point or [Undo]: (6 nolu noktayı gösterin)
Specify next fence point or [Undo]: (enter)
```

Wpolygon

Window ara komutunu kullanırken pencerenin 4 köşe olduğunu görmüştünüz. Wpolygon komutu seçildiğinde görsel olarak kapalı bir polyline çizmeye başlar. Komut bitirildiğinde bu polyline'nın içine giren tüm nesneler seçilir.

Cpolygon

Wpolygon komutunun çalışma prensibi ile aynıdır. Farkı oluşan kapalı polyline nesnesinin içine giren ve bu polyline'a temas eden tüm nesneler seçilir.

Group

Daha sonra göreceğimiz bir konu olan Group komutu ile ilgili bir seçim komutudur. Group adı verilmiş seçim setlerinin seçilmesini sağlar. Bu ara komut girildikten sonra grup adı girilerek seçim yapılmasını sağlar.

Bu seçim komutlarına ek olarak, seçim yapılırken eğer fazla seçim yapıldıysa SHIFT tuşunu basılı tutup, fazla seçilen nesneleri tekrar seçtiğinizde bu nesneler seçimden çıkartılır.

Autocad 2018 ile birlikte gelen yeni bir özellik ile seçim işlemi yapılırken ekranda görünmeyen nesnelerin seçilip seçilmeyeceğine karar verebilirsiniz. Konuyu daha da açmak gerekirse, daha önceden pencere açarak nesne seçimi yapılırken, pencere içindeki tüm nesnelerin seçilmesi için ekranda görünmesi gerekiyordu. Artık bu seçenek kullanıcıya bırakılmış durumdadır.

Bu seçeneği kontrol etmek için SELECTIONOFFSCREEN komutunu kullanın.

0 = Ekranda görünmeyen nesneler seçilmeyecek

1 = Ekranda görünmeyen nesneler seçilecek.

ZOOM VE PAN KOMUTLARI 8

Yaptığımız çizime daha çok hakim olabilmek için mutlaka çizime yaklaşmamız gerekir. Bu yaklaşma komutlarına **Zoom komutları** denir. Zoom komutları yarı şeffaf komutlardır. Yani hem herhangi bir komut içinde iken çalışabilir, hem de kendi bağımsız bir komut gibi çalışabilir. Peki, bu Zoom komutları nelerdir? Bu komutları sırası ile inceleyelim. Bunun için öncelikle Zoom toolbar'ını ekrana getirelim. Herhangi bir toolbar'ın üzerine sağ tuş yapın ve açılan menüden **Zoom** seçeneğine tıklayın. Daha sonra **Zoom toolbar**'ını ekran üzerinde istediğiniz yere taşıyın.

ZOOM WINDOW

Çizim ekranında bir pencere oluşturularak bu pencerenin ekrana yaklaştırılmasını sağlar.

Ribbon: View tab → Navigate Panel → Zoom Drop-down → Window
Menü: View → Zoom → Window
Toolbar: Zoom
Komut ile: `Zoom` → `Window`
Kısayolu: `Z` → `W`

Komutu çalıştırdıktan sonra kullanıcıdan iki nokta ister. Birincisi pencerenin ilk noktası, ikincisi ise pencerenin çapraz noktası. Bu iki noktayı Mouse'un sol tuşu ile işaretlediğinizde pencere içine giren kısmı ekrana yaklaştıracaktır.

İşlem Sırası:

```
Command: '_ZOOM
Specify corner of window, enter a scale factor (nX or nXP), or
[All/Center/Dynamic/Extents/Previous/Scale/Window/Object] <real time>: _W
Specify first corner:   (Pencerenin 1. noktası)
Specify opposite corner: (Pencerenin 2. noktası)
```

ZOOM DYNAMIC

Çizim ekranını belirli bir uzaklığa getirerek istenilen yerin kutu içine alınarak ekrana yaklaştırılmasını sağlar.

Ribbon: View tab → Navigate Panel → Zoom Drop-down → Dynamic

Menü: View → Zoom → Dynamic

Toolbar: Zoom

Komut ile: Zoom → Dynamic

Kısayolu: Z → D

Bu komutu çalıştırdığımızda, çizim ekranımız küçülür ve imlecin ucunda bir kutu görünür. Komutu çalıştırmadan önceki yer yeşil çizgi ile gösterilir. Komut çalıştırıldıktan sonraki yer ise mavi çizgi ile gösterilir.

Eğer ekrana yaklaştırmak istediğimiz yer imlecin üzerindeki kutu kadar ise imleci o bölgeye getirip sağ tuş yaptığımızda o bölge ekrana yaklaştırılacaktır.

İmlec üzerindeki kutunun boyutunu değiştirmek için ise, Mouse'un sol tuşuna basın.

Mouse'u hareket ettirdiğinizde kutunun boyutu değişecektir.

İstediğiniz büyüklüğe geldiğinde tekrar Mouse'un sol tuşu ile tıklayın. Ardından yaklaştırmak istediğiniz yere Mouse'un sağ tuşu ile tıklayın.

ZOOM SCALE

Verilen ölçek değerine göre çizimi ekrana yaklaştırır ya da uzaklaştırır.

Ribbon: View tab → Navigate Panel → Zoom Drop-down → Scale

Menü: View → Zoom → Scale

Toolbar: Zoom

Komut ile: Zoom → Scale

Kısayolu: Z → S

Daha önceki derslerimizde limits değerlerine göre çizim yapmayı öğrenmiştik.

Örneğin; Limits değerlerimiz A3 formatında 420,297 olsun.

Bu değerlerimizi ekrana Zoom/All komutu ile ekrana getiriyoruz.

Bu değerlere göre ekranın yükseklik değeri 297'dir. `Zoom/Scale` komutunu çalıştırdığımızda bizden bir değer isteyecektir.

Örneğin; `0.50` değerini uyguladığımızda, ekran yüksekliği artık 297 değil 594 olacaktır.

Buna paralel olarak değerimizi 2 olarak yazsaydık ekran yüksekliği 148.50 olacaktır.

Günümüz çizimlerinde limits değerlerine göre çizim yapılmadığından bu tür özelliği kullanmamıza gerek yoktur.

Ayrıca verilecek değerlerde X ve XP seçenekleri vardır. Eğer değerimizin sonuna X koyarsak o an ki mevcut çizim ekranını yaklaştırır ya da uzaklaştırır.

Örnek: `0.25X` ya da `3XP` gibi.

Bununla beraber ileride Layout'ta kullanılabilecek olan XP seçeneğimiz vardır. Ölçekli yaklaştırma yapmak için örneğin; 1/50 olacak ise bunu `1/5XP` yazdığımızda kağıt düzlemimiz 1/50 ölçeğe göre yaklaşacaktır.

ZOOM CENTER

Çizim ekranında belirtilen bir merkez nokta ve büyütme değeri verilerek çizim ekranını yaklaştırır.

Ribbon: View tab → Navigate Panel → Zoom Drop-down → Center

Menü: View → Zoom → Center

Toolbar: Zoom

Komut ile: `Zoom` → `Center`

Kısayolu: `Z` → `C`

Komutu çalıştırdığımızda bizden zoom yapılması için bir merkez noktası ister. Bu noktayı Mouse ile belirledikten sonra bir değer verilmesini ister. Bu değer verilirken mevcut bir değer göreceksiniz.

```
Enter magnification or height <299.8925>:
```

Bu mevcut değer o an ki çizim ekranınızın yükseklik değeridir. Mevcut değerden yüksek bir değer verirseniz, çizim ekranı küçülür, küçük değer verirseniz çizim ekranı büyür.

ZOOM OBJECT

Çizim ekranında istenilen nesnelerin seçilerek ekrana getirilmesini sağlar.

Ribbon: View tab → Navigate Panel → Zoom Drop-down → Object

Menü: View → Zoom → Object

Toolbar: Zoom

Komut ile: `Zoom` → `Object`

Kısayolu: `Z` → `O`

Komutu çalıştırdığımızda seçtiğimiz nesneler ekrana getirilecektir. Bu komutu kullanırken birden fazla nesne seçebiliriz.

Zoom In

Çizim ekranının orta noktasını referans alarak çizimi iki kat yakınlaştırır.

Ribbon: View tab → Navigate Panel → Zoom Drop-down → In
Menü: View → Zoom → In
Toolbar: Zoom
Komut ile: Zoom → In
Kısayolu: Z → 2X

Zoom Out

Çizim ekranının orta noktasını referans alarak çizimi iki kat uzaklaştırır.

Ribbon: View tab → Navigate Panel → Zoom Drop-down → Out
Menü: View → Zoom → Out
Toolbar: Zoom
Komut ile: Zoom → Out
Kısayolu: Z → 5X

Zoom All

Limits değerlerindeki koordinatın ekrana getirilmesini sağlar.

Ribbon: View tab → Navigate Panel → Zoom Drop-down → All
Menü: View → Zoom → All
Toolbar: Zoom
Komut ile: Zoom → All
Kısayolu: Z → A

Limits kullanarak çizim yapıyorsak, bu komut limits değerlerine ait koordinatı ekranımıza getirir. Eğer limits değerlerinin dışında bir nesne var ise, o nesne de zoom işlemine girer ve çizim dosyasındaki tüm nesneler ekrana getirilir.

Zoom Extents

Çizim dosyası içinde bulunan tüm nesnelerin ekrana getirilmesini sağlar.

Ribbon: View tab → Navigate Panel → Zoom Drop-down → Extents
Menü: View → Zoom → Extents
Toolbar: Zoom
Komut ile: Zoom → Extents
Kısayolu: Z → E

Bu komut All komutu ile benzerlik gösterse de, farklı işlevlere sahiptir. Eğer limits değerleri dışında çalışıyor isek, o zaman aynı anlama gelir. Aksi takdirde All komutu limits değerlerine ait koordinatı, Extents komutu ise tüm nesneleri ekrana getirir.

ZOOM REALTIME

Zoom toolbar'ında değil de, **Standard toolbar**'ında bulunan bir zoom komutu ise Realtime komutudur. Gerçek zamanlı zoom yapılmasını sağlar.

Ribbon: View tab → Navigate Panel → Zoom Drop-down → Realtime

Menü: View → Zoom → Realtime

Toolbar: Standard

Kısayolu: Z → Enter

```
Specify corner of window, enter a scale factor (nX or nXP), or
[All/Center/Dynamic/Extents/Previous/Scale/Window/Object] <real time>:
```

Bu komutu çalıştırmak için klavyeden ZOOM komutunu girip enter yaptıktan sonra tekrar enter yapın. İmleç + ve – işaretli büyüteç halini alacaktır.

Mouse'un sol tuşuna basılı tutup yukarı doğru sürüklediğimizde çizim ekranı yaklaşır, aşağıya doğru sürüklediğimizde ise çizim ekranı uzaklaşacaktır.

PAN

Çizim ekranının imleç yardımıyla kaydırılarak istenilen alanın görüntülenmesini sağlar.

Ribbon: View tab → Navigate Panel → Pan

Menü: View → Pan → Realtime

Toolbar: Standard

Komut ile: PAN

Kısayolu: P

- Komutu çalıştırın.
- Mouse'un sol tuşu ile çizim ekranı alanında basılı tutarak istediğiniz yöne doğru sürükleyin.

MOUSE KULLANIMI

Çizim yaparken kullanacağımız Mouse'un tekerlekli Mouse olması kullanıcıya büyük yararlar sağlamaktadır. Bu tekerleğin üç fonksiyonu bulunmaktadır.

1. Çizim esnasında tekerleği ileri-geri yaptığımızda çizime yaklaşır ya da uzaklaşırız. İleriye doğru döndürdüğümüzde çizim yaklaşır, geriye doğru döndürdüğümüzde ise çizimden uzaklaşırız. Bu yaklaşma ve uzaklaşma sadece görsel olarak. Çizimin boyutunu değiştirmez.
2. Tekerleğe basılı tutup Mouse'u hareket ettirdiğimizde ise Pan komutu devreye girer ve çizimi kaydırarak ekranımızda çizimin ekranda görünmeyen bölümlerini ekrana getirebiliriz.
3. Tekerleğe arka arka iki kere bastığımızda ise Zoom/Extents komutu devreye girer ve çizim dosyasındaki tüm nesneler ekrana getirilir.

Mouse'un tekerleğini kullanarak ileri-geri zoom işlemini yaparken bu işlemin ters yönde işlemesini istiyorsanız ZOOMWHEEL komutunu çalıştırıp değerini 1 yapın. Tekerleği kullanarak ileri-geri işlemi yapılırken zoom işleminin oranını değiştirmek isterseniz ZOOMFACTOR komutunu çalıştırın ve 3 ila 100 arasında bir değer girin. Değer küçüldükçe zoom oranı azalacaktır.

SEÇİM KOMUTLARI

9

Yaptığımız çizimde belirli özelliğe sahip nesnelerin topluca seçilmesi gerekebilir. Bu nesneleri tek tek seçmek uzun süreceğinden eksik seçim yapma durumu da vardır. Böyle durumlar için kullanılabilecek iki komutu anlatacağız.

QUICK SELECT

Bu komut sayesinde yapmak istediğimiz filtrelemelerden geçirerek seçim yapabiliriz.

Öncelikle bu komutu çalıştıralım ve ekrana gelecek olan tablodaki seçeneklerin ne işe yaradıklarını öğrenelim.

Ribbon: Home tab → Utilites Panel → Quick Select
Menü: Tools → Quick Select
Komut ile: QSELECT
Kısayolu: Çizim ekranı üzerinde sağ tuş yapın. Tablodan **Quick Select** seçin.

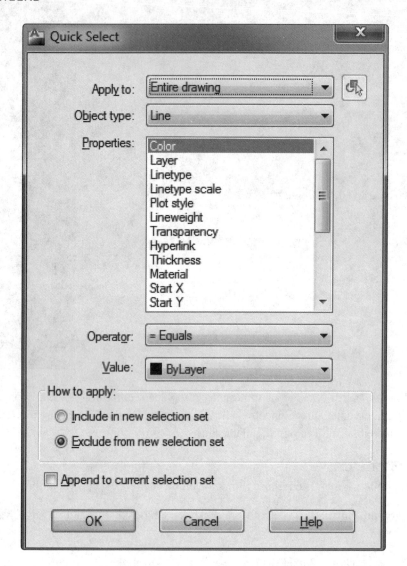

Apply To: Seçilecek nesnelerin tüm dosyada ya da seçilen bölgede aratılmasını sağlar. Entire drawing seçeneği aktif ise, seçim tüm dosyada aranır. Eğer belirli bir bölgede aratmak istiyorsanız butonuna basın ve seçim alanını Mouse yardımıyla pencere açarak belirtin.

Object Type: Bu bölümden seçilmek istenen nesne türü belirtilir.

Properties: Seçilmek istenen nesnenin özelliği belirtilir.

Operator: Bu bölümde ise matematiksel denklem ile eşitlik büyük, küçük değerleri ayarlanır.

Color: Seçilmek istenen nesnenin rengi belirtilir. Nesne renkli olmasına rağmen **Bylayer** olarak görünüyorsa renk **Bylayer** seçilmelidir.

Include in new selection set: Bu seçenek işaretli olduğundan sadece istenen nesneler seçilir.

Exclude from new selection set: Bu seçenek işaretli olursa, istenen nesneler haricinde kalan diğer nesneler seçilir.

Append to current selection set: Bu seçenek işaretli olduğunda komut birden fazla kullanılırsa, her seçim bir önceki seçime dahil edilir.

Tablodaki seçeneklerin ne anlama geldiğini öğrendiğimize göre, bu tabloyu örnek bir işlemle pekiştirelim.

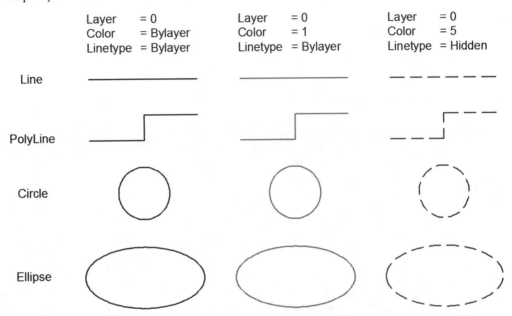

Resimde dört farklı nesne ve bu nesnelerin özelliklerinin farklı olduğunu görmekteyiz. **Layer**, **Renk** ve **Çizgi tipleri** açısından aynı tür de olsa nesneler birbirinden farklıdır.

Bu çizimde ilk olarak **Line** nesnelerini seçtirelim.

Line nesnesi seçimi:

- `Qselect` komutu çalıştırın.
- **Object Type** bölümünden **Line** nesnesini seçin.
- **Include in new selection set** seçeneğini işaretleyin.
- **OK** butonuna basın.

Tablo kapandığında sadece Line nesnelerinin seçildiğini göreceksiniz.

Rengi çizgitipi "Hidden" olan Circle nesnesinin seçimi:

- `Qselect` komutunu çalıştırın.
- **Object Type** bölümünden **Circle** nesnesini seçin.

- **Properties** bölümünden **Linetype** seçin.
- **Value** bölümünden **Hidden** seçin.
- **Include in new selection set** seçeneğini işaretleyin.
- **OK** butonuna basın.

Filter

Diğer bir filtreleme komutumuz ise `Filter` komutudur. Bu komut `QuickSelect` komutuna göre daha fonksiyonlu seçimler yapılmasını sağlar. Bu komutu ayrıca herhangi bir seçim yapılması gereken `copy`, `move`, `rotate` vs. gibi komutlar aktif iken çalıştırabiliriniz.

Komut ile: `FILTER`

Komut içinde iken: `'FILTER`

Kısayolu: `FI`

Bu komutun tablosunu inceleyelim.

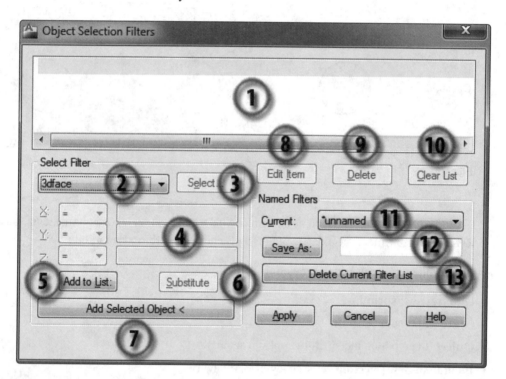

1. Seçilecek nesnelerin özelliklerinin aktarıldığı bölümdür.
2. **Select Filter:** Seçilecek nesne türü belirtilir.
3. **Select...:** Nesne türünün özelliği var ise bu buton aktif olur ve bu butona basarak özelliği seçilir.
4. **X, Y, Z:** Nesnenin koordinatı var ise bu bölüme yazılır. Ayrıca isim yazılması gereken bir özellik var ise, X bölümü aktif olur.

5. **Add to List:** Nesne türü belirtildikten sonra listeye eklenmesi için kullanılır. Bu eklenen liste **1** nolu bölüme aktarılır.

6. **Substitute: 1** nolu bölüme eklenen nesne türü değiştirilecek ise, bu bölümden değiştirilecek olan nesne adı seçilir. **2** nolu bölümden yeni nesne türü belirtilip **Substitute** butonuna basılır. Bu şekilde listedeki nesne türü değiştirilmiş olur.

7. **Add Selected Object <:** Çizim ekranında bulunan bir nesnenin referans alınmasını sağlar. Seçilen nesnenin özellikleri **1** nolu bölüme aktarılır.

8. **Edit Item: 1** nolu bölüme eklenen özelliğin değiştirilmesini sağlar.

9. **Delete: 1** nolu bölüme eklenen özelliklerden istenilenin silinmesini sağlar.

10. **Clear List: 1** nolu bölümün tamamen temizlenmesini sağlar.

11. **Current:** Kaydedilen bir seçim var ise bu bölümden seçilir.

12. **Save As:** Hazırlanan seçim türünün özelliklerinin kaydedilmesini sağlar.

13. **Delete Current Filter List:** Kaydedilen seçim türünün silinmesini sağlar.

Tablomuzdaki seçeneklerin ne anlama geldiğini öğrendiğimize göre bir örnek uygulayalım.

`Quick Select` komutunda örnek olarak verdiğimiz çizim üzerinde uygulayalım.

Renk numarası 5, çizgi tipi **Hidden** olan **Ellipse** nesnesini seçelim.

- Filter komutunu çalıştırın.
- **2** nolu bölümden **Ellipse** seçeneğini seçip **5** nolu butona basın.
- **2** nolu bölümden **Color** seçeneğini seçin.
- **3** nolu bölüme tıklayın ve **5** nolu rengi seçip **OK** butonuna basın.
- **5** nolu butona basarak bu özelliği de **1** nolu bölüme aktarın.
- **2** nolu bölümden **Linetype** seçeneğini seçin.
- **3** nolu bölüme tıklayıp tablodan **Hidden** çizgi tipini seçin.
- **5** nolu butona basarak bu özelliği de **1** nolu bölüme aktarın.

Filtreleme özelliklerini doğru bir şekilde yaptıysanız **1** nolu bölüm resimdeki gibi olacaktır.

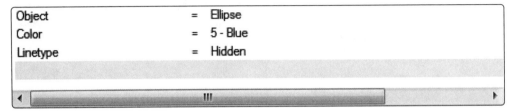

Seçim özelliklerimizi ayarladığımıza göre **Apply** butonuna basın.

Komut satırında `Select Objects` uyarısını göreceksiniz. Çiziminizi pencere içine alarak seçtiğinizde sadece bu özelliklere uyan nesnelerin seçildiğini göreceksiniz.

Quick Select ve Filter komutunda seçilen nesneler seçim hafızasına alınır. Başka bir seçim işlemi yapmadığınız sürece bu nesneler hafızada tutulur. Bir komut içinde bu nesneleri seçmek isterseniz istediğiniz komutu çalıştırdıktan sonra seçim yapılması gerektiğinde komut satırına P (*previous*) yazıp enter yaptığınızda bu nesneler seçilecektir.

Örnek:

```
Command: COPY
Select objects: P
1 found
Select objects:
```

Resimdeki çizimimizde istediğimiz seçim setine uyan 1 nesne olduğu için copy komutu uygulamasında 1 nesne seçildi.

YAZI YAZMA VE DÜZENLEME

10

AutoCAD içerisinde iki türlü yazı yazılabilir. Bu komutlar **SingleText** adı ile geçen DTEXT komutu ve **MultlineText** adı ile geçen MTEXT komutudur. Öncelikle **SingleText** ile yazı stili hazırlama ve yazı yazmayı öğrenelim.

Yazı Stili Oluşturma

SingleText ile yazılan yazılarda öncelikle yazı stili ayarlanmalıdır. Boş bir dosya açıldığında her zaman hafızada bulunan standart adı ile bir yazı stili bulunmaktadır. Ancak kullanıcı isterse dosya içerisinde birden fazla yazı stili kullanabilir. Bu tabloda hazırlanan yazı stilini ölçü yapmakta da kullanacağız.

Ribbon: Home tab → Annotation Panel → Text Style
Menü: Format → Text Style
Toolbar: Text
Komut ile: STYLE (Komut içinde çalıştırmak için 'STYLE komutunu kullanın.)
Kısayolu: ST

Komutu çalıştıralım ve ekrana gelen tablomuzu inceleyelim.

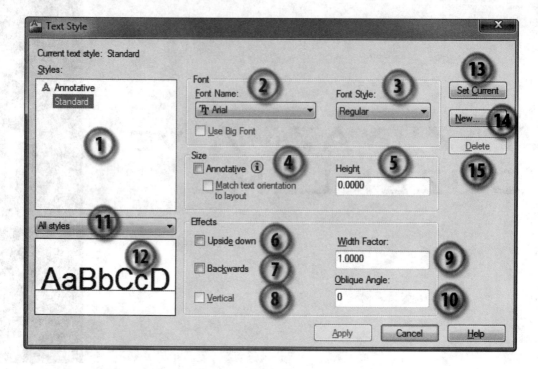

1. **Styles:** Hazırlanmış tüm yazı stillerini gösterir.
2. **Font Name:** Hazırlanacak stilin yazı fontunu belirtir.
3. **Font Style:** Seçilen yazı fontunun font stilini belirtir.
4. **Annotative:** Hazırlanacak yazı **Annotative** özelliği içerecek ise işaretlenir.
5. **Height:** Yazı yüksekliğini belirtir.
6. **Upside Down:** Yazının baş aşağı yazılacağını belirtir.
7. **Backwards:** Yazının ters yazılacağını belirtir.
8. **Vertical:** Yazının yukarıdan aşağıya yazılacağını belirtir.
9. **Width Factor:** Yazının genişliğine müdahale etmemize olanak tanır. 1'den büyük değerlerde yazı genişler, 1'den küçük değerlerde yazı daralır.
10. **Oblique Angle:** Yazının eğik yazılmasını sağlar. Word'deki *italik* seçeneği gibidir. Eğim derecesini biz belirleriz.
11. **1** nolu bölümde tüm yazı stillerinin ya da kullanılan yazı stillerinin listelenmesini sağlar.
12. Hazırlanan yazının hazırlık aşamasında önizlemesini sağlar.
13. **Set Current: 1** nolu bölümde belirtilen yazı stillerden istenilenin aktif yazı stili olmasını sağlar.
14. **New...:** Yeni yazı stili oluşturulmasını sağlar.
15. **Delete: 1** nolu bölümde istenilen yazı stilinin silinmesini sağlar. Eğer yazı stili dosya içerisinde kullanılıyorsa silinmez.

Tablomuzdaki seçenekleri öğrendiğimize göre yeni bir yazı stili nasıl oluşturulur? Bunu öğrenelim...

- **New** butonuna basın ve oluşturacağımız stil için bir `YAZI-1` yazıp **OK** butonuna basın.
- Bu yeni stilin **1** nolu bölüme eklendiğini göreceksiniz.
- **1** nolu bölümde yeni eklenen stili seçip **2** nolu bölümden `TIMES NEW ROMAN` seçin.
- **5** nolu bölümden yazı yüksekliğini 25 olarak belirleyin.
- Yazı genişliğini 1 olarak bırakın.
- **Apply** butonuna basarak bu yapılan değişiklerin kaydedilmesini sağlayın.
- Hazırlanan stilin aktif stil olması için **1** nolu bölümden stil adını seçip **Current** butonuna basın.
- **Close** butonuna basarak tabloyu kapatın.

> **NOT** Yazı yüksekliğine verilen değerin anlamı, baskı alındığında yazının yüksekliği ne ise bu değeri ölçek ile çarpılıp buraya yazılır. Örneğin 1/50 baskı alındığında `0.50 mm` çıkacak bir yazı için `0.50x50 = 25` yazmamız gerekir. Bu değer cm için geçerlidir. Eğer bu bölüme bir değer yazılmayıp sıfır olarak bırakılırsa, yazı yazılmaya başlanacağı zaman yazı yüksekliği sorulur. Değer verilirse bu yükseklik sorulmaz.

Single line Text

Yazı ayarımızı yaptığımıza göre **SingleText** olarak bir yazı yazalım.

Ribbon: Annotate Tab → Text → Single Line Text
Menü: Draw → Text → Single Line Text
Toolbar: Text
Komut ile: `TEXT`
Kısayolu: `DT`

- `Text` komutunu çalıştırın.
- Yazının yerleşim noktası için ekranda Mouse'un sol tuşu ile bir nokta gösterin.
- Yazı açısını belirtin. Düz yazı için 0 yapın.
- Yazmak istediğiniz yazıyı yazın.
- Alt satıra geçmek için bir defa enter tuşuna basın.
- Eğer komutun bitmesini isterseniz iki defa enter tuşuna basın.

Bu yazıya **single line text** denmesinin sebebi, alt alta yazı da yazsanız bu yazıların her biri bağımsızdır.

Multi line Text

Ribbon: Annotate Tab → Text → Multiline Text
Menü: Draw → Text → Multiline Text
Toolbar: Text

Komut ile: MTEXT

Kısayolu: MT

Bu yazı komutu, diğer komuta göre daha fonksiyoneldir. Oluşturulan yazı, bir bütün olup Office programlarında yapılan özellikleri aynı şekilde uygulanabilir.

- **Mtext** komutunu çalıştırın.
- Komutu çalıştırdığınızda imlecin ucunda **ABC** harflerini göreceksiniz.
- AutoCAD kullanıcıdan iki nokta isteyecek. Bu noktalar yazının yazılacağı alanı belirlemek içindir. Pencere açılarak belirtilen alan belirtilince ekrana yazı yazılması için düzenleme tablosu gelecektir.

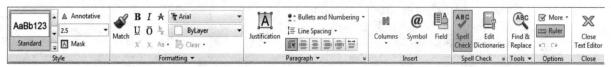

Yazı yazıldıkça tablonun alt bölümüne bu yazılar eklenecektir. Üst bölümde görülen ikonlar ve seçenekler sayesinde ise bu yazıya farklı özellikler verilebilir. Office programlarında yapılan birçok word işlemini mtext komutunda uygulayabilirsiniz.

Yazım işlemi bittikten sonra **OK** butonuna basarak yazının çizim ekranına eklenmesini sağlayın.

Yazı Düzenleme

Bu iki komutu kullanarak yazımızı yazdık. Peki bu yazıyı değiştirmek istediğimizde ne yapmalıyız?

Menü: Modify → Object → Text → Edit

Toolbar: Text

Komut ile: DDEDIT

Kısayolu: ED

Komutu çalıştırdığımızda bizden değiştirecek yazıyı isteyecek. Değişmesini istediğiniz yazıyı Mouse'un sol tuşu ile seçin.

Yazı değişikliği için aktif duruma gelecek. İstediğiniz değişikliği yaptıktan sonra enter tuşuna basabilir ya da Mouse ile ekranda başka bir yere tıklayarak değişikliğin uygulanmasını sağlayabilirsiniz.

Komut girmeden değişiklik yapmak için ise, değişiklik yapmak istediğiniz yazıya Mouse'un sol tuşu ile çift tıklayın. Ddedit komutu otomatik olarak devreye girecek ve değişiklik yapmanıza olanak tanıyacaktır.

Yazı Yerleşim Yeri ve Düzenleme

Single Text ile yazılan yazılar aksi belirtilmedikçe her zaman Soldan sağa doğru yazının alt noktası referans alınarak yazılır. AutoCAD'in bize sunmuş olduğu toplam 14 adet yerleşim yeri vardır. Bu yazıların yerleşim yerinin nasıl değiştirildiğini görelim.

Ribbon: Annotate Tab → Text Panel → Justify
Menü: Modify → Object → Text → Justify
Toolbar: Text [A]
Komut ile: JUSTIFYTEXT

Left	Right	Middle Left	Bottom Left
Align	Top Left	Middle Center	Bottom Center
Fit	Top Center	Middle Right	Bottom Right
Center	Top Right		

Yazının yerleşim seçenekleri resimde görüldüğü gibidir. Bu seçenekleri kısaca özetleyelim.

Left: Yazı soldan sağa doğru yazılır.

Align: Yazının yazıldığı yer X yönünde sabittir. Bu yazı değiştirildikçe yüksekliği değişir.

Fit: Yazı yazıldıktan sonra grip noktasından sağa-sola doğru çekildiğinde yazının genişliği değişir.

Center: Yazı merkez noktasından itibaren yazıldıkça sağa-sola doğru yazılır.

Right: Yazı sağdan sola doğru yazılır.

Top Left: Yazının sol üst noktası referans alınarak sağa doğru yazılır.

Top Center: Yazının üst orta noktası referans alınarak sağa-sola doğru yazılır.

Top Right: Yazının sağ üst noktası referans alınarak sola doğru yazılır.

Middle Left: Yazının sol orta noktası referans alınarak sağa doğru yazılır.

Middle Center: Yazının merkez orta noktası referans alınarak sağa-sola doğru yazılır.

Middle Right: Yazının sağ orta noktası referans alınarak sola doğru yazılır.

Bottom Left: Yazının sol alt noktası referans alınarak sağa doğru yazılır.

Bottom Center: Yazının alt orta noktası referans alınarak sağa-sola doğru yazılır.

Bottom Right: Yazının sağ alt noktası referans alınarak sola doğru yazılır.

Top, **Middle** ve **Bottom** seçenekleri birbirine benzer gibi görünmektedir. Ancak yerleşim yeri olarak farkını şu şekilde özetleyebiliriz.

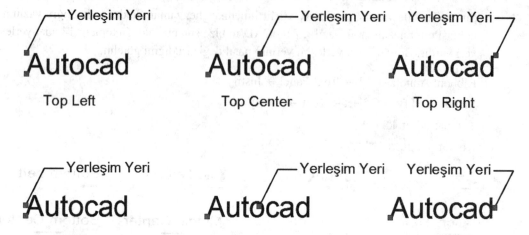

Top seçeneğinde yazı belirtilen yerin altına doğru yazılır.

Middle seçeneğinde ise yazının orta noktasından itibaren yazılır.

TEXT SCALE

AutoCAD'in scale komutu tüm nesneleri büyütür ve küçültür. Ancak bu küçültme işlemi kullanıcı tarafından belirtilen bir referans noktaya göre yapılır. Sadece yazıların scale edilmesinde yerleşim yerinin değişmesi kullanıcı tarafından büyük zorluklar içerir. Örneğin; bir planda yazılan yazılar baskıda küçük görünmesinden dolayı büyütülmek isteniyor. Scale komutu ile tek tek yapılması vakit kaybı olacaktır.

Bu durumda Text Scale komutu yardımımıza yetişiyor.

Ribbon: Annotate Tab → Text Panel → Scale
Menü: Modify → Object → Text → Scale
Toolbar: Text
Komut ile: SCALETEXT

- Komutu çalıştırdığınızda yazıların seçimi istenecektir.
- Tek tek yazıları seçeceğim diye uğraşmayın. Pencere açarak istediğiniz çizim grubunu seçin. Bu pencere içine giren nesnelerden sadece yazılar seçilecektir.
- Seçim bittikten sonra enter'a bastığınızda yazıların hangi noktasına göre scale edileceği sorulacaktır.

- Bir önceki konuda öğrendiğimiz yerleşim noktalarından istediğinizi seçin.
- Ardından yazı yüksekliğini girin. Belirtmiş olduğunuz değer, tüm yazılara uygulanacaktır.

İşlem Sırası:

```
Command: SCALETEXT
Select objects: (yazıları seçin)
Enter a base point option for scaling
[Existing/Left/Center/Middle/Right/TL/TC/TR/ML/MC/MR/BL/BC/BR] <Center>:
(yerleşim yerini seçin)
Specify new model height or [Paper height/Match object/Scale factor]
<.......>: (yüksekliği yazın)
```

Eğer yazılarınız farklı boyutlarda ve orantı olarak büyütmek istiyorsanız `Scale Factor` alt komutunu kullanmalısınız.

```
Specify new model height or [Paper height/Match object/Scale factor] <.......>: S
Specify scale factor or [Reference] <2>: (orantıyı yazın)
```

TARAMA YAPMA VE DÜZENLEME 11

Bu komut aracılığı ile yapılan çizimi istenilen tarama çeşidine göre taranır. Bu komutta dikkat edilmesi gereken tarama yapılacak alanın kapalı bir alan oluşturmasıdır. Eski sürümlere nazaran yeni sürümde hatch komutunda yenilikler olduğunu görüyoruz.

Bu tablomuzu inceleyelim.

Ribbon: Home Tab → Draw Panel → Hatch
Menü: Draw → Hatch
Toolbar: Draw
Komut ile: HATCH
Kısayolu: H

Hatch komutunda yapılan yeni bir düzenleme ile çalışma ekranında ribbon menüler var iken hatch tablosu ekrana gelmez. Ayarların ribbon menü üzerinden yapılması için seçenekler burada aktif hale getirilir. Ancak yine de çalıştırılmak istenirse komut çalıştırıldıktan sonra T (settings) alt komutu çalıştırılarak hatch tablosunun ekrana gelmesi sağlanabilir.

Aşağıdaki resim hatch komutunun ribbon menü üzerindeki görüntüsüdür.

Ancak komutun detayının anlatılmasını tablo üzerinden yapacağız.

Komutu çalıştırdığımızda karşımıza hatch komutu ile ilgili tablo gelecektir. Bu tablo resimde görüldüğü gibi gelmezse tablonun sağ altında bulunan ⊙ işaretine basarak tabloyu genişletebilirsiniz. Tablo, **Hatch** ve **Gradient** olmak üzere iki bölümden oluşmaktadır. Öncelikle **Hatch** bölümünü inceleyelim.

Hatch

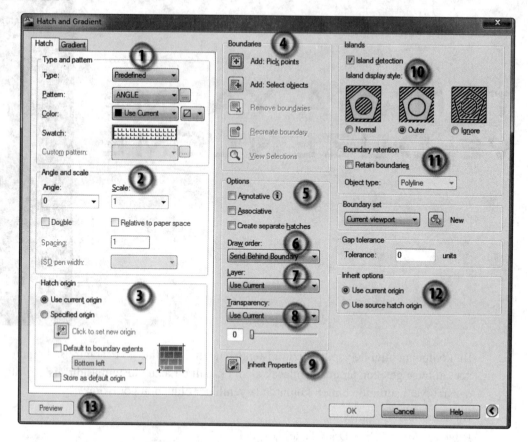

Tablo üzerinde numaralandırılmış bölümlerin anlamlarını öğrenelim.

1. **Type and Pattern**

   Type: Tarama grubunun seçilmesini sağlar.

   Pattern: Tarama türünün seçildiği yerdir. ikonuna tıklayarak tarama türlerini görebilirsiniz.

   Color: Taramanın rengini belli eder. Eğer **Use Current** olarak kalırsa aktif olan Layer rengine göre renklendirilir.

   ikonu ise, eğer taramanın altına boyama yapılacak ise bu boyamanın rengi için kullanılır.

   Swatch: Tarama türünün önizlemesini gösterir. Ayrıca bu bölümden de farklı tarama türü seçilebilir.

2. **Angle And Scale**

   Angle: Taramanın hangi açı ile yapılacağını belirtir. Bu açı sıfır olarak kalırsa önizlemede ne görünüyorsa aynısı yapılır.

   Scale: Taramanın sıklık mesafesini belirtir.

3. **Hatch Origin**

    Use current origin: Tarama başlangıcı varsayılan orjin noktasına göre yapılacağını belirtir.

    Specified origin: Bu seçenekle tarama başlangıcını kullanıcı belirler. Bu seçenek işaretlendiğinde **Click to set new origin** butonu aktif olacaktır. Bu butuna tıklayarak yeni orjin noktası belirlenir.

4. **Boundaries**

    Add: Pick Points: Tarama yapılacak kapalı alanın otomatik seçilmesini sağlar.

    Add: Select objects: Tarama yapılacak nesnelerin seçilerek işleme tabii tutulmasını sağlar.

    Remove boundaries: Tarama yapılacak nesnelerden istenilenin seçimden çıkarılmasını sağlar.

    Recreate boundary: Dosya içinde bulunan bir taramanın çevresine yeniden polyline çizilmesini sağlar.

    View Selections: Tarama yapılması için seçilen nesneleri gösterir.

5. **Options**

    Annotative: Yapılacak taramanın annotative özelliği taşımasını sağlar.

    Associative: Tarama yapılacak nesnelerin hatch ile birbirine bağlanmasını sağlar. Yani bu seçenek seçili iken bir polyline'a tarama yapıldıktan sonra polyline nesnesi stretch komutu ile büyütülürse tarama da otomatik olarak büyüyecektir.

    Create seperate hatches: Birden fazla bölgeye tarama yapıldığında her taramanın bağımsız olması isteniyorsa bu işaretlenir.

6. **Draw order:** Yapılacak taramanın nesnelerin altına ya da üstünde olmasını sağlar.

7. **Layer:** Yapılacak taramanın istenilen layer ile yapılmasını sağlar. Eğer **User Current** seçili olursa aktif layer ne ise o layer'a göre yapılır. Dosya içindeki tüm layer'lar bu bölümde listelenir.

8. **Transparency:** Yapılacak taramanın geçirgenlik özelliği olacak ise bu bölüm kullanılır **Solid** (*boyama*) tarama türünde etkilidir. Bu şekilde solid tarama yapıldığına trasparanlık verilerek boyamanın altındaki nesnelerin açığa çıkması sağlanır.

9. **Inherit Properties:** Çizim dosyası içinde mevcut bir tarama var ise, bu seçenek kullanılarak mevcut taramanın tüm özelliklerinin tabloya aktarılmasını sağlar. Bu şekilde bir daha ayar yapmaya gerek kalmadan hızlı bir şekilde tarama yapılır.

10. **Island Detection:** Tarama yapılacak alan içinde başka kapalı nesneler var ise bunların taramaya dahil edilip edilmeyeceğini belirler.

11. **Retain boundaries:** Tarama yapılacak alanın çevresinin **Polyline** yada **Region** yapılmasını sağlar. İstenmiyorsa bu seçenek işaretlenmez.

12. **Inherit Options**

    Use current origin: Inherit properties butonu ile bir taramanın özellikleri kullanılarak başka bir alana tarama yapılmak istendiğinde bu yeni yapılacak taramanın başlangıç noktasının Varsayılan orjin noktası olmasını sağlar.

User source hatch origin: Özellikleri kullanılan taramanın başlangıç noktası ne ise o noktadan yapılmasını sağlar.

13. **Preview:** Yapılan taramayı komutu bitirmeden önizlemesini sağlar.

Örnek bir uygulama yapmadan önce **Island Detection** bölümünü açıklayalım.

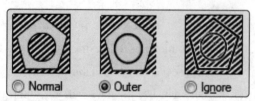

Normal seçeneği işaretli iken bir alana **Pick Points** yöntemi kullanılarak tarama yapılmak istendiğinde, bu alanın içindeki kapalı alanlar iç içe hesaplanır. İlk tıklanılan alan tarama işlemine tabi olur, ikinci alan taranmaz, üçüncü alan yine taranır. Bu şekilde iç içe devam eder.

Outer seçeneği işaretli olduğunda ise sadece tıklanılan alan taranır, bu alanın içindeki kapalı alanlar taramaya dahil edilmez.

Ignore seçeneğinde ise, taranacak alanın içindeki kapalı alanlar dikkate alınmaz.

Tarama ile ilgili bir örnek yapalım.

Soldaki şeklimizde **1** ve **2** nolu bölümleri tarama yaparak sağdaki şekil gibi görünmesini sağlayalım.

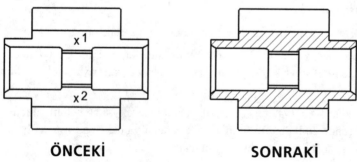

ÖNCEKİ   SONRAKİ

- Hatch komutunu çalıştırın.
- **Pattern** seçeneğine tıklayın ve **LINE** tarama türünü seçin.
- **Angle** değerine 45 yazın.
- Bu çizime göre **Scale** değeri 10'dur. Sizlerin yapacağı alana göre bu tarama scale değeri değişebilir. Uygun değeri yazın.
- **Add: Pick points** butonuna tıklayın.
- Tarama yapılacak alana tıklamadan imleç tarama yapılacak alanın üzerine geldiğinde nasıl görüneceğini göstermektedir.
- Sırası ile **1** ve **2** nolu bölgelere tıklayın. Tıklanılan bölgenin kapalı bir alan olmasından dolayı bu bölgelerin seçildiğini göreceksiniz.

- İşlem bitince enter tuşuna basın. **Hatch** tablosu tekrar geri gelecektir.
- **Preview** butonuna basarak genel bir önizleme yapabilirsiniz.
- İki ayrı yere tarama yaptık. Ancak bu iki tarama tek bir nesne olacaktır. Eğer her taramanın ayrı ayrı nesneler olmasını istiyorsanız, **Create seperate hatches** seçeneğini işaretledikten sonra **OK** butonuna basın.

İşlem sonucunda şeklimiz sağdaki gibi taranmış duruma gelecektir.

Transparency özelliği ile solid taramalara geçirgenlik verilebilir. Peki, bu taramanın normali ile arasındaki fark nedir?

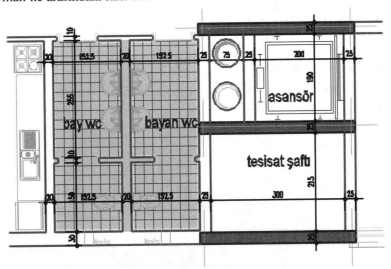

Transparency = 0

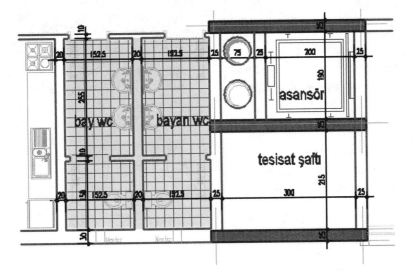

Transparency = 70

Şekilde görüldüğü gibi soldaki çizimde solid tarama yapılmış ancak transparency değeri sıfır olarak bırakılmıştır. Sağdaki çizimde ise transparency değeri 70 olarak verilmiştir.

 NOT Bir nesneye transparanlık verildiği halde ekranda görünmüyorsa durum düğmelerinde bulunan düğmesini aktif hale getirin.

Tarama yapılacak alanı belirtirken **Add: Pick points** yerine **Select objects** seçeneğini kullanırken dikkat edilmesi gereken bir konuyu bahsedelim.

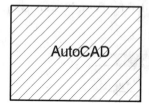 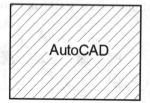

Şeklimizde bir kutu ve içinde bir yazı var. **Select objects** seçeneği ile tarama yapılırken sadece kutu seçilirse, yazı dikkate alınmaz ve soldaki şekil gibi tarama yazının üzerine de yapılır. Seçim yapılırken kutu ile beraber yazı da seçilirse, sağdaki şekilde olduğu gibi yazı dikkate alınır ve tarama yazının üzerine yapılmaz.

Gradient

Hatch komutunun diğer bir fonksiyonu olan Gradient bölümünü inceleyelim. Bu bölümü kullanarak aynı tarama yapar gibi alan belirtip bu alanın renkli olmasını sağlar.

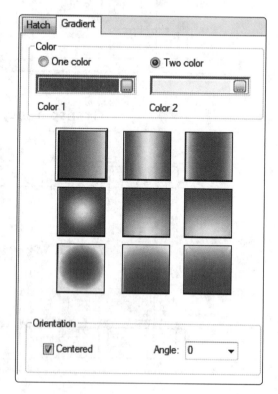

Hatch komutunu çalıştırın. Sol üstten **Gradient** seçeneğini seçin. Tablonun farkını yandaki resimden anlatarak devam edelim.

Color: Bu bölümde iki seçenek vardır. Bunlar; **One Color** ve **Two Color** seçenekleridir.

One Color seçeneği işaretlendiğinde **Color 1** seçeneğinden istenilen renk seçilir. Tek renk olduğunda boyama beyaz renkten belirtilen renge doğru derece derece değişir.

Two Color seçeneği işaretlendiğinde ise, **Color 2** aktif olur. Buradan ikinci renk seçilir. Uygulama sonucunda bu iki renk arasında geçiş sağlanarak renklendirilir.

Renk seçimi yapıldıktan sonra orta bölümde bulunan 9 seçenekten istenilen çeşit seçilir.

Orientation: Yapılacak boyama alanın ortasından başlamasını istiyorsanız **Centered** seçeneği işaretlenir. Bu boyamaya açı vermek istiyorsanız **Angle** bölümüne istediğiniz açıyı yazın.

Tablomuzun bu bölümündeki ayarları yaptığımıza göre, boyama yapılacak alanı belirtmeliyiz. Tablonun sağ bölümü **Hatch** bölümündeki özelliklerle aynıdır. Bu bölümden **Add:Pick points** yada **Select objects** butonu seçilerek boyama yapılır.

> **NOT** Tarama yapılacak alana tıklama yapmadan o bölgeye uygulanacak taramayı göstermesi uzun sürebilir. Bu özelliği kapatmak isterseniz komut olarak `HPQUICKPREVIEW` yazıp enter yapın. Değerini `OFF` olarak değiştirin.

EDIT HATCH

Yapılmış bir taramayı değiştirmek istediğimizde `HatchEdit` komutunu kullanırız. Bu komut sayesinde yeniden tarama yapmak yerine sadece ayarlarını değiştirerek işlemimizi gerçekleştirebiliriz.

Ribbon: Home Tab → Modify → Panel → Edit Hatch
Menü: Modify → Object → Hatch
Toolbar: Modify II
Komut ile: `HATCHEDIT`
Kısayolu: `HE`

`HatchEdit` komutunu çalıştırdığımızda çizim içinde yapılmış olan bir taramayı seçmemizi isteyecek. Bu seçimi gerçekleştirdiğimizde karşımıza **Hatch** tablosu gelecektir. Bu tablodan istediğiniz değişiklikleri yaparak **OK** butonuna bastığınızda değişiklikler uygulanacaktır.

ÖLÇÜLENDİRME VE ÖLÇÜLENDİRME AYARLARI (DIMENSION)

12

Ölçülendirme işlemine başlamadan önce öncelikle bir ölçü (*dimension*) nesnesini tanıyalım.

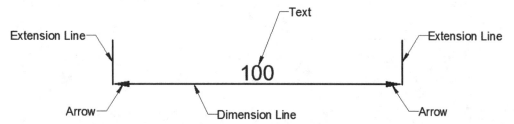

Bir ölçü nesnesi resimde görüldüğü gibi dört parçadan oluşmaktadır. Birden fazla nesne olduğu görülse de bu nesne bir bütündür. İki Extension Line arasındaki mesafe otomatik olarak ölçü çizgisinin üzerine yazılır. Bu ölçü nesnesine komut girmeden Mouse'un sol tuşu ile tıklanıp Extension Line nesnesinden tutulup sağa ya da sola çekildiğinde ölçü değeri değişecektir. Modify komutlarından olan Extend ve Trim komutlarını bu nesneler içinde uygulabiliriz.

Bu ölçü nesnesinin tüm özelliklerine müdahale edebiliriz. Çizim dosyası içinde birden fazla ölçü stili hazırlayıp çizimimizde bunları kullanabiliriz.

İlk olarak ölçü stili hazırlamayı ve bu ölçü stilinde karşımıza gelecek olan tablodaki seçenekleri inceleyelim.

DIMENSION STYLE

Ribbon: Annotate Tab → Dimension Panel → Dimension Style
Menü: Format → Dimension Style ve Dimension → Dimension Style
Toolbar: Styles
Komut ile: DIMSTYLE
Kısayolu: D

Komutu çalıştırdığımızda karşımıza gelecek olan tabloyu açıklayalım.

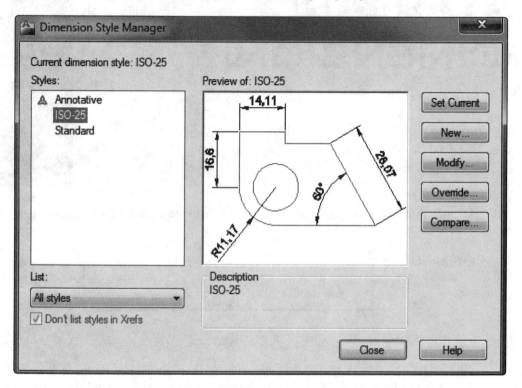

Styles: Bu dosya da mevcut olan ölçü stiller listelenir.

List: Tüm ölçü stillerinin ya da kullanılan ölçü stillerinin listelenmesini sağlar.

Preview of: Ölçü stilinin hangi özelliklerde olduğunu gösteren önizleme yeridir.

Set Current: Listeden seçilecek ölçü stilinin aktif ölçü stili olmasını sağlar.

New...: Yeni bir ölçü stili oluşturulmasını sağlar.

Modify...: Listeden seçilecek ölçü stilinin ayarlarının değiştirilmesini sağlar.

Override...: Var olan bir stilden çok az farklı yeni bir stil oluşturulmasını sağlar.

Compare...: Var olan stiller arasında karşılaştırma yapılmak için kullanılır.

Yeni Bir Stil Oluşturmak

New butonuna tıklayın. Karşınıza resimdeki gibi bir tablo gelecektir. Bu tablodaki seçeneklerin anlamı;

New Style Name: Yeni stilin adı verilir.

Start With: Yeni stili oluştururken faydalanılacak önceden var olan bir stil seçilir.

Use for: Yeni stilin hangi ölçülendirme tipleri için geçerli olacağını belirler. Yeni stilin bütün ölçülendirme tipleri için kullanılması isteniyorsa **All dimensions** seçeneği aynen kalmalıdır.

Continue düğmesi tıklanarak bir sonraki aşamaya geçilir.

Açılan pencerede 7 farklı sayfa vardır.

Lines

- **Dimension Lines:** Ölçü çizgilerinin düzenlendiği bölümdür.

    Color: Ölçü çizgisinin renginin seçildiği kısımdır.

    Linetype: Ölçü çizgisinin çizgi tipinin seçildiği kısımdır.

    Lineweight: Ölçü çizgisinin çizgi kalınlığının seçildiği kısımdır.

    Extend beyond ticks: Ölçü çizgisinin uzantı çizgilerinin dışına taşma mesafesinin seçildiği kısımdır.

    Baseline spacing: Üst üste gelen ölçüler arasındaki mesafeyi belirlemek için kullanılır.

    Suppress: Ölçünün istenilen tarafındaki ölçü çizgisini kaldırmak için kullanılır. **Dim line 1** sol, **Dim line 2** sağ.

- **Extension Lines:** Ölçü uzantı çizgilerinin düzenlendiği bölümdür.

    Color: Uzantı çizgisinin renginin seçildiği kısımdır.

    Linetype Ext 1: Sol uzantı çizgisi çizgi tipinin seçildiği kısımdır.

Linetype Ext 2: Sağ uzantı çizgisi çizgi tipinin seçildiği kısımdır.

Lineweight: Uzantı çizgisi çizgi kalınlığının seçildiği kısımdır.

Suppres: İstenilen taraftaki uzantı çizgisinin kaldırılmasını sağlar. **Ext line 1** sol, **Ext line 2** sağ.

Extend beyond dim lines: Uzantı çizgileri ölçü çizgilerinin ötesine uzanacak şekilde ayarlamak için kullanılır.

Offset from origin: Uzantı çizgisinden ölçülendirilen nesneye olan mesafeyi ayarlamak için kullanılır.

Fixed length extension lines: Uzantı çizgisinin uzunluğunun sabit bir ölçü olması için kullanılır. Eğer bu özellik istenirse, kutu işarelenir ve **Length** bölümüne uzantı çizgisinin boyu yazılır.

Symbols and Arrows

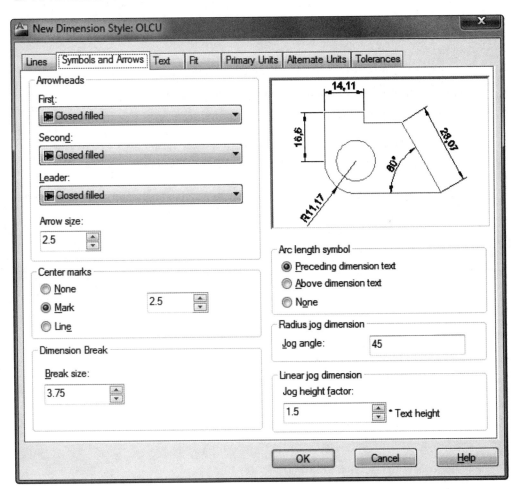

- **Arrowheads:** Ölçü çizgilerindeki ok başlarının tipini ve boyunu ayarlamak için kullanılır.
  First: Ölçü çizgisinin sol tarafındaki ok tipini belirlemek için kullanılır.
  Second: Ölçü çizgisinin sağ tarafındaki ok tipini belirlemek için kullanılır.
  Leader: Not çizgilerindeki kullanılacak ok tipini belirlemek için kullanılır.
  Arrow size: Ok başlarının büyüklüklerini belirlemek için kullanılır.

- **Center Marks:** Daire ve yayın merkez noktasını ölçülendirirken merkez işaretinin tipini seçmek için kullanılır.
  None: İşaret yok.
  Mark: + işareti eklenir.
  Line: X işareti eklenir.

- **Dimension Break:** Ölçü üzerine gelen nesnelerin koparılma boşluklarını kontrol eder.
  Break size: Ölçü üzerine gelen nesnelerde boşluk mesafesini belirlemek için kullanılır.

- **Arc length symbol:** Arc nesnesini ölçülendirirken arc sembolünün nereye konulacağını belirler.
  Preceding dimension text: Arc sembolü yazının soluna konulur
  Above dimension text: Arc sembolü yazının üstüne konulur.
  None: Arc sembolü konulmaz.

- **Radius jog dimension:** Jog ölçü tipinde kırık çizgi açısını kontrol eder.
  Jog angle: Jog ölçü tipinnde kırıklığın açısını belirlemek için kullanılır.

- **Linear jog dimension:** Jogged ölçü çeşidi ile yapılan ölçülendirmede kırık çizginin açısını belirler.

TEXT

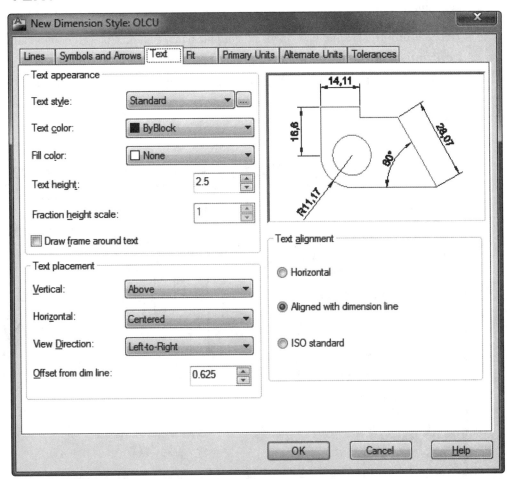

- **Text appearance:**

    Text style: Ölçü yazısın hangi stilde olacağını belirlemek için kullanılır.

    Text color: Ölçü yazısının rengini belirlemek için kullanılır.

    Fill color: Ölçü yazısının arka rengi olacak ise bu rengin ne olacağını belirlemek için kullanılır.

    Text height: Ölçü yazısının yüksekliğini belirlemek için kullanılır. Seçilen yazı stilinin Style tablosunda yüksekliği belirtilmiş ise bu değerin bir anlamı yoktur. Style tablosunda yazı yüksekliği Sıfır olduğu takdirde bu değer dikkate alınır.

- **Text placement:** Ölçü yazısının yerleşiminin düzenlendiği bölümdür.

    Vertical: Ölçü çizgisine göre yazının dikey konumunu belirlemek için kullanılır.

    Horizontal: Ölçü çizgisine göre yazının yatay konumunu belirlemek için kullanılır.

    View Direction: Ölçü yazısının yönünü belirlemek için kullanılır.

Offset from dim line: Ölçü yazısı ile ölçü çizgisinin arasındaki mesafeyi belirlemek için kullanılır.

- **Text alignment:** Yazının ölçü çizgisine göre hizalanmasını düzenleyen bölümüdür.

  Horizontal: Ölçü çizgisi ne yönde ve eğimde olursa olsun yazı yatay olur.

  Aligned with dimension line: Yazı ölçü çizgisiyle aynı yönde ve eğimde olur.

  ISO standard: Yazı uzantı çizgileri arasındaysa, yazıyı ölçü çizgisiyle hizalar; aksi halde yazı yatay olarak hizalanır.

Fit

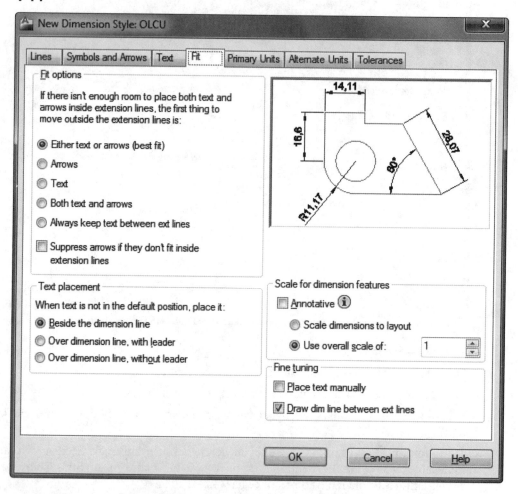

- **Fit options:** uzantı çizgileri arasında yeterli yer olmadığında hangi ölçü bileşeninin yer değiştireceğini düzenlemek için kullanılır.

  Either text or arrows (best fit): Yer değiştirmeyi otomatik olarak en uygun olacak şekilde ayarlar.

  Arrows: Yeterli yer olmadığında okları uzantı çizgisinin dışına alır.

Text: Yeterli yer olmadığında yazıyı uzantı çizgisinin dışına alır.

Both text and arrows: Yeterli yer olmadığında yazıyı ve okları uzantı çizgisinin dışına alır

Always keep text between ext lines: Yazıyı her durumda uzantı çizgilerinin içinde tutar.

Suppress arrows if they don't fit inside extension lines: Yeterli yer olmadığında okları tamamen kaldırır.

- **Text placement:** Varsayılan yerinden taşındığında yazının nasıl davranacağını düzenlemek için kullanılır.

    Beside the dimension line: Yazıyı varsayılan yerinde tutar, yer değiştirmesine izin vermez.

    Over dimension line, with leader: Ölçü yazısının ölçü çizgisinden bağımsız olarak taşınmasına izin verir. Ölçü çizgisi ile yazıyı bir **çizgi** (*leader*) ile bağlar.

    Over dimension line, without leader: Ölçü yazısının ölçü çizgisinden bağımsız olarak taşınmasına izin verir. Ölçü çizgisi ile yazıyı bir **çizgi** (*leader*) ile bağlamaz.

- **Scale for dimension features:** Ölçü bileşenlerinin ölçeğini düzenlemek için kullanılır.

    Scale dimensions to layout: Layout ölçeği ile ölçüleri ayarlar.

    Use overall scale of: Ölçü bileşenlerinin ölçeğini belirlemek için kullanılır. `Dimension style` komutu ile belirlenen tüm ayarlar bu ölçek ile çarpılır.

- **Fine tuning:** Çeşitli ayarlar yapmak için kullanılır.

    Place text manually: Çizime ölçü eklerken ölçü yazısını o anda ekranda yerleştirmek için kullanılır.

    Draw dim line between ext lines: Uzantı çizgileri arasına her durumda bir ölçü çizgisi çizer.

PRIMARY UNITS

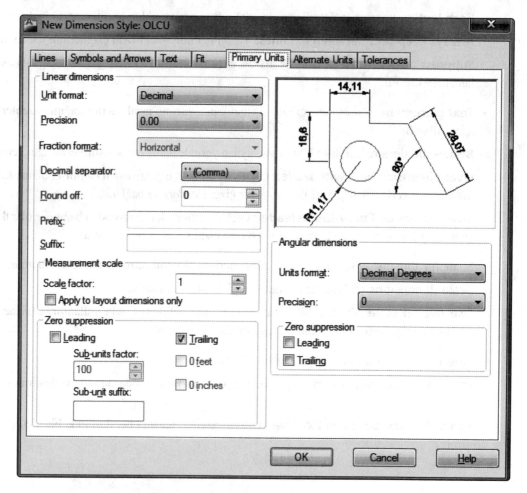

- **Linear Dimensions:** Doğrusal ölçülerde düzenleme yapmak için kullanılır.

    Units Format: Ölçü yazısının birim stilini belirlemek için kullanılır. **Scientific** (*bilimsel*), **decimal** (*ondalık*), **engineering** (*mühendislik*), **architectural** (*mimari*), **fractional** (*kesirli*), **Windows desktop** (*Windows ayarları*) seçeneklerinden istenilen girilir. Bu ayar genel çizimde yaptığınız birim ayarlarıyla uygun olmalıdır. (`format =>units`)

    Precision: Virgülden sonra kaç hane hassasiyette çalışılacağını belirlemek için kullanılır.

    Fraction format: Mimari ve kesirli birim formatlarından birini seçtiğinizde kesrin görünümünü düzenlemek için kullanılır.

    Decimal seperator: Ondalıklı sayı birimini seçtiğinizde ondalık ayracını düzenlemek için kullanılır. **Comma** (*virgül*), **period** (*nokta*), **space** (*boşluk*).

    Round off: Virgülden sonraki yuvarlamayı düzenlemek için kullanılır.

    Prefix: Doğrusal ölçü yazılarının başına yazı eklemek için kullanılır.

    Suffix: Doğrusal ölçü yazılarının sonuna yazı eklemek için kullanılır.

- **Measurement scale:** Ölçü yazısı için bir ölçek faktörü belirlemek için kullanılır. Örnek olarak; ölçek faktörünü 2 seçerseniz 40 birim olarak girdiğiniz bir ölçü 80 birim görünür.

  Scale factor: İstenilen ölçek burada seçilir.

  Apply to layout dimensions only: Girilen ölçek sadece paper space layout'larında uygulanır.

- **Zero suppression:** Fazla sıfırları ölçü yazısında gösterilip gösterilmemesi için kullanılır.

  Leading: Baştaki sıfırları kaldırır. 0.200 =>.200 olarak görünür.

  Trailing: Sondaki sıfırları kaldırır. 0.200 =>0.2 olarak görünür.

  0 feet ve 0 inches: Mimari birim formatı seçildiğinde ölçü yazıları için aynı işlemi yapar.

- **Angular dimensions:** Açısal ölçülerde düzenleme yapmak için kullanılır.

  Units format: Ölçü yazısının birim stilini belirlemek için kullanılır. **Decimal** (*ondalıklı*), **degrees/minutes/seconds** (*derece/dakika/saniye*), **grads** (*grad*), **radians** (*radyan*), **surveyor** (*harita*) seçeneklerinden istenilen girilir.

  Precision: Virgülden sonra kaç hane hassasiyette çalışılacağını belirlemek için kullanılır.

ALTERNATE UNITS

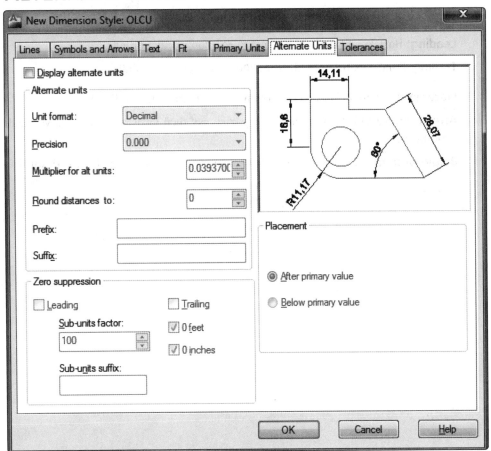

Doğrusal ölçülerde ikinci bir ölçü yazısı grubu oluşturmak için kullanılır. Örnek olarak; **decimal** (*ondalıklı*) birimde gösterdiğiniz ölçüleri aynı zamanda feet-inch birimlerinde görmek istediğinizde alternatif birim olarak `feet-inch` birimlerini seçebilirsiniz. Bu durumda metrik ölçünüzün yanında parantez içinde bu ölçünün `feet-inch` olarak da değerini görebilirsiniz.

Display Alternate Units: Alternatif birim girmek için bu kutuyu onaylamanız gerekir.

- **Alternate Units:** Alternatif birimleri düzenlemek için kullanılır.

    Unit format: Ölçü yazısının birim stilini belirlemek için kullanılır. **Scientific** (*bilimsel*), **decimal** (*ondalık*), **engineering** (*mühendislik*), **architectural stacked** (*mimari üstlü altlı*), **fractional stacked** (*kesirli altlı üstlü*), **Windows desktop** (*Windows ayarları*) seçeneklerinden istenilen girilir.

    Precision: Virgülden sonra kaç hane hassasiyette çalışılacağını belirlemek için kullanılır.

    Multiplier for alt units: Ölçü yazısı için bir çarpan değeri girmek için kullanılır.

    Round distances to: Virgülden sonraki yuvarlamayı düzenlemek için kullanılır.

    Prefix: Ölçü yazılarının başına yazı eklemek için kullanılır.

    Suffix: Ölçü yazılarının sonuna yazı eklemek için kullanılır.

- **Zero suppression:** Fazla sıfırları ölçü yazısında göstermemek için kullanılır.

    Leading: Baştaki sıfırları kaldırır. `0.200 =>.200` olarak görünür.

    Trailing: Sondaki sıfırları kaldırır. `0.200 =>0.2` olarak görünür.

- **Placement:** Alternatif birimlerin konumunu belirlemek için kullanılır.

    After primary value: Alternatif ölçü yazısı, asıl ölçü yazısının arkasında ve hizalı olarak yerleştirilir.

    Below primary value: Alternatif ölçü yazısı, asıl ölçü yazısının altına yerleştirilir

TOLERANCES

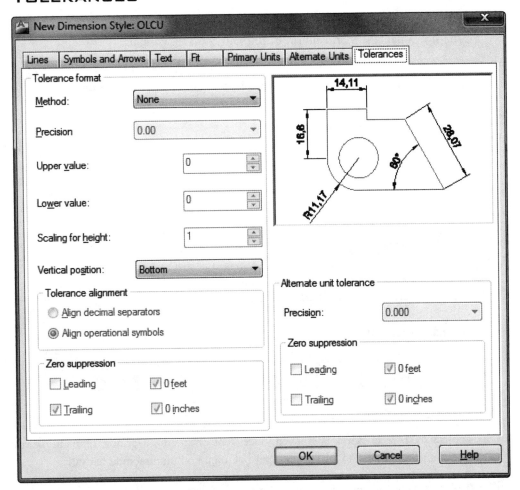

- **Tolerance format:** Tolerans ölçü yazısını düzenlemek için kullanılır.

  Method: Tolerans ölçü yazısının formatını belirlemek için kullanılır. **None** (*boş*), **symmetrical** (*simetrik*), **deviation** (*sapma*), **limits** (*limitler*), **basic** (*temel*).

  Precision: Virgülden sonra kaç hane hassasiyette çalışılacağını belirlemek için kullanılır.

  Upper value: Symmetrical, deviation ve **limit** seçenekleri için bir üst tolerans değeri belirlemek için kullanılır.

  Lower value: Deviation ve **limits** seçenekleri için bir alt tolerans değeri belirlemek için kullanılır.

  Scaling for height: Tolerans ölçü yazısının boyunu, asıl ölçü yazısına oranlayarak belirlemek için kullanılır.

  Vertical position: Tolerans yazısının dikey konumunu belirlemek için kullanılır.

- **Zero suppression:** Fazla sıfırları ölçü yazısında göstermemek için kullanılır.

  Leading: Baştaki sıfırları kaldırır. 0.200 =>.200 olarak görünür.

  Trailing: Sondaki sıfırları kaldırır. 0.200 =>0.2 olarak görünür.

Zor gibi görünse de bu ayarlarının tamamını kullanacağınız anlamına gelmemektedir. Ancak yeri geldiğinde seçeneklerin ne anlama geldiğini merak edebilirsiniz.

ÖLÇÜ KOMUTLARI

Ölçü komutlarına başlamadan önce ister, **ribbon** menüden isterseniz **dimension toolbar**'ını kullanarak çalışabilirsiniz.

Ribbon Görünümü

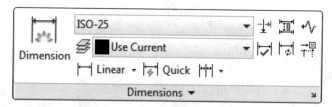

Toolbar Görünümü

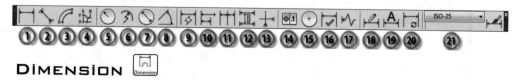

DİMENSİON

Toolbar'daki seçenekleri işlemeden önce Ribbon menü üzerinde bulunan Dimension komutunu anlatalım. Tek bir komutta bir çok ölçü komutunu içinde barındırır.

Ribbon : Annotate tab → Dimension Panel → Dimension

Komut ile : Dim

İlk olarak herhangi bir nesne ile bağı olmadan çizim ekranında ölçü yapılmasını görelim.

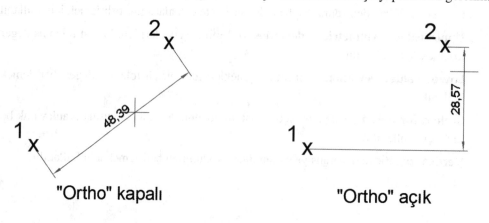

"Ortho" kapalı   "Ortho" açık

Resimde görüldüğü gibi çizim ekranında 2 nokta gösterip mouse'u hareket ettirdiğimizde ölçü nesnesi oluşacaktır. Ancak burada `Ortho` (F8)'nun önemi vardır. Ölçü nesnesi oluştururken **F8** tuşuna bastığınızda eksenel ya da açısal ölçüyü oluşturabilirsiniz.

Diğer bir seçenek ise, nesne seçme yöntemi ile ölçü yapılmasıdır.

Komutu çalıştırdıktan sonra imleci nesnenin üzerine getirdiğinizde nesneye ait ölçü türü önizlemesini nesne üzerinde göreceksiniz. Nesneyi seçerek ölçünüzü oluşturun.

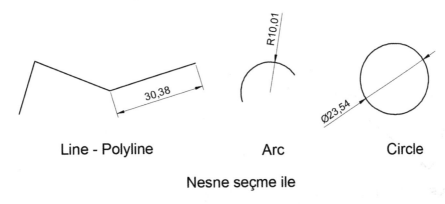

Line - Polyline   Arc   Circle

Nesne seçme ile

LINEAR

Ribbon: Annotate tab → Dimensions Panel → Linear

Menü: Dimension → Linear

Toolbar: Dimension

Doğrusal ölçü yapılmasını sağlar.

Doğrusal ölçü yapılmak istendiğinde kullanıcıdan 3 nokta ister. İlk iki noktayı belirledikten sonra imleci sağa-sola çekerseniz **dikey (vertical)** ölçü oluşur. Yukarı-aşağı çekerseniz **yatay** (*horizontal*) ölçü oluşur.

Resimdeki gibi bu 3 noktanın nereleri temsil ettiğini görebilirsiniz.

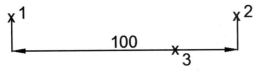

ALIGNED

Ribbon: Annotate tab → Dimensions Panel → Aligned

Menü: Dimension → Aligned

Toolbar: Dimension

Açılı doğrusal ölçü yapılmasını sağlar. Linear komutunda olduğu gibi kullanıcıdan 3 nokta ister. Bu 3 noktaya göre ölçü oluşturulur.

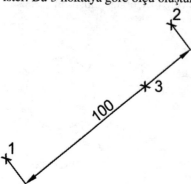

ARC LENGTH

Ribbon: Annotate tab → Dimensions Panel → Arc Length

Menü: Dimension → Arc Length

Toolbar: Dimension

Arc nesnesinin uzunluğunu verir.

- Komutu çalıştırdıktan sonra arc nesnesini seçin.
- Ardından ölçünün yerleşim yerini gösterin.

Uzunluğun yanındaki işareti, **Symbols and Arrows** sayfasında **Arc length symbol** bölümünden müdahale edebilirsiniz.

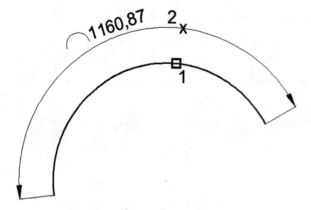

ORDINATE

Ribbon: Annotate tab → Dimensions Panel → Ordinate

Menü: Dimension → Ordinate

Toolbar: Dimension

Çizim ekranı üzerinde gösterilen bir noktanın X veya Y koordinatını bir çizgi ile bağlayarak gösterir. Noktayı gösterdikten sonra imleç yukarı-aşağı çekerseniz X, sağa-sola çekerseniz Y koordinatını gösterir.

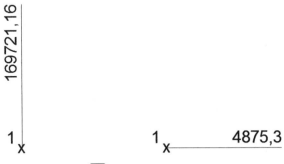

RADIUS

Ribbon: Annotate tab → Dimensions Panel → Radius

Menü: Dimension → Radius

Toolbar: Dimension

Çizim ekranında bulunan **Arc** ya da **Circle** nesnesinin yarıçapını belirtir. Ölçü çizgisi nesneyi seçilen yere yerleştirilir.

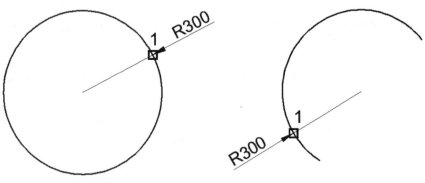

JOGGED

Ribbon: Annotate tab → Dimensions Panel → Jogged

Menü: Dimension → Jogged

Toolbar: Dimension

Çizim ekranında bulunan **Arc** ya da **Circle** nesnesinin yarıçapını kırık ölçü ile belirtir. Bu ölçüyü belirtirken komut, kullanıcıdan birkaç nokta isteyecektir. Bu noktaları resim üzerinde açıklayalım.

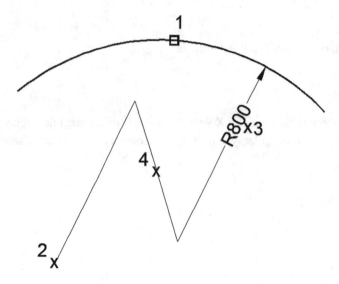

1. Arc ya da circle nesnesi seçilir.
2. Ölçü nesnesinin merkez noktası belirtilir.
3. Ölçü yazısının yeri gösterilir.
4. Ölçü çizgisinin kırık noktası gösterilir.

DIAMETER

Ribbon: Annotate tab → Dimensions Panel → Diameter
Menü: Dimension → Diameter
Toolbar: Dimension

Çizim ekranında bulunan **Arc** ya da **Circle** nesnesinin çapını belirtir. Ölçü çizgisi nesneyi seçilen yere yerleştirilir.

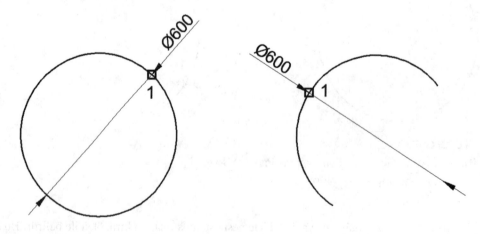

ANGULAR

Ribbon: Annotate tab → Dimensions Panel → Angular

Menü: Dimension → Angular

Toolbar: Dimension

Seçilen iki çizginin arasındaki açı farkını verir. Ayrıca bir arc ya da circle seçildiğinde bu nesneler ile ilgili açı farkını verir.

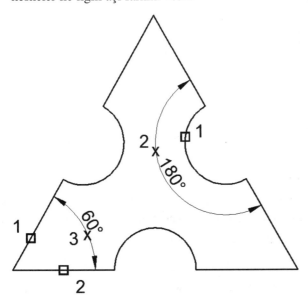

İlk olarak iki nesne arasındaki açı farkını bulalım.

- Komutu çalıştırın.
- **1** nolu çizgiyi seçin.
- **2** nolu çizgiyi seçin.
- **3** no ile belirtilen ölçü yerini gösterin.

Diğer yöntem ise, arc nesnesinin iki ucu arasındaki farkını bulalım.

- Komutu çalıştırın.
- Arc nesnesini seçin.
- **2** no ile belirtilen ölçü yerini gösterin.

QUICK DIMENSION

Ribbon: Annotate tab → Dimensions Panel → Quick Dimension

Menü: Dimension → Quick Dimension

Toolbar: Dimension

Seçilen nesnelerin hızlı bir şekilde ölçülendirilmesini sağlar.

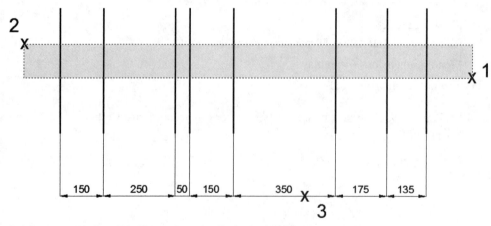

Şekilde görüldüğü gibi dikey olan çizgileri ölçülendirelim.

- Komutu çalıştırın.
- Dikey olan tüm çizgileri ya tek tek seçin ya da resimde olduğu gibi pencere içine alarak seçimi gerçekleştirin.
- Seçim bittikten sonra enter'a basın.
- Seçim işlemi bitince imleci aşağıya doğru çektiğinizde ölçülerin sanal olarak oluştuğunu göreceksiniz. Aynı şekilde sağa-sol çektiğinizde dikey olarak nesneler ölçülendirilecektir.
- **3** nolu yere tıklayarak ölçülerin çizim ekranında oluşturulmasını sağlayın.

BASELINE

Ribbon: Annotate tab → Dimensions Panel → Baseline

Menü: Dimension → Baseline

Toolbar: Dimension

Seçilen bir ölçü referans alınarak ölçünün gideceği yöne doğru ölçünün bir ucu sabit kılınıp, diğer gösterilen noktalara alt alta ölçü yapılmasını sağlar. Alt alta atılan ölçülerin ara mesafesi **Symbols and Arrows** sayfasındaki **Baseline spcacing** değeri ile belirlenir.

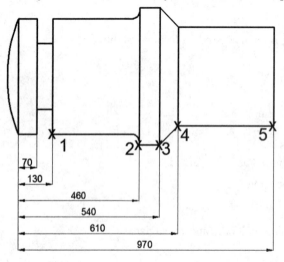

Şekilde görülen nesneyi ölçülendirelim.

İlk ölçü yapılıp bu komut çalıştırılırsa, nesne seçmeye gerek kalmadan komut son ölçü nesnesini otomatik olarak seçecektir. Eğer otomatik seçim yapılmaz ise, kullanıcıdan bir ölçü seçilmesini ister. Eğer seçim istenirse, ölçülendirme de referans ölçünün hangi uzantı çizgisi sabit kalacak ise onu seçin.

Şekilde görülen 70 ölçüsü referans ölçümüzdür.

- Komutu çalıştırın.
- Sırası ile **1, 2, 3, 4, 5** nolu noktalara tıklayın.

Her nokta gösteriminde sırası ile alt alta ölçüleri verilecektir.

CONTINUE

Ribbon: Annotate tab → Dimensions Panel → Continue

Menü: Dimension → Continue

Toolbar: Dimension

Mevcut bir ölçü referans alınarak o ölçünün devamı bir şekilde ölçü yapılmasını sağlar.

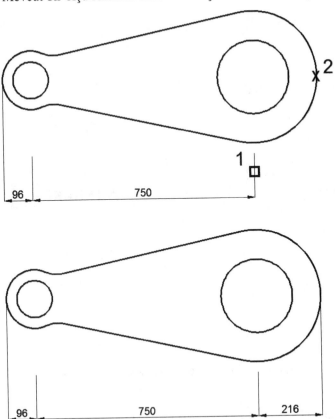

Üsteki resimde görülen nesnede ölçüyü sağa doğru devam ettirelim.

- Komutu çalıştırın.
- **1** no ile belirtilmiş olan ölçünün sağ kolunu seçelim. Bu şekilde ölçünün sağa doğru gideceğini belirttik.
- **2** nolu noktayı göstererek bu noktaya kadar ölçülendireceğimizi belirtelim.
- Komut aynı şekilde **2** nolu referans alarak devam edecektir. Esc tuşuna basarak komutu bitirin.

Sonuç alttaki resimde olduğu gibi ölçülendirilecektir.

DIMENSION SPACE

Ribbon: Annotate tab → Dimensions Panel → Adjust Space
Menü: Dimension → Adjust Space
Toolbar: Dimension

Paralel olan ölçülerin aralıklarını eşitlemek için kullanılır. Ayrıca değeri sıfır yapılırsa ölçüler sıralı halde devam eder.

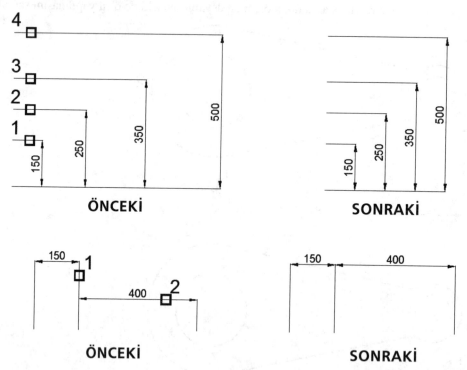

Resmimizde iki örnek vardır. İlk önce sol üstteki ölçüleri inceleyelim.

- Komutu çalıştırın.
- İlk olarak referans ölçüyü seçin. Bu çizimde referans ölçü **1** nolu ölçüdür. Diğer ölçüler bu ölçü nesnesine göre eşitlenecektir.

- Daha sonra **2, 3** ve **4** nolu ölçüleri seçip enter yapın.
- Ölçü arasındaki mesafe sorulacaktır. Klavyeden değer girerek ara mesafelerini ayarlayın ya da değer girmeden enter yaptığınızda **Auto** değeri olarak ölçü yazısının iki katı boşluk bırakılacaktır.

İkinci olarak ise, sol alttaki şeklimizi inceleyelim.

- Komutu çalıştırın.
- **1** nolu nesneyi seçin.
- **2** nolu nesneyi seçip enter yapın.
- Ara boşluk değeri olarak sıfır yazıp enter yapın.

DIMENSION BREAK

Ribbon: Annotate tab → Dimensions Panel → Break
Menü: Dimension → Dimension Break
Toolbar: Dimension

Ölçü çizgilerini kesen, diğer ölçü çizgileri veya başka çizimler varsa bu kesişim bölgesinde boşluk bırakılmasını sağlar.

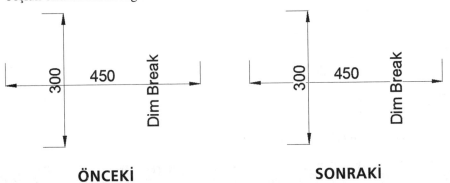

ÖNCEKİ   **SONRAKİ**

Resimdeki örnek çizimde, 450 uzunluğundaki ölçünün üzerinden bir adet yazı ve başka bir ölçü geçmektedir. Bu komut ile 450 uzunluğundaki ölçü çizgisinin yazı ve 300 yazısının üzerinden geçen çizgilerini temizleyeceğiz.

- Komutu çalıştırın.
- 450 uzunluğundaki ölçüyü seçin.
- Eğer bu ölçünün üzerindeki tüm nesnelerin dikkate alınmasını istiyorsanız enter'a basın.
- Sadece istediğiniz bir nesneyi dikkate almak istiyorsanız sadece o nesneyi seçin.

Resimdeki örnekte, tüm nesnelerin dikkate alınmasını isteyip enter'a basıldı. Görüldüğü gibi bu nesnelerin üzerinden geçen çizgiler temizlendi. Bu işlem sonucunda ölçü nesnesi ayrı nesneler gibi görünse de bütünlüğünü korumaktadır. Eğer bu nesneler silinirse ölçü çizgisi otomatik olarak tamamlanacaktır.

TOLERANCE

Ribbon: Annotate tab → Dimensions Panel → Tolerance
Menü: Dimension → Tolerance
Toolbar: Dimension

Çizim içerisinde geometrik toleransların belirtilmesi sağlanır. Objenin formunda meydana gelebilecek kabul edilebilir sapmaların gösterilmesi sağlanır. Bu komuta ait tolerans şekillerinin ne anlama geldiklerini öğrenelim.

- Konum
- Simetrililik
- Diklik
- Silindiriklik
- Dairesellik
- Yüzey Profili
- Yalpalama

- Eş Merkezlilik
- Paralellilik
- Açısallık
- Düzlemsellik
- Doğrusallık
- Çizgi Profili
- Toplam Yalpalama

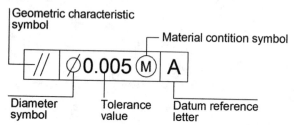

Çizim içerisine eklenen bir tolerans ve anlamları.

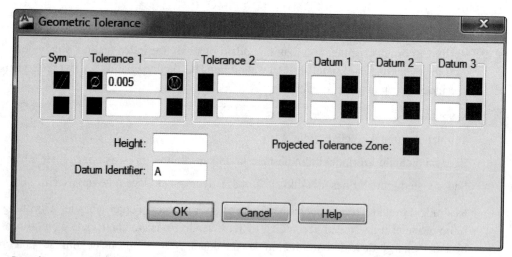

Bu toleransın tabloda işlenmiş hali.

Çizim içerisine eklenmiş bir tolerans üzerinde değişiklik yapmak için yazı değiştirme komutu olan DDEDIT (ED) komutunu bu nesneler için de kullanabilirsiniz.

CENTER MARK

Ribbon: Annotate tab → Dimensions Panel → Center Mark

Menü: Dimension → Center Mark

Toolbar: Dimension

Arc ya da **Circle** nesnesinin merkez noktasına + işareti konulmasını sağlar. **Dimension style** tablosunda **Symbols and Arrows** sayfasında **Center marks** bölümü bu komut içindir.

Bu bölümde yer alan **None** seçeneği işaretlenirse komut çalışmaz. Diğer iki seçenek için resimdeki çizimi inceleyin.

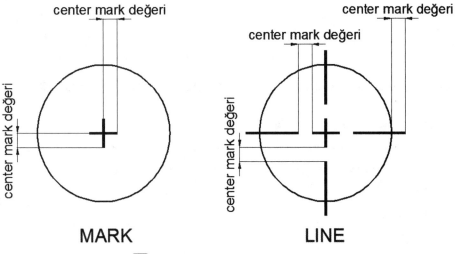

INSPECTION

Ribbon: Annotate tab → Dimensions Panel → Inspect

Menü: Dimension → Inspection

Toolbar: Dimension

Bir çizimde parça ölçüsünün ne kadar sıklıkla denetleneceğini belirtmek için konulan işaretlemedir. Komutu çalıştırdığımızda karşımıza bir tablo gelecektir.

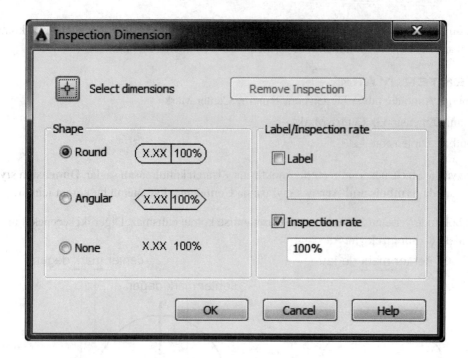

Bu tablodaki seçeneklerin anlamları:

Select Dimensions: Denetleme yapılacak ölçülerin seçimi sağlanır.

Remove Inspection: Yapılan denetlemeleri kaldırmak için kullanılır.

Round: Yuvarlak.

Angular: Köşeli.

None: Sadece yazı.

Label: Etiket.

Inspection rate: Denetleme sıklığı. Hangi ölçünün ne kadar sıklıkla denetleneceğini belirtir.

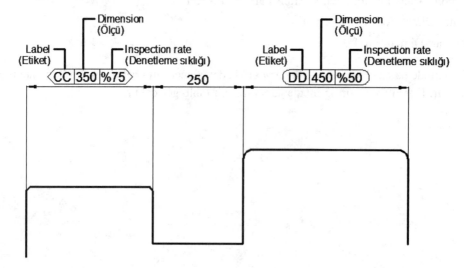

Şeklimizdeki örnek üzerinde bu komutun nasıl uygulandığını anlatalım.

- Komutu çalıştırın.
- **Select Dimension** butonuna basarak ölçüyü seçip enter yapın.
- Çiziminine göre **Angular** ya da **Round** seçeneğini seçin.
- Etiket belirtilecek ise **Label** seçeneğini işaretleyip etiketi yazın.
- **Inspection rate** seçeneğini işaretleyip yüzde değerini belirtip **OK** butonuna basın.

JOGGED LINEAR

Ribbon: Annotate tab → Dimensions Panel → Dimension, Dimjogline

Menü: Dimension → Jogged Linear

Toolbar: Dimension

Bu ölçü tipi, çok uzun parçaların kesik şekilde gösteriminde ölçü çizgisinin boyunun ölçü yazısıyla orantılı olmadığını belirtmek için kullanılır.

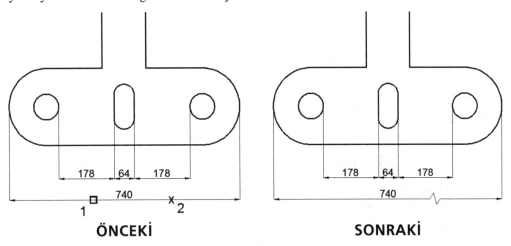

ÖNCEKİ　　　　　　　**SONRAKİ**

Soldaki şekilde 740 ölçüsünü zikzak belirterek gerçek ölçüsü olmadığını belirtelim.

- Komutu çalıştırın.
- **1** nolu nesneyi seçin.
- **2** nolu noktayı "nearest" kenetleme modunu kullanarak seçin.

DIMENSION EDIT

Toolbar: Dimension

Ölçüye istenilen seçeneklerde müdahale edilmesini sağlar.

Komutu çalıştırdığımızda karşımıza [Home/New/Rotate/Oblique] seçenekleri çıkar. Bu seçenekleri tek tek inceleyelim.

Home: Ölçü yazısının yeri kullanıcı tarafından değiştirildiyse bu komut ile orjinal yerine gider.

Dim Edit / Home

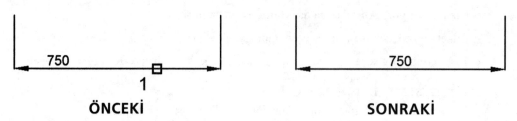

ÖNCEKİ   SONRAKİ

New: Ölçü yazısının mevcut değerini isteğe göre değiştirilmesini sağlar. Sayı haricinde yazı da yazılabilir.

Komut çalıştırıldığında ekran üzerinde sıfır yazan bir yazı çıkar. Bu değeri silip istenilen değer yazılır. Ardından ölçü seçilip enter yapılır.

Dim Edit / New

ÖNCEKİ   SONRAKİ

Rotate: Sadece ölçü yazısının çevrilmesini sağlar. Komutu çalıştırın. Açı değerini yazıp ölçüyü seçin. Şekilde görülen yazı 40 derecelik bir açıya sahiptir.

Dim Edit / Rotate

ÖNCEKİ   SONRAKİ

Oplique: Ölçü uzantı çizgilerinin yatık olmasını sağlar. Şekilde görülen ölçünün uzantı çizgileri 70 derece ile yatık olması sağlanmıştır. Bu açının hangi yönde olduğu resimde gördüğünüz gibidir.

Dim Edit / Oblique

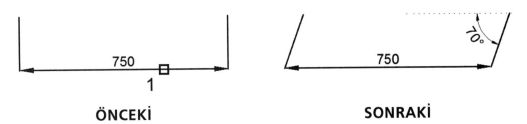

ÖNCEKİ   SONRAKİ

DIMENSION TEXT EDIT

Ribbon: Annotate tab → Dimensions Panel → Text Angle
Menü: Dimension → Angle
Toolbar: Dimension

Ölçü yazısının kullanıcıya sunulan seçeneklerle müdahale edilmesini sağlar.

Bu seçenekler [Left/Right/Center/Home/Angle] şeklindedir.

- Komutu çalıştırın.
- Ölçüyü seçin.
- Seçim yapıldıktan sonra ölçü yazısı imlecin üzerinde olacaktır. Bu şekilde yazıyı istediğiniz yere taşıyabilirsiniz.
- Ayrıca bu aşamada yukarıda belirtilen alt komutla görünecektir.

  Left: Yazıyı ölçü çizgisinin soluna yanaştırır.

  Right: Yazıyı ölçü çizgisinin sağına yanaştırır.

  Center: Yazıyı ölçü çizgisinin ortasına getirir.

  Home: Yazıyı ölçü çizgisinin varsayılan yerine getirir.

  Angle: Ölçü yazısının açısını değiştirmek için kullanılır.

DIMENSION UPDATE

Önceden yapılmış ölçülerin stilini geçerli stile dönüştürür. **Toolbar** seçeneklerinde 20 numara ile belirtilmiş olan geçerli ölçü stilidir. Bu listede bulunan başka bir stil ile ölçü yapıldı ise aktif olan stile geçişini sağlar.

Komutu çalıştırdıktan sonra stili değişecek ölçüleri seçip enter yapmanız yeterlidir.

DIM STYLE CONTROL

Mevcut dosya içinde bulunan ölçü stillerini listeler. Bu bölümde görünen stil aktif ölçü stilidir. Bir dosya içinde birden fazla ölçü stili ile çalışılmak istendiğinde, bu bölümden istenilen stil seçilerek ölçü yapılmasına devam edilir.

CENTERLINES

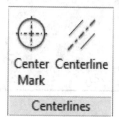

Kullanıcı tarafından seçilen **Circle**, **Arc** ya da **Line** nesnesine merkez aks çizgisi ya da işareti yapılmasını sağlar.

2017 sürümünden önce, bu oluşturulan merkez aks çizgisi ya da işareti line nesnesi ile oluşturuluyordu. 2017 sürümünden sonra bu işlem için ek bir komut yapıldı ve nesneye bağlandı. Ana nesnede herhangi bir değişiklik olduğunda bu yeni nesne de otomatik olarak güncellenmektedir. Sırası ile komutları inceleyelim.

CenterMark

Seçilen circle ya da arc nesnesinin merkezine işaret yapılmasını sağlar.

- Komutu çalıştırın.
- **Circle** ya da **Arc** nesnesini seçin.

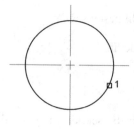

Resimde görüldüğü gibi **Circle** nesnesine merkez işareti yapıldı. Bu nesne kendine has özellikler barındıran özel bi nesnedir. **Circle** nesnesinin boyutunu yarıçapını değiştirdiğinizde işaret de buna göre değişecektir.

Bu nesne oluşturulurken şu an için standart değerlerini kontrol edebileceğimiz bir ayar tablosu bulunmamakta. Bu değerleri yazarak değiştirmemiz gerekiyor.

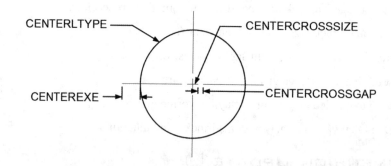

CenterCrossSize : Circle nesnesinin merkezinde yer alan ilk kısa çizginin uzunluk oranı. Varsayılan değer 0.1x'dir. Bunun anlamı, seçilen circle nesnesinin çapının 1/10'i uzunluk demektir.

CenterCrossGap : Merkezdeki işaretçiden sonra bırakılacak olan boşluğun çap'a oranıdır.

CenterLtype : Merkez işaret nesnesinin çizgi tipidir.

CenterExe : Merkez işaret nesnesinin circle nesnesinden dışarı kalan çizginin uzunluğudur.

İşaretçiyi boyunu değer girmeden mouse yardımı ile de değiştirebiliriz. Bunun için komut gitmeden işaretçiye tıklayın ve uzatmak istediğiniz çizgi yönündeki ok işaretine tıklayıp sürükleyin.

Ancak tüm yönlerde aynı anda orantılı bir şekilde uzatmak isterseniz, işaretçiyi seçin. Mouse'u merkez noktadaki kutu üzerinde bekletin.

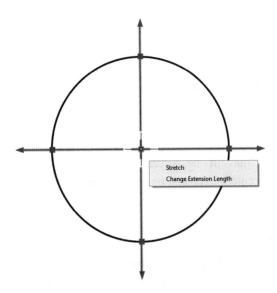

Resimde görüldüğü gibi iki seçenek çıkacaktır.

Change Extension Length seçeneğine tıklayın ve mouse'u hareket ettirin. Tüm yönlerde uzantı çizgilerinin boyutu değişecektir. İstediğiniz boyuta geldiğinde tekrar tıklayarak boyutunu değiştirebilirsiniz.

Bu listede yer alan **Stretch** seçeneğini seçerseniz işaretçinin yeri değişecektir. Bu yer değişmede işaretçi ile nesne arasındaki bağ kopacak ve circle nesnesinin boyutu değiştiğinde işaretçinin ölçüleri değişmeyecektir.

CenterLine

Seçilen iki çizginin geometrik olarak ortasından aks çizgisi çizilmesini sağlar. Seçilen çizgi Line nesnesi olmalıdır. Polyline seçilirse, seçilen kısımdaki çizgi dikkate alınır.

- Komutu çalıştırın.
- 1 no'lu nesneyi seçin.
- 2 no'lu nesneyi seçin.

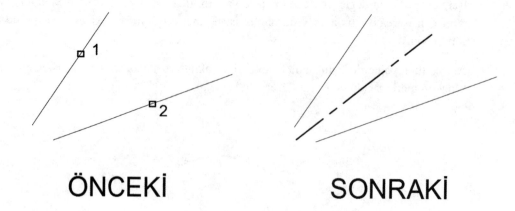

ÖNCEKİ   SONRAKİ

Resimde görüldüğü gibi iki çizginin geometrik olarak ortasından bir aks çizgisi çizildi.

Bu aks çizgisi mevcut nesnelere bağlı olduğundan, herhangi bir çizginin yeri değiştirildiğinde centerline çizgisi otomatik olarak yeniden oluşturulacaktır.

DIMASSOC

Ölçü nesneleri ile ilgili bu sistem komutunun 0, 1 ve 2 olmak üzere seçeneği vardır. Bu seçeneğe bağlı olarak ölçü nesneleri oluşturulur. Komut satırına DIMASSOC yazarak bu sistem komutunu değiştirebilirsiniz.

0. Ölçü nesnesi patlatılmış olarak oluşturulur. Yani ölçü nesnesi olarak değil, sadece çizgi ve yazıdan ibarettir. Bu şekilde oluşturulan ölçülere müdahale zordur. Patlatılmış olarak oluşturulan ölçüler normal ölçü nesnesine dönüştürülemez. Özel durumlar haricinde kullanılmaması tavsiye olunur.

1. Oluşturulan ölçünün nesne bağı yoktur. Yani ölçü oluşturulurken gösterilen ilk iki noktada bir nesne var ise, bu nesneler bağlanmaz.

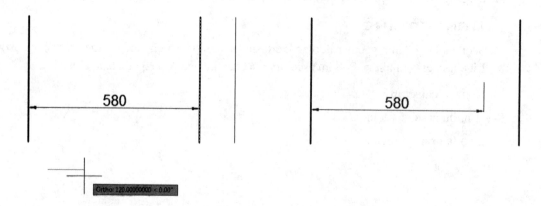

Dimassoc 1 iken soldaki iki çizgi arasında bir ölçü yapıldı. Bu çizgilerden sağdakini 120 birim sağa taşıdığımızda çizginin yeri değişti. Ancak ölçü nesnesi yerinde kaldı. Bu sistem değişkeni nesne-ölçü arasında bağ oluşturmasına izin vermez.

2. Oluşturulan ölçülerin nesneler ile bağı vardır. Bu bağ aracılığı ile nesne yer değiştirdiğinde ölçü de aynı şekilde yer değişecektir.

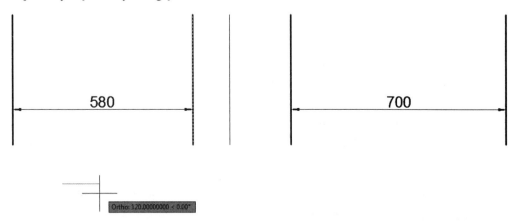

Şeklimizde olduğu gibi, soldaki çizimin sağ kolunu aynı şekilde 120 birim sağa doğru taşıdığımızda bu nesnelerin üzerinde bulunan ölçü de o çizgi ile beraber uzamaktadır.

Bu değerler değiştirildiğinde sadece yeni ölçüler değişiklik değerine göre oluşturulacaktır. Önceki ölçüler hangi seçenekte yapılmış ise o özelliğe sahiptir.

Dimassoc değeri 2 iken yapılan ölçülerde bir nesneyi bağımsız olarak yer değiştirmek istiyorsunuz. Ancak ölçü de beraberinde geleceği için sıkıntı olacaktır. Bunun için ölçü-nesne arasındaki bağı koparmamız gerekmektedir. Bu bağı koparmamızı sağlayan DIMDISASSOCIATE komutu vardır. Kısayolu DDA'dır. Komutu çalıştırdığınızda ölçülerin seçilmesini isteyecektir. İstediğiniz ölçüleri seçip enter yaptığınızda tüm nesne-ölçü arasındaki bağ koparılacaktır.

Uzatma ve kesme komutu olan EXTEND ve TRIM komutlarını ölçü nesnelerinde de uygulayabilirsiniz. Bu sayede ölçü değeri yeniden hesaplanıp yeni değerini yazacaktır.

Multi Leader

Çizim üzerinde istenilen bir bölüm için açıklama oku yapılmasını sağlar. AutoCAD'in eski sürümlerinde Qleader olarak geçen bu komut, AutoCAD 2008'den sonra daha gelişmiş olarak karşımıza multileader olarak çıkmıştır.

Ribbon: Home tab → Annotation Panel → Multileader
Menü: Dimension → Multileader
Toolbar: Multileader

Multileader komutlarının ribbon menü ve toolbar görüntüleri aşağıdadır.

Ribbon Görünümü

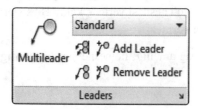

Toolbar Görünümü

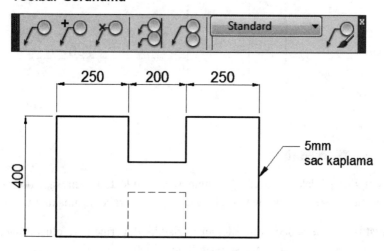

Şekilde görüldüğü gibi "5mm sac kaplama" yazısı `multileader` komutu ile yazıldı. Bu yazı çizgileri ile bir bütündür ve yazı Multiline Text formatındadır.

Bu nesne türünün de bir ayar bölümü var. Şimdi sırası ile bu ayar tablomuzu inceleyelim.

Mleaderstyle

Ribbon: Anntotate tab → Leaders Panel → Multileader Style

Menü: Format → Multileader Style

Toolbar: Multileader

Komut ile: `Mleaderstyle`

Komutu çalıştırdığınızda karşımıza bir tablo gelecek. Bu tablodaki seçeneklerin anlamlarına gelince;

Styles: Bu dosya içinde hazırlanan stilleri gösterir.

Set Current: Seçilen stili aktif stil yapar.

New..: Yeni bir stil oluşturur.

Modify: Daha önceden oluşturulmuş olan bir stilin seçeneklerini düzenler.

Delete: Daha önceden oluşturulmuş olan bir stilin silinmesini sağlar.

Yeni bir stil oluşturarak diğer seçeneklerimizi inceleyelim.

New.. butonuna basın.

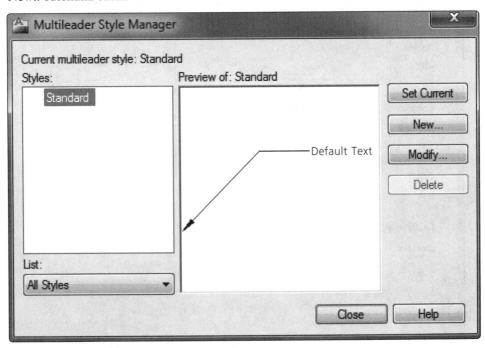

New style name bölümüne yeni bir stil ismi verin.

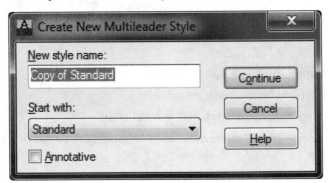

Start with ise, yeni oluşturulacak stilin mevcut stillerden hangisinin özelliklerini kullanarak başlayacağını belirtir.

Continue butonuna basarak devam edin.

Karşımıza üç ayrı sayfa ayar bölümü olan bir tablo gelecektir.

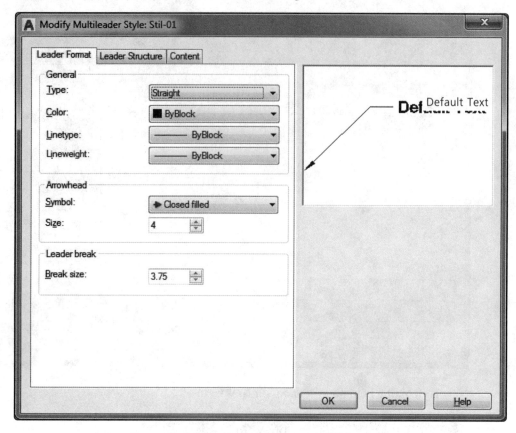

- **Leader Format:**

    Type: Açıklama çizgisinin tipini belirlemek için kullanılır.

    Color: Açıklama çizgisinin rengini belirlemek için kullanılır.

    Linetype: Açıklama çizgisinin çizgi tipini belirlemek için kullanılır.

    Lineweight: Açıklama çizgisinin baskı alındığında hangi kalınlıkla çıkacağını belirlemek için kullanılır.

    Symbol: Ok işaretinin çeşidini belirlemek için kullanılır.

    Size: Ok işaretinin büyüklüğünü ayarlamak için kullanılır.

- **Leader Break:** Dimension break komutu uygulandığında nesne etrafındaki boşlukların ayarlanması içindir.

    Break size: Break komutu uygulandığında boşluk değerlerini ifade eder.

- **Leader Structure:**

    Maximum leader points: Açıklama çizgisinin en fazla kaç parçadan oluşacağını belirler.

    First segment angle: Multileader nesnesinin ilk çizgisinin açısını belirlemek için kullanılır.

    First segment angle: Multileader nesnesinin ikinci çizgisinin açısını belirlemek için kullanılır.

    Automatically include landing: Açıklama çizgisinin yazıya bağlanan son çizgisinin düz olup olmayacağını belirler.

    Set landing distance: Yazıya bağlanan son çizginin uzunluğunu belirler.

    Scale multileaders to layout: Açıklama nesnesinin ölçeğini layouta göre ayarla.

    Specify scale: Multileader nesnesi belirtilen değerin katı büyüklüğünde oluşturulur.

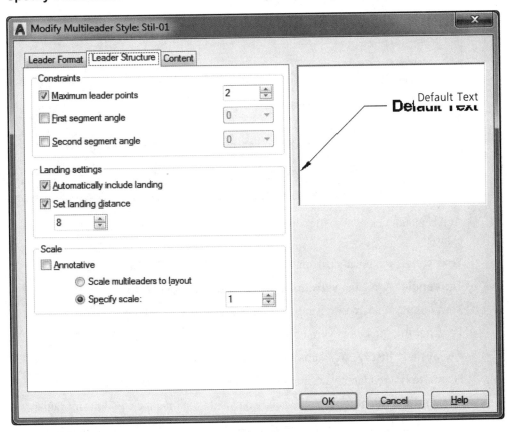

- **Contest:**

    Multileader type: Açıklama nesnesinin yazısının hangi tipte kullanılacağını belirler. Burada mtext seçili olursa, sadece yazı yazılır. Block seçili olursa, mevcut blok seçeneklerinden birisi kullanılabilir ya da istenilen bir nesne blok haline getirilerek o nesnenin kullanılması sağlanabilir. **None** seçeneği seçilirse hiçbir şekilde yazı yazılmaz. Sadece çizgiden ibaret kalır.

    Default text: Çizim içine eklenecek yazının standart bir yazı olarak saklanmasını sağlar.

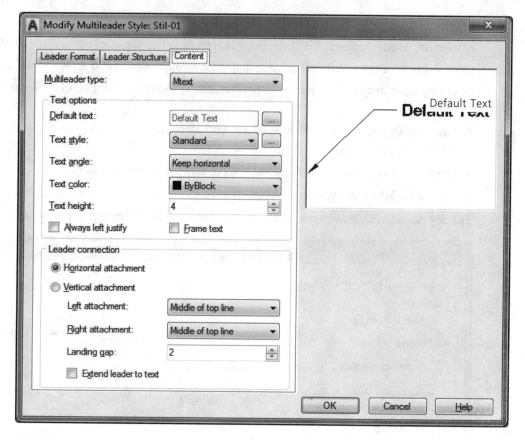

Açıklama notu eklenmek istendiğinde buraya eklenecek yazı otomatik olarak çizim ekranına aktarılır.

Text style: Açıklama yazısının stilini belirlemek için kullanılır.

Text angle: Açıklama yazısının açısını belirlemek için kullanılır.

Text color: Açıklama yazısının rengini belirlemek için kullanılır.

Text height: Açıklama yazısının yüksekliğini belirlemek için kullanılır.

Always left justify: Açıklama yazısını her zaman soldan sağa doğru yazılmasını sağlar.

Frame text: Açıklama yazısının etrafına kutu çizilmesini sağlar.

Horizontal attachment: Yatay açıklama yazılarına müdahale edilmesini sağlar.

  • **Left attachment:** Sola eklenen açıklama yazısının son çizginin neresinde olacağını belirler.

  • **Right attachment:** Sağa eklenen açıklama yazısının son çizginin neresinde olacağını belirler.

  • **Landing gap:** Son çizgi ile yazının arasındaki boşluğu belirtir.

Vertical attachment: Açıklama yazısını çizginin son noktanın üstüne yazılmasını sağlar.

  • **Top attachment:** Yazının üstüne çizgi çizilmesini sağlar.

  • **Bottom attachment:** Yazının altına çizgi çizilmesini sağlar.

Tablomuzdaki seçeneklere göre istediğiniz türde stiller oluşturup bunları çizim dosyanızda kullanabilirsiniz.

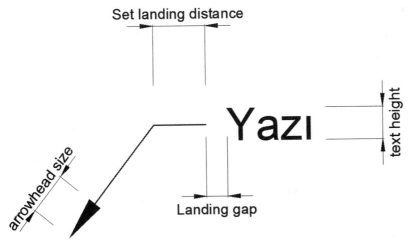

Bu tablodaki değerleri daha net anlaşılması için mevcut bir multileader üzerinde gösterelim. Bu komut ile ilgili bir örnek yapalım.

- Komutu çalıştırın.
- **1** nolu noktaya tıklayın.
- **2** nolu noktaya tıklayın.
- İstediğiniz metni yazıp ekran üzerinde boş bir yere tıklayın.

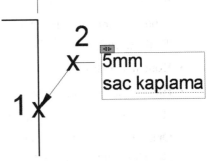

ADD LEADER

Mevcut bir multileader nesnesine kullanıcının belirttiği yerlere istenilen sayıda ok işareti eklenmesini sağlar.

Ribbon: Anntotate tab → Multileader Panel → Add Leader

Toolbar: Multileader

- Komutu çalıştırın.
- **1** nolu multileader nesnesini seçin.
- **2** nolu nesne üzerinde istenilen yere tıklayın.

Bu işlem sonucunda mevcut multileader nesnesine ek bir açıklama oku eklenecektir.

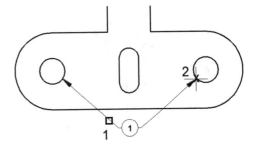

Remove Leader

Birden fazla ok işareti olan mevcut bir multileader nesnesinden istenilen ok işaretinin silinmesini sağlar.

Ribbon: Anntotate tab → Multileader Panel → Remove Leader
Toolbar: Multileader

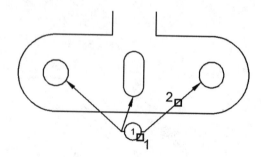

- Komutu çalıştırın.
- Ok işareti silinecek **1** nolu multileader nesnesini seçin.
- Silinmesini istediğimiz **2** nolu ok işaretini seçip enter tuşuna basın.

İşlem sonucunda istenilen ok işareti silinecektir.

Align Multileaders

Birden fazla multileaders nesnesini belirtilen referans multileader nesnesine göre hizalanmasını sağlar.

Ribbon: Anntotate tab → Multileaders Panel → Align
Toolbar: Multileader

- Komutu çalıştırın.
- Hizalanması yapılacak tüm multileader nesnelerini seçip enter tuşuna basın.
- Hizalamada referans alınacak olan multileder nesnesini seçin.
- **Ortho** butonu aktif iken imleci aşağı-yukarı çekerseniz dikey hizalama, sağa-sola çekerseniz yatay hizalama yapılacaktır.
- İstediğiniz hizalama yönünü belirtip Mouse'un sol tuşu ile ekranda bir nokta gösterin.

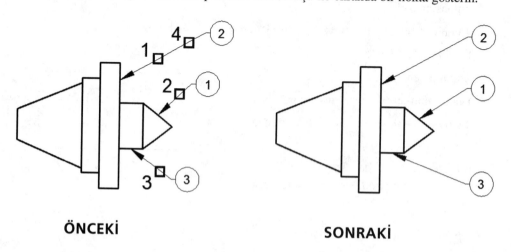

ÖNCEKİ   **SONRAKİ**

COLLECT MULTILEADERS

Birden fazla multileaders nesnesinin yazılarını istenilen bir multileaders nesnesine bağlar. Bağlanan multileaders nesnelerinin ok işaretleri ve çizgileri silinir.

Ribbon: Anntotate tab → Multileaders Pane → Collect
Toolbar: Multileader

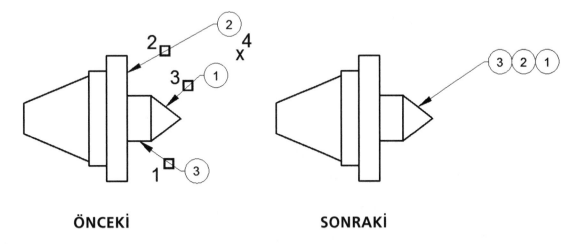

ÖNCEKİ   SONRAKİ

- Komutu çalıştırın.
- Sırası ile multileader nesnelerini seçip enter tuşuna basın. Buradaki sıralamaya göre nesneler dizilecektir. En son seçilen nesnenin ok çizgisi referans kabul edilir.
- **4** no ile belirtilmiş yere tıklanarak bu yeni multileader nesnesinin yeni yeri tayin edilir.

KATMANLAR (LAYER)

13

Katmanlar, üzerlerine çeşitli tiplerde çizimler yapıp üst üste koyduğunuzda tek bir çizim halinde görülen asetatlara benzeyen bir sistemdir. Çiziminizi oluşturan benzer nesne gruplarını ayrı ayrı katmanlara ayırarak çiziminizde kolaylık sağlayabilirsiniz.

Ribbon: Home tab → Layer Panel → Layer Properties Manager
Menü: Format → Layer
Toolbar: Layer
Komut ile: LAYER
Kısayolu: LA

Ribbon Görünümü

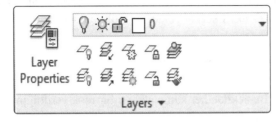

Toolbar Görünümü

Layer Properties Manager butonuna basarak layer tablomuzu açalım.

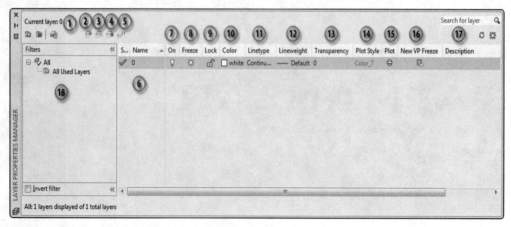

Karşımıza gelen layer tablosunu inceleyelim.

1. **Current Layer:** Varsayılan katmanı gösterir.
2. **New Layer:** Yeni bir katman açılmasını sağlar. Bu yeni katman **6** nolu bölüme eklenir.
3. **New Layer VP Frozen in All Viewports:** Yeni bir katman açılmasını sağlar. Ancak bu yeni katmanın tüm layout görünümlerinde freeze'li (*donmuş*) olur.
4. **Delete Layer:** Seçilen katmanın silinmesini sağlar. Katman dosya içinde kullanıyorsa silinmez.
5. **Set Current:** Seçilen bir katmanın aktif katman olmasını sağlar. Çizime eklenen yeni nesneler bu katmana göre oluşturulur.
6. **Status-Name:** Dosya içinde bulunan mevcut katmanları listeler.
7. **On:** Lamba açık ise, bu katman ekranda görünür. Bu lambanın üzerine tıklanarak katmanın ekranda görünüp görünmemesi sağlanır.
8. **Freeze:** On seçeneği ile aynı işlevi görür. Genel olarak farkı; kullanılmayan katmanları kapatarak regen ve kayıt işlemlerini hızlandırmaktır. Freeze ile dondurulmuş bir katmana ait nesneler regen sırasında güncellenmezler. Ayrıca, birden fazla katmana sahip bir blok nesnesinin insert edilmiş olmasından dolayı blok olarak bir katmanı vardır. Freeze yapıldığında bu blok tamamen ekrandan kaybolur. **On/Off** seçeneğinde ise blok içindeki katmanlar görünmez olur.
9. **Lock:** Katmanın kilitlenmesini sağlar. Bu katmana ait nesneler ekranda görünmesine karşın silinemezler.
10. **Color:** Katmanın rengini temsil eder. Bu şekilde her katmana ayrı bir renk verildiğinde görsel olarak çizim ekranında ayrıştırılması sağlanır.
11. **Linetype:** Katmanın çizgi tipini temsil eder. Mevcut olan seçenek (*continuous*) yani düz çizgidir.
12. **Lineweight:** Çizgi kalınlığının ayarlanmasını sağlar. Bu kalınlık sadece baskı aşamasında geçerli olur.

13. **Transparency:** Çizim içinde yapılan bir boyamanın geçirgenliğinin ayarlanmasını sağlar.
14. **Plot Style:** Katmana verilen renk seçeneğinin baskı aşamasında hangi renge denk geldiğini gösterir.
15. **Plot:** Katmanın baskı aşamasında çıkıp çıkmayacağını belirler. Bu ikona tıklayarak istenilen katmanın baskı aşamasında çıkmamasını sağlayabilirsiniz.
16. **New VP Freeze:** Layout düzleminde yeni bir viewport oluşturulduğunda belirtilen katmanın freezeli olarak gelmesi sağlanır. Bunun için güneş ikonu sönük olmalıdır.
17. **Description:** Katmana ait bilgi notu yazılmasını sağlar.
18. **Filters:** Dosya içinde katmanların gruplanarak istenilen grubun ekrana getirilmesini sağlar. Bu şekilde yüzlerce katmanla çalışan kişilere kolaylık sağlanmış olur.

Tablodaki seçeneklerin ne anlama geldiğini öğrendik. Yeni bir layer oluşturmadan önce öğrendiklerimizin bir kaçını detaylı olarak öğrenelim.

Renk (Color)

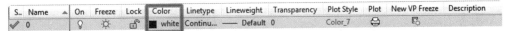

Renk kutusunun üzerine tıkladığınızda karşınıza bir renk tablosu gelecektir. Bu renk tablosunun üç bölümü vardır. Bu bölümler: **Index Color**, **True Color** ve **Color Books** seçenekleridir.

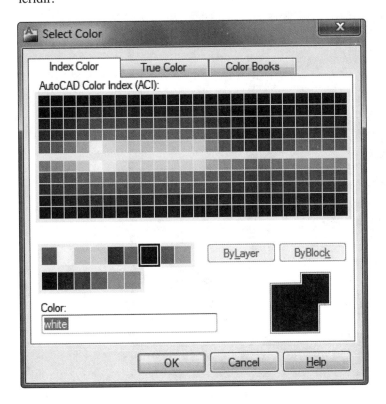

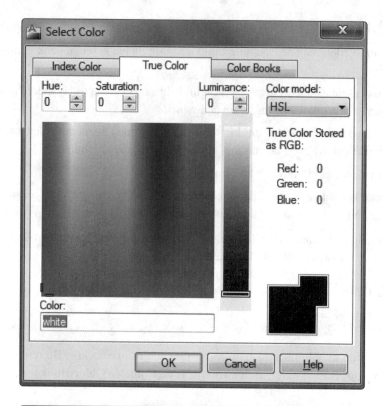

Index Color bölümü 255 renkten oluşur ve baskı aşamasında bu 255 renk esas alınır.

True Color bölümünde HSL ve RGB renk kodlarını esas alır. Bu şekilde renklendirme yapılması sağlanır. Baskı aşamasında kalem kalınlığı verilmek istenirse, bu renkler 255 renk esasına göre dönüştürülür. Bu renk numarası, layer tablosunda **Plot Style** bölümünde belirtilir. Yanlış anlaşılma olmasın, baskı aşamasında RGB renk kodu kullanıldığında bu renk aynen çıkar, ancak kalem kalınlığı verilmek istenirse **Plot Style** bölümündeki renk numarasına kalınlık verilmelidir.

Color Books bölümünde ise hazır renk kataloglarından istenilenin seçilmesi sağlanır. Bu bölümde bulunan renk kataloglarından istenilen seçilerek katalogdaki renklerden istenilen çizime uygulanır.

Çizgi Tipi (Linetype)

Oluşturulan her layer'ın bir çizgi tipi vardır. Standart olarak gelen seçenek "continuous" yani düz çizgidir. Peki farklı bir çigi tipi yapmak istersek yani kesik kesik ya da nokta nokta bir çizgi tipini kullanmak istediğimizde ne yapmalıyız?

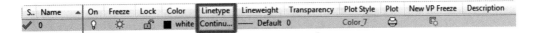

Continuous yazısının üzerine tıkladığınızda karşınıza çizgi tipi ile ilgili seçim tablosu gelecektir. Bu tabloda yer alan çizgi tipleri mevcut dosyada kullanılan çizgi tipleridir. Ancak boş bir dosyada çizgi tipleri kullanılmadığından boş sadece **Continuous** çizgi tipi vardır.

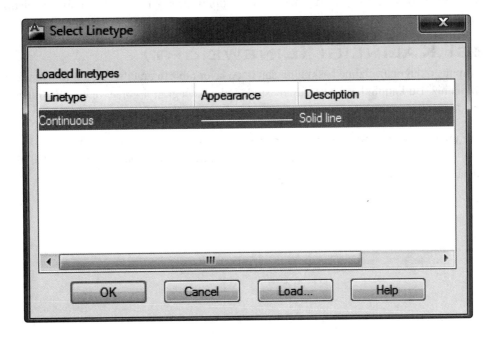

Yeni bir çizgi tipi yüklemek için **Load** butonuna tıklayın.

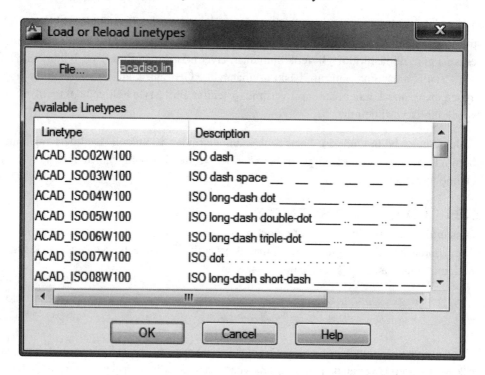

Bu tablodan istediğiniz çizgi tipini seçerek **OK** butonuna basın. Bir önceki tablo geri gelecek. Bu tablodan tekrar yüklediğiniz yeni çizgi tipini seçerek layer'ın çizgi tipini değiştirmiş oldunuz.

ÇIZGI KALINLIĞI (LINEWEIGHT)

Yapmış olduğunuz çizime baskı almadan önce layer tablosu aracılığı ile kalınlık tanımlayabilirsiniz. Bu kalınlıkların baskı aşamasında kullanılacağı gibi görsel olarak çiziminiz üzerinde de görebilirsiniz.

Bir çizim baskı alınırken ya `lineweight` seçeneğine kalınlık tanımlanır. Ya da bu layer'ların renklerine plot aşamasında kalınlık verilir. Layer tablosundan ayarlanan kalınkların avantajı ise, aynı renge sahip iki layer'a farklı kalınlıklar verebilirsiniz.

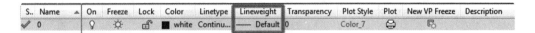

Layer tablosunda görülen **Default** seçeneğine tıklayın.

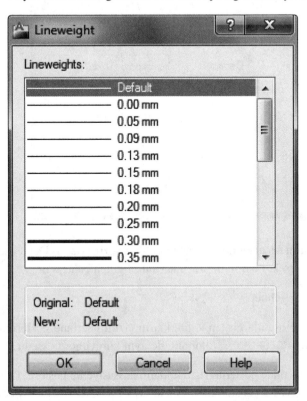

Bu seçeneğe tıkladığınızda karşınıza gelen tablodan istediğiniz çizgi kalınlığını seçip Ok butonuna basın.

Hiçbir kalınlık ayarlamayıp default seçeneğinde kalsa idi, baskı da hangi kalınlıkta çıkacaktı?

Bunu ayarlamak için komut satırına `LW` (`LWeight`) komutunu yazıp enter yapın.

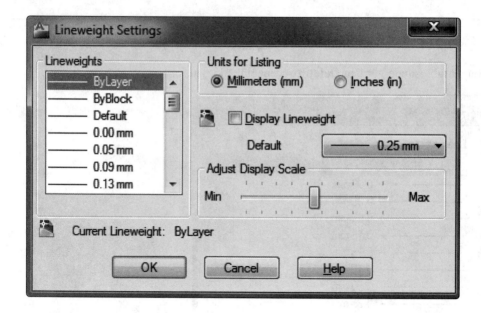

Tabloda gördüğünüz gibi **Default** seçeneğinin yanında 0.25 mm yazmaktadır. Demek ki **Default** değeri ile baskı almak istersek, çizimimiz 0.25 mm kalınlığında çıkacaktır.

Tablomuzdaki diğer seçeneklere gelince;

Display Lineweight: Layer tablosunda girilen kalınlıkların çizim üzerinde gösterilmesini sağlar. Durum düğmelerindeki LWDISPLAY komutu ile aynı görevi görmektedir.

Adjust Display Scale: Çizim üzerinde gösterilen kalınlıkların hassasiyetini gösterir. Örneğin; 0.20 mm girilen kalınlık çizim üzerinde gösterilmez. Ancak by değeri **Max** değere yükseltirsek orantı olarak tüm çizgi kalınlıkları artacağından bu kalınlıkta ekranda gösterilecektir.

Default değeri dosya için değil, bilgisayar için geçerlidir. Eğer siz kendi bilgisayarınızda 0.25 mm olduğunu düşünerek, bazı layerlarınızda çizgi kalınlığını Default bırakırsanız, bu çizimi başka bir yere gönderip baskı almak istediğinizde Default değere sahip layer'ların kalınlıklarının yanlış çıkma olasılığı vardır. Sebebi başka bir bilgisayarda Default değeri değiştirilmiş olabilir. Bunun için Default değerinde bırakmamanız önerilir.

Layer tablosundaki özellikleri öğrendiğimize göre yeni bir layer oluşturalım.

- **New Layer** butonuna basın.
- Bu yeni layer'a istediğiniz bir ismi verin.
- **Color** seçeneğinden renk kutusuna tıklayarak renk belirleyin.
- **Linetype** seçeneğine tıklayarak bu layer'ın kesik kesik çizgi tipi olacağını belirtin. Çizgi tipi ismi olarak HIDDEN çizgi tipini kullanın.
- **Lineweight** değeri olarak ise 0.30 mm kalınlığını kullanın.

- Daha sonra bu layer seçili iken **Set Current** butonuna basarak yada bu layer'a çift tıklayarak aktif katman olmasını sağlayın.

Bu aşamaları yaptıysanız yeni layer'ınız kullanıma hazırdır. Bundan sonra çizeceğiniz tüm nesneler bu katmana ait özellikler ile oluşturulacaktır.

Bu yeni katmanı layer toolbar'ından da görebilirsiniz. Ayrıca başka bir layer'ı aktif katman yapmak isterseniz bu toolbar üzerinden istediğiniz katmanı seçerek aktif katman olmasını sağlayabilirsiniz. Aynı şekilde bu toolbar listesinden istediğiniz layer'ı dondurabilir ya da katmanı kilitleyebilirisiniz. Bunun için istediğiniz layer'ın solundaki ikonlara tıklamanız yeterlidir.

Bir nesneyi komut girmeden seçtiğinizde bu nesnenin layer'ı ne ise layer toolbarında o gösterilecektir.

Herhangi bir nesnenin katmanını değiştirmek isterseniz komut girmeden nesneleri seçip toolbar üzerinden layer seçeneklerini açıp istediğinize tıkladığınızda o nesnelerin katmanı belirtmiş olduğunuz katmanın elemanı olacaktır. Ayrıca yeni gelen bir özellik ile komut girmeden nesneleri seçin ve imleci layer seçeneklerin üzerinde beklettiğinizde görsel olarak renkleri değişecek ve siz onayladığınızda aktif olacaktır.

Çizgi tipini `HIDDEN` çizgi tipi olarak ayarlamıştık. Peki bu çizginin görünürlülüğü istediğimiz gibi olmaz ise ne yapmalıyız?

Komut olarak `LTS` (`LTSCALE`) yazıp enter yapın.

Varsayılan değer 1'dir. Burada verilecek değerde 1'den büyük verilirse, çizgi araları genişler. 1'den küçük verilse çizgi araları sıklaşır. Verilecek değer tüm dosyadaki nesneler için geçerlidir.

LTSCALE = 0.5   LTSCALE = 1   LTSCALE = 5

Resimdeki örnekte bir çizginin `LTSCALE` değerinin `0.5`, 1 ve 5 olarak nasıl olduğunu göreceksiniz.

 NOT Çizimlerinizde toolbar kullanıyorsanız bunun yanında **Properties** toolbar'ını da kullanırsanız, nesnelerin aynı zamanda renk, çizgi kalınlığı ve çizgi tiplerine de hakim olabilirsiniz.

Çizimlerinizde mutlaka layer kullanmalısınız. Tek bir katman kullanıp bu nesnelerin renklerini, çizgi tipini vs. **Properties** toolbarından değiştirerek yaparsanız çizim hakimiyetiniz zor olacaktır. Bir nesneye tıkladığınızda **Properties** toolbarında görülen seçeneklerin hepsinin **Bylayer** olmasına dikkat edin. Bylayer denmesinin sebebi bu nesnenin tüm özelliklerinin Layer tablosundan ayarlandığını gösterir.

Merge Selected Layers

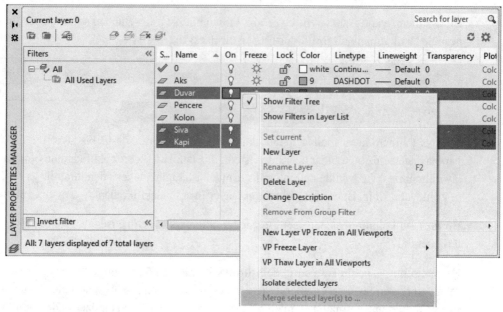

Layer tablosunda bulunan katman ya da katmanlar seçilerek, çizim içerisinde bu katmanlara ait nesnelerin katmanlarının istenilen bir katman yapılmasını sağlar.

Resimde görüldüğü gibi layer tablosunda "Aks, Duvar, Kapi, Kolon, Pencere, Siva" katmanları mevcut. Bu katmanlardan "Duvar, Kapi, Siva" olanlarını **Ctrl** tuşu yardımı ile seçip sağ tuş yapın. Açılan menüden **Merge Selected Layer(s) to..** seçeneğini seçin.

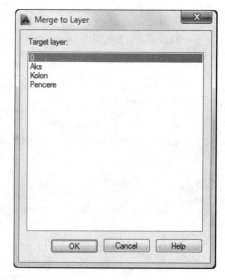

Seçim işleminden sonra ekrana bir tablo daha gelecektir. Bu tabloda seçilen katmanlar haricindeki diğer katmanlar görüntülenecek. Seçilen katmanların hangi katmana aktarılmasını istiyorsanız listeden o katmanı seçip **Ok** butonuna basın.

Bu işlemden sonra ekrana bir uyarı tablosu gelecek. Bu tabloda seçilen katmanların belirtilen katman ile birleştirileceği belirtilmekte ve devam edip etmeyeceğini sormaktadır. İşleminizi onaylıyorsanız **Evet** butonuna basarak devam edin.

İşlem sonucunda seçilen katmanlar belirtilen katman ile birleştirildi ve seçilen katmanlar **Layer** tablosundan silindi.

LAYER TOOLS 14

Çizimimizdeki nesnelerin katmanları ile ilgili düzenlemelerin yapılmasını sağlar. Bunun için **Layer II toolbar**'ını açalım.

LAYER MATCH

Seçilen nesnelerin katmanlarının referans gösterilen bir nesnenin katmanına dönüştürülmesini sağlar.

Ribbon: Home tab → Layers Panel → Match
Menü: Format → Layer Tools → Layer Match
Toolbar: Layers II
Komut ile: Laymch

- Komutu çalıştırın.
- Katmanı değişecek nesneleri seçip enter yapın.
- Referans nesneyi seçin.

Bu işlem sonucunda seçilen nesnelerin katmanı, referans gösterilen nesnenin katmanına dönüştürüldü.

CHANGE TO CURRENT LAYER

Seçilen nesnelerin katmanını aktif katmana dönüştürür.

Ribbon: Home tab → Layers Panel → Change to Current Layer
Menü: Format → Layer Tools → Change to Current Layer
Toolbar: Layers II
Komut ile: Laycur

- Komutu çalıştırın.
- Katmanı değişecek nesneleri seçip enter yapın.

Bu işlem sonucunda seçilen nesnelerin katmanı aktif katmana dönüştürüldü.

LAYER ISOLATE

Seçilen nesnelerin katmanları dışında kalan katmanlara ait tüm nesneleri ya **dondurur** *(freeze)* ya da **kilitler** *(lock)*.

Ribbon: Home tab → Layers Panel → Isolate
Menü: Format → Layer Tools → Layer Isolate
Toolbar: Layers II
Komut ile: Layiso

- Komutu çalıştırın.
- Ekranda kalacak katmanlara ait nesneleri seçip enter yapın.

Seçilen nesnelerin katmanları dışında kalan katmanların kilitli ya da dondurulmuş olarak ayarlanması için komutu çalıştırdıktan sonra Settings alt komutunu çalıştırın. [Off/Lock and fade] seçeneklerini göreceksiniz. Hangi isolate seçeneğini istiyorsanız onu seçip devam edin.

Layer Off yapmak için işlem sırası:

```
Command: LAYISO
Current setting: Lock layers, Fade=50
Select objects on the layer(s) to be isolated or [Settings]: S (enter)
Enter setting for layers not isolated [Off/Lock and fade] <Lock and fade>: OFF (enter)
In paper space viewport use [Vpfreeze/Off] <Off>: (enter)
```

Lock yapmak için işlem sırası:

```
Command: LAYISO
Current setting: Hide layers, Viewports=Off
Select objects on the layer(s) to be isolated or [Settings]: S (enter)
Enter setting for layers not isolated [Off/Lock and fade] <Off>: L (enter)
Enter fade value (0-90) <50>: (Kilitli nesnelerin solukluk derecesidir) (enter)
```

Layer Unisolate

Çizim içinde isolate edilmiş tüm katmanları aktif hale getirir.

Ribbon: Home tab → Layers Panel → Unisolate
Menü: Format → Layer Tools → Layer Unisolate
Toolbar: Layers II
Komut ile: `Layuniso`

- Komutu çalıştırın. Komutu çalıştırdığınızda isolate edilmiş tüm nesneleri ekranda aktif olarak göreceksiniz.

Copy Objects to New Layer

Seçilen nesnelerin katmanının ister mevcut bir katmana isterseniz yeni bir katmana atanarak bu nesnelerin kopyalanmasını sağlar.

Menü: Format → Layer Tools → Copy Onject to Layer
Toolbar: Layers II
Komut ile: `Copytolayer`

- Komutu çalıştırın.
- Nesneleri seçip enter yapın.
- Mevcut bir katmana atama yapılacak ise referans nesneyi seçin. Mevcut bir katman değil ise ya da katmanın adını bilmiyorsanız enter tuşuna basın. Ekrana gelen tabloda dosya içindeki mevcut layer'ları göreceksiniz. Bu tabloda bulunan mevcut layer'lardan istediğinizi seçebilirsiniz. Yeni bir layer'a atama yapılacak ise **Destination Layer** bölümüne yeni katman adını yazıp **OK** tuşuna bastığınızda bu katmanın var olmadığını **Evet** butonuna basarsanız oluşturulacağını belirtir. **Evet** butonuna basın.
- Kopyalanacak nesneler için çizim ekranında bir nokta belirleyin.
- Kopyalanacak yer için çizim ekranında başka bir nokta belirleyin.

Bu işlem sonucunda seçilen nesneler belirtilen katmana dönüştürülerek istediğiniz yere kopyası çıkarıldı.

Layer Walk

Bu komut çalıştırıldığında ekrana gelen tabloda dosya içindeki tüm katmanların listesi gelir. Gelen tabloda tüm layer'lar seçilidir. Komutun amacı bu tabloda hangi katmanlar seçili ise sadece o katmanlara ait nesneler gösterilir.

Menü: Format → Layer Tools → Layer Walk
Toolbar: Layers II
Komut ile: `Laywalk`

CTRL tuşuna basılı tutarak birden fazla katmanı seçebilirsiniz. Ya da bir katmana basılı tutup aşağı-yukarı çekerek de çoklu seçim yapabilirsiniz.

LAYER FREZE

Seçilen nesneye ait katmanın freeze'lenmesini sağlar.

Menü: Format → Layer Tools → Layer Freeze
Toolbar: Layers II
Komut ile: `Layfrz`

- Komutu çalıştırın.
- Nesneyi seçin.
- Komut bitmeyecek ve yine nesne seçimi isteyecektir. Eğer başka bir nesne var ise seçebilir ya da komutu bitirmek için enter tuşuna basabilirsiniz.

LAYER OFF

Seçilen nesneye ait katmanın **Off** (*Kapalı*) durumuna gelmesini sağlar.

Menü: Format → Layer Tools → Layer Off
Toolbar: Layers II
Komut ile: `Layoff`

- Komutu çalıştırın.
- Nesneyi seçin.
- Komut bitmeyecek ve yine nesne seçimi isteyecektir. Eğer başka bir nesne var ise seçebilir ya da komutu bitirmek için enter tuşuna basabilirsiniz.

LAYER LOCK

Seçilen nesneye ait katmanı kilitler. Kilitlenen nesneler soluk şekilde görünür.

Menü: Format → Layer Tools → Layer Lock
Toolbar: Layers II
Komut ile: `Laylck`

- Komutu çalıştırın.
- Nesneyi seçin.

Seçim sonrası komut bitecek ve seçilen nesneye ait katman kilitli duruma geçecektir.

LAYER UNLOCK

Seçilen nesneye ait katmanın kilitini açar.

Menü: Format → Layer Tools → Layer UnLock

Toolbar: Layers II
Komut ile: `Layulk`

- Komutu çalıştırın.
- Nesneyi seçin.

Seçim sonrası komut bitecek ve seçilen nesneye ait katman kiliti açılmış olacaktır.

ISOLATE

Layer tablosunda `On/Off` ya da `Thaw/Freeze` komutlarını öğrenirken bu özelliklerin katmanlar üzerinde etkili olduğunu öğrenmiştik. Yani duvar adlı bir katmanı gizlemek istediğimizde çizim içinde ne kadar duvar katmanına ait eleman var ise hepsi görünmez oluyordu. Yeni gelen bu özellikle sadece istenilen nesnelerin gizlenmesi ya da görünür olması sağlandı.

Peki, bu komutu nasıl kullanacağız?

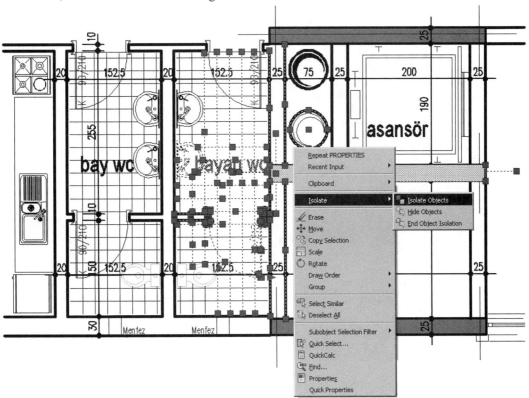

Çizimde istenilen nesneleri komut girmeden seçin. Seçim yapıldıktan sonra Mouse'un sağ tuşuna basın ve açılan menüden Isolate kısmını inceleyelim.

Bu bölümde üç seçenek göreceksiniz. Bunlar; **Isolate Objects**, **Hide Objects** ve **End Object Isolation** seçenekleridir.

Isolate Objects seçildiğinde; seçilen nesneler haricideki tüm nesneler gizlenecektir.

Hide Objects seçildiğinde, seçilen nesneler gizlenecektir.

End Object Isolation seçeneği ise, gizlenmiş tüm nesnelerin tekrar görünür olmasını sağlayacaktır.

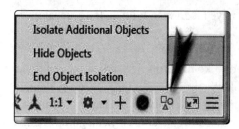

Bu özelliklere ayrıca çizim ekranın sağ altında bulunan ikondan da kontrol edebilirsiniz. Buradaki ikon resminde çember mavi renkli ise, dosya içinde isolate edilmiş nesneler vardır demektir. **Bu** ikona tıklayarak başka nesneleri isolate edebilir ya da kapalı olan nesneleri tekrar aktif hale getirebilirsiniz.

BLOK HAZIRLAMA VE YÖNETME 15

Bloklar, çizim içerisinde birden fazla nesne gibi görünen gerçekte tek bir nesne olan nesnelerdir. Bu nesnelerin özelliği, tek bir defada seçilebilmesi ve gerektiğinde dosya içinde hangi bloktan kaç tane olduğunu öğrenebilmemizi sağlar. Özellikle projelerinde metraj işi ile uğraşanlar için çok kullanışlı bir özelliktir.

Öncelikle blok oluşturmayı öğrenelim.

Block Oluşturma (Block)

Block komutu ile hazırlanan nesneler sadece bu dosya için geçerlidir. Ayrı bir dosya oluşturmaz. Mevcut dosyanın veritabanında hazırlanır. Bu şekilde fazla dosya kalabalığı yapmadan istenilen bloğun dosya içinde bulunması sağlanır.

Ribbon: Insert tab → Block Panel → Create
Menü: Draw → Block → Make
Toolbar: Draw
Komut ile: Block
Kısayolu: B

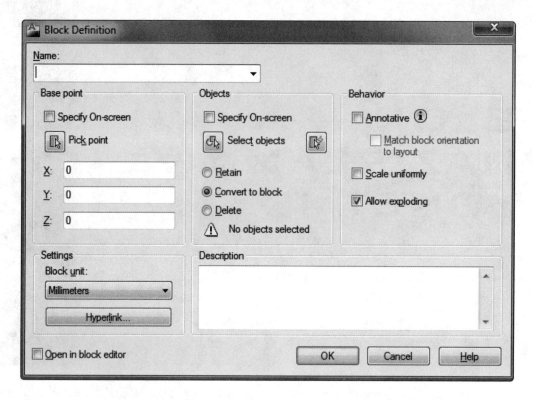

Komutu çalıştırdığınızda karşınıza gelecek olan tablomuzu tanıyalım.

- **Name:** Blok ismi verilecek yerdir.
- **Base point:** Blok yerleşim yerinin ayarlandığı bölümdür.

  Specify On-Screen: Bu seçenek işaretlenirse bloğun yerleşim yeri tablo kapandıktan sonra belirlenir.

  Pick Point: Blok yerleşim yerinin belirlenmesini sağlar.

- **Objects:** Blok olacak nesnelerin seçilmesi ile ilgili bölümdür.

  Specify On-Screen: Bu seçenek işaretlenirse nesneler tablo kapandıktan sonra seçilmesi istenir.

  Select Objects: Blok olacak nesnelerin seçilmesini sağlar.

  Retain: Seçilen nesnelerin bloğa dönüştürülmeden eski haliyle kalmasını sağlar.

  Convert to block: Seçilen nesnelerinde blok olmasını sağlar.

  Delete: Seçilen objelerin komut bitiminden sonra silinmesini sağlar. Ancak blok hafızada kalır.

- **Behavior:** Blok nesnesinin nasıl davranacağını belirler.

  Annotative: Blok olacak nesnelerin ölçekli pafta kullanılacak ise işaretlenmesi gerekir.

  Scale Uniformly: Blok olan nesnelere X, Y, Z düzlemlerinde farklı scale değeri girilebilir. Eğer bu değerlerin farklı olmamasını istiyorsanız işaretlemelisiniz.

Allow exploding: Bu seçenek işaretli olduğunda daha sonra bu bloğun patlatılmasına izin verilir.

- **Block unit:** Bloğun hangi çizim biriminde çizildiği belirtilir.

Şimdi bu komutumuzu bir örnek ile pekiştirelim.

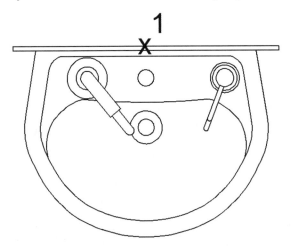

Resimde görüldüğü gibi, bir lavabo çizimi var. Bu çizim, birçok nesneye sahiptir. Bu lavabo çizimini projelerde kullanırken her defasında tek tek seçmek çok zahmetli olacaktır. Bunun için bu çizimi blok haline getirip tek bir nesneymiş gibi rahatlıkla seçmemizi sağlayabiliriz.

- `Block` komutunu çalıştırın.
- **Name** bölümüne `LAVABO` ismini verin.
- **Pick Point** butonuna basarak **1** nolu yere tıklayarak blok yerleşim yerini gösterin.
- **Select objects** butonuna basarak tüm lavabo çizimini seçip enter yapın.
- **Convert to block** seçeneğini işaretleyin.
- **Allow exploding** seçeneğini işaretleyin.
- **OK** butonuna basın.

Bu işlemden sonra seçilen nesnelerin tek bir nesne gibi hareket ettiğini göreceksiniz. Bu şekilde tüm özellikli nesnelerinizi (masa, sandalye, saksı, cıvata, somun vs.) blok yaparsanız çizim aşamasında daha hızlı ve sorunsuz çalışacaksınız.

 Nesnelerin katmanı 0 katmanında iken blok yaparsanız, bu bloğun katmanını değiştirdiğinizde seçilen katmanın rengi ne ise blok rengi de o olacaktır. Kullanıcı tarafından oluşturulan bir katmanda iken blok yaparsanız bu renk değişimi olmayacaktır.

Block Çağırma (Insert)

Dosya içinde bulunan blokların ya da bilgisayarda bulunan başka bir çizim dosyasının mevcut çizimimize getirilmesini sağlar.

Ribbon: Insert tab → Block Panel → Insert

Menü: Insert → Block → Insert

Toolbar: Insert

Komut ile: Insert

Kısayolu: I

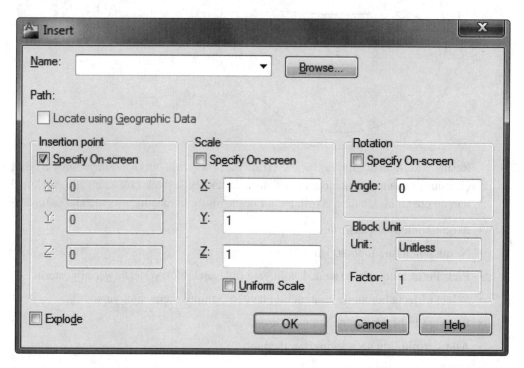

Insert komutunu çalıştırdığınızda karşınıza gelecek olan tabloyu tanıyalım.

- **Name:** Çağırılacak olan blok isminin yazılacağı yerdir. Eğer ismini yazmak istemez iseniz ok işaretine tıklayarak dosya içinde bulunan blokların listesini görebilir ve bu bölümden seçebilirsiniz.

- **Browse:** Başka bir çizim dosyasını seçmek için kullanılır. Bu butona basıldığında bilgisayarınızdaki dosyaların görüntülenmesini sağlayan bir arayüz aracılığı ile dosyanızı seçebilirsiniz.

- **Insertion Point:** Blok nesnesinin dosya içindeki yerleşim yerinin ayarlandığı bölümdür.

  Specify On-Screen: Bu seçenek işaretli olduğunda blok yerleşim yeri tablo kapandıktan sonra belirtilir.

- **Scale:** Bloğun büyütme-küçültme oranının belirlendiği yerdir. X, Y, Z değerleri 1 olursa blok aynı şekilde çağırılır.

  Uniform Scale: Bloğun farklı X, Y, Z orantılarında büyümesini engeller. İşaretlendiğinde Y ve Z düzlemleri pasif duruma geçer.

- **Rotation:** Bloğun döndürülme açısının belirlenmesini sağlayan bölümdür.

  Specify On-Screen: İşaretli olursa döndürülme açısı tablo kapandıktan sonra kullanıcı tarafından belirlenir.

  Angle: Bloğun döndürülme açısının girildiği yerdir.

- **Explode:** Dosyaya yerleştirilecek bloğun patlatılarak yerleştirilmesini sağlar. Bu işlem sonucunda blok özelliğini kaybeder.

  Bu komut ile ilgili bir örnek yapalım. Bir önceki konumuzda lavabo çizimini blok haline getirmiştik. `Insert` komutunu kullanarak bu bloğu tekrar dosyamıza çağıralım.

- `Insert` komutunu çalıştırın.
- **Name** bölümünden `Lavabo` seçeneğini seçin.
- **Insertion Point** bölümünde **Specify On-Screen** seçeneğini işaretleyin.
- **Scale** değerleri 1, 1, 1 şeklinde olsun.
- **Rotation** bölümünde **Specify On-Screen** seçeneğini işaretleyin.
- **Explode** seçeneği işaretli olmasın.
- **OK** butonuna basın.
- İmleç üzerinde çizimi göreceksiniz. Ekran üzerinde bir nokta belirleyin.
- Blok açısını belirtin. Göründüğü gibi olacak ise enter ile devam edin.

  İşlem sırasını doğru bir şekilde yaptıysanız çizim ekranında belirtilen noktaya çizimimiz yerleştirilmiş olacaktır.

 NOT Hazırlamış olduğunuz bir blok çizimini dosya içinden tamamen silseniz bile dosyanın hafızasında saklanacaktır. `Insert` komutunu kullanarak bu bloğu tekrar çizim ekranına yerleştirebilirsiniz.

WRITE BLOCK

Çizim içerisinde istenilen bir bölümü ayrı bir dosya yapmak için kullanılır. Bu işlem sonucunda mevcut dosyanın tüm ayarları da yeni oluşturulan dosyaya aktarılır.

Komut ile: `Wblock`

Kısayolu: `W`

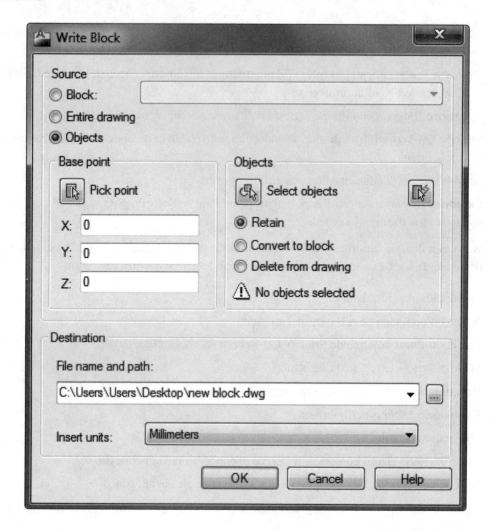

Komutu çalıştırın ve ekrana gelen tablomuzu inceleyelim.

Block: Dosya içinde bulunan mevcut bir blok nesnesinin ayrı bir çizim dosyası yapılmasını sağlar.

Entire Drawing: Mevcut dosyanın ayrı bir dosya yapılmasını sağlar.

Objects: Çizim içerisinde istenilen nesnelerin ayrı bir dosya yapılmasını sağlar.

Pick point: Oluşturulacak yeni dosya, başka bir dosyaya `insert` komutu ile getirilmek istenildiğinde hangi noktanın referans alınacağını sağlar.

Select objects: Çizim içerisinde istenilen nesnelerin seçilmesini sağlar.

File name and path: Oluşturulacak yeni dosyanın yerini ve adının belirtilmesini sağlar.

Insert Units: Bu çizimin başka bir çizim dosyasına getirilmek istendiğinde hangi birime göre ekleneceğini belirtir.

Bir örnek yaparak komutun işlevini daha iyi anlayalım.

- `Wblock` komutunu çalıştırın.
- **Objects** seçeneğini işaretleyin.
- **Select objects** butonuna basarak nesneleri seçip enter yapın.
- **Pick point** butonuna basarak yeni dosya için referans noktayı gösterin.
- **File name and path** bölümüne dosyanın kaydedilme yerini ve dosya adını yazın. Kaydedilecek yeri bilmiyorsanız adres bölümünün sağındaki [...] butona basarak dosyanın kaydedilecek yerini belirtin.
- **Insert units** bölümünden çizimin birimini belirtin.
- **OK** butonuna basın.

İşlem sonucunda seçmiş olduğunuz nesneler göstermiş olduğunuz yere yazılan isim adı altında ayrı bir dosya olarak kaydedildi.

XREF (DIŞ REFERANS)

Geniş açılımı **External Reference**, yani dış referans komutudur. Bu komut ile dosya içine yerleştirilen nesneler gelişmiş bir blok özelliği taşır. Başka bir çizim dosyasını bir yoğunluk getirmeden çizime eklenmesini sağlar. Bu dış referans dosyasında yapılan değişiklikler otomatik olarak eklenen dosya da görülür.

Ribbon: Insert tab → Reference Panel → External Refereces

Menü: Insert → External References

Toolbar: Reference

Komut ile: `XREF`

Kısayolu: `XR`

Bu komutu daha iyi anlamak için bir örnek üzerinde uygulayarak anlatalım.

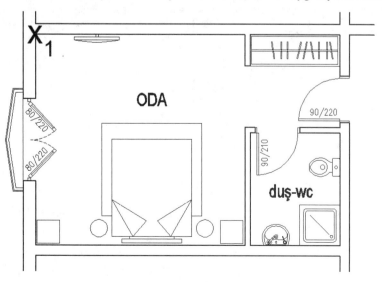

Şekildeki örneğimizde bir otel odası çizimi vardır. Bu odada tefriş elemanlarının sürekli değişebileceği belirtildi. Otel odalarının tip oda olduğunu düşünürsek her defasında bu tefrişleri değiştirmek hem zahmetli olacak hem de ciddi vakit kaybı oluşturacaktır.

Yapmamız gereken `WBLOCK` komutu aracılığı ile oda içindeki tefriş elemanlarını ayrı bir dosya haline getirelim. Bu işlemden mevcut dosya daki tefrişlerin silin.

Ayrı hale getirdikten sonra iki dosyamız oldu.

Bunlar;

PLAN.DWG → Mevcut mimari proje dosyamız
TEFRIS.DWG → Tefriş dosyamız

Şimdi `xref` komutunu kullanmaya başlayabiliriz.

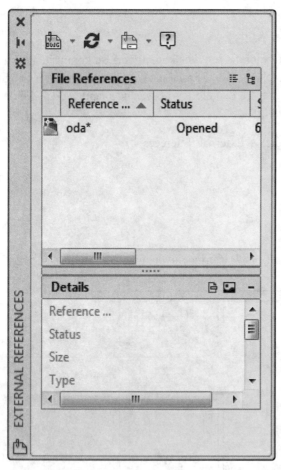

Komutu çalıştırdığımızda ekrana gelen tablomuzdan mevcut varsa eklenmiş dış referans nesnelerini de takip edebiliriz.

Öncelikle hazırlamış olduğumuz tefriş dosyamızı mevcut dosyamıza yerleştirelim.

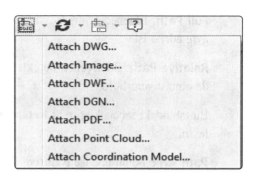

Tablonun sol üstünde bulunan butonuna basarak **Attach DWG** seçeneğini seçin. Ekrana gelen **Browse** iletişim tablosundan az önce hazırladığımız **TEFRIS.DWG** dosyasını seçip **Open** butonuna basın.

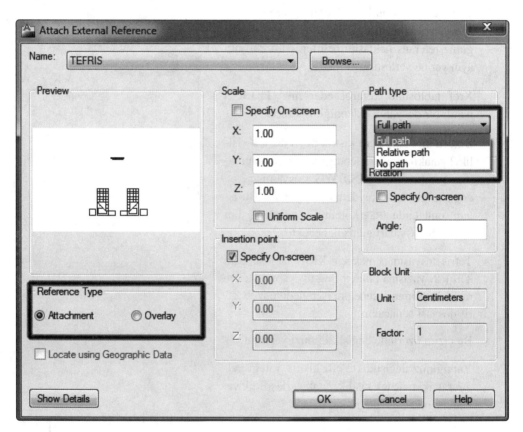

Seçim işleminden sonra karşımıza gelen tabloda bu dosyanın eklenme seçenekleri gelecektir. Genel olarak seçenekleri diğer komutlarda bahsetmiştik.

Farklı olanları anlatmak gerekirse;

Attachment: Normal eklenme işlemi yapar. Genel olarak kullanılacak seçenektir.

Overlay: Bu seçenek ile yerleştirme yaparsak, ana dosyayı başka bir dosyaya xref komutu ile tekrar yerleştirme yapılmak istenirse **Overlay** ile eklenen çizimler görünmeyecektir.

Full Path: Eklenecek dosya adresi ile kaydedilir. Başka bir bilgisayarda açılmak istenirse aynı adresi ister.

Relative Path: Bu seçenek ile eklenirse, eklenecek dosya ana dosyanın bulunduğu klasörde olması yeterlidir.

Bu tablodaki seçeneklerimizi **Reference Type** bölümünden **Attachment** seçeneğini işaretleyin.

Path Type bölümüne ise **Relative Path** seçeneğini işaretleyip **OK** butonuna basın.

Tefriş dosyasını imlecin üzerinde göreceksiniz. Mevcut çizimimizde Wblock yaparken belirttiğimiz referans noktasını belirterek önceki gibi aynı yerine yerleştirin.

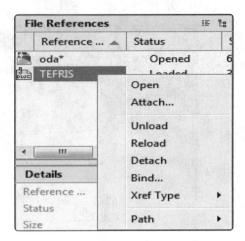

Xref tablosunu kontrol ederseniz **TEFRIS** isimli bir dosyanın eklendiğini göreceksiniz.

Bizden bu odanın çift kişilik değil de, tek kişilik 2 yataklı olması istendiği söylendi. Yapmamız gereken **TEFRIS.DWG** dosyamızda bu değişikliği yapıp kaydetmemiz yeterli. Bu işlem sonucunda XREF komutu ile eklenmiş tüm TEFRIS dosyaları güncellenecektir.

Tefris dosyasını açmak için XREF tablosundaki TEFRIS yazısına tıklayıp sağ tuş yapın. Açılan menüden **Open** seçeneğini işaretlediğinizde tefriş dosyası açılacaktır.

Bu çizim üzerinde değişikliğimizi yapalım.

Yaptığımız değişiklikte çift kişilik yatağı kaldırarak iki tane tek kişilik yatak yerleştirdik ve televizyonu sağa doğru kaydırdık.

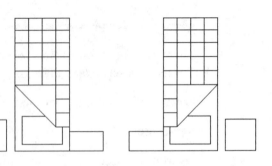

Düzenleme işlemi bittiğine göre bu dosyayı kaydedip kapatalım.

Mevcut dosyamıza geri döndüğümüze xref tablosunda bulunan tefris seçeneğine bakarsanız **Needs reloading** uyarısını göreceksiniz. Bunun anlamı, bu dosya da değişiklik olduğunu ve yeniden yüklenmesi gerektiğini belirtiyor. **TEFRIS** yazısına sağ tuş yapıp açılan menüden **Reload** seçeneğini işaretleyin.

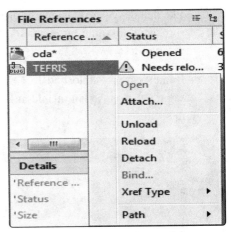

Bu işlem sonucunda çizimimiz resimdeki gibi görünecektir.

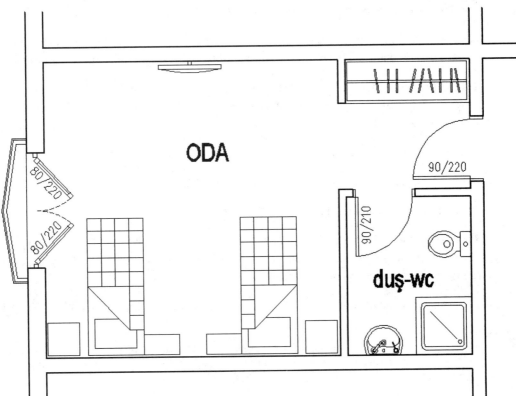

Peki, bu kadar işlemin bize ne faydası var?

Örneğimizde otel odası çizimi örneğini verdik. Bu odalar tip oda olduğunu düşünürsek birçok oda olduğunu ve bu işlem sayesinde tüm odalardaki tefrişleri bir defada değişecektir.

Xref ile dış bağlantı yapılarak eklenen çizim dosyalarını başka bir bilgisayara taşımak istediğinizde eklenen dosyaları da taşımak zorundasınız. Aksi halde eklenen dosyaları göremezsiniz.

Eklenen dosyalar ile işimiz bitince bu dosyaları mevcut dosyanın bir elemanı olarak dosyaya aktarabiliriz.

Bunun için xref tablosundaki **TEFRIS** yazısına sağ tuş yapın. Açılan menüden **Bind** seçeneğini seçin.

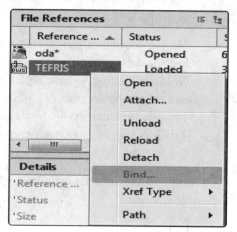

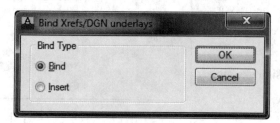

Karşımıza yeni bir tablo gelecek. Bu tabloda iki seçeneğimiz mevcut. İki seçenekte tefriş dosyasının mevcut dosyanın bir elemanı olmasını sağlar. Ancak aralarında küçük bir fark vardır.

Tefris dosyasında bulunan bir katman, örneğin; MOBILYA katmanı, xref komutu ile mevcut dosyaya eklendiğinde layer tablosuna TEFRIS|MOBILYA şeklinde aktarılır. Yani dosya adı ile birlikte eklenir.

Bind seçeneği seçildiğinde, bu katman adı TEFRIS0MOBILYA olur.

Insert seçeneği seçildiğinde ise bu katmanın adı MOBILYA olarak eklenir.

Aksi bir durum olmadıkça **Insert** seçeneği en mantıklı olanıdır.

Xref komutu ile eklenmiş bir çizimi Erase komutu ile silseniz bile Xref tablosunda görünmeye devam edecektir. Bu tür nesneleri silerken Xref tablosunda silmek istediğiniz çizime sağ tuş yapın ve açılan menüden **Detach** seçeneğini seçin.

Bu işlem sonucunda hem listeden silinecek hem de çizimden silinecektir.

> **NOT** Bir dosyaya **xref** komutu ile başka bir dosya eklendiğinde eklenen dosya silik görünür. Eğer silik olmasını istemiyorsanız, **Options** tablosunda **Display** sayfasında bulunan **Xref Display** değerini –90 ila 90 arasında değiştirerek müdahale edebilirsiniz.

BLOK DÜZENLEME (EDIT BLOCK DEFINITION)

Dosya içinde bulunan bir bloğu blok özelliğini kaybetmeden üzerinde değişiklik yapılmasını sağlar.

Menü: Tools → Block Editor
Toolbar: Standart
Komut ile: BEDIT

Kısayolu: BE ya da Blok nesneye çift tıklamak.

Bu komutu bir eviye çizimi üzerinde uygulayalım.

Şeklimizde görülen blok üzerinde düzenleme yapalım. Bu çizimde sağda görülen yatay çizgileri silinerek yeniden blok olmasını sağlayalım.

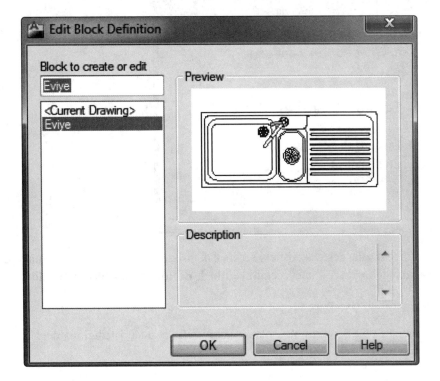

- `Bedit` komutunu çalıştırın.
- Ekrana gelen tabloda sol bölümden Eviye'yi seçip **OK** butonuna basın.

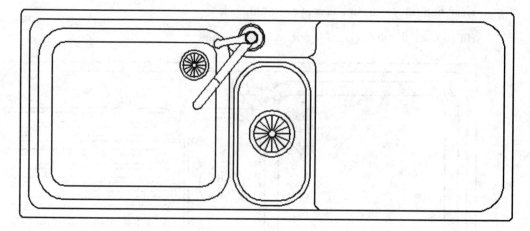

Blok nesnesi karşımıza normal bir çizim gibi gelecektir. Bu çizimi resimdeki gibi sağ bölümde bulunan çizgilerini temizleyin.

Yaptığımız değişiklikler bittiğine göre çizim ekranın üstünde bulunan ![close] butona basın.

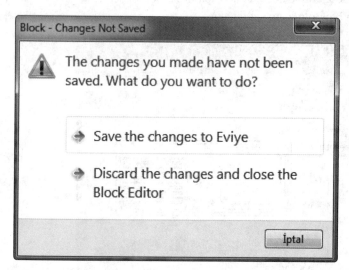

Karşımıza bir tablo daha gelecek. Üstteki seçenek değişiklerin kaydedileceğini, alttaki seçenek ise değişikliklerin kaydedilmeyeceğini ve **Block Editor**'un kapatılacağını belirtir.

Yaptığımız değişiklikleri kaydedin.

İşlem sonucunda Eviye çizimini blok olarak koruyarak üzerinde istediğimiz değişiklikleri gerçekleştirmiş olduk.

PDF IMPORT

Ribbon : Insert Tab → Import Panel → Pdf Import

Komut ile : PDFIMPORT

Autocad 2017 ile beraber gelen bu yeni özellik ile pdf dosyasındaki çizimleri Autocad ortamına aktarabilirsiniz.

Komutu çalıştırdığınızda aşağıdaki bilgileri komut satırında göreceksiniz.

```
Select PDF underlay or [File] <File>:
```

Çizim dosyanızda eklenmiş bir pdf'i vektörel çizim haline getirmek isterseniz nesneyi seçin.

Eğer ayrı bir pdf dosyası halinde ise **Enter**'a basarak ekrana gelen tablo aracılığı ile pdf dosyasını seçip **Open** butonuna basın.

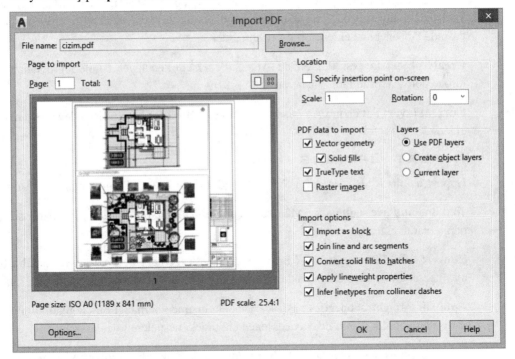

Ekrana resimdeki gibi bir tablo gelecektir. Bu tablodaki seçenekleri inceleyelim.

Page to import: Pdf dosyasından istediğiniz sayfayı seçebilmenizi sağlar.

Specify insertion point on-screen: Bu seçenek işaretli olduğunda, Pdf dosyası çizime dönüştürüldüğünde çizimin yerleşim koordinatı kullanıcı tarafından belirlenecektir. İşaretli olmaz ise, pdf'in sol alt referans noktası 0,0 (orjin) olarak belirlenir.

Scale: Pdf dosyası çizime eklenirken ne kadar büyütüleceğini-küçültüleceğini belirtir. Burada sabit bir ölçek değeri yoktur. Çizim dosyaya eklendikten sonra referans bir ölçüye göre scale edilmesi gerekir.

Rotates: Pdf dosyası çizim olarak eklenirken hangi açı ile ekleneceğini belirtir.

Pdf Data to Import

Vector Geometry : Pdf içerisinde geometrik çizim türleri ve solid tarama deseni bulunmaktadır. Bir tolerans dahilinde bu nesneler çizim dosyasına eklenir.

Solid Fills : Tüm solid hatch nesne türlerini ekler.

TrueType Text: Pdf içerisindeki TrueType (Windows yazı fontu) türündeki yazıların eklenip eklenmeyeceğin belirler.

Raster Image: Pdf içerisindeki resimlerin çizime eklenip eklenmeyeceğini belirler. Bu seçeneği işaretlerseniz pdf içindeki resimler de çizime eklenecektir. Eklenen resimler, pdf dosyasının bulunduğu yerde Pdf Image adlı klasör oluşturularak, bu klasörde bulundurulur.

Layers

Use Pdf Layers: Pdf çizimi Autocad'den baskı alma yöntemi ile hazırlanmış ise, pdf içerisindeki layer isimlerini nesnelere uygulayarak sayfaya ekler. Bu layer isimlerinin başında Pdf öneki ve eklenen pdf sayısını ekler.

Create object layers: Pdf çizimi Autocad'e eklenirken layer isimleri gruplanan nesne türüne göre Autocad tarafından verilir.

Current layer: Pdf çizimi Autocad'e eklenirken aktif layer hangisi ise o layer ismini alarak eklenir.

Import Options

Import as block : Bu seçenek işaretli iken Pdf çizimi Autocad'e blok olarak aktarılır.

Join line and arc segments : Mümkün olan tüm hallerde bitişik olan poyline nesneleri bir bütün olarak eklenir.

Convert solid fills to hatches : Bu seçenek işaretli iken eklenen pdf dosyasında bir boyama var ise, bu boyama çizime aktarıldığında Solid Hatch olarak eklenecektir.

Apply lineweight properties : Pdf içerisindeki çizimde herhangi bir çizgikalınlığı özelliği var ise bu kalınlık değeri dosyaya eklenen çizimdeki nesnelere uygulanacaktır.

Infer linetypes from collinear dashes : Pdf içerisinde kesik çizgi benzeri çizgiler var ise, bunları çizgi tipine uygun bir şekilde aktarılmasını sağlar.

Tablomuzdaki seçeneklere göre istediğiniz seçenekleri işaretledikten sonra pdf dosyası çizim olarak Autocad'e aktarılacaktır. Burada dikkat edilmesi gereken; eklenen pdf dosyasının yoğunluğu ile bilgisayarınızın hızı, pdf dosyasının eklenme süresini etkiler. Pdf dosyası eklenirken sabırlı olmalısınız.

PDF SHX IMPORT

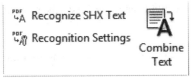

Herhangi bir pdf dosyası autocad dosyasına çevrilirken, pdf içerisinde autocad fontu olarak geçen shx yazıları kullanılmış ise, bu yazılar boyutuna göre çizgi şeklinde import edilebilir.

Text özelliği içermeyen bu tür çizgilere bu komutlar aracılığı ile yazı özelliği verilebilir.

Menüde görülen 3 komut bulunmakta. Komutu uygulamadan önce, ayarlarını incelememiz daha uygun olacaktır.

Recognition Settings

Bu komutu çalıştırdığımızda ekrana gelen tablodan seçenekleri inceleyelim.

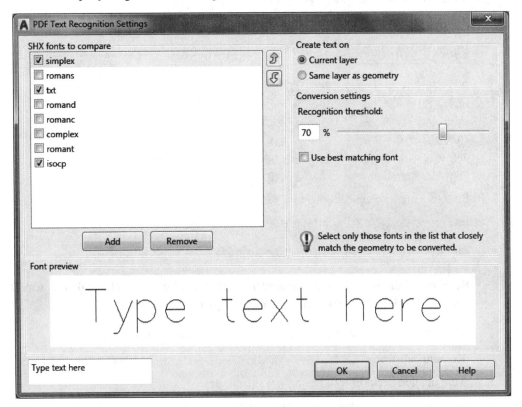

Shx fonts to compare: Yazı tanımlama işlemi esnasında dikkate alınacak fontların listesini içerir. Bu tanımlama işlemi esnasında istediğiniz fontları seçerek işleme tabi olup olmamasını sağlayabilirsiniz.

Add: Tanımlama listesine eklemek istediğiniz fontu eklemek için kullanılır.

Remove: Tanımlanmış bir fontu listeden çıkarmak için kullanılır.

Create text on: Oluşturulacak yazıların katmanı ile ilgili bölüm

Current layer: Bu seçenek işaretli olursa, oluşturulan yazı nesnesi, aktif katman ile oluşturulur.

Same later as geometry: Bu seçenek işaretli olursa, seçilen geometrik nesnenin katmanı ile oluşturulur.

Recognition threshold: Yazı tanımlama yüzdesi. Değer yüksek olduğunda, mümkünse en yakın eşleyen yazı tipinin kullanılmasını sağlar.

Use Best Matching Font: Bu kutu işaretlendiğinde, tüm fontlar karşılaştırılır ve ilk eşleşme yerine tanımlama yüzdesine en yakın olan yazı tipi kullanılır.

Recognize SHX Text

Tanımlama seçeneklerini inceledikten sonra komutu uygulayalım.

KAPICI DAIRESI (ADA GOREVLISI) HESABI

```
B-1 TIPI 7 BLOK + B-2 TIPI 3 BLOK
HER 2 BLOK ICIN 1 KAPICI DAIRESI = B-1 icin 7/2 = 3.5 ~ 3 ADET
                                 = B-2 için 3/2 = 1.5 ~ 1 ADET
19   ADA ICIN         = 5 BLOK / 2 = 2.5 ~ 2 ADET KAPICI DAIRESI
755 ADA ICIN          = 2 BLOK / 2 = 1 ADET KAPICI DAIRESI
756 ADA ICIN          = 3 BLOK / 2 = 1.5 ~ 1 ADET KAPICI DAIRESI
B1-2/B1-6/B1-7/B2-2 BLOKLARDA KAPICI DAIRESI KARSILANMISTIR.

NOT : BLOK GIRIS KOTLARI, KAZAN DAIRESI VE BLOK GIRIS MERDIVENLERI
      BASAMAK SAYISI YERINDE DEGISTIRILEBILIR.
NOT : BLOK BAHCE KOTLARI ARAZI DURUMUNA GORE DEGISEBILIR.
```

Resimde görüldüğü gibi, pdf işleminden sonra gelen bir bilgi bulunmakta. Ancak **import** işleminde bu bilgi text objesi olarak değil, çizgilerle oluşturuldu.

Komutu kullanarak bu çizgisel nesneleri **Text** objesine dönüştürelim.

- Komutu çalıştırın
- Tüm objeleri seçip Enter'a basın.

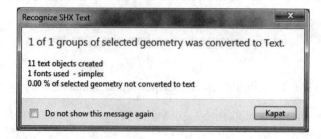

İşlem sonucunda komut özeti tablodaki gibi görüntülenecektir.

Combine Text

Bir önceki komutta geometrik nesneleri Text objesine dönüştürdük. Ancak bu yazılar single-text objesi olarak tek tek oluşturuldu.

Combine text komutu ile bu yazıları Mtext nesnesine dönüştürebiliriz.

Dönüştürme işlemi esnasında ayarlarını da inceleyelim.

- Komutu çalıştırın
- SE yazıp Enter'a basarak ayarlarını inceleyelim.

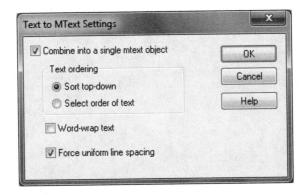

Ekrana gelen tablodaki seçenekleri inceleyelim.

Combine into a single mtext object: Bu seçenek işaretli olursa, seçilen tüm yazılar tek bir mtext objesi olacaktır.

Sort top-down: Mtext objesi oluşturulurken yazıların yerleşim sıralaması aşağıdan yukarı olacak şekildedir.

Select order of text: Mtext objesi oluşturulurken yazıların yerleşim sırası seçime bağlıdır.

Word-wrap text: Bu seçenek işaretlendiğinde, fazla boşluk içeren kısımlar ve numaralandırmalar listeden çıkartılır.

Force uniform line spacing: Mevcut seçili metin aynen korunarak yazı aralarında düzgün yazı aralığı uygulanır.

Bu ayarlamaları da yaptıktan sonra tüm yazıları seçip Enter'a bastığımızda seçilen yazılar istenilen ayarlardaki düzene göre uygulanacaktır.

NESNE SORGULAMA (INQUIRY)

Yaptığımız çizim üzerinde bazı sorgulamalar yapmamız gerekir. Örneğin; iki nokta arasındaki bilgileri, bir alanın hesabını vs. **Inquiry** komutları aracılığı ile bu sorgulamaları rahatlıkla yapabilir ve bu bilgiler sayesinde çizimimize hakim olabiliriz.

DISTANCE

Belirttiğimiz iki nokta arasındaki bilgileri verir.

Menü: Tools → Inquiry → Distance
Toolbar: Inquiry
Komut ile: DIST
Kısayolu: DI

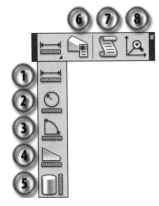

Komutu çalıştırdığınızda program sizden iki nokta ister. Noktalar belirtildikten sonra komut satırında bazı bilgiler sunar. Bu bilgileri daha rahat görebilmek için F2 tuşuna basabilirsiniz.

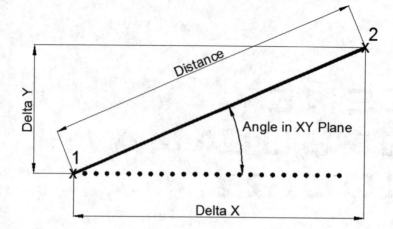

Resimdeki örneğimizde **1** ve **2** nolu noktaların arasındaki bilgileri öğreneceğiz.

- `Dist` komutunu çalıştırın.
- **1** nolu noktaya tıklayın.
- **2** nolu noktaya tıklayın
- `F2` tuşuna basın.

```
Distance = 1142.36596588,   Angle in XY Plane = 23.20,   Angle from XY Plane =   0.00
Delta X = 1050.00000000,    Delta Y = 450.00000000,    Delta Z = 0.00000000
```

Örnek bir sonuç üzerinde inceleyelim.

- İki nokta arasındaki mesafe `Distance` ile belirtildi.
- İki noktanın X düzleminde yaptığı `Angle in XY Plane` ile belirtildi.
- Bu çizim 2 boyutlu bir çizgi olduğu için `Angle from XY Plane` değeri `0.00` olarak verildi. Eğer bu çizgide **2** nolu noktanın Z koordinatı olsaydı 3. boyuttaki açısı verilecekti.
- Bu iki noktanın X yönündeki mesafesi `Delta X` ile belirtildi.
- Bu iki noktanın Y yönündeki mesafesi `Delta Y` ile belirtildi.
- Bu iki noktanın Z yönündeki mesafesi `Delta Z` ile belirtildi.

Resim üzerinde bu seçeneklerin nereleri temsil ettiğini daha iyi anlayabilirsiniz.

RADIUS

Seçilen arc ya da circle nesnesinin yarıçap ve çap bilgilerini verir.

Menü: Tools → Inquiry → Radius
Toolbar: Inquiry
Komut ile: `MEASUREGEOM RADIUS`

NESNE SORGULAMA (INQUIRY) 221

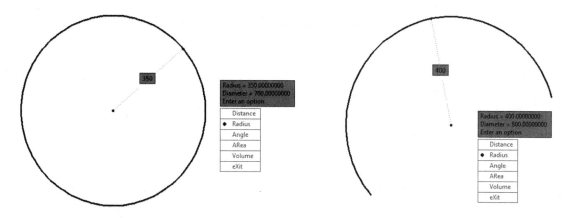

- Komutu çalıştırın.
- **Arc** ya da **Circle** nesnesini seçin.

Bilgiler resimdeki gibi ekranda gösterilecektir.

ANGLE

Seçilen arc ya da circle nesnesinin yarıçap ve çap bilgilerini verir.

Menü: Tools → Inquiry → Angle
Toolbar: Inquiry
Komut ile: MEASUREGEOM ANGLE

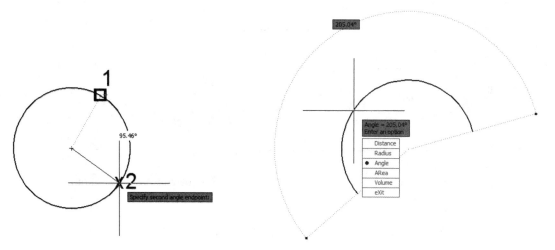

Bu komutu iki nesne için ayrı ayrı yapalım.

Circle nesnesi için:
- Komutu çalıştırın.
- Circle nesnesini seçin.
- Circle nesnesi üzerinde ikinci bir noktaya tıklayın.

İşlem sonucunda çember üzerinde seçilen yer ile ikinci gösterilen yer arasındaki açı farkı gösterilecektir.

Arc nesnesi için:

- Komutu çalıştırın.
- Arc nesnesini seçin.

İşlem sonucunda arc nesnesinin iki ucu arasındaki açı farkı gösterilecektir.

Area

Kullanıcı tarafından belirtilen bölgeyi ya da seçilen bir nesnenin alanını hesaplar.

Ribbon: Home tab → Utilities Panel → Area
Menü: Tools → Inquiry → Area
Toolbar: Inquiry
Komut ile: MEASUREGEOM AREA

Bu komutu iki türde inceleyeceğiz. İlk olarak imleç yardımıyla bölge belirterek alan hesabı yapalım.

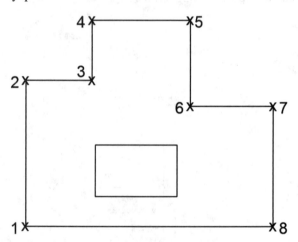

Resimdeki örnek çizimin alanını hesaplayalım. Bu çizime benzer bir çizim yapın.

- Komutu çalıştırın.
- Çizimin köşe noktalarını resimdeki gibi sırası ile işaretleyin.
- Son nokta gösterimini yaptıktan sonra Enter tuşuna basın.

```
Area = 352500.0000, Perimeter = 2700.0000
Enter an option
```

Enter işleminden sonra imleç üzerinde gösterilen alan ile ilgili bilgileri göreceksiniz.

Area: Gösterilen bölgenin alanını ifade eder.

Perimeter: Gösterilen alanın çevre uzunluğunu ifade eder.

Bu örneğimizde sonuç 352500.00 gibi bir değer verdi. Peki, bu değeri nasıl tanımlayacağız?

Bunun için dikkat etmeniz gereken konu çizim biriminizdir. Çizim biriminize göre bu değeri m² olarak okuyabiliriz.

Çizim Birimi	Bölme Sayısı
Mm	1000000
Cm	10000
Metre	1

Tabloda bu değerin hangi çizim biriminde hangi sayıya bölüneceği yazmaktadır.

Çizimimiz mm olarak çizilseydi bu alan 0.35 m² olacaktı.

Cm çizilseydi 35.25 m² olacaktı.

Metre çizilseydi 352.500 m² olacaktı.

Şimdi ise bu çizimin içinde bulunan kutunun alanının çıkartılmasını sağlayalım.

- Komutu çalıştırın.
- A yazıp enter yapın. Yani **Add Area** alt komutunu çalıştırmasını istedik.
- Sırası ile bütün köşe noktalarını tıkladıktan sonra enter yapın.
- Bu gösterilen alanın bilgileri verilecektir.
- S yazıp enter yapın. **Subtract** anlamına gelen bu alt komut ile istenilen bir bölgenin çıkarılmasını sağlayacağız.
- Çizim içindeki kutunun köşe noktalarını girip enter yapın.

```
Area = 37500.0000, Perimeter = 800.0000
Total area = 315000.0000
Specify first corner point or
```

Enter işleminden sonra imlecin üzerinde bilgiler yazacaktır.

Bu bilgilerin anlamı;

Area: Son gösterilen alanı ifade eder.

Total area: Çıkarma işleminden sonraki alanı ifade eder.

İmleç yardımıyla alan hesaplamadan sonra şimdi ise nesneleri seçerek alan hesaplamasını yapacağız.

Bu işlemde nesnelerin bir kapalı alan oluşturması gerekir. Bu nesneler; circle, elippse, spline, polyline, polygon ve 3Dsolid nesneleridir. Arc ya da Line nesnesi olursa bu nesnelerin seçimi yapılmadığından alan bilgisi verilemez.

Seçilen nesnenin alanın bulmak:

- Komutu çalıştırın.
- Enter'a basarak `Object` alt komutunun aktif olmasını sağlayın.
- Nesneyi seçin.
- Alan bilgileri imleç üzerinde verilecektir.

Seçilen alandan başka bir alanın çıkartılmasını sağlamak:

- Komutu çalıştırın.
- `A` yazıp enter yapın.
- `O` yazıp enter yapın ve nesneyi seçin. Seçilen nesnenin alanı gösterilecektir.
- Başka bir alan seçilmeyeceği için enter'a basın.
- `S` yazıp enter yapın.
- `O` yazıp enter yapın ve içteki kutuyu seçin.
- Seçim işlemi bittiği için enter tuşuna basın.
- Bilgiler imleç üzerinde belirtilecektir.

VOLUME

Çalışma mantığı `Area` komutu ile aynıdır. Belirtilen alanın yükseklik değeri girilerek hacminin hesaplanmasını sağlar.

Ribbon: Home tab → Utilities Panel → Volume
Menü: Tools → Inquiry → Volume
Toolbar: Inquiry
Komut ile: `MEASUREGEOM VOLUME`

`Area` komutunda kullandığımız çizimin hacmini hesaplayalım.

- Komutu çalıştırın.
- Object seçimi için enter'a basın.
- Nesneyi seçin.
- Hacim yüksekliğini ya imleç yardımıyla belirtin ya da klavyeden yazarak belirtin.

İncelemek açısından değer olarak 150 verildi.

```
Volume = 52875000.0000
Enter an option
```

Örnek bir hacim yüksekliği değerlerini resim üzerinde inceleyelim. Hacmi, `Volume` bilgisinde göstermektedir. Resimdeki değeri inceler isek, `52875000.0000` hacmini çevirelim.

Tabloda bu değerin hangi çizim biriminde hangi sayıya bölüneceği yazmaktadır.

Çizim Birimi	Bölme Sayısı
Mm	1000000000
Cm	1000000
Metre	1

Çizimimiz mm olarak çizilseydi bu alan 0.05 m² olacaktı.

Cm çizilseydi 52.87 m² olacaktı.

Metre çizilseydi 52875000 m² olacaktı.

REGION/MASS PROPERTIES

Region ya da **3Dsolid** nesnelerinin özelliklerinin tanımlarını verir. Bu nesneler 3 boyutlu nesneler olduğu için 3D modelleme ile ilgili konulardan sonra daha iyi anlayabilirsiniz.

Menü: Tools → Inquiry → Region/Mass Properties
Toolbar: Inquiry
Komut ile: MASSPROP

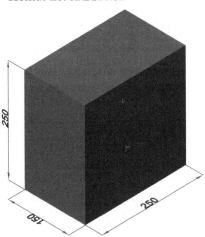

Resimdeki modelde boyutları belirlenmiş bir çizimimiz vardır. Bu komut aracılığı ile kitle özelliklerinin tanımlarını öğrenelim.

- Komutu çalıştırın.
- Modeli seçip enter yapın.
- Analiz sonuçlarını inceleyelim.

Mass: Kitle

Volume: Hacim

Bounding box: Modelin X, Y ve Z yerleşim koordinatları.

Centroid: Kitle merkezi.

Moments of inertia: Atalet momenti.

Products of inertia: Çarpım ataleti.

Radii of gyration: Dönme yarıçapı.

Principal moments and X-Y-Z directions about centroid: Asıl moment ve kitle merkezinin X, Y, Z yönleri.

List

Seçilen nesnelerin özellikleri ile ilgili bilgileri listeler.

Ribbon: Home tab → Properties Panel → List
Menü: Tools → Inquiry → List
Toolbar: Inquiry
Komut ile: LIST
Kısayolu: LI

Bu komutu birkaç nesne özellikleri ile öğrenelim. Bu nesnelerimiz **Line**, **Text**, **Circle**, **Ellipse** nesneleri olacaktır. Bu özelliklerin birkaçını açıklayalım.

- Komutu çalıştırın.
- Nesneyi seçip enter yapın.

Line nesnesi için:

```
          LINE       Layer: "0"
                     Space: Model space
         Handle = 216
   from point, X=1434.6737   Y=1538.3516   Z=     0.0000
     to point, X=2653.3842   Y=1538.3516   Z=     0.0000
Length =1218.7105,  Angle in XY Plane =      0.0000
          Delta X =1218.7105, Delta Y =     0.0000, Delta Z =    0.0000
```

Layer: Katman adı.

From point: Başlangıç noktası koordinatı.

To point: Bitiş noktası koordinatı.

Length: Uzunluğu.

Angle in XY Plane: Açısı.

Text nesnesi için:

```
           TEXT      Layer: "0"
                     Space: Model space
          Handle = 21a
     Style = "Standard"
Annotative: No
     Typeface = Arial
    start point, X=1839.2812   Y=1019.6452   Z=    0.0000
    height     25.0000
      text AUTOCAD EĞİTİMİ
  rotation angle 0.0000
      width scale factor     1.0000
  obliquing angle 0.0000
generation normal
```

Style: Stil adı.

TypeFace / Font File: Font adı.

Start Point: Yazının yerleşim koordinatı.

Height: Yazı yüksekliği.

Text: Yazının içeriği.

Circle nesnesi için:

```
              CIRCLE    Layer: "0"
                        Space: Model space
          Handle = 232
    center point, X=2690.6327   Y=1019.6452   Z=   0.0000
       radius  150.0000
circumference  942.4778
         area 70685.8347
```

Center Point: Merkez noktası.

Radius: Yarıçapı.

Circumference: Çevre uzunluğu.

Area: Alanı.

Ellipse nesnesi için:

```
ELLIPSE   Layer: "0"
          Space: Model space
 Handle = 233
         Area: 98174.7704
  Circumference: 1211.0560
         Center: X = 1233.5789, Y = 1025.2169, Z = 0.0000
     Major Axis: X = -250.0000, Y = 0.0000   , Z = 0.0000
     Minor Axis: X = 0.0000   , Y = -125.0000, Z = 0.0000
   Radius Ratio: 0.5000
```

Center: Merkez noktası.

Major Axis: Merkez noktasından büyük aks uzaklığı.

Minor Axis: Merkez noktasından küçük aks uzaklığı.

Radius Ratio: Büyük aks aralığı ile küçük aks aralığı arasındaki orantı.

LOCATE POINT

Kullanıcı tarafından gösterilen noktanın koordinatını verir.

Menü: Tools → Inquiry → ID Point

Toolbar: Inquiry

Komut ile: ID

- Komutu çalıştırın.
- Mouse yardımı ile çizim ekranı üzerinde bir nokta gösterin.

Komut satırında gösterilen noktanın X, Y ve Z koordinatları gösterilecektir.

GROUP (GRUP YAPMAK)

17

Ribbon görünümü   Toolbar görünümü

GROUP

Dosya içerisinde bulunan çizimde istenilen bir bölümü grup halinde kaydederek bu çizimi istenildiği zaman seçilmesini sağlar. Bu komutta nesneler tek defada seçilerek istenilen işlem uygulanabilir.

Ribbon: Home tab → Group Panel → Group

Menü: Tools → Group

Toolbar: Group

Komut ile: GROUP

Kısayolu: G

Komutu çalıştırdığınızda sizden grup yapmak istenen nesneleri seçmenizi ister. Seçimden sonra enter tuşuna bastığınızda seçim seti program tarafından otomatik bir isim verilerek kaydedilir.

Herhangi bir komutu çalıştırıp nesnelerden birisini seçtiğinizde grup seçimi dahilindeki tüm nesneler seçilecektir.

Bununla beraber grup ismini otomatik olarak değil, kendiniz de verebilirsiniz. Bunun için yapmanız gereken;

- Komutu çalıştırın.
- N (Name) alt komutunu çalıştırın ve grup ismini belirleyin.
- Nesneleri seçip enter yapın.

Ungroup

Grup yapılmış bir çizim grubunun grup özelliğini iptal etmek için kullanılır.

Ribbon: Home tab → Group Panel → Ungroup

Menü: Tools → Ungroup

Toolbar: Group

Komut ile: UNGROUP

- Komutu çalıştırın.
- Group yapılmış nesnelerden birisini seçip enter yapın.

Seçilen nesnelerin grup özelliği iptal edilmiş olacaktır.

Group Edit

Grup yapılmış bir çizim grubunda değişiklik yapmak için kullanılır.

Ribbon: Home tab → Group Panel → Group Edit

Toolbar: Group

Komut ile: GROUPEDIT

- Komutu çalıştırın.
- Group nesnesini seçin.
- Komut satırında alt komutları göreceksiniz.

Bu komutlar; [Add objects/Remove objects/REName] şeklindedir. Alt komutları inceleyelim.

- **Add objects:** Gruba yeni nesneler eklemek için kullanılır
- **Remove objects:** Gruptan istenilen nesneleri çıkarmak için kullanılır.
- **REName**: Grup nesnesinin adını değiştirmek için kullanılır.

Named Group

Dosya içerisinde grup yapılmış nesnelerin isimlerini listeler. Gruplar ile ilgili düzenlemelerin yapıldığı tablodur.

GROUP (GRUP YAPMAK)

Ribbon: Home tab → Group Panel → Group Manager
Toolbar: Group
Komut ile: CLASSICGROUP

Komut ile çalıştırılmak istendiğinde görüldüğü gibi Classicgroup yazmak gerekiyor. Classic denmesinin sebebi, AutoCAD 2011 ve öncesinde bu dialog tablosu kulanılarak group işlemi yapılıyordu.

Komutu çalıştırdığınızda karşınıza resimdeki tablo ekrana gelecektir.

Dosya içerisinde yapılan gruplar **Group Name** bölümünde listelenecektir. Ancak group yapılırken isim verilmeden yapılmışsa ya da grup olan nesneler gruplu bir şekilde kopyalanmışsa, autocad tarafından verilen yeni bir isimleri görmek için **Include Unnamed** seçeneği işaretlenmelidir.

Bu tablo aracılığı ile yukarıda bahsettiğimiz işlemleri de yapabilirsiniz.

- İşlem yapabilmek için istediğiniz grup ismini bilmiyorsanız **Find Name** butonuna basın ve ekrandan group olan bir nesneyi seçin. Grup adı ekranda gösterilecektir.

- Grup setini iptal etmek için istediğiniz grup ya da grupları seçin ve **Explode** butonuna basın.

- Bir grubun adını değiştirmek için istediğiniz grup adını seçin. **Group Name** kısmında grup adı yazılacaktır. Yeni grup adını verin ve **Rename** butonuna basın.

- Grup adı seçilip **Selectable** butonuna basılırsa bu grup seçimlerde pasif duruma gelecektir. Tablonun üst kısmında grup adının sağında YES/NO olarak seçilebilirlilik durumu kontrol edilebilir.

Group Selection

Grup yapılmış nesneler seçildiğinde bir bütün olacak seçilecektir. İstenirse bir bütün olarak da seçilmeyebilir. Bunun için toolbarda bulunan bu butona basmanız yeterlidir.

Ribbon: Home tab → Group Panel → Group Selection On/Off
Toolbar: Group

Ayrıca CTRL+SHIFT+A butonuna basarak da bu işlevi çalıştırabilirsiniz. Bu tuşlara bastığınızda komut satırında Group On veya Group Off yazısını göreceksiniz.

PPOPERTIES 18

Properties komutu ile ister çizim dosyasındaki genel ayarları istersek seçtiğimiz nesnelerin özelliklerini kontrol edebilir ve değiştirebiliriz.

Ribbon: View tab → Palette Panel → Properties
Menü: Modify → Properties
Toolbar: Standard
Komut ile: PROPERTIES
Kısayolu: MO ya da CTRL+1

Komutu çalıştırdığınızda resimdeki gibi tablo gelecektir. Bu tablo çalıştırılırken nesne seçimi olmadığı için çizim dosyası hakkında bilgi vermektedir. Bu özelliklere üstüne tıklayarak değiştirmeye izin verilen seçenekleri istediğiniz gibi düzenleyebilirsiniz.

Bu tablonun üst bölümündeki seçenekleri inceleyelim.

No selection yazısı herhangi bir nesnenin seçilmediğini bildirir. Tek bir nesne seçimi yapılırsa bu bölümde seçilen nesnenin adı yazar.

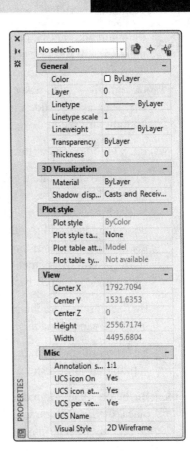

Eğer birden fazla farklı nesne seçimi yapılırsa ilk görülen toplam nesne adedidir. Bu yazıya tıklayarak nesne türleri gruplanmış olarak kaçar adet oldukları belirtilir. Bu gruplama özelliği sayesinde seçilen nesnelerden sadece istenilen nesne türü hakkında değişiklik yapılması sağlanabilir.

Resimde görüldüğü gibi beş adet **Circle** nesnesi vardır. Bu seçenek seçilip tüm circle nesnelerinin yarıçapları bir anda değiştirebilir.

Bir örnek yapalım.

Seçim grubundan **Circle** olanı seçin.

Tablonun alt bölümleri değişecektir. Burada **Geometry** kısmını inceleyelim.

Resimde görüldüğü gibi bilgiler olacaktır. Özelliklerin yanında Varies yazmasının nedeni seçilen circle nesnelerinin özelliklerinin aynı olmamasından kaynaklanır. Biz bu circle nesnelerinin yarıçaplarını aynı yapalım. **Radius** seçeneğinin yanındaki Varies yazısına tıklayın ve yarıçap değeri yazıp enter yapın.

Tablonun üstündeki butonları tanıyalım.

 İlk butonu iki farklı ikon şeklinde belirtmeliyiz. Sebebi butona basınca butonun resmi değişmektedir. Bu seçenek genel olarak dosyadaki diğer komutları da etkilemektedir. Eğer buton üzerinde 1 rakamını görürseniz, bir nesne seçtikten sonra başka bir nesneyi daha seçmek isterseniz ilk seçilen nesne bırakılıp diğer nesne seçilir. Tekrar başka bir nesne daha seçmek isterseniz aynı şekilde bir önceki seçilen nesne de bırakılıp en son nesne seçilir. Bu sistem komutu tüm seçim ile ilgili komutları etkileyeceğinden dikkat edilmesi gerekir.

Peki, bu butonun Properties komutu için faydası nedir?

Properties komutunu çalıştırdıktan sonra nesneyi seçtiğinizde o nesnenin özellikleri tabloya aktarılır ayrıca nesne komutsuz bir şekilde seçildiğinden nesnenin grip noktaları görünür. Başka bir nesnenin özelliğini değiştirmek istenildiğinde öncelikle ekrana tıklanılıp Esc tuşu ile seçimin iptal edilip ondan sonra başka bir nesnenin seçilmesi gerekir. Aksi takdirde iki nesnenin ortak özellikleri tabloya aktarılacaktır. Bu şekilde yapıldığında kullanıcının işlem süresi uzayacaktır. Bu butona tıkladığımızda ise nesne hakkında işlem yapıldıktan sonra Esc tuşu kullanılmadan hemen başka bir nesne seçilerek düzenlemeleri hızlı bir şekilde yapılacaktır.

Bu özelliği tablo kullanmadan komut satırına PICKADD yazıp enter yaptıktan sonra değerini 0 veya 1 yaparak da değiştirebilirsiniz.

 Bu buton tıklanıldığında ise kullanıcıdan nesne seçimi ister. İstenilen nesneler seçilip enter yapıldıktan sonra seçilen nesnelerin özellikleri tabloya aktarılacaktır.

 Bu buton tıklanıldığında ise seçim komutlarında işlediğimiz Quick Select komutu aktif olacaktır. Bu tablo aracılığı ile istenilen özelliklere ait nesnelerin seçimi yapıldıktan sonra bu seçilen nesnelerin özellikleri tabloya aktarılacaktır.

DESIGN CENTER 19

Design Center aracılığı ile başka dosyaların içinde bulunan özellikleri mevcut çizimimize aktarabiliriz.

Ribbon: Insert tab → Content Panel → DesignCenter
Menü: Tools → Palettes → DesingCenter
Toolbar: Standard
Komut ile: ADCENTER
Kısayolu: ADC ya da CTRL+2

Komutu çalıştırdığınızda karşınıza Explorer benzeri bir tablo gelecektir. Bu tablonun sol bölümünden bilgisayarınızda bulunan dosyayı seçin.

Bir sonraki sayfada, resimdeki örnekte görüldüğü gibi **House Designer.dwg** dosyasının solundaki + işaretine tıklanarak bu dosyanın alt seçenekleri açılmış. Bu dosyanın alt seçeneklerinde **Blocks**, **Dimstyles**, **Layers** gibi seçenekleri görüyorsunuz. Örnek olarak bu dosya içinde kullanılan bloklardan herhangi birisini mevcut çizimimize ekleyelim. Sol bölümden **Blocks** seçeneğini seçin. Dosya içinde kullanılan bloklar sağ bölümde görülecektir. Hem bu şekilde dosya içindeki blokları öğrenebilir hem de istediğimiz bloğu çağırabiliriz. Sağ bölümden istediğiniz blok nesnesini Mouse'un sol tuşu işe basılı tutup çizim ekranına sürükleyin. İstediğiniz blok çizim ekranına eklenecektir.

Bununla beraber dosyanın diğer özelliklerini de aynı yöntem ile mevcut dosyamızın bir elemanı haline getirebiliriz.

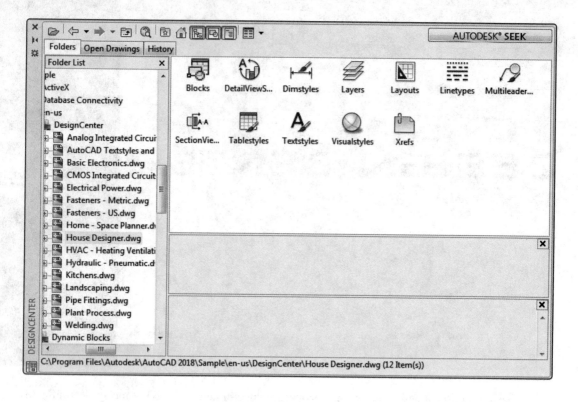

TOOL PALETTES 20

AutoCAD 2004 ile beraber gelen bu özellik sayesinde çok kullanılan komutları ya da blokları bir menü altında toplayarak daha pratik çalışmamızı sağlar.

Ribbon: View tab → Palettes Panel → Tool Palettes
Menü: Tools → Palettes → Tool Palettes
Toolbar: Standard
Komut ile: TOOLPALETTES
Kısayolu: TP ya da CTRL+3

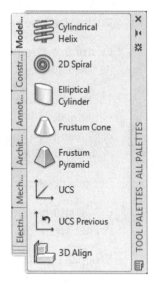

- Komutu çalıştırın.
- Karşımıza Standard olarak gelecek olan menüde, tüm palet özellikleri açık olarak gelecektir. Tablonun sol tarafındaki seçeneklere bakarsak burada **Modeling**, **Architectural**, **Mechanical** gibi grupları göreceğiz. Bu bölümler sayesinde mesleki olarak gelen **Standard** özellikleri kullanabiliriz.
- Soldaki palet seçeneklerinden istediğinize tıkladığınızda bu palet ile ilgili komular ve bloklar menünün orta kısmında görünecektir. Resimdeki tabloda görünen **2D Spiral** seçeneğine tıklamanız yeterlidir. Komut aktif olacak ve sizden ekran üzerinde gerekli noktaları göstermenizi isteyecektir.

Bu tablonun sağ tarafında bulunan koyu gri bölüme Mouse'un sağ tuşu ile tıkladığınızda bir menü gelecektir. Bu menüde çok kullanılacak olan seçenekleri açıklayalım.

Allow Docking: Bu seçeneği işaretlediğinizde **Tool palettes**'i ekranın sağına ya da soluna çekildiğinde otomatik olarak kenara yapışır.

Anchor Left, Anchor Right: Allow Docking seçili iken aktif olan bu iki seçenek, tablonun ekranın sağına yada soluna otomatik yapışmasını sağlar.

Auto Hide: Bu seçenek işaretlendiğinde **Tool Palettes**'in sadece uzun gri çubuğu görünür. Diğer seçenekleri imleç üzerine getirilince görünür.

Trancparency: Tool Palettes'in şeffaflığı ayarlanır. Bu ayara tıkladığınızda ekrana gelen tablodan şeffaflık ayarını değiştirebilirsiniz.

New Palette: Yeni bir palet eklenmesini sağlar.

Customize Palettes: Paletlerin düzenlenmesini sağlar.

Customize Commands: Ekrana gelen tablo aracılığı ile istenilen komutların paletlere eklenmesi sağlanır.

Tablonun en altında işaretli olan **All Palettes** seçeneği tüm paletlerin açık olduğunu ifade eder. Üst seçeneklerden istenilen seçilerek sadece o paletin açık olması sağlanabilir.

Bununla beraber kişisel palet de oluşturulabilir.

Çubuğun üstüne Mouse'un sağ tuşu ile tıklayıp **New Palette** seçeneğini işaretleyin.

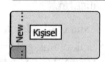

Yeni palet mevcut paletlerin arasında oluşturulacak ve yeni bir isim verilmesi istenecektir. Yeni palet için isim verip enter'a basın.

Oluşturduğumuz bu yeni panele birkaç komut ekleyelim.

Oluşturulan boş palette komutların olacağı yere sağ tuş yapın ve **Customize Commands** seçeneğine tıklayın.

Ekrana gelen tablodaki komutlardan istenilen komutları sürükleyerek palet içine bırakın. Örnek için `Line`, `Circle` ve `Single Line Text` komutlarını bu bölüme aktaralım. Aktarma işleminden sonra komutların eklendiği tabloyu kapatın.

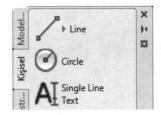

Komutların eklenme işleminden sonra palet'in görünümü resimdeki gibidir. Artık bu seçeneklerden istenilen tıklanılarak komutun çalışması sağlanabilir.

Buna ek olarak komutların alt bölümüne sürekli dosyada kullanabileceğimiz başka dosyaları ekleyerek `Insert` komutu yerine bu paleti kullanarak dosyayı çizimimize çağırabiliriz.

Öncelikle bu komutların altına ayraç yerleştirelim.

Palet'e sağ tuş yapın ve **Add Seperator** seçeneğini işaretleyin. Bu işlem sonucunda komutların altına bir çizgi çizilecektir.

Daha sonra eklemek istediğiniz çizim dosyalarını resimdeki gibi seçip palet'in içine sürükleyip bırakın. Artık bu dosyalarınız palete eklenmiş olacak ve sadece bir tıklamayla çizim dosyanıza ekleyebileceksiniz.

NİTELİK OLUŞTURMA VE YÖNETME (ATTRIBUTE) 21

Dosya içine nitelikli etiketler yerleştirilmesini sağlar. Bu etiketler oluşturulduktan sonra blok haline getirilir. Bu nesneler kullanıcının vermiş olduğu ek özelliklere sahiptirler.

Menü: Draw → Block → Define Attributes
Komut ile: ATTDEF
Kısayolu: ATT

Komutu çalıştırdığınızda karşınıza attribute etiketi hazırlamak ile ilgili tablo gelecektir.

Mode bölümü, oluşturulacak etiketin öznitelikleri ile ilgili ayarlamalarının yapıldığı bölümdür. Örneğin; atrribute nesnenin gizli olması, etiket yazının multiline text nesnesi olması gibi.

Insertion Point bölümü, etiketin yerleşim yerini belirlemek için kullanılır. **Specify on-screen** seçeneği işaretli olursa etiketin yeri tablo kapatıldıktan sonra belirtilir.

Text Settings bölümü, etiket yazısının ayarlamaları ile ilgilidir. Bu bölümden eklenecek etiket yazının özellikleri değiştirilebilir.

Attribute bölümü ise bizi ilgilendiren asıl bölümdür. Etiketin görünümü ve etiketin bilgileri ile ilgili bölümdür.

Tag: Çizim ekranına eklenen etiketin bilgisini içerir. Türkçe karakter ve boşluk kullanılmamalıdır.

Prompt: Etiket blok haline getirildikten sonra çizim ekranına çağırılırken kullanıcıya sorulacak bilgidir.

Default: Varsayılan etiket bilgisidir. Yazılmak zorunda değildir.

Invisible: Bu seçenek işaretli iken oluşturulan attribute nesnesi çizim ekranında görünmez. Amacı, baskı esnasında gizli mod'daki attribute nesneleri gizlenebilir. Eğer gösterilmek istenilirse, ATTDISP komutu çalıştırılır.

Bu komutun 3 seçeneği vardır.

Normal : Invisible olan attribute nesneler çizim ekranında gösterilmez. Diğer attribute nesneleri çizim ekranında görünür.

On : Tüm attribute nesneleri çizim ekranında görünür.

Off : Tüm attribute nesneleri çizim ekranında görünmez.

Constant: Sabit attribute. Block insert edilirken attribute değeri sorulmaz, belirlenen sabit değer attribute değeri olarak atanır. Constant attribute değerleri edit işlemleriyle değiştirilemez.

Verify: Doğrulama. Attribute değeri girilirken veya değiştirilirken, değerin türü (sayısal veya string) doğrulanır. Belirlenen türde değilse kabul edilmez.

Preset: Block insert edilirken, (komut satırından veya attribute diyalog penceresinden) attribute değeri sorulmaz. Başlangıçta tanımlanan değer attribute'e yerleştirilir. Constant attribute değerleri insert edildikten sonra, edit komutlarıyla değiştirilemez. Preset attribute değerleri ise değiştirilebilirler.

Lock Position: Lock position flag açıksa, attribute'ün yeri blocktan bağımsız olarak değiştirilemez. Yani block'a kilitlenmiştir. Lock işaretli değil ise, komut girmeden nesne seçilir ve attribute'ün block içindeki yeri (block'un yeri değiştirilmeden) değiştirilebilir.

Multiple Lines: Attribute'ler Mtext (Multi Line Text) olabilir. Bu seçenek işaretlendiğinde Default seçeneği pasif duruma geçer. Default değeri atamak istenilirse, default değerinin sağındaki Icon-Attdefault.jpg butonuna tıklanılır. Çizim ekranında default değeri için mtext komutu çalışarak sizden gerekli içeriği ister. İstediğiniz değeri yazdıktan sonra çizim ekranında herhangi bir yere tıkladığınızda attribute tablosu tekrar geri gelir. İstediğiniz düzenlemeleri yaparak attribute nesnesini oluşturabilirsiniz.

Bu attribute ile ilgili bir örnek yapalım.

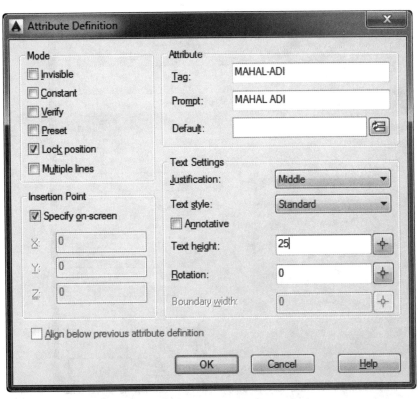

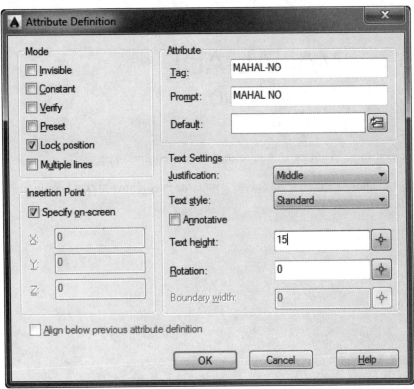

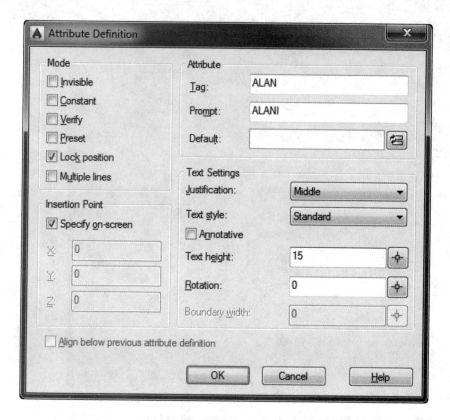

Tablodaki değerleri tek tek uygulayarak etiketleri çizim ekranına yerleştirelim.

MAHAL-ADI
MAHAL-NO
ALAN

Bu işlemlerden sonra çizim ekranında resimdeki gibi görünecektir.

Hazırlamış olduğumuz etiketi daha önceki konularda işlediğimiz BLOCK komutu ile blok haline getirelim.

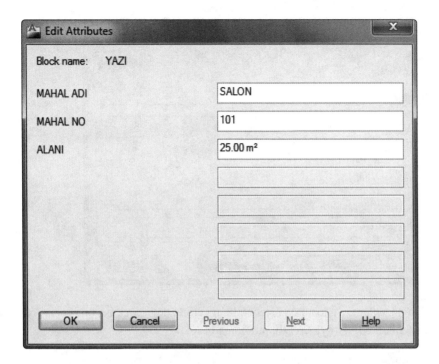

Block komutunda **OK** butonuna basınca resimdeki gibi bir tablo gelecek ve etiket bilgilerini isteyecektir. Resim üzerinde bulunan örnek bilgileri yazıp **OK** butonuna basın.

İşlem sonucunda etiket bilgileri isteğimiz bilgiler yazılara blok haline getirildi. Bu nesne blok olmasına rağmen bilgileri istediğimiz gibi değiştirebiliriz.

Eattedit

Çizim içerisinde bulunan etiketi düzenlemek için kullanılır.

Menü: Modify → Object → Attribute → Single
Toolbar: Modify II
Komut ile: EATTEDIT
Kısayolu: Attibute nesnesine çift tıklayın.

Çizimimize eklenen attribute nesnesinin başka bir mahale kopyalanmasından dolayı bilgilerini değiştirmemiz gerekiyor. Bunun için hazırlamış olduğumuz attribute nesnesini kopyalayın.

Attribute nesnesine çift tıklayın.

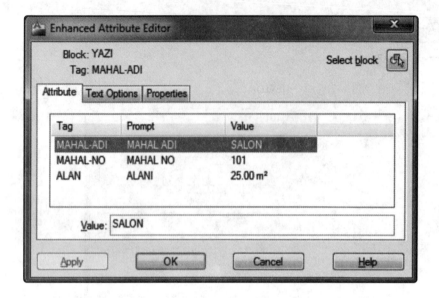

Ekrana gelen düzenleme tablosunda listeden hangi etiket değişecek ise onu seçip **Value** bölümünden istenilen bilgileri yazıp **OK** butonuna basın.

Değiştirme bilgileri için:

Mahal İsmi: YATAK ODASI
Mahal No: 102
Alanı: 15.25 m²

bilgilerini yazın.

Bu bilgiler yazıldıkça çizim ekranına eklenen nesne değişecektir. Bu şekilde tüm mahal bilgilerini etiket haline getirilerek blok halinde kullanabiliriz.

Battman

Çizim içerisinde bulunan etiketin özelliklerini değiştirmek için kullanılır.

Menü: Modify → Object → Attribute → Block Attribute Manager
Toolbar: Modify II
Komut ile: BATTMAN

Örneğin; bir önceki konuda hazırladığımız etiketin mahal adı ile ilgili Tag ismini değiştireceğiz. Komutu çalıştırdığınızda dosya içindeki etiketlerin listeleri gelecektir.

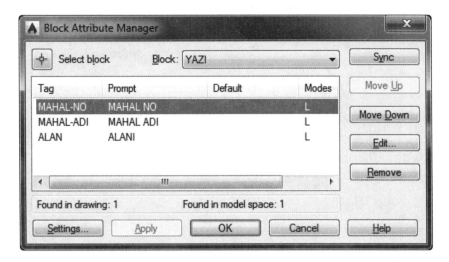

Eğer birden fazla farklı blok ismine sahip attribute nesnesi varsa uygun attribute için tablonun üst bölümünde bulunan **Block** seçeneğinden uygun blok adı seçilir.

Tablodaki listeden MAHAL-ADI etiketini seçip sağ bölümde bulunan **Edit** butonuna tıklayın.

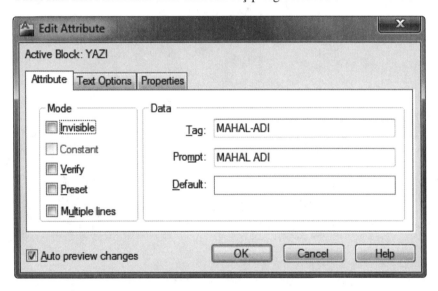

Ekrana gelen yeni tablodan istenilen değişiklikleri yaptıktan sonra tüm tabloların **OK** butonlarına basarak komutu bitirin.

Yapılan değişiklikler aynı türdeki tüm attribute nesnesine yansıyacaktır.

 Birden fazla yazıya sahip attribute nesnelerinde değişiklik yapılacağı zaman hangi yazıya çift tıklanırsa ekrana gelen tabloda o nesne ile ilgili seçenek otomatik olarak seçili olacaktır.

ANNOTATION 22

Çizimde ölçeğe duyarlı nesnelerin oluşturulmasını sağlar. Örneğin; 1/50 baskı alınan bir paftada kullanılan taramalar, 1/100 ölçek ile baskı alındığında hoş görünmeyecek ve bu nesnelerin düzenlenmesi farklı ölçekler için tekrar hazırlanması ciddi vakit kaybına neden olacaktır.

Annotation özelliği **Text Style**, **Dimension Style**, **Multileader Style**, **Attribute** ve **Hatch** tablolarında hazırlanacak stiller için eklenmiştir.

Bu işlemi yapmadan önce öncelikle mevcut çizimimizin ölçeğini belirtmeliyiz.

Mevcut çizimimizin ölçeğini **1:50** olarak seçin.

AUTOCAD EĞİTİMİ

Resimde görüldüğü gibi iki nesne hazırlandı.

Ancak bu nesneler hazırlanırken **Annotative** seçenekleri işaretlenerek hazırlanmıştır.

Örnek olarak hazırlanan bu iki nesneye ölçek tanımlaması yapacağız.

Modify (MO) komutunu çalıştırın.

İlk olarak **Hatch** nesnesini seçin.

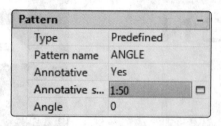

Modify tablosunda **Pattern** bölümünde yer alan **Annotative** seçeneğini Yes olarak değiştirin ve **Annotative Scale** seçeneğinin sağında bulunan ⋯ butona tıklayın.

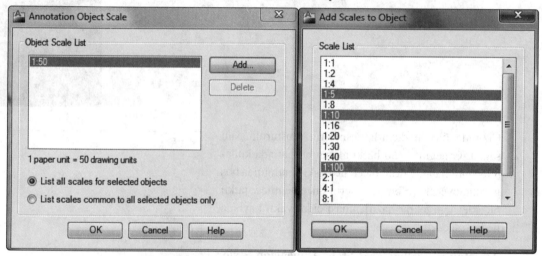

Ekrana gelen yeni tablodan Add butonuna basın. Resimde sağda bulunan tablo gelecektir. Bu tablodan CTRL tuşuna basılı tutarak 1:5, 1:10 ve 1:100 seçeneklerini seçip **OK** butonuna basın. Seçilen ölçekler bir önceki tabloya eklenecektir. Bu tabloyu da **OK** butonuna basarak kapatın.

Aynı işlemi Text nesnesi için de uygulayın.

Nesnelere ait ölçek seçenekleri girildiğine göre yapmamız gereken sadece sayfanın ölçeğini değiştirmek kalıyor.

Ekranın sağ altında bulunan ölçek seçeneğinden nesneler için seçtiğimiz ölçeklerden birisini seçtiğinizde yazı yüksekliği ve hatch'in aralıkları değişecektir. Nesneler için girdiğimiz ölçek haricinde bir ölçek seçilirse değişiklik olmaz.

DRAWORDER 23

Çizim ekranında oluşturulan nesnelerin üst üste gelmesi durumunda hangi nesnenin önde yada arkada kalacağını belirlememize yardımcı olur.

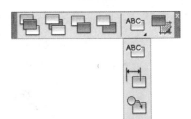

Resimde görüldüğü gibi 3 ayrı renk alt alta sıralanmıştır.

1 nolu renk en altta, 2 nolu renk ortada ve 3 nolu renk ise en üsttedir.

Draworder komutu sayesinde bu nesnelerin öncelik sırasını değiştirebiliriz.

BRING TO FRONT

Seçilen nesnelerin en üste gelmesini sağlar.

- Komutu çalıştırın.
- **1** nolu nesneyi seçip enter yapın.

İşlem sonucunda **1** nolu nesne resimde görüldüğü gibi en üste gelmiştir.

Send to Back

Seçilen nesnelerin en alta gelmesini sağlar.

- Komutu çalıştırın.
- **3** nolu nesneyi seçip enter yapın.

İşlem sonucunda **3** nolu nesne resimde görüldüğü gibi en alta gönderilmiştir.

Bring Above Objects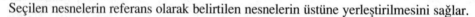

Seçilen nesnelerin referans olarak belirtilen nesnelerin üstüne yerleştirilmesini sağlar.

- Komutu çalıştırın.
- **1** nolu nesneyi seçip enter yapın.
- **2** nolu nesneyi seçip enter yapın.

İşlem sonucunda **1** nolu nesne, **2** nolu nesnenin üstüne yerleştirilmiştir.

Send Under Objects

Seçilen nesnelerin referans olarak belirtilen nesnelerin altına yerleştirilmesini sağlar.

- Komutu çalıştırın.
- **3** nolu nesneyi seçip enter yapın.
- **2** nolu nesneyi seçip enter yapın.

İşlem sonucunda **3** nolu nesne, **2** nolu nesnenin altına yerleştirilmiştir.

Bring Text Objects to Front

Komut çalıştırıldığında otomatik olarak dosya içindeki tüm yazılar en üste yerleştirilecektir. Bu komut ve bundan sonraki komutların genel amacı, işlem yapılan nesnelerin boyamaların (solid) altında kalmaması içindir.

Bring Dimension Objects to Front

Komut çalıştırıldığında otomatik olarak dosya içindeki tüm ölçü nesneleri en üste yerleştirilecektir.

Bring Leader Objects to Front

Komut çalıştırıldığında otomatik olarak dosya içindeki tüm leader nesneleri en üste yerleştirilecektir.

Bring All Annotation Objects to Front

Komut çalıştırıldığında otomatik olarak yukarıda ayrı ayrı çalışmasını anlattığımız Text, Dimension, Leader nesnelerinin topluca en üste yerleştirilmesini sağlar.

Send Hatch to Back

Komut çalıştırıldığında otomatik olarak dosya içindeki tüm Hatch nesnelerinin en alta yerleştirilmesini sağlar. Bu sayede özellikle Solid hatch nesnelerinin altında kalan nesnelerin görünür olması sağlanır.

MATCHPROP (ÖZELLİK KOPYALAMA) 24

Seçilen nesnenin özelliklerini başka nesnelere uygulanmasını sağlar.

Menü: Modify → Match Properties
Toolbar: Standart
Komut ile: PAINTER veya MATCHPROP
Kısayolu: MA

Bu komut, nesnelerin hangi özelliklerini kopyalıyor? Öncelikle bunu inceleyelim.

- Matchprop komutunu çalıştırın.
- Herhangi bir nesne seçin.
- S yazıp enter yapın.

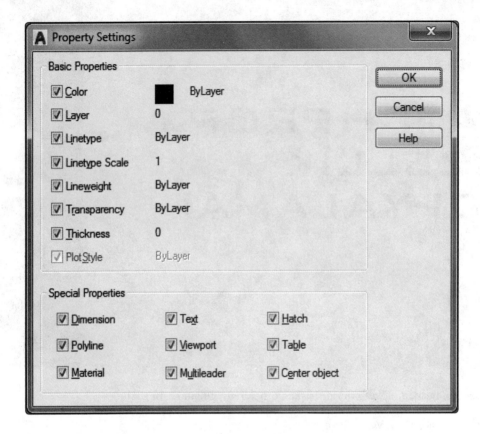

Bu işlem sonucunda, resimdeki gibi bir tablo gelecektir.

Bu tabloda `matchprop` komutu kullanılırken referans seçilen nesnenin hangi özelliklerinin kullanılacağını göstermektedir.

Tablodaki tüm seçenekler açık olduğu gibi kullanıcı tarafından istenilen özellik kapatılabilir.

Bu komutu birkaç örnek ile açıklayalım.

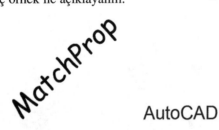

Resimde görüldüğü gibi iki yazı var. Yazıların stilleri, açıları ve yükseklikleri farklıdır. Sağdaki yazıyı soldaki yazıya benzetelim.

- Komutu çalıştırın.
- Soldaki yazıyı seçin.
- Sağdaki yazıyı seçin.

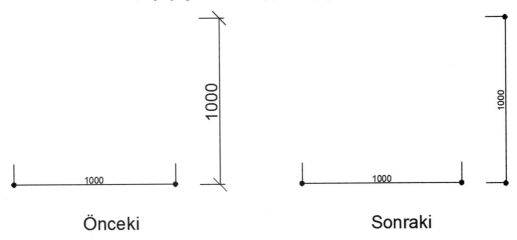

Bu işlem sonucunda sağdaki yazı soldaki yazıya benzeyecektir. Bu komut yazının içeriğini değiştirmez. İşleme tabi olacak nesneler yazı ise, katmanı, rengi, yazı özellikleri, yükseklik, genişlik, yatıklık vs. açısı gibi özellikleri benzetir.

Matchprop komutunda farklı olan bir özellik ise, değiştirilmek istenen nesne seçilir seçilmez özelliklerin hemen değiştirilmesidir.

İkinci örnek olarak ise, ölçü çizgisi üzerinde uygulama yapalım.

- Komutu çalıştırın.
- Referans ölçü olarak yatay ölçüyü seçin.
- Değişecek ölçü nesnesi için ise dikey ölçüyü seçin.

İşlem sonrası iki ölçünün stilleri aynı oldu.

İZOMETRİK ÇİZİM

25

2 boyutlu düzlemde 3 boyutlu gibi görünen izometrik çizimleri yapabiliriz. Bu tür çizimi yapabilmek için öncelikle izometrik çizim moduna geçiş yapmalıyız. Komut olarak OSNAP yazıp enter yapın. Ekrana gelen tablodan **Snap and Grid** sayfasına tıklayın.

Snap Type bölümünde **Isometric Snap** seçeneğini işaretleyip **OK** butonuna basın.

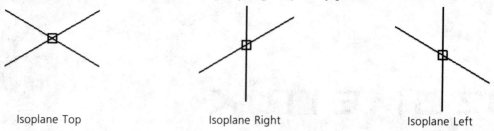

Bu işlem sonucunda imlecin şekli değişecektir. İmlecin çizim yaparken kolaylık sağlaması için üç ayrı seçeneği vardır. Bu seçeneklere CTRL+E ya da F5 tuşlarıyla komut içinde iken de değiştirebiliriz.

Bir örnek çizim yapalım.

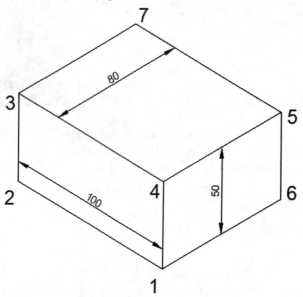

- F5 tuşuna basarak imleci **Isoplane left** durumuna getirin.
- Line komutunu çalıştırın.
- **1, 2, 3** ve **4** nolu noktaları resim üzerinde yazılan mesafeleri kullanarak sırası ile belirtin.
- F5 tuşunu kullanarak **Isoplane Right** durumuna geçin.
- **5, 6, 1** ve **4** nolu noktaları sırası ile gösterip enter tuşuna basarak komutu bitirin.
- F5 tuşunu kullanarak **Isoplane Top** durumuna geçin.
- Line komutunu tekrar çalıştırın.
- **3** nolu noktadan başlayarak **7** ve **5** nolu noktaları gösterip komutu bitirin.

İşlem sırasını doğru bir şekilde takip ettiyseniz resimdeki şeklin aynısını yapmış olacaksınız.

İzometrik çizim yaparken 2d komutları kullanılır. Ancak bir silindir'in izometrik çizimi yapılmak istendiğinde `circle` komutu kullanılmaz. Silindir çizimini yaparken kullanılacak komut `ELLIPSE` komutudur.

`Ellipse` komutunu çalıştırın.

```
Command: ELLIPSE
Specify axis endpoint of ellipse or [Arc/Center/Isocircle]:
```

Komutu çalıştırdığınızda izometrik çizim modunda olduğunuz için alt komutlara `Isocircle` seçeneği gelecektir. Silindir gibi nesneleri bu komut ile çizmelisiniz.

Bir silindir örneği çizelim.

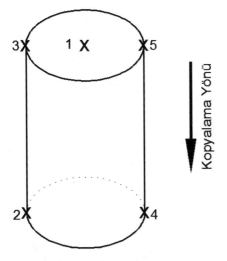

- `F5` tuşuna basarak imleci **Isoplane Top** durumuna getirin.
- `Ellipse` komutunu çalıştırın.
- `Isocircle` alt komutunu `I` yazarak çalıştırın.
- **1** nolu noktayı gösterin.
- Yarıçap değeri olarak `15` yazıp enter yapın.
- `F5` tuşuna basarak imleci **Isoplane Right** durumuna getirin.
- `Copy` komutunu kullanarak bu nesneyi aşağıya doğru 50 birim olacak şekilde kopyalayın.
- Osnap kenetleme modlarından **Quadrant** seçeneğini işaretleyin.
- `Line` komutunu çalıştırıp **2** nolu nokta ile **3** nolu nokta arasına çizgi çizin.
- `Line` komutunu tekrar çalıştırıp **4** nolu nokta ile **5** nolu nokta arasına çizgi çizin.
- `Trim` komutunu kullanarak alttaki isocircle nesnesinin nokta nokta olarak gösterilen bölümünü temizleyin.

Uygulama olarak aşağıdaki resimde bulunan çizimleri siz yapın.

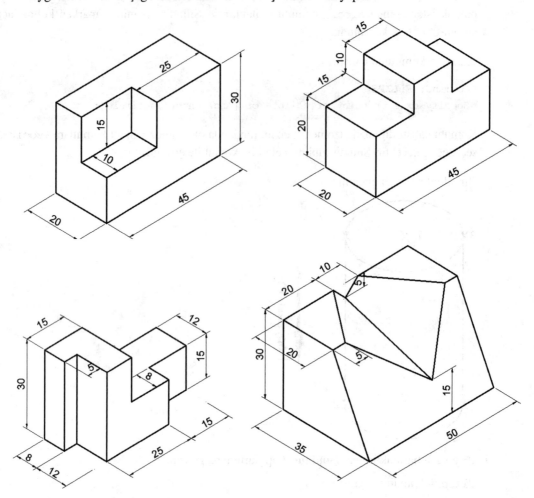

İzometrik modundan çıkmak için, izometrik ayarın yapıldığı bölümde bulunan **Rectangular snap** seçeneğini seçin.

PARAMETRİK KOMUTLAR 26

AutoCAD 2010 ile beraber gelen bu yeni özellikleri sayesinde nesnelere geometrik kısıtlamalar eklenmesini sağlar. Peki, nedir bu geometrik kısıtlamalar? Bu özellikleri iki bölüm olarak inceleyeceğiz.

GEOMETRIC CONSTRAINTS

Toolbar seçeneklerinden **Geometric Constaint** toolbar'ını açın. Ya da bu komutları **Ribbon** menüden **Parametric** bölümünden kullanabilirsiniz.

Toolbar Görünümü

Ribbon Görünümü

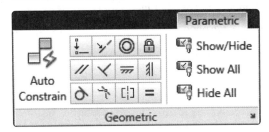

COINCIDENT

İki çizginin gösterilen referans noktalarından birbirine bağlanmasını sağlar.

Ribbon: Parametric Tab → Geometric Panel → Coincident
Menü: Parametric → Geometric Constraints → Coincident
Toolbar: Geometric Constraints
Komut ile: GCCOINCIDENT

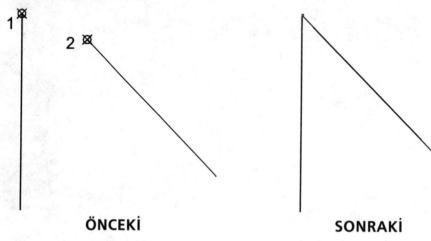

ÖNCEKİ SONRAKİ

- Komutu çalıştırın.
- Soldaki çizgiye imleci yaklaştırdığınızda bu çizginin başlangıç, orta ve son noktalarını otomatik olarak gösterecektir. **1** nolu noktayı gösterin.
- Sağdaki çizginin **2** nolu noktasını gösterin.

Bu işlem sonucunda ikinci seçilen çizginin uç noktası ilk seçilen çizginin uç noktasına bağlandı.

Eğer bu iki çizgiden herhangi birisinin yeri değiştirmek istendiğinde **1** ve **2** nolu noktalar ortak hareket edecektir.

PERPENDICULAR

Seçilen iki çizginin birbirine dik olmasını sağlar.

Ribbon: Parametric Tab → Geometric Panel → Perpendicular
Menü: Parametric Geometric Constraints → Perpendicular
Toolbar: Geometric Constraints
Komut ile: GCPERPENDICULAR

ÖNCEKİ   **SONRAKİ**

- Komutu çalıştırın.
- **1** nolu çizgiyi seçin.
- **2** nolu çizgiyi seçin.

Bu işlem sonucunda ikinci seçilen çizginin ilk seçilen çizgiye dik olacak şekilde döndürülüp kilitlenecektir.

Bu iki çizgiden herhangi birisi döndürülmek istendiğinde ortak hareket edip dik olma durumunu koruyacaklardır.

PARALEL

Seçilen iki çizginin paralel olmasını sağlar.

Ribbon: Parametric Tab → Geometric Panel → Parallel
Menü: Parametric → Geometric Constraints → Parallel
Toolbar: Geometric Constraints
Komut ile: GCPARALLEL

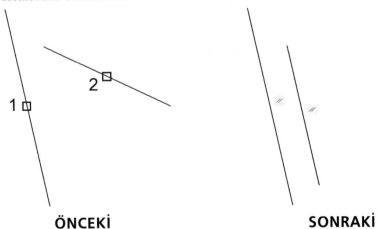

ÖNCEKİ   **SONRAKİ**

- Komutu çalıştırın.
- **1** nolu çizgiyi seçin.
- **2** nolu çizgiyi seçin.

İşlem sonucunda ikinci seçilen çizgi ilk çizgiyle paralel olacak ve her türlü işlemde paralelliğini koruyacaktır.

TANGENT

Seçilen iki nesneyi teğet geçecek şekilde birleştirir. Bu iki nesne Line nesnesi olamaz.

Ribbon: Parametric Tab → Geometric Panel → Tangent
Menü: Parametric → Geometric Constraints → Tangent
Toolbar: Geometric Constraints
Komut ile: GCTANGENT

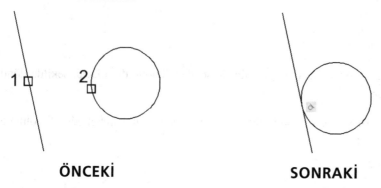

ÖNCEKİ　　　　　　　　SONRAKİ

- Komutu çalıştırın.
- **1** nolu çizgiyi seçin.
- **2** nolu çizgiyi seçin.

İşlem sonucunda **Circle** nesnesi **Line** nesnesinin teğet noktasına gelecek şekilde yerleştirildi. Taşıma ve döndürme komutlarında bu teğetlik bozulmayacaktır.

HORIZONTAL

Seçilen çizginin X yönü ile paralel olmasını sağlar.

Ribbon: Parametric Tab → Geometric Panel → Horizontal
Menü: Parametric → Geometric Constraints → Horizontal
Toolbar: Geometric Constraints
Komut ile: GCHORIZONTAL

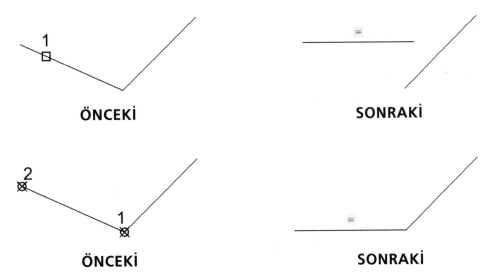

Bu komutu iki türlü kullanabiliriz.

İlk yol olarak üstteki şekli uygulayalım.

- Komutu çalıştırın.
- **1** nolu çizgiyi seçin.

İşlem sonucunda seçilen çizginin üstteki ucuna yakın olduğu için referans nokta üst uç seçilip X yönü ile paralel oldu.

İkinci yol olarak alttaki şeklimizi uygulayalım.

- Komutu çalıştırın.
- Tekrar enter yaparak `2points` alt komutunun çalışmasını sağlayın.
- **1** nolu noktaya tıklayın.
- **2** nolu noktaya tıklayın.

İşlem sonucunda **1** nolu nokta referans nokta kabul edilip bu noktaya göre X yönü ile paralel olması sağlandı.

VERTICAL

Seçilen çizginin Y yönü ile paralel olmasını sağlar.

Ribbon: Parametric Tab → Geometric Panel → Vertical
Menü: Parametric → Geometric Constraints → Vertical
Toolbar: Geometric Constraints
Komut ile: `GCVERTICAL`

`Vertical` komutunun çalışma prensibi `Horizontal` komutu ile aynıdır. Farkı, seçilen nesnenin veya gösterilen iki noktanın Y yönü ile paralel olmasını sağlar.

COLLINEAR

Seçilen çizgilerin birbirinin devamı olacak şekilde aynı eksende olmasını sağlar.

Ribbon: Parametric Tab → Geometric Panel → Collinear
Menü: Parametric → Geometric Constraints → Collinear
Toolbar: Geometric Constraints
Komut ile: GCCOLLINEAR

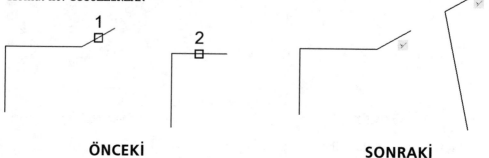

ÖNCEKİ   SONRAKİ

- Komutu çalıştırın.
- **1** nolu nesneyi seçin.
- **2** nolu nesneyi seçin.

İşlem sonucunda ikinci çizgi ilk çizginin ekseni doğrultusuna yerleştirildi. Bu komutu uygularken resimde görülen çizimde Polyline nesnesi kullanıldı. Görüldüğü gibi polyline'nın seçilen çizgisi eksene oturtuldu.

Eğer ikiden fazla çizginin aynı eksende olmasını isterseniz, komutu çalıştırdıktan sonra M (*Multiple*) yazıp enter yaptıktan sonra sırası ile çizgileri seçebilirsiniz.

CONCENTRIC

Seçilen iki nesnenin (*circe*, *arc*, *elipse*) merkez noktalarının aynı olmasını ve birbirine bağlanmasını sağlar.

Ribbon: Parametric Tab → Geometric Panel → Concentric
Menü: Parametric → Geometric Constraints → Concentric
Toolbar: Geometric Constraints
Komut ile: GCCONCENTRIC

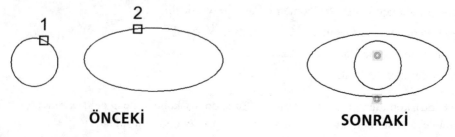

ÖNCEKİ   SONRAKİ

- Komutu çalıştırın.
- **1** nolu nesneyi seçin.
- **2** nolu nesneyi seçin.

İşlem sonucunda ellipse nesnesi ile circle nesnesinin merkez noktaları aynı olacak şekilde yerleştirildi.

Smooth

Seçilen iki spline nesnesinin güncellenerek birleşik olmasını sağlar.

Ribbon: Parametric Tab → Geometric Panel → Smooth
Menü: Parametric → Geometric Constraints → Smooth
Toolbar: Parametric
Komut ile: GCSMOOTH

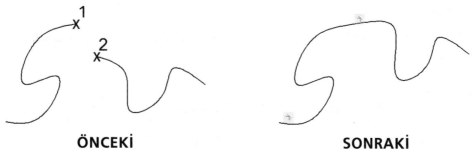

ÖNCEKİ   SONRAKİ

- Komutu çalıştırın.
- **1** nolu noktadan nesneyi seçin.
- **2** nolu noktadan nesneyi seçin.

İşlem sonucunda ikinci seçilen spline nesnesi ilk seçilen spline nesnesine güncellenerek tek bir parça spline nesnesi oldu.

Symmetric

Seçilen iki çizginin gösterilen bir aks çizgisine göre simetri olmasını sağlar.

Ribbon: Parametric Tab → Geometric Panel → Symmetric
Menü: Parametric → Geometric Constraints → Symmetric
Toolbar: Geometric Constraints
Komut ile: GCSYMMETRIC

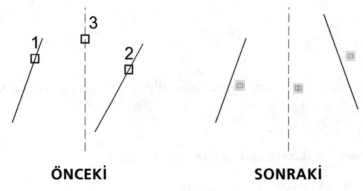

ÖNCEKİ　　　　　　　SONRAKİ

- Komutu çalıştırın.
- **1** nolu noktadan nesneyi seçin.
- **2** nolu noktadan nesneyi seçin.
- **3** nolu noktadan nesneyi seçin.

İşlem sonucunda seçilen ilk iki çizgi **3** nolu aks çizgisine göre simetri olacak şekilde düzenlendi.

EQUAL

Seçilen çizgilerin uzunluklarının eşitlenmesini sağlar.

Ribbon: Parametric Tab → Geometric Panel → Equal
Menü: Parametric → Geometric Constraints → Equal
Toolbar: Geometric Constraints
Komut ile: GCEQUAL

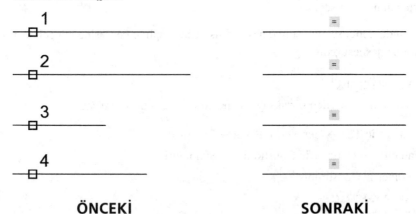

ÖNCEKİ　　　　　　　SONRAKİ

Bu komutu kullanırken ikiden fazla nesne için uygulayacağız.

- Komutu çalıştırın.
- M yazıp enter yapın.
- **1** nolu noktadan nesneyi seçin.

- **2** nolu noktadan nesneyi seçin.
- **3** nolu noktadan nesneyi seçin.
- **4** nolu noktadan nesneyi seçin.

İşlem sonucunda seçilen tüm çizgilerin uzunlukları ilk seçilen çizginin uzunluğuna eşitlenerek kilitlendi. Bu işlemden sonra herhangi bir çizginin uzunluğu değiştirilmek istendiğinde birbirine bağlanan bu 4 çizgi ortak hareket edeceklerdir.

Fix

Seçilen nesnenin belirtilen noktaya sabitlenmesini sağlar. Belirtilecek nokta komut tarafından olabilecek yerleri göstermektedir. Örneğin; bir Line nesnesi için uç noktaları ve orta noktasıdır. Circle nesnesi için ise sadece merkez noktasıdır.

Ribbon: Parametric Tab → Geometric Panel → Fix
Menü: Parametric → Geometric Constraints → Fix
Toolbar: Geometric Constraints
Komut ile: GCFIX

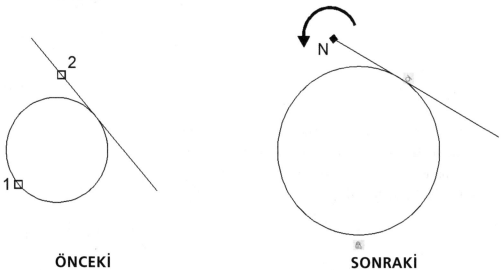

ÖNCEKİ **SONRAKİ**

Bu komutun uygulamasında Fix seçeneği ile birlikte Tangent seçeneğini de uygulayacağız.

- Fix komutunu çalıştırın.
- **1** nolu nesneyi seçin.
- Tangent komutunu çalıştırın.
- **2** nolu nesneyi seçin.
- **1** nolu nesneyi tekrar seçin.

İşlem sonucunda **Circle** nesnesi merkez noktasından bulunduğu koordinata kilitlendi. Kilitlenme işleminden sonra bu nesnenin koordinatı değiştirilemez.

Ardından **Line** nesnesi **Circle** nesnesine göre tangent noktasına sabitlendi.

Rotate komutunu kullanarak Line nesnesini N noktasından çevirmek istediğinizde Circle nesnesinin merkez noktası sabit kalacak, Tangent komutu ile birbirine bağlandığı için Circle nesnesinin yarıçapı değişecektir.

DIMENSIONAL CONSTRAINTS

Toolbar seçeneklerinden **Dimensional Constaint** toolbar'ını açın ya da bu komutları **Ribbon** menüden **Parametric** bölümünden kullanabilirsiniz.

Parametrik kısıtlamaların ikinci bölümünde ise, nesnelerin uzunluk veya açılarına göre birbirine bağlanmasını öğreneceğiz.

Toolbar Görünümü

Ribbon Görünümü

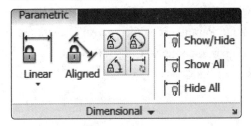

ALIGNED

Seçilen eğimli çizgilerin uzunluklarını kısıtlamaya, başka çizgilerin uzunluklarına göre orantı kurularak bağlanmasını sağlar.

Ribbon: Parametric Tab → Dimensional Panel → Aligned

Menü: Parametric → Dimensional Constraints → Aligned

Toolbar: Dimensional Constraints

Komut ile: DCALIGNED

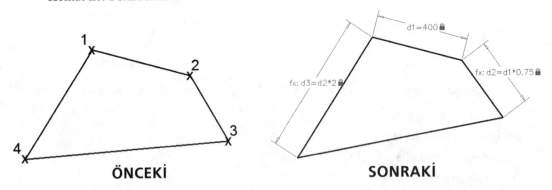

Resimdeki örnekte rastgele çizilmiş bir yamuk bulunmaktadır. Bu yamuk çiziminde çizgilerin uzunluklarını birbirine bağlayarak her değişimde ortak hareket etmesini sağlayalım.

- Komutu çalıştırın.
- **1** nolu noktayı gösterin.
- **2** nolu noktayı gösterin.
- Ölçü yerleşim noktasını gösterin.
- Sonuç olarak verilen `d1=mesafe` değerinde, mesafeyi onaylıyorsanız enter yapın. Eğer bu uzunluğu değiştirmek istiyorsanız sadece mesafe değerini silip istediğiniz değeri yazın. Yazılan değere göre çizgi uzunluğu değişecektir.
- Komutu tekrar çalıştırın.
- **2** nolu noktayı gösterin.
- **3** nolu noktayı gösterin.
- Ölçü yerleşim noktasını gösterin.
- Ölçü değerini `d2=d1*0.75` olarak değiştirin. Bu çizginin uzunluğu d1 uzunluğunun `0.75` katı oranında olacaktır.
- Komutu tekrar çalıştırın.
- **1** nolu noktayı gösterin.
- **4** nolu noktayı gösterin.
- Ölçü yerleşim noktasını gösterin.
- Ölçü değerini `d2=d2*2` olarak değiştirin. Bu çizginin uzunluğu ise d2 uzunluğunun 2 katı oranında olacaktır.

İşlem sırasını doğru takip ettiyseniz sağ resimdeki gibi görüntü elde edeceksiniz. Bundan sonra bu değerlerden birisi değiştiğinde tüm çizim otomatik olarak değişecektir.

Örnek olarak `ED (DDEDIT)` komutunu çalıştırın. d1 ölçüsünü seçip bu uzunluğu farklı bir değer girerek değiştirin.

Horizontal

Seçilen çizgilerin X yönünde uzunluklarının kısıtlanmasını ve başka çizgilerle uzunluklarının ilişkilendirilmesini sağlar.

Ribbon: Parametric Tab → Dimensional Panel → Horizontal

Menü: Parametric → Dimensional Constraints → Horizontal

Toolbar: Dimensional Constraints

Komut ile: `DCHORIZONTAL`

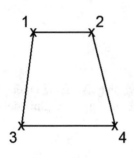

ÖNCEKİ   SONRAKİ

Resimdeki çizimde **1** ve **2** nolu arasındaki çizgi ile **3** ve **4** nolu arasındaki çizgiyi birbirine bağlayacağız.

- Komutu çalıştırın.
- **1** nolu noktayı gösterin.
- **2** nolu noktayı gösterin.
- Ölçü yerleşim noktasını gösterin.
- Ölçü değerini belirleyin.

- Komutu tekrar çalıştırın.
- **3** nolu noktayı gösterin.
- **4** nolu noktayı gösterin.
- Ölçü yerleşim noktasını gösterin.
- Ölçü değerini d5=d4*2 olarak yazın.

İşlem sırasını doğru takip ettiyseniz resimde sağdaki gibi görünecektir. Bu yapılan işleme göre d1 uzunluğu değiştikçe d2 uzunluğu da otomatik olarak değişecektir.

VERTICAL

Seçilen çizgilerin Y yönünde uzunluklarının kısıtlanmasını ve başka çizgilerle uzunluklarının ilişkilendirilmesini sağlar.

Ribbon: Parametric Tab → Dimensional Panel → Vertical
Menü: Parametric → Dimensional Constraints → Vertical
Toolbar: Dimensional Constraints
Komut ile: DCVERTICAL

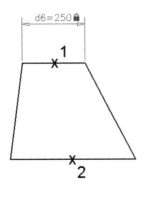 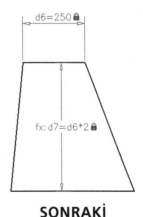

ÖNCEKİ SONRAKİ

Resimdeki şekilde çizimin üst çizgisi Horizontal yöntemiyle bir uzunluğu kısıtlandı. Bizim yapacağımız ise üst çizgi ile alt çizgi arasındaki mesafeyi üst çizginin uzunluğuna orantı sağlamak.

- Komutu çalıştırın.
- **1** nolu noktayı gösterin.
- **2** nolu noktayı gösterin.
- Ölçü yerleşim noktasını gösterin.
- Ölçü değeri olarak **d7=d6*2** yazın.

İşlem sonucunda **d6** uzunluğu ne ise **d7** uzunluğu bu mesafenin 2 katı olacaktır.

ANGULAR

Seçilen çizgilerin birbiriyle arasındaki açıyı istenilen bir açıya sabitler ve başka nesnelerin açılarıyla ilişkilendirilmesini sağlar.

Ribbon: Parametric Tab → Dimensional Panel → Angular
Menü: Parametric → Dimensional Constraints → Angular
Toolbar: Dimensional Constraints
Komut ile: DCANGULAR

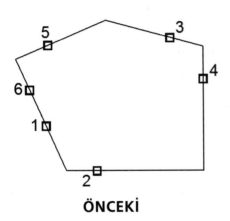 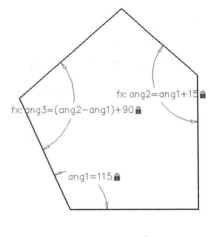

ÖNCEKİ SONRAKİ

Resimdeki nesnelerin açılarını biraz daha karmaşık bir şekilde birbirine bağlayacağız. Bu çizimi `polyline` komutu ile çizmelisiniz.

- Komutu çalıştırın.
- **1** nolu çizgiyi seçin.
- **2** nolu çizgiyi seçin.
- Ölçü yerleşim noktasını gösterin.
- Açı değeri olarak `ang1=115` yazın.

- Komutu tekrar çalıştırın.
- **3** nolu çizgiyi seçin.
- **4** nolu çizgiyi seçin.
- Ölçü yerleşim noktasını gösterin.
- Açı değeri olarak `ang2=ang1+15` yazın.

- Komutu tekrar çalıştırın.
- **5** nolu çizgiyi seçin.
- **6** nolu çizgiyi seçin.
- Ölçü yerleşim noktasını gösterin.
- Açı değeri olarak `ang3=(ang2-ang1)+90` yazın.

İşlem sonucunda...

ang1 değeri 115 derece oldu.
ang2 değeri 115+15 yani 130 derece oldu.
ang3 değeri ise (130-115)+90 = 115 derece oldu.
ang1 değeri değiştirildikçe diğer açılar otomatik olarak hesaplanacaktır.

RADIUS

Seçilen arc yada circle nesnesinin yarıçapını belirlenen bir değer kilitler ve istenirse başka bir nesnenin değerine ilişkilendirilir.

Ribbon: Parametric Tab → Dimensional Panel → Radius
Menü: Parametric → Dimensional Constraints → Radius
Toolbar: Dimensional Constraints
Komut ile: `DCRADIUS`

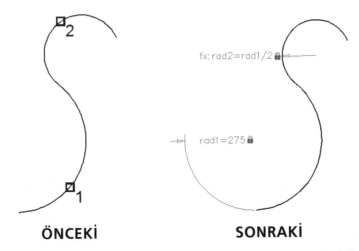

ÖNCEKİ   SONRAKİ

Resimdeki şekilde referans yarıçap olarak alttaki büyük parçayı kabul edelim.

- Komutu çalıştırın.
- **1** nolu nesneyi seçin.
- Ölçü yerleşim noktasını gösterin.
- Yarıçap değeri olarak `rad1=275` yazın.

- Komutu tekrar çalıştırın.
- **2** nolu nesneyi seçin.
- Ölçü yerleşim noktasını gösterin.
- Yarıçap değeri olarak `rad2=rad1/2` yazın.

İkinci seçilen parça dairenin yarıçapı her zaman ilk seçilen parça dairenin yarısı kadar olacaktır.

DIAMETER

Seçilen arc ya da circle nesnesinin çapını belirlenen bir değer kilitler ve istenirse başka bir nesnenin değerine ilişkilendirilir.

Ribbon: Parametric Tab → Dimensional Panel → Diameter
Menü: Parametric → Dimensional Constraints → Diameter
Toolbar: Dimensional Constraints
Komut ile: `DCDIAMETER`

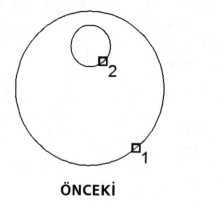
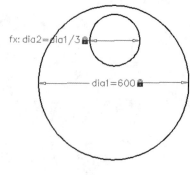

ÖNCEKİ **SONRAKİ**

Resimdeki şekilde iki adet circle nesnesi iç içe hazırlanmıştır. Bu iki circle nesnesinin çaplarını birbirine ilişkilendirelim.

- Komutu çalıştırın.
- **1** nolu çemberi seçin.
- Ölçü yerleşim noktasını gösterin.
- Yarıçap değeri olarak `dia1=600` yazın.

- Komutu çalıştırın.
- **2** nolu çemberi seçin.
- Ölçü yerleşim noktasını gösterin.
- Yarıçap değeri olarak `dia2=dia1/3` yazın.

1 nolu circle nesnesinin çapı 600 değerine kilitlenecek ve **2** nolu circle nesnesi de **1** nolu dairenin yarıçapının 1/3 oranında olacaktır.

 NOT Parametrik değer girilen nesneleri büyütmek-küçültmek istediğinizde nesneyi değil üzerlerinde bulunan parametrik ölçü değerlerini sürüklemelisiniz.

Parametrik komutları iki bölüm halinde inceledik ve örnek çizimler yaparak uyguladık. Bu özelliklerle beraber ek seçenekler vardır. Bu komutları ribbon menü üzerinden kısaca inceleyelim.

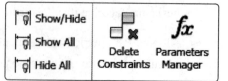

Show/Hide: Seçilen nesnenin parametrik özelliğini gizlemek yada açmak için kullanılır.

- Komutu çalıştırın.
- Parametrik özelliğe sahip nesneleri seçip enter yapın.
- Parametrik özelliği gizlemek için `HIDE`, görünür kılmak için ise `SHOW` yazıp enter yapın.

Show All: Gizlenmiş olan tüm parametrik özellikleri ekranda görünür kılar.

Hide All: Görünür olan tüm parametrik özellikleri gizler.

Delete Constraints: Seçilen nesnelerin parametrik özelliklerini siler.

Parameters Manager: Dosya içinde bulunan tüm parametrik değerleri tablo olarak gösterir.

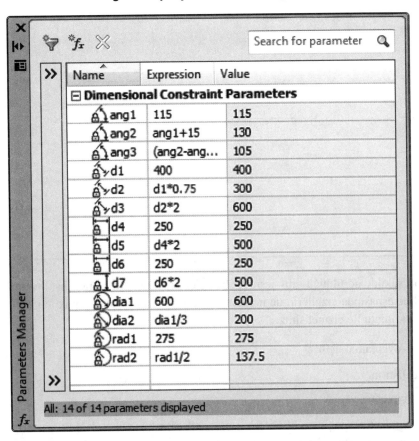

Komutu çalıştırdığınızda ekrana gelen tabloda tüm parametrik değerleri görebilir isterseniz bu tablo üzerinde değerleri değiştirebilirsiniz. Bu bölümde bulunan **Hide** ve **Show** seçenekleri parametrik özellikleri ifade eden ölçü nesnelerinin gizlenmesini sağlar. Ekranda görünmemesi demek parametrik değerin olmadığı anlamına gelmez. Bu gizleme yöntemi ile çizimin karmaşık hale gelmesini engeller.

Auto Constrain

Seçilen nesnelerin birbirleriyle alakalı parametrik özellikleri var ise otomatik olarak yerleştirilir.

Ribbon: Parametric Tab → Geometric Panel → Auto Constrain

Menü: Parametric → AutoConstain

Toolbar: Parametric

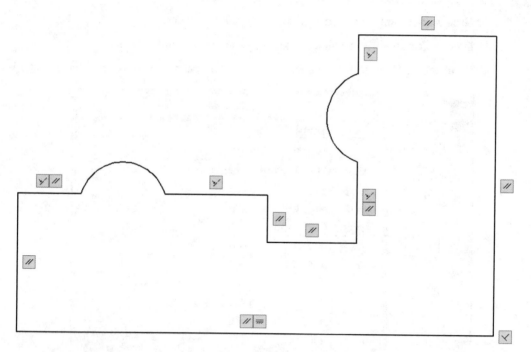

Resimdeki şekilde görüldüğü gibi nesneler birbirleriyle otomatik olarak ilişkilendirilmiştir. Değiştirilme esnasında çizgilerin uç noktaları ile alakalı sorun yaşamamak için bu nesneyi `Polyline` komutu ile çizmelisiniz.

Bu özelliği uygulamak için;

- Komutu çalıştırın.
- Nesneyi seçip enter yapın.

İşlem sonucunda tüm çizgilerin birbirleriyle otomatik olarak parametrik kısıtlamaları eklendi. Eklenmeyen bazı özellikleri kendiniz ekleyebilirsiniz. Örneğin; `Equal` komutunu kullanarak arc nesnelerinin eşit olmasını sağlayabilir ya da bazı çizgilerin boylarının eşit yada katları şeklinde gitmesini sağlayabilirsiniz.

`Auto Constrain` komutunu kullanarak istenilen parametrik özellikleri devre dışı bırakabilirsiniz.

Bunun için;

Ribbon: Parametric Tab → Geometric Panel → Dialog Box Launcher
Menü: Parametric → Constraint Settings
Toolbar: Parametric

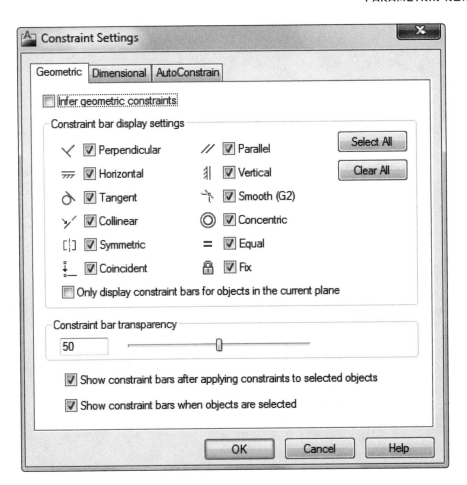

Komutu çalıştırdığınızda ekrana gelen tablodan istenilen parametrik özellik kapatılarak Auto Constrain komutu kullanılırken kapatılan parametrik özelliğin göz ardı edilmesini sağlayabilirsiniz.

IMAGE VE IMAGE YÖNETİMİ 27

AutoCAD çizim ekranımıza başka bir dosyayı çağırabildiğimiz gibi bilgisayarımızda bulunan bir image'ı da ekleyebiliriz.

Ribbon: Insert tab → Reference Panel → External References
Menü: Insert → Raster Image Reference
Toolbar: Reference
Komut ile: IMAGE
Kısayolu: IM

Komutu çalıştırdığınızda ekrana gelen tabloyu XREF komutunda kullandığımızı hatırlayacaksınız. Bu tablo çizim içine yerleştirilen dosyalar için kullanılan ortak tablodur.

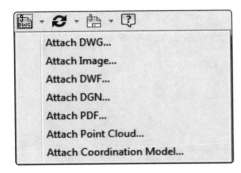

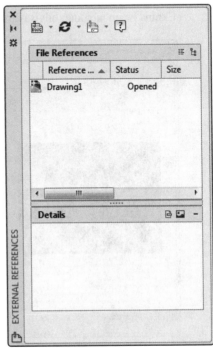

Tablonun sol üstünde bulunan butonuna basın. Açılan menüden **Attach Image** seçeneğini seçin.

Ekrana gelen tablodan bilgisayarınızda bulunan resim dosyasını seçip **Open** butonuna tıklayın.

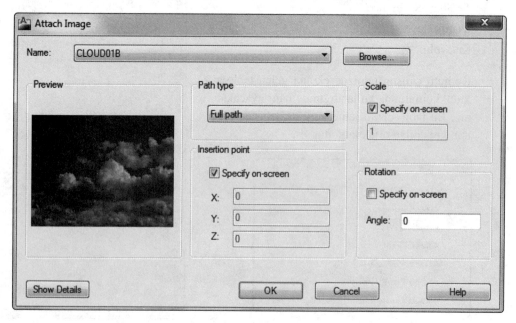

Karşımıza seçilen image dosyası ile ilgili yeni bir tablo gelecektir. Bu tablodaki seçenekler üzerinde durmayacağız. Daha önceki komutları anlatırken bu tabloda bulunan seçeneklerin işlevleri aynıdır. **OK** butonuna basarak devam edelim.

Tüm bu tablo seçeneklerinden sonra resim çerçeve olarak imleç üzerinde sol alt köşesinden tutulmuş bir şekilde gelecektir.

Bu aşamadan sonra komut satırını takip edelim.

```
Specify insertion point <0,0>:
```

Komut kullanıcıdan image için ekranda bir koordinat belirtilmesini istiyor. Bu koordinatı ister klavye yardımı ile yazabiliriz ya da Mouse yardımı ile belirtebiliriz. Mouse yardımı ile çizim ekranında bir nokta gösterin.

```
Specify scale factor or [Unit] <1>:
```

Bu bilgide ise image büyüklüğünü belirtmemizi istiyor. Eğer orijinal hali ile kalmasını istiyorsanız enter yaparak devam edin ya da bir değer girin.

Image çizim dosyamıza yerleşmiş olacaktır. Bu resmi `Rotate` komutu ile çevirebilir ya da `Copy` komutu ile kopyalayabilirsiniz.

Image Modify

Çizim içerisine eklenen resim üzerinde kullanıcı tarafından müdahale edilmesi gerekebilir. Peki, bu müdahaleleri nasıl yapabiliriz?

Adjust

Seçilen resimlerin parlaklık, kontrast gibi ayarlarının yapılmasını sağlar.

Menü: Modify → Object → Image → Adjust
Toolbar: Reference
Komut ile: `IMAGEADJUST`

- Komutu çalıştırın.
- Resimleri seçip enter yapın.

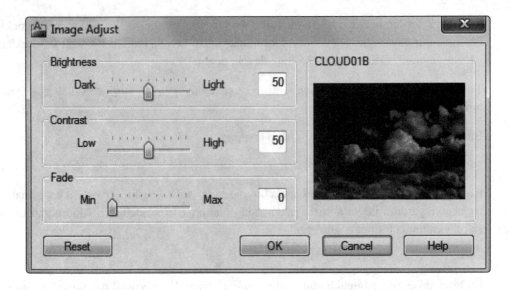

Ekrana gelen tabloda görüldüğü gibi; **Brightness** (*Parlaklık*), **Contrast** (*Kontrast*) ve **Fade** (*Karartmak*) seçenekleri vardır. Bu seçenekleri isteğinize göre arttırıp ya da azaltarak resim üzerinde ayarlamaları yapabilirsiniz.

QUALITY

Dosya içinde bulunan resimlerin kaliteli görünüp görünmeyeceğini belirler. Bu komut ile görüntü performansını ayarlayabilirsiniz.

Menü: Modify → Object → Image → Quality

Toolbar: Reference

Komut ile: IMAGEQUALITY

Komutu çalıştırdığınızda komut kullanıcıdan iki seçenekten birisini isteyecek.

```
Enter image quality setting [High/Draft] <Draft>:
```

High: Dosya içindeki resimlerin yüksek kalitede görünmesini sağlar.

Draft: Dosya içindeki resimlerin düşük kalitede görünmesini sağlar.

TRANSPARENCY

Dosya içine eklenmiş resimlerden arka fonu transparan olan resimlerin bu transparan olan arka fonlarının görünüp görünmeyeceğini belirler.

Menü: Modify → Object → Image → Transparency

Toolbar: Reference

Komut ile: TRANSPARENCY

TRANSPARENCY = OFF

TRANSPARENCY = ON

- Komutu çalıştırın.
- Resimleri seçip enter yapın.
- **Transparan olacak** ise ON, bu özelliği **kapatılacak** ise OFF yazıp enter yapın.

Resimdeki örnekte bir kedi resmi görülüyor. Arka fon ise transparan olarak ayarlanmış. Çizim dosyamız içinde örnek olarak sarı renk bir boyamanın üzerine bu image dosyası yerleştirildi. Transparency değeri OFF iken resim haricindeki diğer bölümler siyah olarak çıkmakta, ON iken bu siyah bölümler görünmemektedir.

FRAME

Dosya içine eklenmiş resimler baskı alındığında nasıl davranacağına karar verir.

Menü: Modify → Object → Image → Frame
Toolbar: Reference
Komut ile: IMAGEFRAME

Komutu çalıştırıldığında kullanıcıdan 0, 1 ve 2 değerlerinden birisini ister.

Bunların anlamı;

0: Resim çerçevesi ekranda görünmez, baskı alındığında da bu çerçeve çıkmaz. Buna bağlı olarak resim çerçevesi görünmediği için resim üzerinde müdahalede bulunulamaz.

1: Resim çerçevesi ekranda da baskıda da görünür.

2: Resim çerçevesi ekranda görünür ancak baskıda görünmez.

CLIP

Resmin istenilen yerinin kırpılarak istenilen kısmının görünmesini sağlar.

Ribbon: Image Contextual tab → Clipping panel → Create Clipping Boundary
Menü: Modify → Clip Image
Toolbar: Reference
Komut ile: IMAGECLIP

ORJİNAL RESİM   RECTANGULAR   POLYGONAL

Resimdeki örnekte bu işlemi iki türlü yapabildiğimizi görüyorsunuz. İlk seçenek olarak **Rectangular** yani Mouse yardımıyla pencere açarak kırpma, ikincisi ise resim üzerinde polyline çizilerek bu alanının kırpılmasını sağlamaktır.

- Komutu çalıştırın.
- Resimi seçin.

```
Enter image clipping option [ON/OFF/Delete/New boundary] <New>:
```

ON: Resim üzerinde kırpma yapılmış ise kırpılmış halinin aktif olmasını sağlar.

OFF: Kırpılma yapılmış resimde bu özelliğin kapatılmasını resmin orijinal halinin görünmesini sağlar.

Delete: Kırpılma yapılmış resimde bu özelliğin silinmesini sağlar.

New boundary: Yeni bir kırpılma yapılmasını sağlar.

New yazarak ya da enter tuşuna basarak yeni bir kırpma yapacağımızı belirtelim.

```
[Select polyline/Polygonal/Rectangular/Invert clip] <Rectangular>
```

Select polyline: Seçilen polyline nesnesi içinde kalan bölüm haricindeki kısmın kırpılmasını sağlar.

Polygonal: Polygon oluşturarak bu alanın dışında kalan kısmın kırpılmasını sağlar.

Rectangular: Mouse yardımıyla bir dörtgen oluşturulmasını ve bu dörtgenin dışında kalan kısmın kırpılmasını sağlar.

Invert Clip: Bu seçenek seçildiğinde yukarıda anlatılan üç seçenekteki işlemde seçilen kısım içindeki bölüm kırpılır.

Polygonal yazarak devam edin.

Resimde bulunan kuzunun çevresine polyline çizer gibi sırası ile tek tek tıklayın. Son noktadan sonra enter tuşuna bastığınızda oluşan polygon'un dışındaki kısım kırpılacaktır.

LAYOUT VE DRAWING VIEWS 28

LAYOUT

Autocad kullanıcılarının en çok zorlandığı baskı almak, layout sayesinde daha çok kolaylaşmıştır. Layout düzlemi sayesinde kağıt boyutunu ayarlayarak çizimimizi bu düzleme ölçekli bir şekilde aktarmak var aynı pafta içerisinde birden fazla ölçek kullanarak baskı almayı gerçekletirebiliriz.

Çizim ekranın sol alt kısmında bulunan **Layout1** sekmesine tıkladığınızda ribbon menülerde üstteki resimde olduğu gibi **Layout** bölümü aktif olacaktır.

Ayrıca çizim ekranının sol altında "Model", "Layout1" ve "Layout2" seçenekleri mevcut olarak gelecektir. Model seçeneği çizim yaptığımız çalışma düzlemini ifade etmektedir. Mevcut bulunan iki ayro Layout düzlemine de ek Layout eklenebilir ya da istenilen Layout düzlemi silinebilir. Yapmanız gereken imleç Layout yazısının üzerinde iken Mouse'un sağ tuşuna basın ve New Layout seçeneğini seçin. Açılan menüden Delete butonuna basarak istenilen Layout'un silinmesi de sağlanabilir.

Layout1 butonuna tıklayarak bu düzleme geçelim.

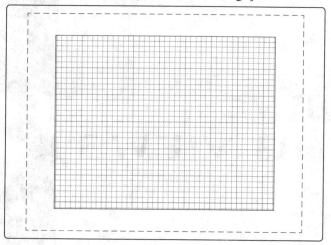

Karşımıza gelen bu düzlemde mevcut bir kağıt boyutu içerisinde ilk olarak kesik kesik bir çerçeve ve onun içinde de düz çizgili bir çerçeve bulunmaktadır.

Kesik kesik çerçeve alanı baskı alınabilecek maksimum alanı belirtir.

Düz çizgi ise çizim alanını belirtir. Bu alanı silip kendimiz alan oluşturabiliriz.

Öncelikle bu düz çizgi alanının içine çift tıklayarak ya da `MSPACE` yazarak alan içerisinde çizim yapabiliriz. Bu alandan çıkmak için ise, çizim alanının dışına çift tıklayabilir ya da `PSCAPE` yazıp enter'a basabiliriz.

Bir çizimi layout için ayarlayalım.

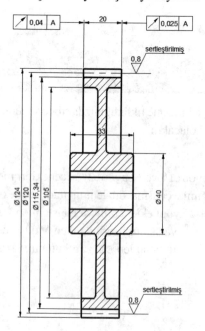
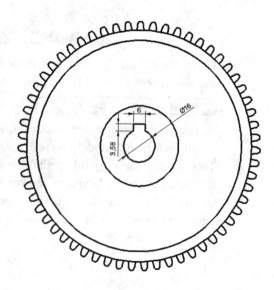

Örnek olarak resimdeki gibi bir çizim için layout ayarlayacağız. Sizlerde aynısını çizebilir yada istediğiniz çizimi uygulayabilirsiniz.

`Layout` düğmesine tıklayın.

`Layout` düzleminde bulunan en içteki çerçeveyi `Erase` komutunu kullanarak silin.

`File` menüsünden `Page Setup Manager` komutunu çalıştırın ya da ribbon menüde bulunan `Page Setup` butonuna tıklayın.

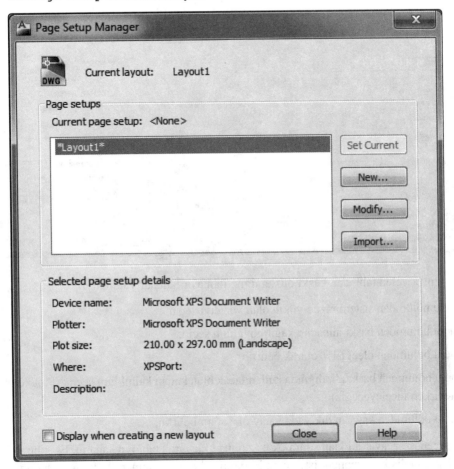

Listede sadece aktif layout'u seçip `Modify` butonuna tıklayın.

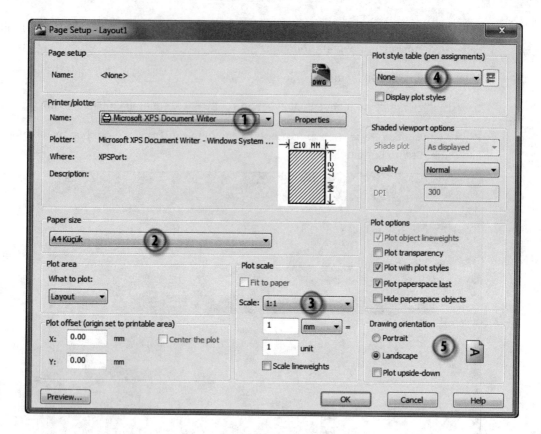

Karşımıza gelen tablodan baskı düzlemimiz için ayarlamalar yapmalıyız.

- 1 nolu bölümden sisteminizde yüklü olan yazıcıyı seçin.
- 2 nolu bölümden baskı alınacak kağıt boyutunu seçin.
- 3 nolu bölümden ölçeği 1:1 olarak belirtin.
- 4 nolu bölümden baskı alındığında kullanılacak olan kalem kalınlığını seçin. (Plot komutunu öğrenirken inceleyeceğiz)
- 5 nolu bölümden kağıdın dik yada yatay olacağını belirtin.

Bu seçenekleri ayarladıktan sonra Ok butonuna tıklayarak tabloyu kapatın. Eğer bu seçeneklerde bir değişiklik yapmak isterseniz Ekranın sol altına bulunan ilgili Layout düğmesinin üzerine mouse'un sağ tuşu ile tıklayın. Açılan menüden **Page Setup Manager** seçeneğini kullanın.

Yapılan işlemler sonucunda baskıda kullanılacak kağıt boyutunu ve kalem kalınlığı gibi seçenekleri hazırladık.

Şimdi ise bu düzleme çizimimizi aktaralım.

MVIEW yazıp enter yapın ya da Ribbon menüde **Layout Viewports** kısmında Rectangular yazılı ikona tıklayın.

Komutu çalıştırdığınzıda

```
[ON/OFF/Fit/Shadeplot/Lock/Object/Polygonal/Restore/LAyer/2/3/4] <Fit>:
```

On: Kapalı Model View pencerelerinden seçtiğimizi açmak için kullanılır.

Off: Model View pencerelerinden seçtiğimizi kapatmak için kullanılır.

Fit Kağıt üzerindeki basılabilir alana tam sığan bir mview penceresi yaratır.

Lock: Seçtiğimiz bir mview penceresini kilitlemek için kullanılır.

Object: Paper Space'de bulunan seçtiğimiz herhangi bir objeyi Model View penceresine dönüştürmek için kullanılır.

Polygonal: Kendi çizeceğimiz bir çokgenle Model View penceresi oluşturur.

2/3/4: Bu sayılarda ekranı kaç Model View penceresine bölmek istediğimizi belirtiyoruz. İstediğimiz sayıyı seçtikten sonra konumlarını belirtmek gereklidir.

Son satırda `Fit` seçeneği aktif olarak görünüyor. Yani ENTER yaptığımızda, baskı alınabilecek alanın tamamına bu çizim yerleştirilecektir. Eğer 2/3/4 seçeneklerinden birisini kullanırsanız, ekran belirtilen sayı kadar bölünüp her bir çizim bölünen alanların içine yerleştirilir.

Bununla beraber sayfa düzlemi içerisinde `Polygonal` alt komutu ile kapalı alanlar oluşturup bu alanların içerisine çiziminizi yerleştirebilirsiniz.

ENTER tuşuna basarak devam edin.

Baskı alanının içine çizim alanı oluşturulup çiziminizi bu alan içinde göreceksiniz.

Yapmamız gereken son işlem ise bu baskı alanına ölçek ayarlamak olacaktır.

- `MO (Modify)` komutunu çalıştırın.
- Baskı alanımızı oluşturan çerçeveyi seçin.

Misc	
On	Yes
Clipped	No
Display locked	No
Annotation scale	1:1
Standard scale	Custom
Custom scale	1.0799

`Misc` bölümü altında bulunan bölümü inceleyelim.

`Standard Scale` kısmından ölçeğimizi seçmeliyiz. Bu bölümden 1:1 seçeneğini seçerek baskımızı 1:1 ölçeğinde baskı alacağımızı belirtelim.

`Display Locked` seçeneğini `YES` olarak değiştirelim. Bunun anlamı, baskı alanının içine girdiğimizde `zoom` komutundan etkilenmeyecektir.

Bu aşamada çizimimiz baskıya hazırdır. Layout düzleminde iken baskı aldığımızda ekranda ne görüyor isek aynısı çıkacaktır.

Buna ek olarak bu düzlemin faydalarından bir tanesi de, aynı sayfa düzlemi içerisinde farklı bir ölçek yerleştirebiliriz.

- Çizimin boş bir yerine Polyline ile kapalı bir çerçeve oluşturun.
- `Mview` komutunu çalıştırın.
- Object alt komutunu seçin.
- Oluşturduğunuz kapalı alanı seçin.
- Çiziminiz bu küçük alana da eklenecektir.
- Bu alanda istediğiniz bir bölümü ekrana getirin.
- Modify komutunu kullanarak yeni bir ölçek belirleyin ve çizim alanını kilitleyin.

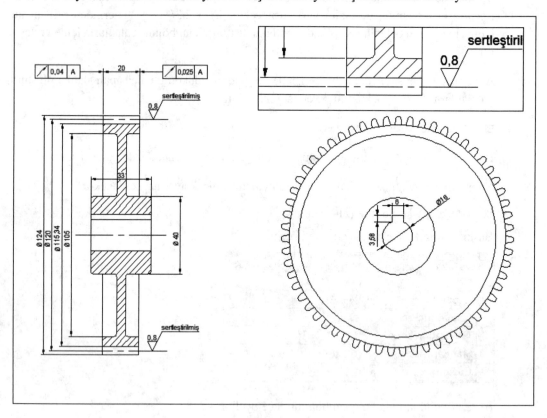

Örnek çizimimize göre sayfa düzlemimiz resimdeki gibi oluşturulmuştur. Son eklenen bölümün ölçeği 2:1 olarak belirtildi. Buna göre aynı sayfa içerisinde hem 1:1 ölçekli bir çizim hemde 2:1 ölçekli çizim oluşturularak baskı alınabilir.

Bu düzlemde iken bir yazı eklerseniz ya da Insert komutu aracılığı ile başka bir çizimi yerleştirirseniz, sadece Layout düzleminde görünür. Eklenen nesneler Model Space kısmında aktarılmaz.

Bir sonraki konumuzda baskı alma ile ilgili konuyu inceleyeceğiz.

 Baskı alınırken çerçevelerin görünmesini istemiyorsanız, yeni bir layer oluşturun. Bu layer'ın Plot seçeneğini kapatıp çerçevelerin layer'ını yeni oluşturduğunuz layer yapın.

PLOT (BASKI ALMA) 29

Dosya içinde bulunan çizimlerin bir kısmını ya da tamamını baskı almak için kullanılır.

Ribbon: Output tab → Plot Panel → Plot
Menü: Application Menu Icon → Print → Plot
Toolbar: Standard
Komut ile: PLOT
Kısayolu: CTRL+P

Komutu çalıştırdığınızda plot tablosu resimdeki gibi detaylı görüntü gelmiyorsa, plot tablosunun sağ altında bulunan işaretine tıklayarak tabloyu genişletin.

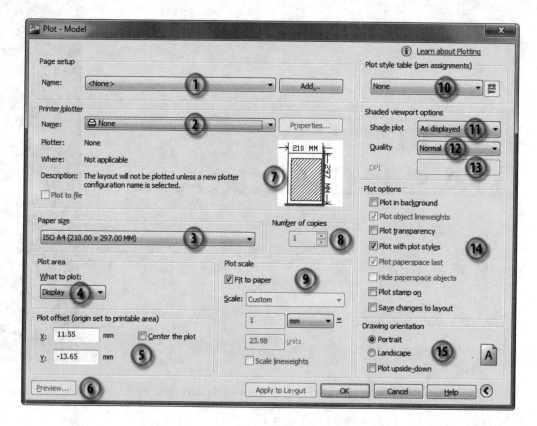

Sırası ile bu tabloda bulunan seçeneklerin ne anlama geldiklerini öğrenelim ve bu öğrendiklerimize göre örnek bir baskı örneği alalım.

1. Tabloda yapılan tüm ayarlar yapıldıktan sonra **Add** butonu aracılığıyla kaydedilirse, bu bölümden kaydedilen seçenek seçilerek kaydedilen ayarlar yüklenebilir. Ayrıca son baskı ayarlarını bu listeden **Previous Plot** seçeneği ile son baskı ayarlarını yükleyebilirsiniz.

2. Bu bölümden baskı alınacak yazıcı seçilir. Bununla beraber yazıcı haricinde sanal yazıcılar bulunmaktadır. Örneğin; baskınızı PDF yapmak istiyorsanız bu bölümden **DWG to PDF** seçerseniz baskı alacağınız bölüm PDF olarak hazırlanır.

3. Baskı alınacak kağıdın boyutu seçilir.

4. Bu bölümde dört seçenek vardır.

   Bunlar;

   - **Display:** Çizim ekranında o an görülen kısmını baskı alır.
   - **Extents:** Dosya içinde bulunan tüm nesneleri baskı alır.
   - **Limits:** Limits alanı içindeki nesneleri baskı alır.
   - **Window:** Kullanıcı tarafından pencere oluşturularak bu alanı baskı alır.

5. Baskı alanının kağıda nasıl yerleşeceğini belirler. Eğer **Center the plot** seçeneğini işaretlerseniz baskı alacağınız çizim kağıda ortalanır.

6. Baskı alınacak çizimin kağıt üzerinde nasıl göründüğünü gösterir. Önizlemede proje nasıl görünüyorsa aynen öyle çıkacaktır. Renkli görünüyorsa renkli, siyah görünüyorsa siyah, kalınlıkları belli ise aynı şekilde çıkacaktır. Önizlemeden çıkmak için klavyeden ESC tuşunu kullanabilir ya da ekran üzerinde sağ tuş yaparak **Exit** butonuna basabilirsiniz.

7. Resimde bir dış çerçeve ve içi taralı olan ikinci bir çerçeve vardır. Dış çerçeve kağıdın boyutunu, taralı alan ise baskı alınacak yeri ifade eder. Hangi kenarında ya da kenarlarında kırmızı çizgi var ise baskı alınacak çizim kağıdın o bölümünden taştığı anlamına gelir.

8. Çizimin kaç kopya alınacağını belirtir.

9. Ölçek ayarlanan bölümdür. **Fit to paper** seçeneği işaretlenirse çizim kağıda orantılanacak şekilde büyütülür. **Custom** bölümünden istenilen ölçek değeri seçilebilir ya da istenilen ölçek klavye yardımı ile yazılabilir. Ölçek girilirken dikkat edilmesi gereken husus, AutoCAD baskı alırken mm ve inches çizim birimini dikkate alır. Bizim işimiz ondalık çizim birimi olduğuna göre mm üzerinden konuşalım.

Eğer çizimimizi mm çizmiş olsaydık ölçeğimiz ne ise onu aynen girmemiz gerekirdi. Farklı bir çizim birimi ile çiziyorsak plot tablosunda iken bunu mm'ye çevirmemiz gerekir.

Örneğin; cm olarak çizdiğimiz bir projeyi 1:50 ölçeğinde baskı almak istiyorsak ölçek olarak 1:5 yazmalıyız.

Bununla ilgili ölçekleri bir tablo üzerinde belirtelim.

	mm	cm	m
1:1	1:1	10:1	1000:1
1:20	1:20	1:2	50:1
1:50	1:50	1:5	20:1
1:100	1:100	1:10	10:1
1:200	1:200	1:20	5:1

10. Kalem kalınlığı dosyasının seçildiği ya da yeni bir kalem kalınlığı dosyasının yapıldığı bölümdür.

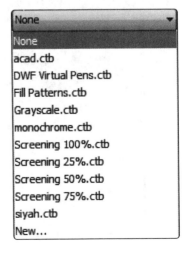

Bu bölümde resimde görüldüğü gibi Standard yüklenen kalem kalınlıkları dosyaları mevcuttur. Uzantısı CTB olan bu dosyalardan istenilen seçileceği gibi yenisini de hazırlamak mümkündür. Yeni bir kalem kalınlığı dosyası hazırlayalım.

Açılan listeden **New** seçeneğine tıklayın.

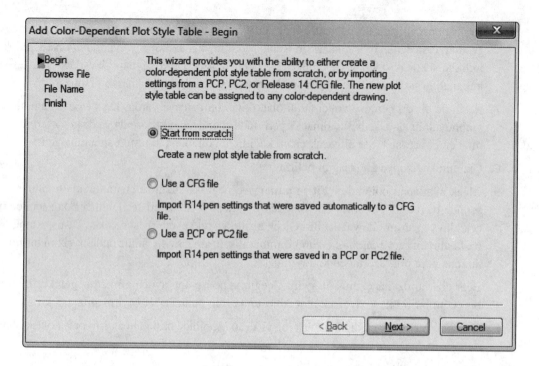

Karşımıza gelen bu tabloda üç seçenek mevcuttur. İkinci ve üçüncü sıradaki seçenekler eski sürümlere ait kalem kalınlığı dosyalarını import etmek için kullanılır. Bizim kullanacağımız ilk seçenek olan **Start from scratch** işaretleyip **İleri** butonuna basın.

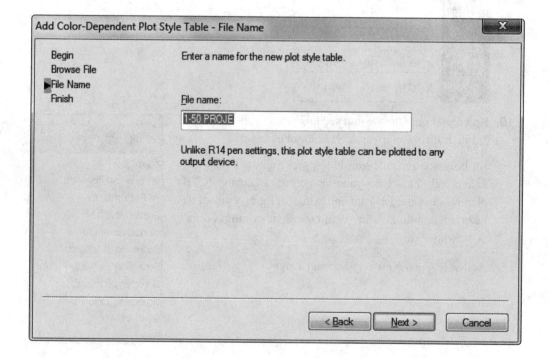

Kalem kalınlığı dosyası için bir isim verip **İleri** butonuna basın.

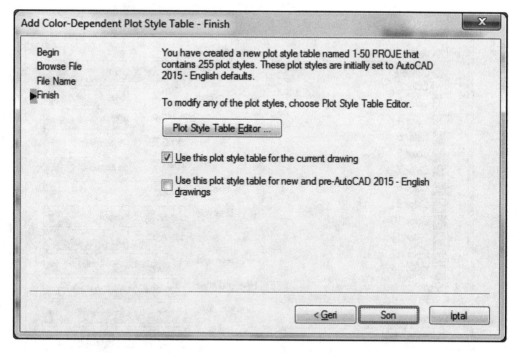

Dosyamızı hazırladık. Şimdi ise kalınlık, renk seçenekleri ayarlamamız gerekiyor. Bunun için **Plot Style Table Editor** butonuna basın.

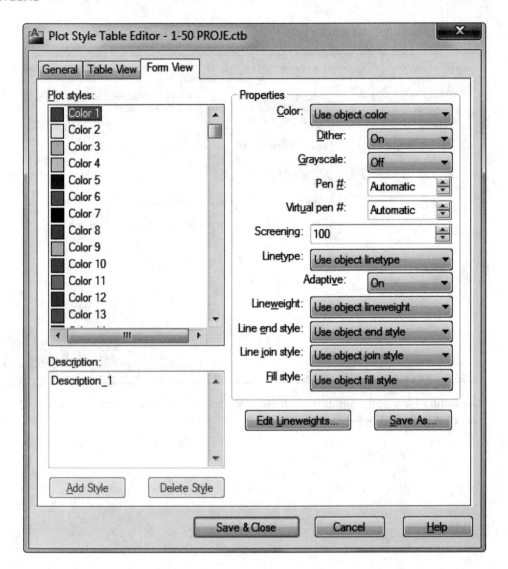

Resimde görülen tablo kalem kalınlığı ve renk ayarları ile ilgili tablodur. Sol bölümdeki renk skalası 255 renkten oluşmakta olup **Layer** tablosundaki renkleri temsil etmektedir. Bu bölümdeki renklere tek tek müdahale edilebildiği gibi birden fazla renk seçilerek aynı ayarların girilmesi sağlanabilir.

Color 1 ile ilgili ayarlamaları yaparak örnek bir uygulama yapalım.

- 1 nolu rengi seçin.
- Sağ üst bölümde bulunan **Color** seçeneği **Use object color** görünmektedir. Eğer bu şekilde kalırsa çizim içerisindeki 1 (red) nolu rengi kullanan nesneler renkli çıkacaktır. Siyah çıkmasını istiyorsanız bu bölümden **Black** seçeneği işaretleyin. Eğer projeniz tamamen siyah olacak ise soldaki renklerin hepsini seçip bir defada değiştirmelisiniz.

- **Linetype** seçeneği **Use object linetype** görünüyor. Anlamı bu renge sahip tüm nesnelerin çizgi tipi çizim içerisinde ne ise o kullanılsın demektir. Bu şekilde kalmalıdır.
- **Lineweight** seçeneğinde de **Use object lineweight** seçeneği görülüyor. Kalem kalınlıklarını layer tablosundan ayarlamışsanız bu seçenek aynen böyle kalmalıdır. Eğer kalem kalınlığı bu şekilde **CTB** dosyasından okuyacak ise buradaki listeden istenilen kalem kalınlığı seçilmelidir.

Diğer seçenekler bizi ilgilendirmediği için değişiklik yapmayın.

Diğer renkler ile ilgili düzenlemeleriniz olacak ise gerekli düzenlemeleri yapıp **Save & Close** butonuna basarak tabloyu kapatın.

Son butonuna basarak bu tabloyu da kapatın.

Yeni hazırlamış olduğunuz bu kalem kalınlığı dosyası listede olacak ve başka bir dosyayı açtığınızda aynı dosyayı kullanabileceksiniz.

Eğer listedeki bir kalem kalınlığı dosyasında düzenleme yapılacak ise, listeden istenilen kalem kalınlığı seçildikten sonra hemen sağındaki 🗐 butonuna basarak istenilen düzenlemeler yapılabilir.

11. 3 boyutlu çizimlerin renkli hallerini basmak için kullanılır. 2 boyutlu çizimlerde **As displayed** kalmalıdır. Listedeki diğer seçenekleri 3 boyutlu modelleme konularında işleyeceğimiz shade komutlarını gördükten sonra daha iyi anlayacaksınız.
12. Çizimin baskı kalitesini ayarlamak için kullanılır. 3 boyutlu nesneler ile bağlantılıdır. Bir katı model renkli olarak baskı alınacak ise seçilecek kalite ayarına göre alt sırasındaki **DPI** ayarı değişiklik gösterecek **Custom** seçildiğinde ise DPI ayarı kullanıcıya sunulacaktır.
14. Bu bölümde bizi ilgilendiren seçenekler, **Plot with plot styles** seçeneğidir. Anlamı baskı alındığında **plot styles** bölümünü yani hazırladığımız kalem kalınlığını kullan demektir. Bu seçenek işaretli olmalıdır.

Ayrıca **Plot stamp on** seçeneği ile baskı kenarına bazı bilgileri yazdırmak mümkündür. **Plot stamp on** seçeneğini işaretlediğinizde hemen yanında 🗐 butonu aktif olacaktır. Bu butona tıklayın.

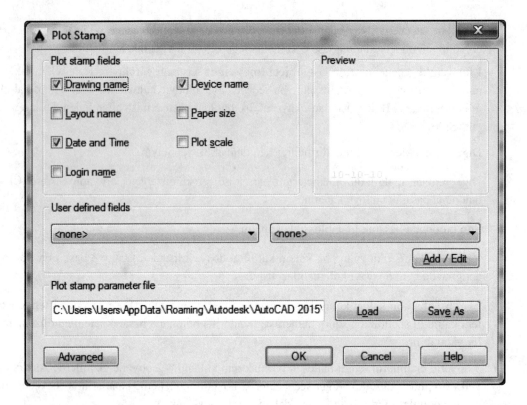

Üst kısımda görülen seçeneklerden istenilen seçilerek baskı alındığında kağıdın kenarında bu bilgilerin yazması sağlanabilir.

Drawing name: Dosya ismi.

Layout name: Layout ismi.

Date and time: Tarih ve saat.

Login name: Bilgisayar kullanıcı ismi.

Device Name: Sürücü ismi.

Paper Size: Kağıt boyutu.

Plot scale: Baskı ölçeği.

Aksi belirtilmedikçe bu seçenek işaretli olmamalıdır.

15. Baskı alınacak çizimin kağıda nasıl yerleşeceğini belirler. Ayrıca **Plot upside-down** seçeneği kullanılarak baskının sondan başa doğru baskı alınması sağlanabilir.

Tablomuzdaki seçeneklerin tarifini yaptık. Peki, baskıyı bu kadar seçenek içinde hangi sıra ile yapmalıyız?

Karmaşık gibi görünse de izlemeniz gereken sıralamayı şu şekilde yapabiliriz.

- **Printer/Plotter** bölümünden yazıcıyı seçin.
- **Paper size** bölümünden kağıt boyutunu belirleyin.

- **What to plot** bölümünden baskı alınacak alanı belirleyin.
- **Center to plot** seçeneğini işaretleyerek çizimin kağıdın ortasında çıkmasını sağlayın.
- **Plot scale** bölümünden ölçeğinizi ayarlayın.
- **Plot style table** bölümünden kalem kalınlığını belirleyin.
- **Drawing orientation** bölümünden kağıt yerleşimini ayarlayın.
- **Preview** bölümünden önizlemenizi yapın.
- Önizlemede çiziminiz istediğiniz gibi ise **OK** butonuna basarak çiziminizi yazıcıya gönderin.

 Hazırlamış olduğunuz kalem kalınlığı dosyasını başka bir bilgisayara taşımak isterseniz **File** menüsünden **plot style manager** seçeneğine tıklayın. Açılan tablodan hazırlamış olduğunuz **CTB** uzantılı dosyayı diğer bilgisayarda aynı bölüme kopyalayın.

TOOLBAR VE MENÜ ÖZELLEŞTİRME

Şimdiye kadar AutoCAD komutlarını kullanırken mevcut toolbar ve menü üzerinden işlem yaptık. Peki, bu toolbar'ları kullanmak zorunda mıyız? Bu soruya tabi ki hayır cevabı verebiliriz.

AutoCAD'in kullanıcıya sunmuş olduğu özellikler sayesinde bu toolbar ve menüleri özelleştirebiliriz.

Örneğin; en çok kullanılan komutları bir toolbar üzerinde toplayabilir ve çizimlerimizi ayrı ayrı toolbar'lar kullanmak yerine hazırlamış olduğumuz toolbar'ı kullanarak çalışabiliriz.

Bu konuyu **Toolbar** ve **Menü** olarak iki bölümde inceleyelim.

Ribbon: Manage tab → Customization Panel → User Interface
Menü: Tools → Customize → Interface
Komut ile: CUI

Komut çalıştırıldığında ekrana gelecek olan arayüz tablosu AutoCAD içerisinde kullanılan toolbar, menu, kısayol girişleri gibi düzenlemelerin yapıldığı bölümdür.

TOOLBAR

Kişisel bir toolbar oluşturmak için **1** nolu bölümde bulunan **Toolbar** seçeneğinin solundaki + işaretine tıklayın. Bu bölümde yer alan toolbar'ları inceleyebilirsiniz.

İmleci Toolbar yazısının üzerinde iken sağ tuş yapın ve açılan menüden **New Toolbar** seçeneğine tıklayın.

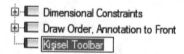

Yeni oluşturulan toolbar listenin sonuna eklenecek ve kullanıcıdan bir isim isteyecektir. **Toolbar** için yeni bir isim verin.

Yeni toolbar'ımızı oluşturduk. Şimdi ise bu toolbar'a en çok kullandığımız komutları ekleyelim. Örneğin; bu toolbar'da bulunmasını istediğimiz komutlar; [Line, Circle, Offset, Move, Copy, Dimension Linear] komutları olsun.

2 nolu bölümden bu komutları bulup **sürükle-bırak** yöntemi ile oluşturduğumuz toolbar içine taşıyın.

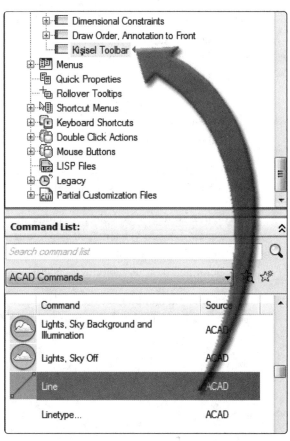

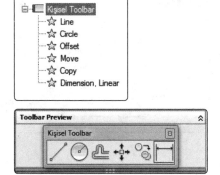

Komutların toolbar içine yerleştirme işleminden sonra görünümü soldaki resimde olduğu gibi olacaktır. Bununla beraber toolbar'a her eklenen komuttan sonra sağ üst bölümde bulunan **Toolbar Preview** bölümünde göreceksiniz.

Toolbar ile ilgili işlemleri doğru bir şekilde yaptıktan sonra **OK** butonuna basarak arayüz tablosunu kapatın.

Hazırlanan bu yeni toolbar ekranda aktif olarak görünecektir. Hazırladığınız yeni toolbar, diğer toolbar listesine eklenecektir. Kapatıldığı takdirde tekrar açabilirsiniz.

Yeni Toolbar'ı **Tools > Toolbars > Autocad** sekmesinden açabilirsiniz.

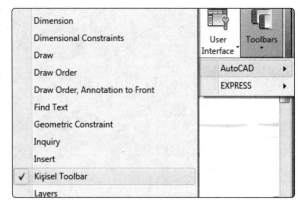

Menü

Kişisel bir menü oluşturmak için imleci **1** nolu bölümde bulunan **Menus** seçeneğinin üzerinde iken sağ tuş yapın. Açılan menüden **New** menu seçeneğin tıklayın ve menü için bir isim verin.

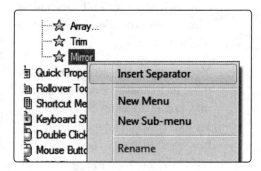

2 nolu bölümden istediğiniz komutları aynı şekilde sürükle-bırak yöntemi ile hazırlanan menünün içine sürükleyip bırakın.

Eklenen komutların arasına ayırıcı bölme isterseniz hangi komutun altına yapılacak ise imleci o komutun üzerinde iken sağ tuş yapın. Açılan menüden **Insert Seperator** seçeneğini seçin.

İstediğiniz komutları bu bölmenin altına sürükleyerek menüde yer almasını istediğiniz komutları ekleyin. İşleminiz bittikten sonra **OK** butonuna basarak tablonuzu kapatın.

Hazırlamış olduğunuz menü resimdeki gibi AutoCAD'in üst kısmında yerini alacaktır.

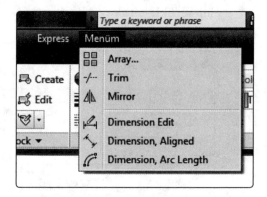

DİĞER KOMUTLAR 31

Bu bölümde AutoCAD'in kullanıcıya sunmuş olduğu, çizim ya da değiştirme komutları olmayan, ancak kullanıcının yeri geldiğinde işine yarayacak komutları anlatalım.

ÇOK FONKSİYONLU GRİP

Çizim içerisinde bulunan Line, Arc, Ellipse, Dimension ya da Multileader nesnesini komut girmeden seçtiğinizde bu nesnelerin uçlarında ve orta noktalarında mavi kutucuklar göreceksiniz. Bu mavi kutucukların ne işe yaradığını görelim.

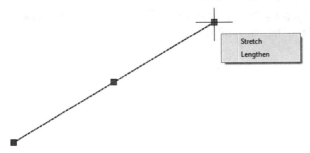

- Çizim ekranına bir çizgi çizin.
- Komut girmeden nesneyi seçin.
- Mouse'u çizginin uç noktasındaki mavi kutucuk üzerine getirin.
- Çizginin uç noktasında iki seçenekli küçük bir tablo açılacaktır.
- **Stretch** seçeneğini seçerek çizginin uç noktasını istediğiniz yere taşıyabilirsiniz.
- **Lengthen** seçeneği ile çizgiyi kendi açısında bozmadan uzunluğunu değiştirebilirsiniz.

Copy (CTRL+C)

Seçilen nesnelerin hafızaya alınarak istenildiği zaman kullanılmasını sağlar. Genel işlev olarak Windows'un CTRL+C komutu ile aynı görevi görmektedir.

- Komutu çalıştırın.
- Nesneleri seçip enter yapın.

Bu işlem sonucunda seçilen nesneler hafızaya alınacaktır. İster bu dosyada isterseniz başka bir dosyada kullanabilirsiniz.

Paste (CTRL+V)

Hafızaya alınmış nesnelerin dosyaya yapıştırılmasını sağlar. Bu komut çalıştırıldığında hafızadaki çizimler referans nokta olarak tüm nesnelerin en sol ve en alt köşe koordinatına göre yerleştirilir.

Copy Base Point (Ctrl+Shift+C)

Ctrl+C ile hafızaya alınan nesneler başka bir dosyaya sol alt köşe koordinatına göre yerleştiriliyordu. Bu komutta ise referans nokta kullanıcı tarafından belirlenir.

- Komutu çalıştırın.
- Referans noktayı gösterin.
- Nesneleri seçip enter yapın.

Hafızaya alınan nesneleri Ctrl+V komutu ile çağırdığınızda belirtmiş olduğunuz referans noktaya göre yerleştirilecektir.

Paste As Block (Ctrl+Shift+V)

Hafızaya alınmış nesneleri dosyaya çağırırken blok olarak yerleşmesini sağlar. Blok adı AutoCAD tarafından otomatik olarak verilir.

Block komutunu incelerken birçok ayar ile uğraşmıştık. Bu komut sayesinde çok kolay bir şekilde nesnelerimizi blok olarak hazırlayabiliriz.

Rename

Dosya içinde bulunan layer, style, block vs. gibi nesnelerin yeniden adlandırılmasını sağlar.

Menü: Format → Rename
Komut ile: RENAME
Kısayolu: REN

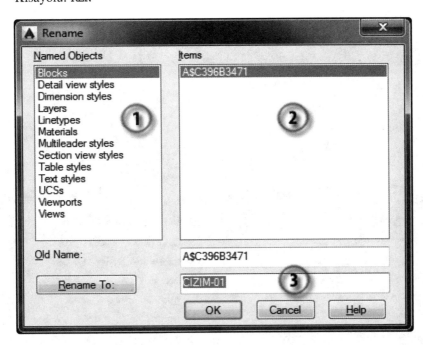

Komutu çalıştırdığınızda ekrana gelen tablonun sol bölümünde isimleri değiştirilebilecek nesne gruplarını vardır.

Paste as Block komutunu incelerken hazırlanan blok ismi program tarafından otomatik verildiğini belirtmiştik. Bu komut aracılığı ile otomatik verilen blok ismini değiştirelim.

- Komutu çalıştırın.
- **1** nolu bölümden **Blocks** seçeneğini seçin.
- **2** nolu bölümden değiştirmek istediğiniz blok adını seçin.
- **3** nolu bölüme yeni blok adını yazın ve **Rename to** butonuna basın.
- İşlem bittiğinde **OK** butonuna basarak çıkış yapın.

Find

Dosya içinde bulunan bir yazının bulunmasını ve isteğe göre otomatik olarak istenilen başka bir yazı ile değiştirilmesini sağlar.

Ribbon: Annotate tab Text Panel Find Text
Menü: Edit → Find
Toolbar: Text
Komut ile: FIND

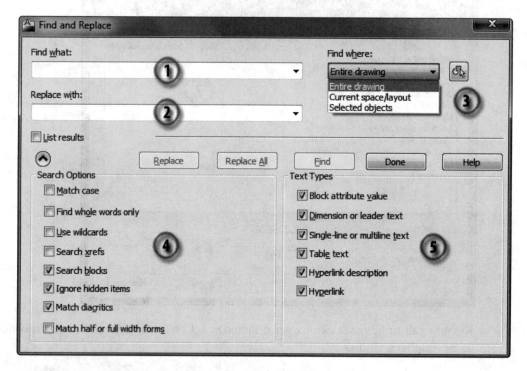

Komutu çalıştırdığımızda ekrana `find` komutu ile ilgili arayüz tablosu gelecektir. Bu tablodaki seçeneklerin ne anlama geldiklerini öğrenelim.

1. Aranacak yazının yazıldığı bölümdür.
2. Aranacak yazı başka bir yazı ile değiştirilecek ise yeni yazının yazılacağı bölümdür.
3. Aranacak yazı dosyanın hangi bölümünde aranacağını belirler. Bu kısımda üç seçenek vardır.

   - **Entire Drawing:** Dosyanın tümünde.
   - **Current space/layout:** Aktif olan düzlemde ya da Layout'da.
   - **Select objects:** Seçilen nesnelerin içinde.

   Eğer **select objects** seçeneği seçilirse butonuna basın ve aranacak yazının aranacağı çizimi seçin.

4. Arama seçeneklerinin seçildiği bölümdür.

- **Match Case:** Küçük-büyük harf duyarlı.
- **Find whole words only:** Tam yazılan kelimeleri bulur.
- **Use wildcards:** Joker karakter kullanılarak arama yapar. Örneğin; KAPALI kelimesini KAP* olarak arayın.
- **Search xrefs:** Yazı Xref nesnelerinde de aranır.
- **Search blocks:** Yazı blok nesnelerinde de aranır.
- **Ignore hidden items:** Gizli nesneler dikkate alınmaz.

5. Aranacak yazı türlerini seçildiği bölümdür.

- **Block attribute value:** Atribute olan blok nesnelerindeki yazılar.
- **Dimension or leader text:** Ölçü ve leader nesnelerindeki yazılar.
- **Single-line or multiline text:** Text ve Multiline text yazılar.
- **Table text:** Tablolardaki yazılar.
- **Hyperlink Description:** Nesneye bağlanan köprülerin açıklamalarında.
- **Hyperlink:** Nesneye bağlanan köprülerde.

Find komutunun güzel özelliklerinden bir tanesi de aranacak yazıyı tamamen yazmak zorunda değilsiniz. Örneğin; AUTOCAD yazısını dosya içinde aratacaksınız. Arama bölümüne AUTO yazmanı yeterlidir. Komut, dosya içindeki tüm yazılarda AUTO kelimesi geçen tüm kelimeleri bulacaktır.

Öncelikle dosya içinde istediğimiz bir yazıyı bulup yazıyı ekrana getirelim.

- Komutu çalıştırın.
- **Find what** bölümüne aranacak yazıyı yazın.
- Aranacak yazının yerini **Find where** bölümünden belirtin. Tüm dosyada aranacak ise **Entire drawing** seçeneği olacaktır.
- **Find** butonuna basın.
- Eğer yazı dosya içinde var ise otomatik olarak yazı ekrana getirilecektir.
- **Find Next** butonuna basarak aynı yazıdan başka var ise onu ekrana getirebilirsiniz.

Dosya içindeki yazıları değiştirmek için ise;

- Komutu çalıştırın.
- **Find what** bölümüne aranacak yazıyı yazın.
- **Replace with** bölümüne yeni yazıyı yazın.
- Yazıların tek tek ekrana gelerek değişmesini istiyorsanız **Replace** butonuna basın. Dosya içindeki tüm yazıların bir defada değişmesini istiyorsanız **Replace All** butonuna basın.

Purge

Çiziminiz esnasında oluşturup hiç kullanmadığınız layer, çizgi tipi, blok vs. gibi öğelerin temizlenmesini sağlar.

Menü: Application Menu→ 🅐 → Drawing Utilities→ Purge
Komut ile: PURGE
Kısayolu: PU

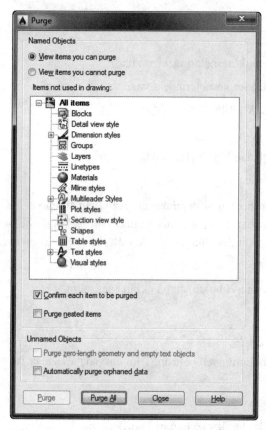

Komutu çalıştırdığınızda ekrana gelen tabloda orta bölümde dosyada nelerin temizleneceği konusunda seçenekler vardır. Bu seçeneklerden hangisinin solunda + işareti var ise dosya içinde kullanılmadığını belirtir. Örneğin; bir blok hazırladınız. Daha sonra bu bloğu sildiniz. Blok dosyada kullanılmıyor ancak dosyanın hafızasında yer edinmektedir. Bu şekilde onlarca seçenek olsa dosya boyutunun ne kadar artacağını düşünebilirsiniz.

View items you can purge: Temizlenebilecek öğeleri görüntüler.

View items you cannot purge: Temizlemeye tabi tutulmayacak öğeleri görüntüler.

Confirm each item to be purged: Bu seçenek işaretli iken Purge All butonuna bastığınızda temizlenecek her öğe için ekrana uyarı tablosu getirir.

Purge nested items: İç içe gömülü kullanılmayan öğeleri temizler.

Purge zero-length geometry and empty text objects: Çizim dosyası içerisinde uzunluğu sıfır olan çizgilerin ve içeriği boş olan yazıları temizler.

Automatically purge orphaned data: Dosya içerisindeki DGN çizgi tipi öğelerinin temizlenmesini sağlar.

Purge butonuna bastığınızda temizlenecek öğeler tek tek sorularak temizlenir. **Purge All** butonuna basıldığında ise temizlenecek öğeler bir defada temizlenir.

AUDIT

Dosya içinde bulunan bozuk öğe ve nesnelerin düzeltilmesini sağlar.

Menü: Application Menu→ 🅰 → Drawing Utilities → Audit

Komut ile: AUDIT

Komutu çalıştırdığınızda komut satırında aşağıdaki uyarıyı göreceksiniz.

```
Fix any errors detected? [Yes/No] <N>:
```

No derseniz, hatalar bulunur, ancak düzeltilmez. Yes dediğinizde hatalar bulunur ve düzeltilir.

RECOVER

Herhangi bir hatadan dolayı programın hata verip kapanması durumunda bozulan dosyaların düzeltilmesini sağlar.

Menü: Application Menu → Icon→ 🅰 → Drawing Utilities → Recover

Komut ile: RECOVER

Komutu çalıştırdığınızda ekrana gelen diyalog penceresi aracılığı ile hatalı dosyayı seçip **Open** butonuna tıklayın. Dosya düzeltilecek bir durumda ise açılır. Eğer açılmazsa bu dosya için yapılabilecek bir şey yoktur.

Hatalı dosyanın açılmasından sonra mutlaka kaydedin.

KISAYOL DEĞIŞTIRME (ACAD.PGP)

AutoCAD içinde kullandığımız bazı komutların kısayolları vardır. Şimdiye kadarki tüm komutlarda orjinal kısaltmalarını da belittik. Örneğin; Line komutunun kısayol L, Circle komutunun kısayolu C idi. Bu kısayolları isteğimize göre değiştirebilir, hatta kısayolu olmayan bir komuta kısayol atayabiliriz.

Menü: Tools → Customize → Edit Program Parameters (ACAD.PGP)

Ribon: Manage → Customize → Edit Aliases

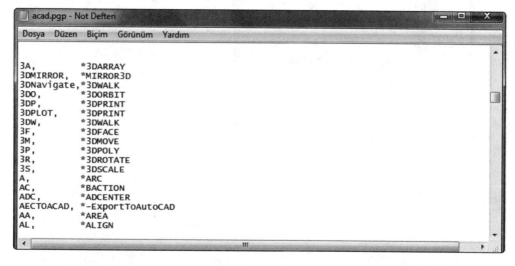

Menüden bu seçeneği seçtiğinizde notepad kullanılarak bir dosya açılacaktır. Dosyanın alt kısmına doğru geldiğinizde resimdeki gibi satırları göreceksiniz.

Kısayol oluşturma yöntemi:

```
Kısayol adı,    *KOMUT TAM ADI
```

Bu sıralamayı aynen yapmalısınız. Bu bölümde istediğiniz kısaltma değişikliği varsa değiştirin. Örnek olarak kısayolu olmayan RECOVER komutuna kısayol ekleyelim.

Listedeki sıralama alfabetik sıraya göre yapılmıştır. Sıralamanın özel bir anlamı yoktur. Sadece daha rahat bulunmasını sağlar.

İstediğiniz bölüme ya da alfabetik sıraya göre boş bir satır oluşturun. Komutun kısayol adı RC olsun.

Resimdeki gibi kısayol ile ilgili uygun yazıyı yazın. Dosyayı kaydedip kapatın.

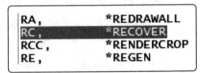

Oluşturduğumuz kısayolun aktif olabilmesi için, AutoCAD'i yeniden başlatmalı ya da REINIT komutunu kullanmalıyız.

- REINIT komutunu çalıştırın.
- Ekrana gelen tablodan **PGP File** seçeneğini işaretleyip **OK** butonuna basın.

Oluşturduğumuz yeni kısayol aktif olacaktır. Şimdi komut olarak RC yazdığınızda RECOVER komutu çalışacaktır.

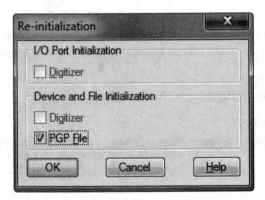

3 BOYUTLU ÇİZİM VE KOMUTLARI

32

Şimdiye kadar gördüğümüz komutlar ile 2 boyutlu nesne ve özelliklerini inceledik. Bu bölümle beraber 3 boyut ile ilgili komutları inceleyeceğiz.

Şimdiye kadar hep X ve Y düzlemlerini kullanarak çalışmıştık. Şimdi ise buna ek olarak Z koordinatı eklenerek 3 boyutlu çizim ile ilgili komutları öğreneceğiz.

Öncelikle çalışma platformumuzu 3 boyut için değiştirelim.

Ekranın sol üst kısmında bulunan **Workspace** bölümünden **3D Modeling** seçeneğini seçin. Bu seçeneğe bağlı olarak **Ribbon** menülere 3D komutları ile ilgili bölümler eklenecektir.

Çekme menüler (*File*, *Edit*, *View* vs.) bu düzlemde kapalı olarak gelecektir. İsterseniz Menubar komutunu kullanarak aktif hale getirebilirsiniz.

Bakış Açıları (View)

3 boyutlu bir çizime otomatik olarak ayarlanmış bakışlardan bakmak için kullanılır. Bu bakış açıları sayesinde hızlı bir şekilde modelimizi inceleyebiliriz.

Ribbon menü görünümü   **Toolbar görünümü**

Top
Çizime üstten bakmak istendiğinde kullanılır.

Bottom
Çizime alttan bakmak istendiğinde kullanılır.

Left
Çizime soldan bakmak istendiğinde kullanılır.

Right
Çizime sağdan bakmak istendiğinde kullanılır.

Front
Çizime önden bakmak istendiğinde kullanılır.

Back
Çizime arkadan bakmak istendiğinde kullanılır.

SW (SouthWest)
Çizime güneybatı izometrik açısından bakmak için kullanılır.

SE (SouthEast)
Çizime güneydoğu izometrik açısından bakmak için kullanılır.

NE (NorthEast)
Çizime kuzeydoğu izometrik açısından bakmak için kullanılır.

NW (NorthWest)
Çizime kuzeybatı izometrik açısından bakmak için kullanılır.

Örnek bir çizim üzerinde bakış açılarını inceleyebilirsiniz.

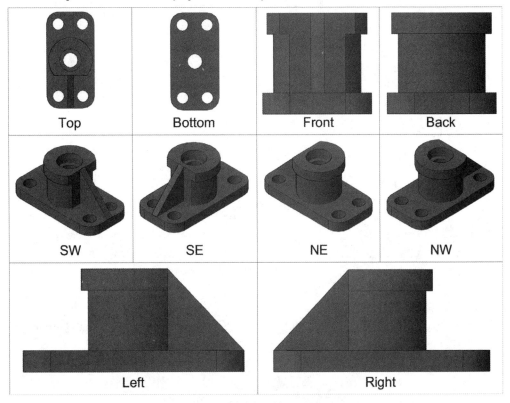

UCS (User Coordinate System)

Türkçe karşılığı olarak **Kullanıcı Koordinat Sistemi** olan bu komut, 3 boyutun olmazsa olmazlarındandır. Nesnelerin oluşturulması sırasında bu düzlem referans alınır.

Yeni bir dosya açıldığında **WCS** (**W**orld **C**oordinate **S**ystem) ayarlı olarak gelir. Bu sistemde orjin noktası 0,0,0 olarak kabul edilir.

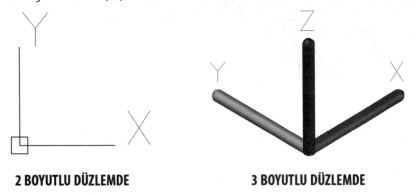

2 BOYUTLU DÜZLEMDE   **3 BOYUTLU DÜZLEMDE**

Ucs ikonunun 2 boyutlu düzlemde ve 3 boyutlu düzlemde göründüğünü resim üzerinde görebiliriz.

Ribbon menü görünümü **Toolbar görünümü**

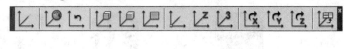

UCS
Ucs komutunu çalıştırır. Alt komutları sayesinde diğer fonksiyonlarına ulaşabiliriz.

WORLD
Ucs düzlemi değiştirilmiş ise bu komut sayesinde WCS koordinat sistemine göre orjin noktası 0,0,0 olarak kabul edilir.

PREVIOUS
Bir önceki UCS ayarına dönülmesini sağlar.

FACE
Bir modelin istenilen yüzeyinin seçilerek UCS düzleminin bu yüzeye uygun olarak döndürülmesini sağlar.

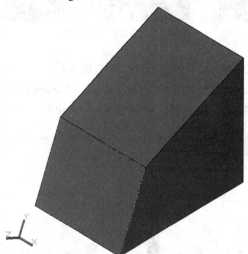

- Komutu çalıştırın.
- Model üzerinde istenilen yüzeyi seçin (Kenar çizgilerini seçmeyin).

```
Enter an option [Next/Xflip/Yflip] <accept>:
```

Enter tuşuna basarak yüzeyin kabul edildiğini belirtebilirsiniz.

Next seçeneği ile tıklanılan yüzeyde başka bir yüzey kabul edilmiş ise sırası ile sorar.

Xflip seçeneği, ucs ikonunu X yönünde tersini alır.

Yflip seçeneği, ucs ikonunu Y yönünde tersini alır.

OBJECT
Seçilen nesnenin koordinat düzlemine geçiş yapar.

VIEW
Bu komut seçildiğinde bakış açınız ne olursa olsun X ve Y yönleri ekranınıza paralel olur. Bu komut sayesinde model düzleminde iken izometrik bakış açısına sahip bir çizimin etrafında antet yerleştirebilir yada düz bir yazı yazabilirsiniz. Layout düzlemi sayesinde artık bu komut pek kullanılmıyor.

ORIGIN
Bu komut sayesinde WCS'ye göre olan orjin noktası kullanıcı tarafından yeniden belirlenir.

- Komutu çalıştırın.
- Çizim ekranı üzerinde yeni bir nokta belirleyin.
- Enter tuşuna basarak komutu bitirin.

Buna göre dosya içindeki tüm nesnelerin koordinatları yeni belirlenen orjin noktasına göre yeniden hesaplanır.

Tekrar WCS düzlemine dönmek için komutunu kullanın.

Z AXIS VECTOR
Normal çalışma düzleminde Z ekseni her zaman yukarıyı gösterir. Bu komut aracılığı ile Z aks yönü değiştirebilir.

3 POINT
Ucs düzlemi kullanıcı tarafından belirtilen 3 noktaya göre yeniden şekillendirilir.

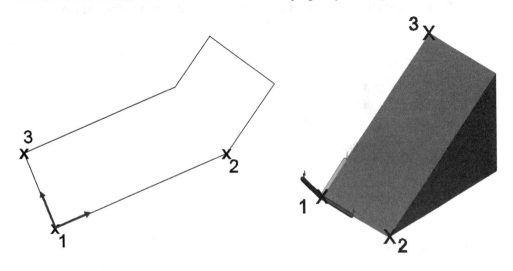

- Komutu çalıştırın.
- **1** nolu noktayı işaretleyin.
- **2** nolu noktayı işaretleyin.
- **3** nolu noktayı işaretleyin.

Gösterilen noktalara göre;

1. nokta, orjin noktası.

2. nokta X yönü.

3. nokta ise Y yönü olarak belirlenmiştir.

X

X ekseninini sabit kılarak diğer eksenlerin belirtilen açıda döndürülmesini sağlar.

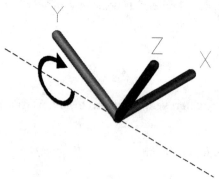

- Komutu çalıştırın.
- 30 yazıp enter yapın.

İşlem sonucunda Ucs düzlemi X düzlemi sabit kılınarak resimdeki gibi olacaktır.

Y

Y eksenini sabit kılarak diğer eksenlerin belirtilen açıda döndürülmesini sağlar.

- Komutu çalıştırın.
- 30 yazıp enter yapın.

İşlem sonucunda Ucs düzlemi Y düzlemi sabit kılınarak resimdeki gibi olacaktır.

Z

Z ekseninini sabit kılarak diğer eksenlerin belirtilen açıda döndürülmesini sağlar.

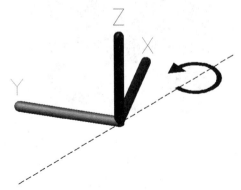

- Komutu çalıştırın.
- 30 yazıp enter yapın.

İşlem sonucunda Ucs düzlemi Z düzlemi sabit kılınarak resimdeki gibi olacaktır.

UCS Icon

Çizim yaptığımız düzlemde bulunan ve ekranın sol altında bulunan ikonun düzeni ile ilgilidir. Öncelik bu ikonun görünürlülüğünü inceleyelim.

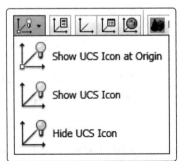

Ribbon: View tab → Coordinates Panel

Resimde görülen bölümde üç seçenek vardır.

Show UCS Icon at Origin: Ucs ikonunu ekranda göster ve ikon her zaman Orjin noktasında olsun.

Show UCS Icon: Ucs ikonunu ekranda göster ve ikonu ekranın sol altında sabit tut.

Hide UCS Icon: Ucs ikonunu gizle.

Bununla beraber bu ikonun görünürlülük ayarları vardır. Bunun için;

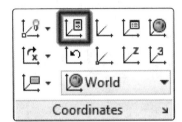

Ribbon: Home Tab → Coordinates Panel
Menü: View → Display → Ucs Icon → Properties...

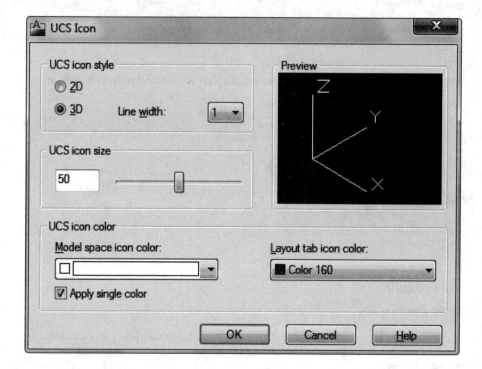

Komutu çalıştırdığınızda ekrana gelen bu tablo UCS ikonunun görünürlülüğü ile ilgili tablodur. Bu tabloyu inceleyelim.

- **2D:** İkonun 2 boyutlu görünmesini sağlar.
- **3D:** İkonun 3 boyutlu görünmesini sağlar.
- **Line width:** 3 boyutlu ikonun çizgi kalınlığını ayarlar.
- **UCS Ikon Size:** Ucs ikonunun çizim ekranındaki büyüklüğünü ayarlar.
- **Model space ikon color:** Ucs ikonunun model düzleminde iken hangi renkte olacağını belirler.
- **Layout tab icon color:** Ucs ikonunun layout düzleminde iken hangi renkte olacağını belirler.

Visual Styles

Çizim sayfasında (*viewport*) bulunan modelleri görsel tarz ile gösterilmesini sağlar.

Ribbon menü görünümü

Toolbar görünümü

2D WIREFRAME

Çizim ekranındaki tüm nesneler çizgi olarak görünür. Genelde 2 boyutlu çizimlerde kullanılır.

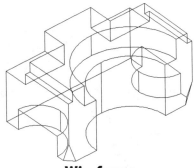

Wireframe

3D WIREFRAME

Çizim ekranındaki tüm nesneler çizgi olarak görünür. Bununla beraber UCS ikonu 3 boyutlu renkli duruma geçer. Anlamı, **navigation bar** komutlarının bu tarzda aktif olduğunu belirtir. **Compass** sistem değişkeni 1 yapıldığında çizim ekranın ortasında 3 boyut döndürme için pusula görüntüsü aktif olur.

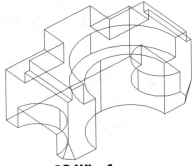

3D Wireframe

3D HIDDEN

Model olan nesnelerin arkalarını göstermez. Eski sürümlerde hide komutu uygulandığında herhangi bir komut uygulandığında hide görüntü kaybolurdu. Yeni sürümlerle beraber her türlü komutta hide görüntü sabit kılınır.

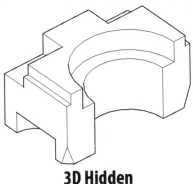

3D Hidden

REALISTIC

Modeller üzerinde gerçek bir boyama yapar. Bu komutun asıl özelliği materyal atanmış modellerde bu materyallerin gösterilmesidir.

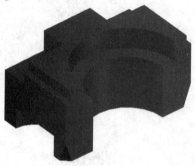

Realistic

CONCEPTUAL

Modellerin renklerine göre hızlı bir şekilde boyama yapar. Bu renkler gölgeli olarak uygulanır ve renk geçişleri yumuşak bir şekilde görselleştirilir.

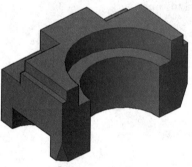

Conceptual

MANAGE VISUAL STYLES

Visual styles komutu ile ilgili ayarların yapıldığı bununla beraber özel efekt seçeneklerinin ayarlandığı arayüz tablosudur. Yukarıda gördüğümüz ve toolbar'da bulunmayan görsel tarzlara ek olarak **Shaded**, **Shaded with edges**, **Shades of gray**, **Sketchy** ve **X-Ray** seçenekleri mevcuttur. Öncelikle bu olmayan seçenekleri inceleyelim.

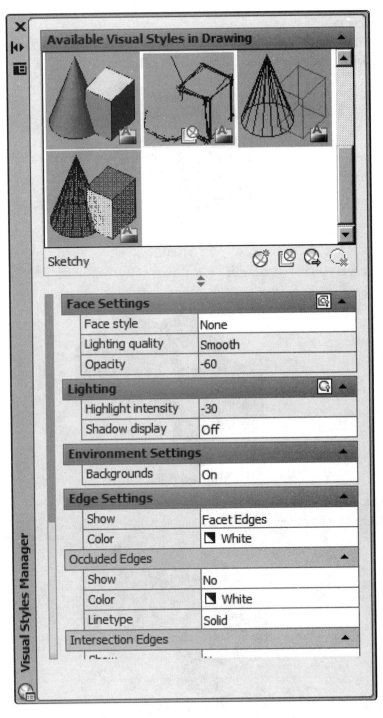

Bu özelliklere tablonun üst kısmında bulunan resimlerden istenilene çift tıklayarak görsel tarzı değiştirebilirsiniz.

SHADED
Model üzerinde gölgeli görüntü oluşturur. Benzerlik açısından `Realistic` ile aynıdır. Farkı model üzerinde materyalleri varsa bunları göstermez.

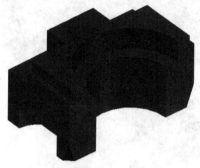

Shaded

SHADED WITH EDGES
Gölgeli görüntü ile beraber modelin kenar çizgilerini de gösterir.

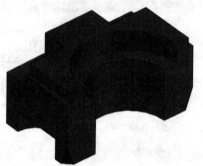

Shaded with edges

SHADES OF GRAY
Model renkli bile olsa görsellik griden oluşacaktır.

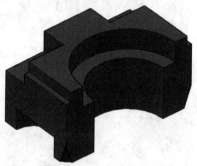

Shaded of gray

Sketchy

Modelin kenarlarını kabataslak olarak eskiz kalemi ile çizilmiş gibi gösterir.

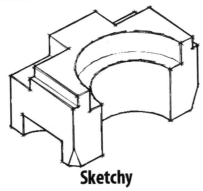
Sketchy

X-Ray

Model realistic tarz ile beraber transparan olarak görüntülenmesini sağlar.

X-Ray

Bu özelliklere ek olarak kişisel olarak kendimizde görsel tarz ekleyebiliriz. Tablonun sağ orta kısmında yer alan butonlardan soldaki olan butouna basın.

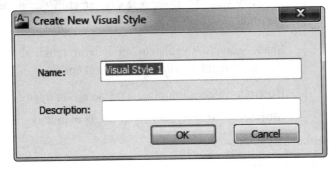

Ekrana gelen tablodan yeni bir isim vererek **OK** butonuna basın.

Bu işlemden sonra tablonun üst kısmındaki bölüme yeni stil eklendi. Bu seçenek seçili iken tablonun alt kısmından ayarlamaları yapmalısınız.

Face Settings: Yüzey ayarlarının yapıldığı bölümdür. Bu seçenek seçildiğinde modellerin nasıl renklendirileceğini belirler.

Lighting: Model renklendirildiğinde ışık etkisini belirler.

Environment Settings: Arka fonun açık olup olmayacağını belirler.

Edge Settings: Kenar çizgilerinin ayarlarının yapıldığı bölümdür.

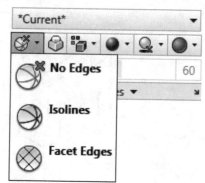

Shade komutlarına ek olarak **Ribbon** menüde bulunan **View** sayfasındaki **Visual Styles** bölümünde bulunan diğer komutları kısaca anlatalım.

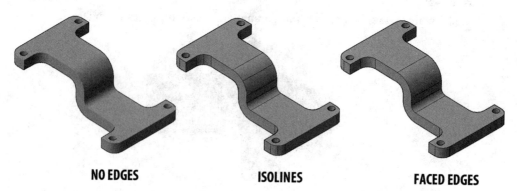

NO EDGES   **ISOLINES**   **FACED EDGES**

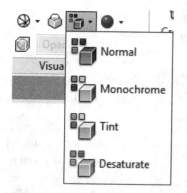

Shade görüntü uygulanan modellerin kenar çizgilerinin görünüp görünmeyeceğini kontrol eder.

Bu komut ile ilgili olarak en iyi anlatım olarak resim üzerinde görelim.

Shade görüntü uygulanan modellerin renkli durumda iken nasıl renklendirileceğini kontrol eder.

Normal: Shade görüntü tarzı ne ise aynen uygulanır.

Monochrome: Görüntü siyah-beyaz olarak uygulanır.

Tint: Model renkleri yumuşatılarak uygulanır.

Desature: Renklerin doygunluğu %30 azaltılarak modellere uygulanır.

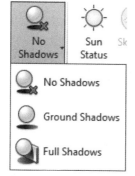

Modellere gölgelerin uygulanıp uygulanmayacağını kontrol eder.

No Shadows: Gölgeler yok.

Ground Shadows: Gölgeler sadece zemine uygulanacak.

Full Shadows: Modellerin tüm gölgeleri uygulanacak.

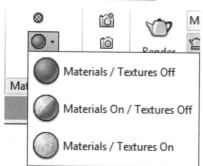

Önceki konularımızda Shade görüntü tarzlarından **Realistic** modunun materyal ve doku atamalarını gösterdiğini söylemiştik. Bu bölümdeki seçeneklerin uygulanabilmesi için **Realistic** görünümde olması gerekir.

Materials / Textures Off: Materyaller ve dokular gösterilmeyecek.

Materials On / Textures Off: Materyaller gösterilecek ancak dokular gösterilmeyecek.

Materials / Textures On: Materyaller ve dokular gösterilecek.

Materyal ve dokunun farkı şudur. Modeller için hazırlanan kaplamalarda iki seçenek vardır. Kaplama ya renk olacak ya da bilgisayarda yüklü olan bir resim uygulaması olacak. Örneğin; parke kaplaması, asfalt, taş kaplaması vs. AutoCAD'in biz kullanıcılara sunmuş olduğu geniş özellikler sayesinde bu iki kaplamayı ayırt edebiliriz.

AutoCAD'in diğer bir özelliği ise, hızlı bir şekilde ekranı bölme, bakış açısını değiştirme ve **Visual Style** komutlarına hızlı erişim komutlarının çizim ekranında bulunmasıdır.

[-] [Top] [2D Wireframe]

Çizim ekranının sol üst köşesinde bulunan bu seçenekleri inceleyelim.

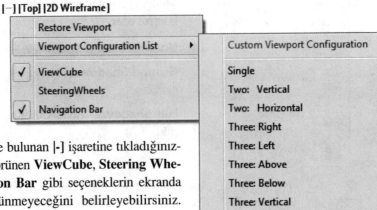

Sol üst köşede bulunan |-| işaretine tıkladığınızda ekranda görünen **ViewCube**, **Steering Wheels**, **Navigation Bar** gibi seçeneklerin ekranda görünüp görünmeyeceğini belirleyebilirsiniz. Ayrıca **Viewport Configuration List** grubundan çizim ekranının kaça bölüneceğini belirleyebilirsiniz. Bu özellik ile aynı çizimi ekranı ikiye bölerek farklı bölümlerini aynı anda ekranda görerek müdahale etme durumunuz olacaktır.

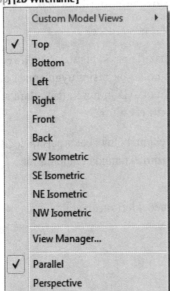

Ekranın sol üst kısmında görünen **[TOP]** işaretine tıkladığınızda ise çizim ekranına hangi yönden bakacağınızı seçmenize yardımcı olur. Burada TOP yerine diğer seçeneklerden birisi de yazılı olabilir. Şuan ki aktif olan hangi görüntü ne ise burada yazılı olacaktır.

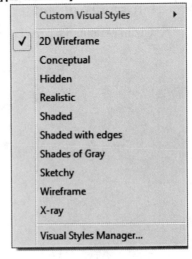

Son seçeneğimiz ise, katı modelleri **Visual Styles** seçeneklerinden istenilen bir seçeneğe göre renklendirilmesini sağlar.

MODELLEME YAPMA VE DÜZENLEME

Bu bölümle birlikte katı **model** (*solid*) oluşturmaya başlayabiliriz.

3 boyutlu çizim yaparken oluşturacağımız bu modeller sayesinde istediğimiz çizime ait çizimi gerçekleştireceğiz. Bu komutları öğrenelim.

KATI MODEL OLUŞTURMA

Katı model komutları ribbon menüde **Solid** bölümünde bulunmaktadır. **Toolbar** olarak ise **Modeling toolbar** seçeneğini açarak kullanabilirsiniz.

Ribbon menü görünümü

Toolbar görünümü

PoLYSoLID

3 boyutlu duvar çizimi yapar. Bu komutu kullanmadan önce duvar ile ilgili ayarların yapılması gerekmektedir.

```
Command: _Polysolid
Height = 80.0000, Width = 5.0000, Justification = Center
Specify start point or [Object/Height/Width/Justify] <Object>:
```

Komutu çalıştırdığınızda standart olarak yükseklik, genişlik ve duvarın çizilme aksı belirtilmektedir. Bu değerleri düzenleyerek örnek bir duvar çizelim.

Duvar yüksekliği: 280
Duvar genişliği: 25
Çizilme aksı: Center

- Komutu çalıştırın.
- H (Height) yazıp enter yapın. 280 yazıp enter yapın.
- W (Width) yazıp enter yapın. 25 yazıp enter yapın.
- J (Justify) yazıp enter yapın. C yazıp enter yapın.
- Çizim ekranında imleç yardımı ile çizim ekranında duvar için koordinatları gösterin.
- Komutu bitirmek için enter tuşuna basın.

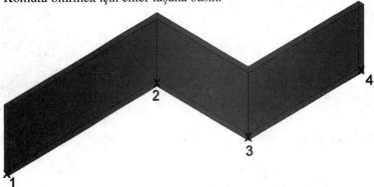

Resimde görüldüğü gibi duvar yerleşim aksını center yani orta nokta olarak belirttik. Belirttiğimiz yükseklik ve genişliğe göre duvar çizgileri bu yerleşim stiline göre çizilmiş oldu.

Bu komutun bir de Object alt komutu vardır. 2 boyutlu olarak çizilmiş bir nesneyi (*circle*, *arc*, *polyline*, *line*, *ellipse*) seçerek bu çizginin 3d model olması sağlanır.

- Komutu çalıştırın.
- **Enter** tuşuna basarak Object alt komutunun çalışmasını sağlayın.
- 2 boyutlu nesneyi seçin.

Box

3 boyutlu kutu çizilmesini sağlar.

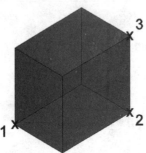

MODELLEME YAPMA VE DÜZENLEME 337

- Komutu çalıştırın.
- **1** nolu noktayı gösterin.
- **2** nolu noktayı gösterin.
- **3** nolu noktayı gösterin ya da klavyeden bir değer girerek yüksekliğini belirtin.

Bu kutu çiziminde Mouse yardımı ile serbest boyutta bir kutu modeli oluşturduk. Şimdi ise kenar uzunluklarını girerek bir kutu oluşturalım.

Kutunun boyutları 500x250x250 boyutlarında olsun.

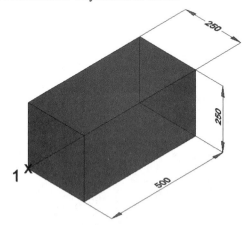

- Komutu çalıştırın.
- **1** nolu noktayı gösterin.
- **L (Length)** yazıp enter yapın.
- Uzunluk değerini 250 olarak girin.
- Genişlik değerini 500 olarak girin.
- Yükseklik değerini de 250 olarak girin.

WEDGE

Wedge'nin kelime anlamını takoz olarak çevirirsek bu komut için 3 boyutlu takoz çizimi yapar diyebiliriz.

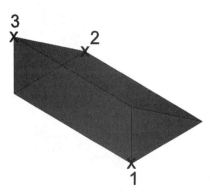

- Komutu çalıştırın.
- **1** nolu noktayı gösterin.
- **2** nolu noktayı gösterin.
- **3** nolu noktayı gösterin ya da klavyeden bir değer girerek yüksekliğini belirtin.

Box komutunda olduğu gibi bu komutta da sayısal değer verilerek model oluşturulabilir.

- Komutu çalıştırın.
- Model için bir nokta gösterin.
- L (Length) yazıp enter yapın.
- Uzunluk için bir değer girin.
- Genişlik için bir değer girin.
- Yükseklik için bir değer girin.

CONE
3 boyutlu koni çizilmesini sağlar.

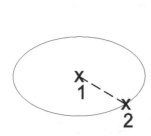
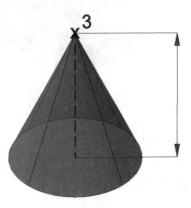

- Komutu çalıştırın.
- **1** nolu noktayı gösterin.
- **2** nolu noktayı gösterin.
- **3** nolu noktayı gösterin ya da klavyeden bir değer girerek yüksekliğini belirtin.

Ayrıca bu nesne üzerinde değişiklik yapmak isterseniz komut girmeden nesneyi seçin. Resimdeki gibi model üzerinde mavi üçgenler göreceksiniz. Bu mavi üçgenlere tıklayıp sürükleyerek modelin boyutunu ve şeklini değiştirebilirsiniz. Resimdeki şekilde modelin tepe noktasındaki üçgeni sürüklediğimizde tepe noktası dik bir şekilde değil yatık bir şekilde şeklin değiştiğini göreceksiniz.

SPHERE

3 boyutlu küre çizilmesini sağlar. Modeli oluştururken ilk nokta kürenin merkez noktası, ikinci nokta ise kürenin dış noktasıdır. Diğer bir deyişle kürenin yarıçap noktasıdır.

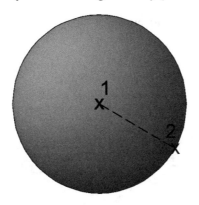

- Komutu çalıştırın.
- **1** nolu noktayı gösterin.
- **2** nolu noktayı gösterin ya da klavyeden yarıçap değerini girin.

CYLINDER

3 boyutlu silindir çizilmesini sağlar.

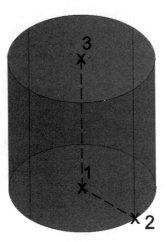

- Komutu çalıştırın.
- **1** nolu noktayı gösterin.

- **2** nolu noktayı gösterin.
- **3** nolu noktayı gösterin ya da klavyeden bir değer girerek yüksekliğini belirtin.

TORUS

3 boyutlu halka modeli çizilmesini sağlar.

Bu komutta kullanıcıdan 3 nokta ister.

1. nokta halkanın merkez noktası,

2. nokta halkanın yarıçapı,

3. nokta ise halkının kalınlık yarıçapı değeridir.

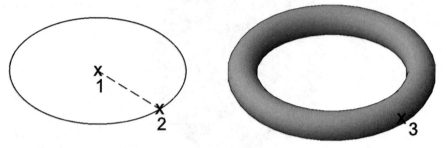

- Komutu çalıştırın.
- **1** nolu noktayı gösterin.
- **2** nolu noktayı gösterin ya da klavyeden yarıçap değeri girin.
- **3** nolu noktayı gösterin ya da klavyeden halkanın kalınlığı için bir değer girin.

PYRAMID

3 boyutlu piramit modeli çizilmesini sağlar. Piramit modeli isteğe göre kenar sayısı artırılabilir.

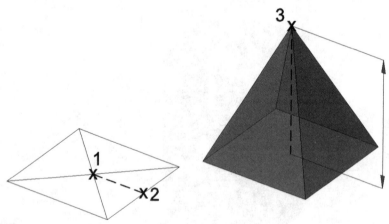

İlk olarak kare piramit yapımını anlatalım.

- Komutu çalıştırın.
- **1** nolu noktayı gösterin.

- **2** nolu noktayı gösterin.
- **3** nolu noktayı gösterin ya da klavyeden piramitin yüksekliği için bir değer girin.

Oluşan modelimiz kare piramit olacaktır. Şimdi ise köşe sayısını kendimiz belirleyerek piramit oluşturalım. Örnek olarak sekizgen bir piramit yapalım.

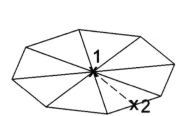
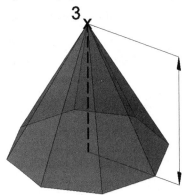

- Komutu çalıştırın.
- **S (Sides)** yazıp enter yapın.
- **8** yazıp enter yapın.
- **1** nolu noktayı gösterin.
- **2** nolu noktayı gösterin.
- **3** nolu noktayı gösterin ya da klavyeden piramidin yüksekliği için bir değer girin.

Helix

3 boyutlu ya da 2 boyutlu helezon çizimi yapılmasını sağlar.

Bu komutta kullanıcıdan dört bilgi istenir.

1. Helezon'un merkez noktası
2. Alt yarıçapı
3. Üst yarıçapı
4. Yüksekliği

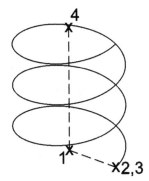

- Komutu çalıştırın.
- **1** nolu noktayı gösterin.
- **2** nolu noktayı gösterin.
- **3** nolu noktayı **2** nolu nokta ile aynı yeri gösterin.
- **4** nolu noktayı gösterin ya da yükseklik için bir değer girin.

İşlem sonucunda resimdeki gibi bir helezon elde edeceğiz. Burada **2** ve **3** nolu noktaları aynı girdiğimizde helezon çizimi bir vida yolu gibi düz yükselecektir. Farklı bir nokta gösterseydik helezon daralan ya da artan bir şekilde yükselecekti.

Şimdi ise bu helezon çizimini değer girerek yapalım.

Yapacağımız helezonun bilgileri;

alt yarıçap: 200

üst yarıçap: 50

yükseklik: 350

tur sayısı: 5

- Komutu çalıştırın.
- Bir nokta gösterin.
- Alt yarıçap için 200 yazıp enter yapın.
- Üst yarıçap için 50 yazıp enter yapın.
- **T** (**Turns**) yazıp enter yapın ve tur sayısı olarak 5 yazın.
- Yükseklik için 350 yazıp enter yapın.

İşlem sonucunda yukarı doğru daralarak 5 tur sayısına sahip bir helezon çizimi olacaktır.

PLANAR SURFACE

Kullanıcı tarafından pencere açarak yapılan bölgeye ya da seçilen kapalı bir nesneyi yüzey modellemesi yapar.

İlk olarak iki nokta göstererek oluşacak pencere alanını yüzel model yapalım.

- Komutu çalıştırın.
- **1** nolu noktayı gösterin.
- **2** nolu noktayı gösterin.

Sonuç olarak resimdeki gibi yüzeysel bir model oluşacaktır. Diğer seçeneğimiz ise seçilen kapalı bir alanın seçilmesi;

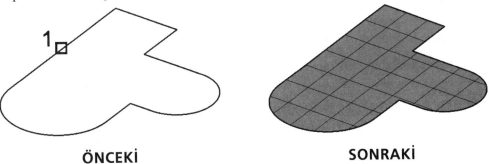

ÖNCEKİ　　　　　　　　　　　　SONRAKİ

- Komutu çalıştırın.
- **Enter**'a basarak `Object` alt komutunun çalışmasını sağlayın.
- **1** nolu nesneyi seçip enter yapın.

Seçilen nesne yüzey modele dönecektir. Burada yüzey modelleme yapılırken karolaş çizgileri görünüyor. İsteğe bağlı olarak bu sayı azaltılabilir ya da arttırılabilir. Bunun için nesne düzenleme komutumuz olan MO (`Modify`) komutunu çalıştırın ve nesneyi seçin.

Geometry	
Surface Type	Planar
Trimmed surface	No
Trimming edges	0
Wireframe display	Isolines
U isolines	6
V isolines	6

Modify tablosunda **Geometry** kısmında bulunan **U isolines** ve **V isolines** değerlerini istediğiniz gibi değiştirebilirsiniz.

EXTRUDE

Kullanıcı tarafından oluşturulmuş kapalı nesneleri 3 boyutlu katı model yapılmasını sağlar. Kullanıcıların 3 boyut model hazırlarken en çok kullandığı komuttur. Bir nesnenin katı model olabilmesi için kapalı nesne olması zorunludur. Örneğin; polyline, circle, ellipse vs.

Eğer seçilen nesne kapalı değil ise, oluşan nesne **surface extrude** nesnesi olur. Benzerlik açısından **Planar Surface** nesnesi gibi denilebilir.

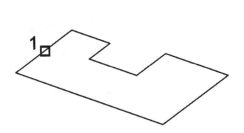
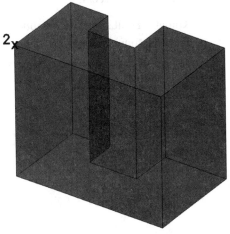

- Komutu çalıştırın.
- **1** nolu nesneyi seçip enter yapın.
- Seçimden sonra modelin yükseklik kaznadığını göreceksiniz. Yükseklik için **2** nolu noktayı gösterin ya da klavyeden yükseklik için bir değer girin.

`Extrude` komutunun `Taper` adlı bir alt komutu vardır. Bu alt komut sayesinde model açılı bir şekilde yükselir. Bunun için bir örnek yapalım. Resimde boyutları yazılı nesneyi çizin.

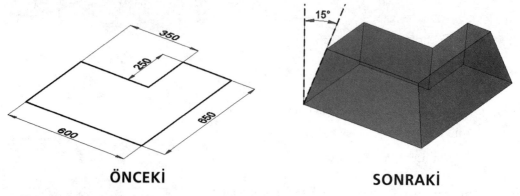

ÖNCEKİ   SONRAKİ

- Komutu çalıştırın.
- Nesneyi seçip enter yapın.
- `T (Taper)` alt komutunu çalıştırıp açı olarak 15 yazın.
- Model yüksekliği için 250 yazıp enter yapın.

PRESSPULL

Kapalı bir alana sahip bölgenin hızlı bir şekilde modelinin çıkarılmasını sağlar. Bu komut ile boşluk olması gereken modelleri seri bir şekilde modelleyebiliriz.

`Presspull` komutunu `CTRL+SHIFT+E` tuşlarına beraber basarak çalıştırabilirsiniz. Bu komutu kısayol kullanarak çalıştıracaksanız kapalı alana tıklayana kadar tuşlara basılı tutmalısınız. Kapalı bir alana tıkladığınızda eğer alan geçerli bir alan ise, bu bölge kesik kesik çizgi ile belirtilecektir.

Komutu Toolbar ya da menüden çalıştırdığınızda kapalı alan içine tıklamanız yeterlidir. Tıklama sonucunda kapalı bölge model oluşturmaya uygun bir bölge ise, model imlecin hareketine göre oluşmaya başlayacaktır.

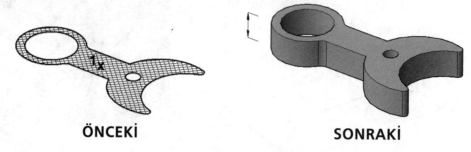

ÖNCEKİ   SONRAKİ

Eğer birden fazla kapalı alan var ise, her kapalı bölge için komutu yeniden çalıştırmanıza gerek yoktur. Komutu çalıştırdıktan sonra SHIFT tuşuna basılı tutup alanları tek tek belirleyip, ENTER tuşuna bastığınızda tüm kapalı alanların modelleri imlecin hareketine göre oluşacaktır. Yükseklik için ister klavyeden değer girebilir, isterseniz imleç yardımıyla değer belirleyip Mouse'un sol tuşu ile yüksekliğini belirleyebilirsiniz.

- Komutu çalıştırın.
- Kapalı alan içine tıklayın. Bu alan kesik kesik çizgi ile belirlendikten sonra Enter'e basın.
- Modelin oluştuğunu göreceksiniz. İster ekran üzerinde tıklayın ister klavyeden yükseklik değeri girin.

SWEEP

Seçilen nesnelerin belirtilen bir yol üzerinde gitmesini sağlayarak model oluşturulmasını sağlar.

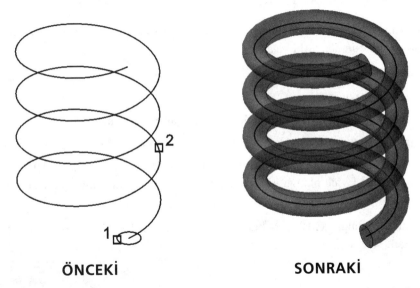

ÖNCEKİ   SONRAKİ

Resimdeki örnekte iki nesne türümüz vardır. Bu nesneler, modellenecek olan **circle** nesnesi ve yol için kullanacağımız **helix** nesnesidir. Yapacağımız işlemde circle nesnesini helix nesnesini takip ettirerek model oluşturmasını sağlayacağız.

- Komutu çalıştırın.
- **Circle** nesnesini seçip enter yapın.
- Yol için **helix** nesnesini seçin.

İşlem sonucunda resimdeki gibi bir model elde edeceksiniz.

REVOLVE

Seçilen nesnelerin belirtilen bir aks etrafında istenilen açı kadar döndürülerek model oluşturmasını sağlar. Bu komutu en güzel anlatacak işlem bir kadeh çizmektir.

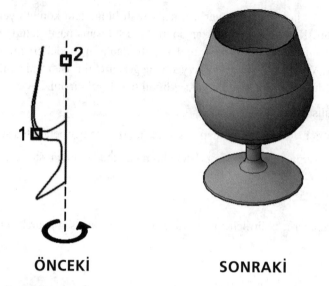

ÖNCEKİ SONRAKİ

Kadehi modellemek için soldaki gibi kadehin kesitini oluşturmalısınız. Yardımcı olması açısından çizimin döndürülme aksını da çizin.

- Komutu çalıştırın.
- **1** nolu nesneyip seçip enter yapın.
- Tekrar enter yaparak Object alt komutunun çalışmasını sağlayın.
- **2** nolu çizgiyi seçerek modelin bu çizgi etrafından döneceğini belirtin.
- Aks seçiminden sonra imleci hareket ettirdiğinizde model oluşmaya başlayacaktır. Yapacağımız çizim kadeh olduğu için bu dönme açısının tam tur olması yani 360 olması gerekir. 360 yazıp enter yapın.

İşlem sonucunda sağdaki gibi bir kadeh modellemesi elde edeceksiniz. Bu komutu bir de daha farklı bir şekilde kullanalım.

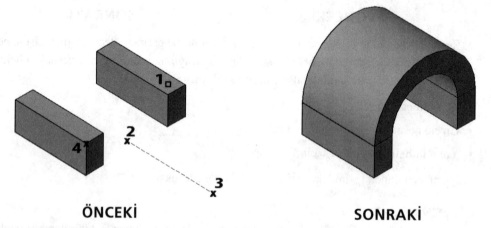

ÖNCEKİ SONRAKİ

Soldaki resimde iki adet model görünüyor. Revolve komutunu kullanarak bu iki model arasına yarım daire oluşturacak şekilde model ekleyelim.

- `Revolve` komutunu çalıştırın.
- `CTRL` tuşuna basılı tutarak **1** nolu yüzeyi seçin. Modelin sadece üst kısmının seçildiğini göreceksiniz.
- İki modelin orta noktası olan **2** nolu noktaya tıklayın.
- Dönme aksı için **3** nolu noktaya tıklayın.
- **4** nolu noktaya tıklayın.

İşlem sonucunda iki model arasına sağdaki resimde olduğu gibi yarım daire şeklinde model oluşacaktır.

LOFT

Birden fazla nesne seçilerek bu nesneler arasında bağ kurulmak suretiyle model oluşturulmasını sağlar. Bu komuta basit bir örnek ile başlayalım.

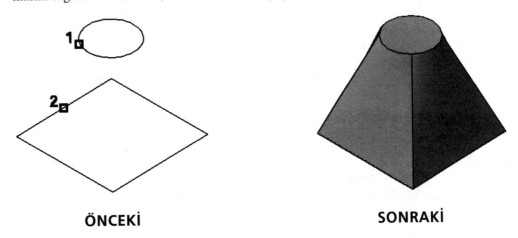

ÖNCEKİ **SONRAKİ**

- Komutu çalıştırın.
- **1** ve **2** nolu nesneyi seçip enter yapın.
- Enter yaptıktan sonra iki nesne arası modellenecek ve alt komutlarla devam edecektir.
- `S (Settings)` yazıp enter yapın.

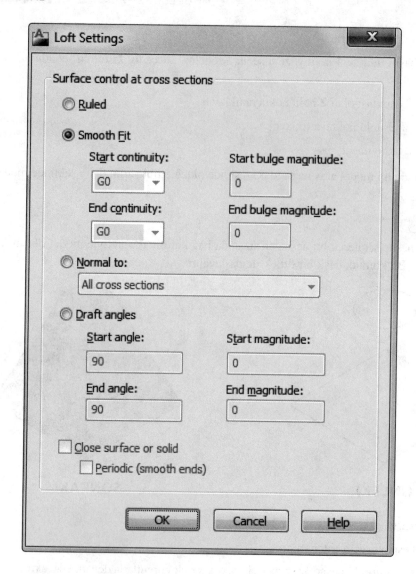

- Ekrana gelen tablo aracılığı ile model ile ilgili değişiklikler yapabilirsiniz.
- **OK** butonuna basarak komutu bitirin.

Bu işlem sonucunda altı kare, üstü daire olarak çizilen bir modeliniz olacaktır. Şekli biraz daha farklı hale getirerek bir örnek daha yapalım.

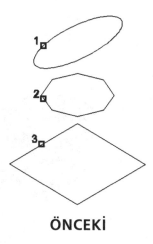

ÖNCEKİ   **SONRAKİ**

- Komutu çalıştırın.
- **1**, **2** ve **3** nolu nesneleri sırası ile seçip enter yapın.
- S (Settings) alt komutunu çalıştırın.
- **Normal to** seçeneğini işaretleyip listeden **End cross selection** seçeneğini seçin ve **OK** butonuna basın.

UNION

Seçilen modelleri birleştirerek tek bir model olmasını sağlar.

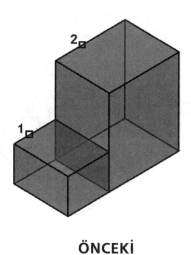
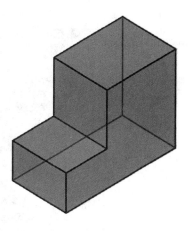

ÖNCEKİ   **SONRAKİ**

- Komutu çalıştırın.
- **1** ve **2** nolu nesneyi seçip enter yapın.

İşlem sonucunda iki model birleşerek tek bir model olacaktır.

Subtract

Seçilen ana modelden başka bir modelin çıkarılmasını sağlar.

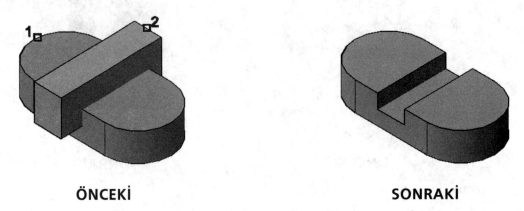

ÖNCEKİ   SONRAKİ

- Komutu çalıştırın.
- Ana model olan **1** nolu nesneyi seçip enter yapın.
- Ana modelden çıkarılacak olan **2** nolu nesneyi seçip enter yapın.

İşlem sonucunda **2** nolu nesnenin **1** nolu nesne üzerinde kapladığı yer çıkarılacaktır.

Intersect

Seçilen modellerin ortak kısımları haricindeki diğer kısımlarının silinmesini sağlar.

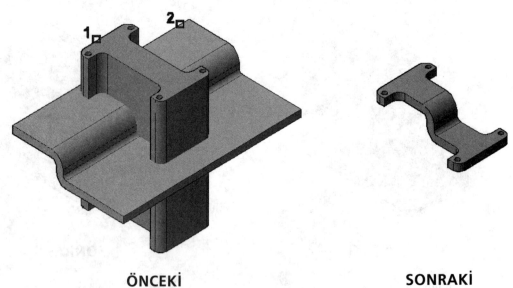

ÖNCEKİ   SONRAKİ

Resimdeki şekilde iki model iç içe geçmiş durumda. Intersect komutunu kullanarak bu iki modelin ortak kısımları haricinde diğer kısımların silinmesini sağlayacağız.

- Komutu çalıştırın.
- **1** ve **2** nolu modelleri seçip enter yapın.

İşlem sonucunda iki modelin ortak kısımları haricindeki diğer kısımlar silinip yeni bir model oluşturulacaktır.

Brep

Bir katı modelden başka bir katı model çıkarıldığında ya da bir başka bir katı model ile birleştirildiğinde yapılan bu işlemler hafızaya alınır. Brep komutu ile bu hafızaya alınan işlemler iptal edilerek dosyanın hafiflemesi sağlanabilir.

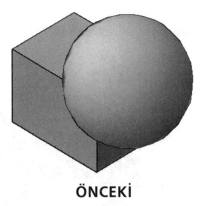
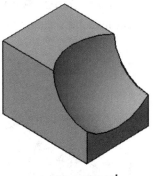

ÖNCEKİ **SONRAKİ**

Şekildeki resimde Subtract komutu kullanılarak Box nesnesinden Sphere nesnesini çıkardık. Bu çıkarma işlemi hafızada tutulacaktır.

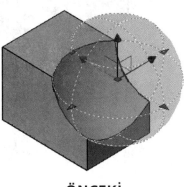
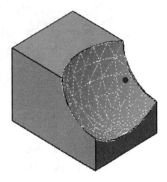

ÖNCEKİ **SONRAKİ**

CTRL tuşuna basılı tutarak Mouse'un sol tuşu ile sphere nesnesinin silindiği yere tıkladığınızda soldaki resimde olduğu gibi sphere nesnesini siluet olarak orada olduğunu göreceksiniz. İstenirse move komutu kullanılarak bu sphere nesnesinin yeri değiştirilebilir.

- Brep komutunu çalıştırın
- Modeli seçip enter yapın.

Bu komut sonucunda modelin geçmiş bilgileri silinecek ve CTRL tuşu ile seçim yaptığınızda sağdaki resimde olduğu gibi seçim yapılacaktır.

Katı Model Düzenleme (Solid Editing)

Modeling komutları ile yapılan modellere müdahale etmek ya da düzenlemek için kullanılan komutlardır.

Toolbar Görünümü

Toolbar'da bulunan ilk üç komutu yani Union, Subtract ve Intersect komutlarını daha önce gördüğümüz için pas geçelim.

Extrude Faces

Bir modelin seçilen yüzeylerine tekrar extrude komutunun uygulanmasını sağlar.

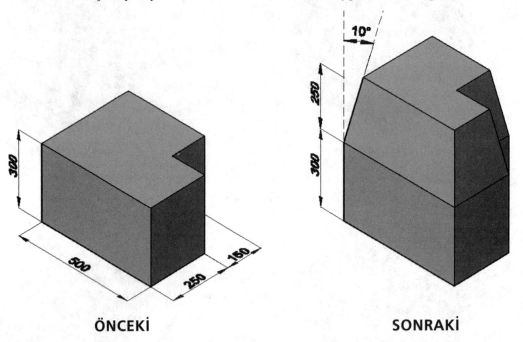

ÖNCEKİ SONRAKİ

Soldaki resimde modellenmiş çizimin üst yüzeyini tekrar extrude komutu ile yükseltelim. Taper alt komutu ile eğrilik verelim.

- Komutu çalıştırın.
- Modelin üst yüzeyini seçip enter yapın.
- Yükseklik için 250 yazın.
- Taper açısı için ise 10 yazıp enter yapın.

İşlem sırasını doğru bir şekilde yaptıysanız sağdaki gibi bir çizim elde edeceksiniz.

Move Faces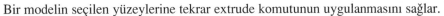

Bir modelin seçilen yüzeylerine tekrar extrude komutunun uygulanmasını sağlar.

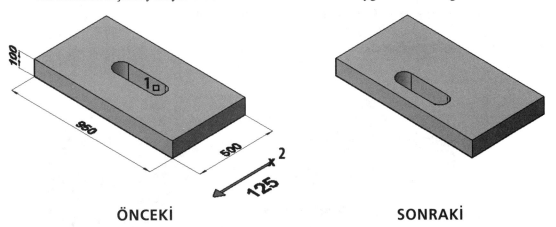

ÖNCEKİ   SONRAKİ

Şekilde bir kutu çizilmiş ve başka bir nesne bu kutu üzerinden çıkarılmış. Move Faces komutu ile içteki boşluğun yerini değiştirelim.

- Komutu çalıştırın.
- Deliğin iç yüzeylerini seçin. Görünmeyen yüzeyler için CTRL tuşunu basılı tutup Mouse üzerindeki tekerleğe basılı tutarak sağa-sola hareket ettirin. Bakış açısı çevirme işlemine göre değişecektir. Bu sayede görünmeyen yüzeyleri seçebilirsiniz.
- **2** nolu noktaya tıklayıp deliğin kayma yönünü Mouse ile belirtip değer olarak 125 yazın.

İşlem sonucunda içteki delik 125 birim belirtilen yöne doğru yer değiştirecektir.

Offset Faces

Bir modelin seçilen yüzeylerinin istenilen mesafe kadar ötelenmesini sağlar.

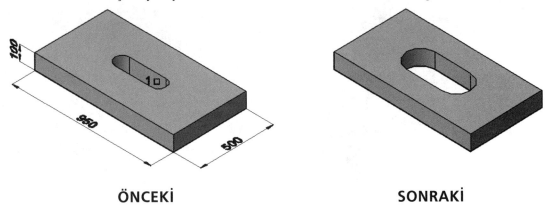

ÖNCEKİ   SONRAKİ

Bir önceki komutta kullandığımız model üzerinde bu işlemimizi yapalım.

- Komutu çalıştırın.
- İçteki deliğin iç yüzeylerini seçip enter yapın.

- Delik küçülecek ise pozitif değer, genişleyecek ise negatif değer verin. Bu çizimde değeri -50 verip enter yapın.

İşlem sonucunda içteki delik dışa doğru 50 birim genişleyecektir.

DELETE FACES
Bir modelin seçilen yüzeylerinin silinmesini sağlar.

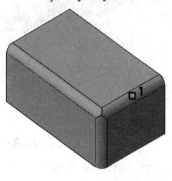 

ÖNCEKİ   SONRAKİ

Bu resimde 3 kenarı yuvarlatılmış bir model bulunmaktadır. Delete faces komutu ile yuvarlatılmış kenarlardan birisini silelim.

- Komutu çalıştırın.
- **1** nolu köşeyi seçip enter yapın.

Sonuç olarak seçilen kenardaki yuvarlak kısım silinerek keskin köşeli bir hale gelecektir.

ROTATE FACES
Bir modelin seçilen yüzeylerinin gösterilen bir aks etrafında döndürülmesini sağlar.

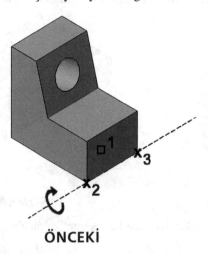 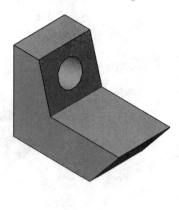

ÖNCEKİ   SONRAKİ

Model üzerinde **1** nolu yüzeyi döndürelim.

- Komutu çalıştırın.
- **1** nolu yüzeyi seçip enter yapın.
- **2** nolu noktaya tıklayın.
- **3** nolu noktaya tıklayın.
- Döndürme açısı olarak 40 yazıp enter yapın.

Seçilen yüzey, **2** ve **3** nolu aks etrafında 40 derece döndürülecektir.

TAPER FACES

Bir modelin seçilen yüzeylerinin gösterilen 2 nokta yönünde verilen açı kadar döndürülmesini sağlar.

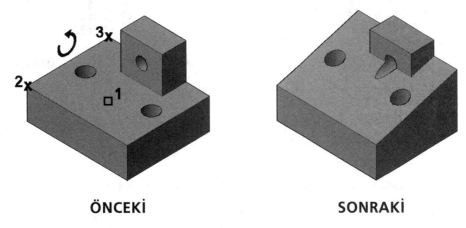

ÖNCEKİ   SONRAKİ

Model üzerinde **1** nolu yüzeyini **2** nolu noktası sabit kalarak **3** nolu noktaya doğru döndürülmesini sağlayalım.

- Komutu çalıştırın.
- **1** nolu yüzeyi seçip enter yapın.
- **2** nolu noktaya tıklayın.
- **3** nolu noktaya tıklayın.
- Döndürme açısı olarak –15 yazıp enter yapın.

Modelimizin yüzeyi **2** nolu noktadan **3** nolu noktaya doğru 15 derece döndürülmüştür.

Copy Faces

Bir modelin seçilen yüzeylerinin kopyalanmasını sağlar

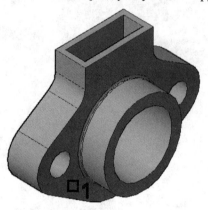

ÖNCEKİ   SONRAKİ

Model üzerinde bulunan **1** nolu yüzeyi kopyalayalım.

- Komutu çalıştırın.
- **1** nolu yüzeyi seçip enter yapın.
- Çizim ekran üzerinde herhangi bir nokta gösterin.
- Çizim ekranda başka bir nokta gösterin ya da kopyalama mesafesini yazın.

İşlem sonucunda seçilen yüzey sağdaki resimde olduğu gibi kopyalanacaktır.

Color Faces

Bir modelin seçilen yüzeylerinin farklı renk yapılmasını sağlar.

Herhangi bir model oluşturun.

- Komutu çalıştırın.
- Rengini değiştirmek istediğiniz yüzeyleri seçip enter yapın.
- 1-255 arasında bir renk yazıp enter yapın.
- Komutu tamamen bitirmek için iki defa enter yaparak işlemi sonlandırın.

Fillet Edges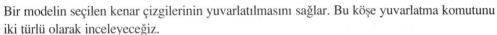

Bir modelin seçilen kenar çizgilerinin yuvarlatılmasını sağlar. Bu köşe yuvarlatma komutunu iki türlü olarak inceleyeceğiz.

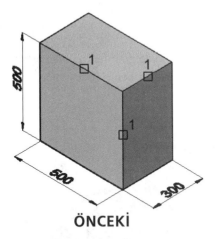
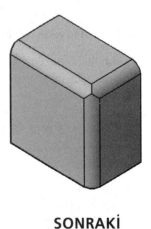

ÖNCEKİ　　　　　　　　　　　　　　　SONRAKİ

Resim üzerindeki modelde **1** no ile belirtilmiş tüm kenar çizgilerine ayrı ayrı bu komutu uygulayalım.

- Komutu çalıştırın.
- **1** nolu çizgiyi seçip enter yapın.
- R (Radius) alt komutunu çalıştırın.
- Yuvarlama yarıçapı olarak 50 yazıp enter yapın.
- Komuttan çıkmak için tekrar enter yapın.

Bu işlemden sonra diğer iki kenara da aynı komutu tekrarlayın. İşlem sonucunda sağdaki modeli elde edeceksiniz. Burada dikkat edilmesi gereken 3 kenar çizgisinin birleşim köşesidir.

Diğer örneği de yapalım.

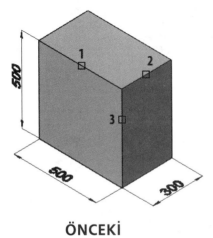

ÖNCEKİ　　　　　　　　　　　　　　　SONRAKİ

- Komutu çalıştırın.
- **1**, **2** ve **3** nolu kenar çizgilerini seçip enter yapın.
- `R (Radius)` alt komutunu çalıştırın.
- Yuvarlama yarıçapı olarak 50 yazıp enter yapın.
- Komuttan çıkmak için tekrar enter yapın.

Bu modelimizde 3 kenar çizgisinin birleşim yeri diğer modele göre farklı oluşmuştur. Yani kenar çizgilerinin tek tek seçmek ile topluca seçmek arasında kenar birleşimler farklı modellenecektir.

CHAMFER EDGES

Bir modelin seçilen kenar çizgilerinin pah kırılmasının sağlar.

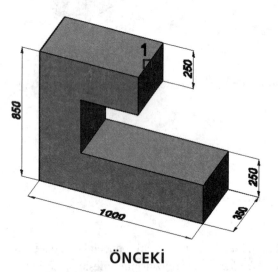
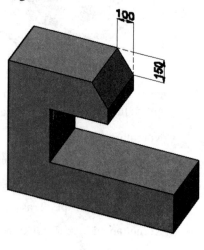

ÖNCEKİ   SONRAKİ

- Komutu çalıştırın.
- **1** nolu kenar çizgisini seçip enter yapın.
- `D (Distance)` alt komunu çalıştırarak pah kırma mesafelerini belirtelim.
- İlk değer için 100 yazıp enter yapın.
- İkinci değer için 150 yazıp enter yapın.
- Komutu bitirmek için enter yaparak işlemin uygulanmasını sağlayın.

COPY EDGES

Bir modelin seçilen kenar çizgilerinin kopyalanmasını sağlar.

Herhangi bir model oluşturun.

- Komutu çalıştırın.
- Kopyalamak istediğiniz kenar çizgilerini seçip enter yapın.

- Çizim ekran üzerinde herhangi bir nokta gösterin.
- Çizim ekranda başka bir nokta gösterin ya da kopyalama mesafesini yazın.

COLOR EDGES

Bir modelin seçilen kenar çizgilerinin farklı renk yapılmasını sağlar.

Herhangi bir model oluşturun.

- Komutu çalıştırın.
- Rengini değiştirmek istediğiniz kenar çizgilerini seçip enter yapın.
- 1-255 arasında bir renk yazıp enter yapın.
- Komutu tamamen bitirmek için iki defa enter yaparak işlemi sonlandırın.

IMPRINT

Bir modelin üzerinde bulunan başka bir nesnenin model üzerinde geçtiği yerleri modelin bir elemanı olarak tanıtılmasını sağlar. Bu konuyu daha iyi anlayabilmek için bir örnek yapalım. Bunun için bir kutu çizip üzerine `spline` komutu ile bir nesne daha oluşturalım. Bu ikinci nesneler mutlaka modelin tam üstüne olmalı.

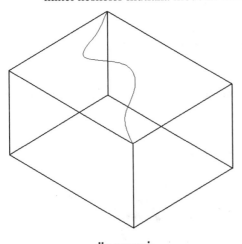
ÖNCEKİ

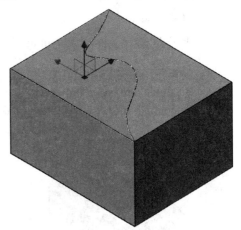
SONRAKİ

- Komutu çalıştırın.
- Modeli seçin.
- Modelin üzerinde bulunan spline nesnesini seçin.
- Komut satırında Spline nesnesinin silinip silinmeyeceği konusunda bilgi istiyor. Yes diyerek silinmesini sağlayalım.
- Tekrar enter yaparak komutun bitmesini sağlayın.

Sonuç olarak bu spline nesnesi model üzerine eklenerek modelin kenar çizgilerinden birisi oldu. Bu sayede sağdaki resimde görüldüğü gibi istenilen taraf seçilerek model üzerinde işlem yapılabilir.

CLEAR

Bir model üzerinde bulunan kullanılmayan çizgiler varsa bunların temizlenmesini sağlar.

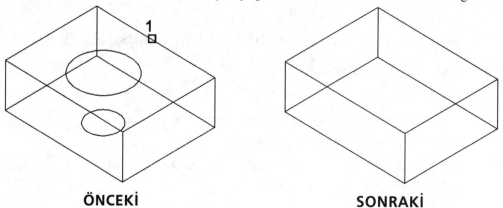

ÖNCEKİ　　　　　　　　SONRAKİ

Resimdeki modelde kutunun üzerinde yapılan bir işlemden dolayı kullanılmayan iki adet circle çizgisi görünmektedir.

- Komutu çalıştırın.
- Modeli seçin.
- İki defa enter yaparak komutun tamamen bitmesini sağlayın.

SEPERATE

Bir modelden başka bir model çıkarıldığında görünüm olarak iki ayrı model aslında tek bir model olabilir. Bu gibi durumlardaki modelleri ayırmak için kullanılır.

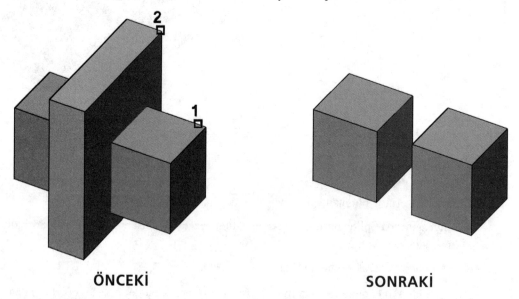

ÖNCEKİ　　　　　　　　SONRAKİ

Soldaki resimde iki model iç içe geçmiş durumda. Subtract komutunu uygulayarak **1** nolu nesneden **2** nolu nesneyi çıkaralım.

İşlem sonucunda sağdaki gibi iki ayrı model oluşacaktır. Seçim yapıldığında bu iki model bir bütün olarak seçilir.

Seperate komutu bu iki model ayırmaya yarar.

- Komutu çalıştırın.
- Modeli seçin.
- İki defa enter yaparak komutun tamamen bitmesini sağlayın.

SHELL

Seçilen modelden belirtilen yüzeylerin çıkartılarak istenilen kalınlıkta bir kabuk model oluşturulmasını sağlar.

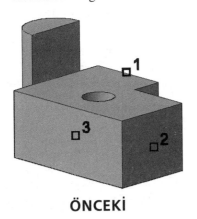
ÖNCEKİ

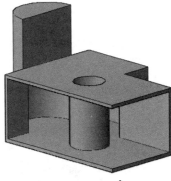
SONRAKİ

- Komutu çalıştırın.
- Modeli seçin.
- Çıkarılacak yüzeyler olarak **2** ve **3** nolu yüzeyleri seçip enter yapın.
- Kabuk için bir kalınlık yazıp enter yapın.
- İki defa enter yaparak komutun tamamen bitmesini sağlayın.

Sağdaki resimde görüldüğü gibi modelin seçilen iki yüzeyi iptal edilerek belirtilen kalınlık haricindeki diğer kısımları silinerek bir kabuk oluşturuldu.

CHECK

Seçilen modelin gerçek bir model olup olmadığını kontrol eder. Model seçildiğinde komut satırında **This object is a valid ShapeManager solid** uyarısı verir. Bu uyarının anlamı, seçilen nesnenin geçerli bir model olduğunu belirtir. Bu komut, hata ayıklama aracı olarak oldukça karmaşık 3D katı model aşamaları karşılaştırmak için kullanılır.

MESH MODEL OLUŞTURMAK

34

AutoCAD içerisinde kullanılan modellemelerden bir diğeri ise mesh modelleme yani ağ modellemedir. Bu model çeşidi katı modele (*solid*) göre daha avantajlı yönleri vardır. Modelin her yüzeyi istenilen sayı kadar örgü yapılabilir bu sayede daha farklı modellemeler oluşturulabilir. Ayrıca `stretch` komutu solid modelleri etkilemezseniz mesh modelleri istediğiniz gibi uzatabilir ya da kısaltabilirsiniz.

Ribbon menüden **Mesh** bölümüne geçelim.

Ribbon menü görünümü

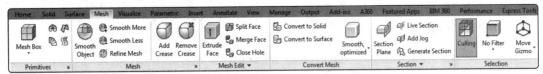

Mesh menüsünü bölüm bölüm inceleyelim.

Primitives

Mesh modellemede de solid modellemede bulunan hazır objeler mevcuttur. Resimde görülen seçenekleri hızlı bir şekilde uygulayabiliriz. Bu modelleri yapmadan önce düzenlememiz ya da kontrol etmemiz gereken bir bölüm vardır.

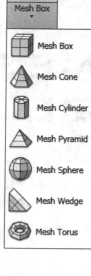

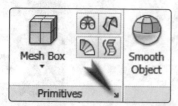

Primitives kısmında bölümün sağ altında bulunan küçük ok işaretine tıklayın.

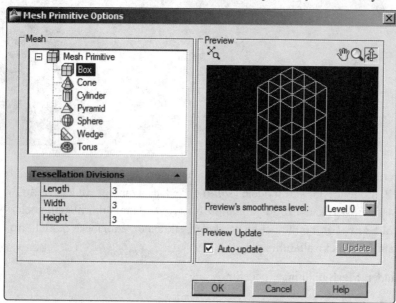

Ekrana gelen tabloda hazır olarak kullanabileceğimiz mesh modellemeler ile ilgili düzenleme yapabiliriz.

Tablonun sol üst kısmında bulunan hazır modellerden **Box** seçeneği üzerinde duralım. Bu model seçili iken **Tessellation Divisions** kısmında üç seçenek göreceksiniz. Bunlar model oluşturulurken hangi kısmın kaç parçadan oluşacağını belirtir. Tablodaki değerimize göre Box modeli çizilirken her kısmı üç parçaya bölünecektir. Tablonun sağ üst kısmında bulunan önizlemeden de bunu kontrol edebilirsiniz.

Diğer hazır modeller için de aynı kontrolü yapabilir istediğinizi değiştirebilirsiniz.

Bu tabloda inceleyeceğimiz son bölüm ise, önizleme kısmının altında bulunan **Preview's smoothness level** seçeneğidir. 4 seçeneği olan bu kısımda model pürüzsüz hale getirildiğinde nasıl görüneceğini önizleyebilirsiniz. Bu kısmın detayını komut olarak ileriki konularda inceleyeceğiz.

Bu bölümde bulunan modellerin anlatımını yapmıyoruz. Kullanım tarzı olarak solid kısmında bulunan modellerin çizilmesi ile aynı şekilde hazırlanmaktadır.

Primitives kısmındaki diğer komutları inceleyelim.

MESHES, REVOLVED SURFACE

Solid komutlarında bulunan Revolve ile aynı görevi yapmaktadır. Oluşan model mesh olacaktır.

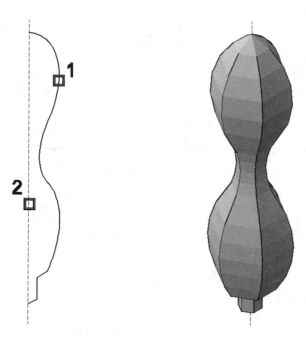

Resimdeki örnek üzerinden komutu kullanalım.

- Komutu çalıştırın.
- **1** nolu nesneyi seçin.
- **2** nolu nesneyi seçin.
- Modelin başlangıç açısını yazın. Aksi bir durum olmadıkça sıfır kalmalıdır.
- Modelin dönüş açısının kaç derece olacağını belirtin. Eğer tam tur dönecek ise 360 kalmalıdır.

İşlem sonucunda sağdaki görüntüyü elde edeceksiniz.

Oluşan modele dikkat ettiyseniz model 6 parçadan oluşmuştur. Daha hassas bir model elde etmek isteyebiliriz. Bunun için yapmanız gereken iki sistem komutu vardır.

SURFTAB1 ve SURFTAB2 komutlarını ayrı ayrı çalıştırıp 2 ila 32766 arasında bir sayı vermelisiniz. Unutmamak gerekir ki sayı değeri arttıkça modelin yüzeyi daha hassas bir duruma gelecek ve dosyanın boyutu artacaktır.

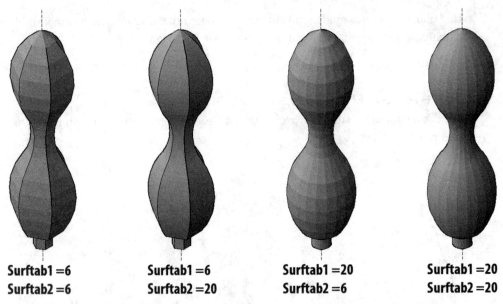

| Surftab1 =6 | Surftab1 =6 | Surftab1 =20 | Surftab1 =20 |
| Surftab2 =6 | Surftab2 =20 | Surftab2 =6 | Surftab2 =20 |

Bu değerler ile ilgili resimde örnek uygulama yapılmıştır. Farkları inceleyebilirsiniz.

> **NOT** **Surftab1** ve **Surftab2** değerleri değiştirildiğinde mevcut modeller değişmez. Bu değerler değiştirildikten sonra yapılacak modellerde uygulanır.

MESHES, EDGE SURFACE

Seçilen 4 tane nesnenin arasını mesh nesnesi olacak şekilde modeller.

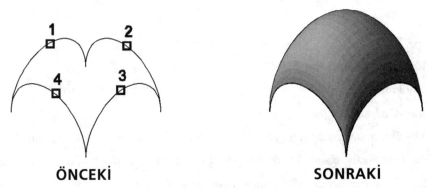

ÖNCEKİ   SONRAKİ

Resimdeki örnekte arc nesnesini plan düzleminde çizip 3DRotate komutu ile X (*kırmızı*) ekseninde 90 derece çevirip uç uca yerleştirdik. Bu nesnelerin birbirine uç uca gelmesi gerekir. Aksi takdirde modelleme oluşmayacaktır.

- Komutu çalıştırın.
- Sırası ile 4 nesneyi seçin.

İşlem sonunda sağdaki modellemeyi elde edeceksiniz.

MESHES, RULED SURFACE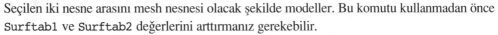

Seçilen iki nesne arasını mesh nesnesi olacak şekilde modeller. Bu komutu kullanmadan önce Surftab1 ve Surftab2 değerlerini arttırmanız gerekebilir.

Ruled Surface komutunu perde çizerek anlatalım.

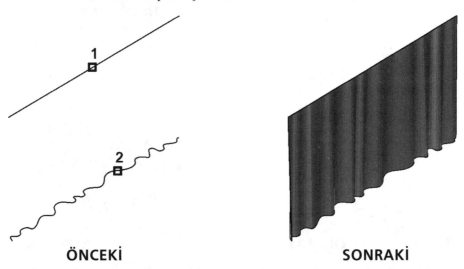

ÖNCEKİ   SONRAKİ

Soldaki resimde Spline nesnesi ile Line nesnesi bulunmakta. Bu iki çizimi öncelikle plan düzleminde iken hazırlayın. Daha sonra izometrik bakış açısından bakın. Line nesnesini Move komutu ile +Z yönünde taşıyın. Ya da 3DMove komutu ile de Z ekseninde taşıma yapabilirsiniz.

İki boyutlu nesnelerimiz hazır olduğuna göre modelimizi oluşturalım. Surftab1 ve Surftab2 değerlerini 100 yapın. Gerekirse daha da arttırabilirsiniz. Amaç perde yüzeylerini daha hassas elde etmektir.

- Komutu çalıştırın.
- **1** nolu nesneyi seçin.
- **2** nolu nesneyi seçin.

Sonuç olarak iki nesne arası mesh model olarak örülerek sağdaki resimde bulunan modeli elde edeceksiniz.

MESHES, TABULATED SURFACE

Seçilen nesnenin referans gösterilen başka bir nesne doğrultusunda ve uzunluğunda mesh model yapılmasını sağlar. Bu komutta da perde için kullandığımız çizimi kullanabiliriz.

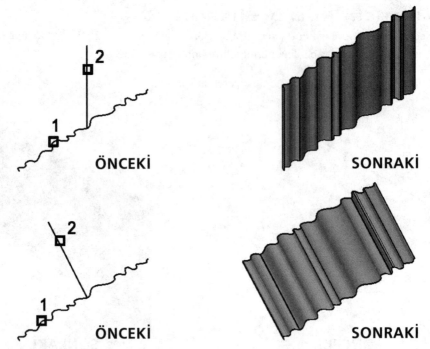

Bu komut için iki örnek üzerinde duralım. Üstteki resimde spline nesnesi ve dik bir çizgi, alttaki resimde ise spline nesnesi ve eğik bir çizgi bulunmaktadır.

Sırası ile işlemimizi yapalım.

- Komutu çalıştırın.
- **1** nolu nesneyi seçin.
- **2** nolu nesneyi seçin.

İşlemi diğer nesne içinde uygulayın.

Fark olarak oluşan mesh yüzey, çizginin eğimini dikkate alarak eğimli bir şekilde modellenmiştir. Modelin yüksekliği ise çizginin uzunluğu ile aynıdır.

Mesh

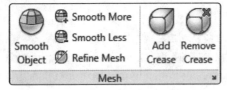

Mesh kısmında bulunan komutları inceleyelim.

Smooth Object

Seçilen katı (*solid*) modelin mesh model olmasını sağlar.

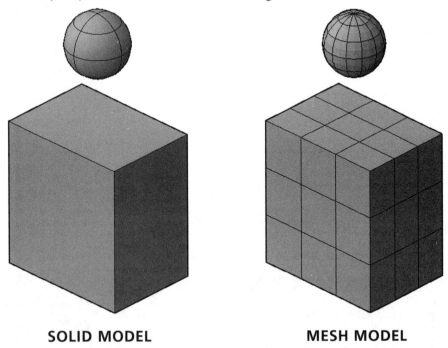

SOLID MODEL   **MESH MODEL**

Soldaki resimde Box ve Sphere komutu ile yapılmış iki model bulunmaktadır. Bu modeller katı modeldir. Smooth object komutu ile bu nesneleri mesh nesnesine dönüştürelim.

Komutu kullanmadan önce ayar kontrolü yapmalıyız. Bunun için, ribbon menüde mesh yazısının sağındaki ok işaretine tıklayın ya da MESHOPTIONS komutunu çalıştırın.

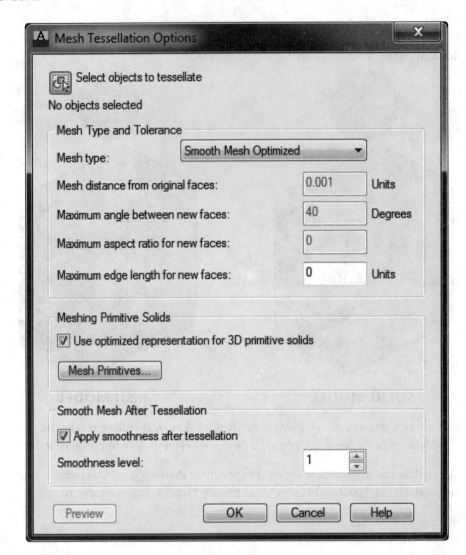

Tablonun alt kısmında bulunan **Apply smoothness after tessellation** seçeneğinin işaretini kaldırıp **OK** butonuna basarak tabloyu kapatın. Bu seçeneğin anlamı, katı model mesh modele dönüştürülürken **yumuşatma** (*smoothness*) kullanmamasını istedik.

Şimdi komutu çalıştırabiliriz.

- `Smooth Object` komutunu çalıştırın.
- Box ve sphere nesnelerini seçip enter yapın.

İşlem sonucunda modeller aynı şekilde korunarak mesh nesnesi oldu. Peki, bu mesh modelin katı modelden ne farkı var? Önceki konularda söylediğimiz gibi bu modellere daha rahat müdahale edebiliriz. Örnek olarak mesh nesnesi yaptığımız model üzerinde uygulayalım.

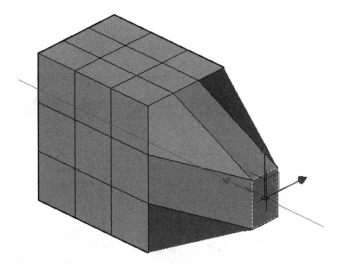

Mesh modelimiz her yüzeyi 9 parçaya bölünmüş olarak görünmektedir. Herhangi bir yüzeyin ortadaki yüzeyine komut girmeden CTRL tuşuna basılı tutarak tıkladığınızda bu yüzey seçili olacak ve yüzeyin ortasında **UCS** ikonunu göreceksiniz. Hangi düzlemde işlem yapmak istiyorsanız imleci o eksen üzerine getirip tıkladığınızda bu yüzey o eksen doğrultusunda uzayacak ya da kısalacaktır. Bunun gibi model üzerinde oynama yapabiliriz. Ayrıca bu düzenlemeyi yüzey haricinde kenar çizgilerini seçerek de uygulayabiliriz.

Smooth More

Seçilen Mesh nesnesini yüzey sayılarını arttırarak pürüzsüz bir model olmasını sağlar. Bu komut dört aşamadan ibarettir. İlk seçilen model belirli bir pürüzsüzlüğe sahip olunur. Tekrar aynı komut uygulandığında yüzeyler daha çok hassaslaşır.

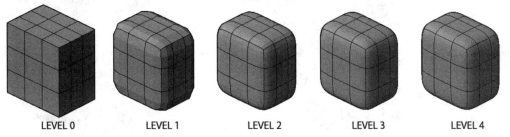

Şekilde smoooth more komutu uygulanmış bir mesh modeli görüyorsunuz. Her level artışında model daha da hassas bir şekile dönüşmektedir.

Smooth Less

Yüzeyleri pürüzsüz hale getirilmiş mesh modelleri tersine çevirerek yüzeylerin daha sert görünmesini sağlar.

Refine Mesh

Seçilen mesh modellerin yüzey sayılarının arttırılmasını sağlar. Mesh modellere bu komutun uygulanabilmesi için modelin en az Level 1 seviyesinde yani en az bir kere Smooth More komutunun uygulanması gerekir.

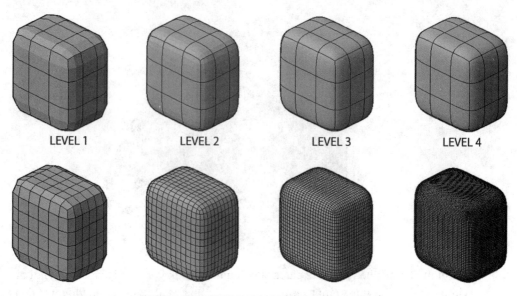

"REFINE MESH" KOMUTU UYGULANMIŞ HALLERİ

Resimde box nesnesininin level aşamalarına göre refine mesh komutunun uygulanmış hallerini inceleyin.

ADD CREASE

Mesh nesnelerinin kenarlarını kesinleştirmek için kullanılır.

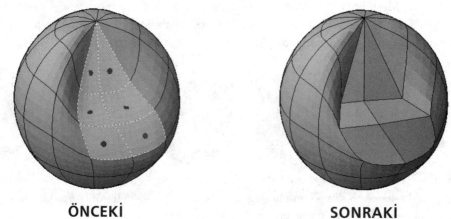

ÖNCEKİ   SONRAKİ

Soldaki resimde üzerinde mesh sphere nesnesinin seçilen yüzeylerini keskin hale getirelim.

- Komutu çalıştırın.
- Seçili olarak gösterilmiş yüzeyleri seçip enter yapın.
- Dik bir kesişim istediğimiz için Always alt komutuna devam edip enter diyerek komutu bitirin.

Sonuç olarak sağdaki resimde olduğu gibi seçilen yüzeylerin kenarları keskinleştirilecektir.

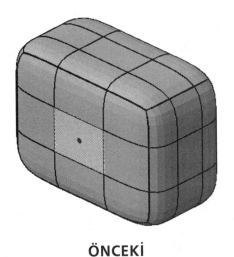 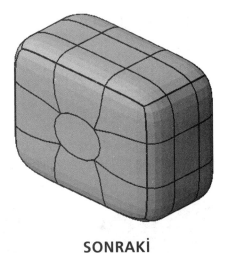

ÖNCEKİ   **SONRAKİ**

Bununla beraber bu komutu farklı bir işlev içinde kullanabiliriz.

Resimdeki örnekte Level 2 düzeyinde bir mesh box nesnesi bulunmaktadır. Add Crease komutunu çalıştırıp resimde seçili olarak gösterilen yüzeyi seçtiğinde bu yüzey dörtgen yerine dairesel bir yüzey olacaktır.

REMOVE CREASE

Mesh nesnelerinde kenarları keskinleştirilmiş yüzeylerinin pürüzsüz hale gelmesini sağlar.

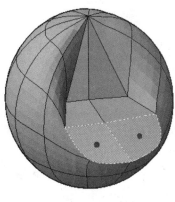 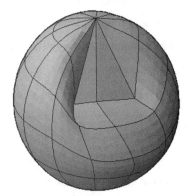

ÖNCEKİ   **SONRAKİ**

Bir önceki komutta kullandığımız model üzerinden işleme devam edelim.

- Komutu çalıştırın.
- Resimde seçili olan yüzeyleri seçip enter yapın.

İşlem sonunda sağdaki resimde olduğu gibi seçilen yüzeyler tekrar pürüzsüz hale gelecektir.

Mesh Edit

Mesh modellerde yüzeylerin düzenlenmesini ve kullanıcı tarafından istenilen bir şekilde değiştirmesini sağlar.

Extrude Face

Mesh modellerde istenilen yüzeylerin extrude edilmesini sağlar.

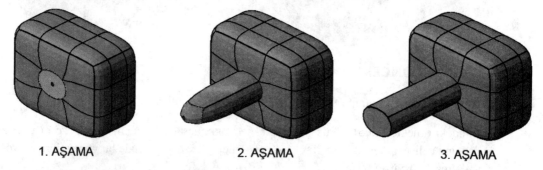

1. AŞAMA 2. AŞAMA 3. AŞAMA

Add Crease komutunu anlatırken kullandığımız modelde box nesnesinin orta kısmını dairesel hale getirmiştik. Şimdi ise bu dairesel alana extrude komutunu uygulayalım.

- Komutu çalıştırın.
- Ortadaki dairesel alanı seçip enter yapın.
- İmleci hareket ettirdiğinizde orta kısmın dışarı doğru çıktığını göreceksiniz.
- Mouse yardımıyla bir noktayı belirleyin ya da bir değer yazıp enter yapın.

Yapılan işlem sonucunda model "2nci aşama"da olduğu gibi görünecektir. Modelimizin geneline Smoth uygulandığı için extrude yapılan yüzeyin uç noktası yuvarlak olacaktır. Şimdi bu yuvarlak olan tepe noktasını düzleyelim.

- Add Crease komutunu çalıştırın.
- Uç noktadaki yuvarlak kısmı seçip enter yapın.

Bu işlem sonrasında tepedeki yuvarlak kısım düz bir hal alacaktır.

SPLIT FACE

Seçilen yüzeyin belirtilen noktalardan itibaren ikiye bölünmesini sağlar.

YÜZEY SEÇİMİ **BÖLME NOKTALARI** **SONUÇ**

- Komutu çalıştırın.
- **1** nolu yüzeyi seçin
- **2** nolu noktaya tıklayın
- **3** nolu noktaya tıklayın.

İşlem sonucunda seçilen yüzey ikiye bölünmüş oldu.

MERGE FACE

Seçilen yüzeylerin birleştirilerek tek bir yüzey olmasını sağlar.

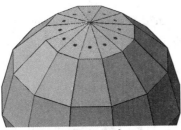 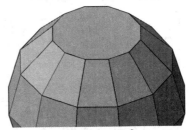

ÖNCEKİ **SONRAKİ**

- Komutu çalıştırın.
- Soldaki modelde seçili görülen tüm yüzeyleri seçip enter yapın.

İşlem sonunda seçilen yüzeyler tek bir yüzey olacaktır.

CLOSE HOLE

Seçilen yüzey kenarlarının arasına yeni bir yüzey yapar ve bu yüzeyi mevcut modele bağlar.

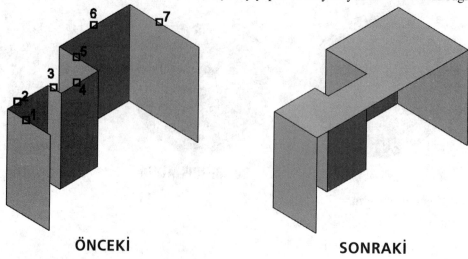

ÖNCEKİ   SONRAKİ

- Komutu çalıştırın.
- Soldaki modelde seçili görülen tüm yüzeyleri seçip enter yapın.

İşlem sonunda seçilen yüzeyler tek bir yüzey olacaktır.

CONVERT MESH

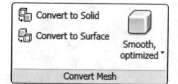

Mesh modellerin diğer model türlerine dönüştürülmesini sağlayan bölümdür.

CONVERT TO SOLID

Seçilen mesh modellerin katı modele dönüşmesini sağlar. Katı modele dönüştürülürken optimize seçenekleri dikkate alınır.

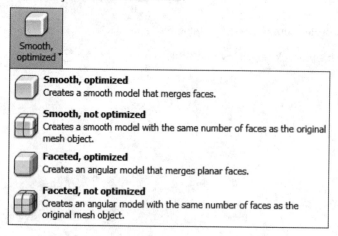

Resimde görülen seçeneklerden birisi seçildikten sonra komut uygulanmalıdır.

Smooth, Optimized: Mesh modeldeki ortak yüzeyler tek bir yüzey olarak birleştirilir ve kenarları yuvarlatılır.

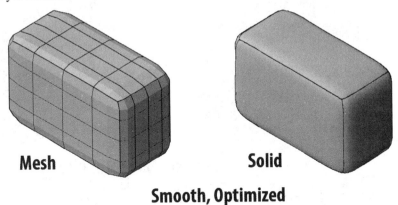
Smooth, Optimized

Smooth, Not optimized: Mesh modeldeki ortak yüzeyler aynı şekilde korunur ve kenarları yuvarlatılır.

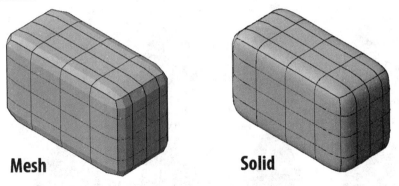
Smooth, Not optimized

Faceted, Optimized: Mesh modeldeki ortak yüzeyler tek bir yüzey olarak birleştirilir ve kenarları köşelidir.

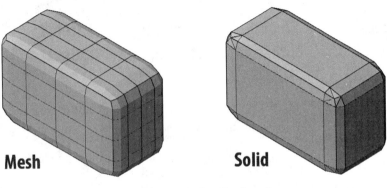
Faceted, Optimized

Faceted, Not optimized: Mesh modeldeki ortak yüzeyler korunur ve daha sık aralıklarla bölünür. Kenarları köşelidir.

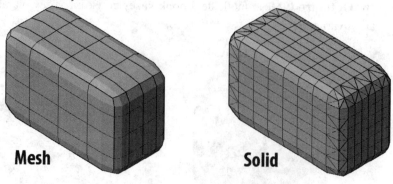

Faceted, Not optimized

CONVERT TO SURFACE

Seçilen mesh modellerin surface modeline dönüşmesini sağlar. Bu komutta da surface modele dönüştürülürken optimize seçenekleri dikkate alınır.

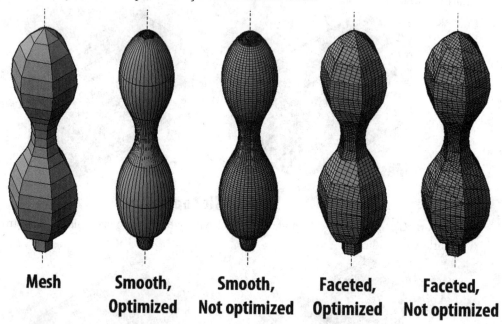

SECTION

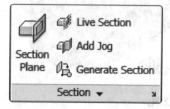

Çizilen modellerin kesitini alır. Kesit alma işlemi sadece katı modellere, mesh modellere ve surface modellere uygulanır.

Bu bölümdeki komutlar birbirleriyle bağlantılıdır. Sırası ile komutları anlatalım.

SECTION PLANE

Bir modele kesit alma işlemi uygulanırken kesitin alınacağı düzlemin gösterilmesini sağlar.

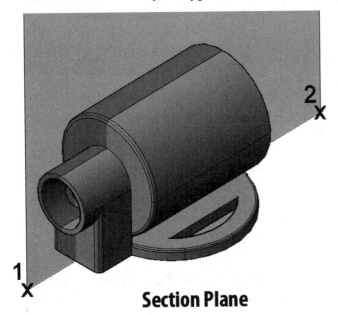

Resimde bulunan modelimize kesit düzlemini yerleştirelim.

- Komutu çalıştırın.
- **1** nolu noktaya tıklayın.
- **2** nolu noktaya tıklayın.

İşlem sonucunda kesit düzlemi resimdeki gibi gösterilecektir. Kesit düzlemi belirtildikten sonra kesit alma işlemi uygulandığında hangi yöne bakması gerektiğini belirtelim.

Komut girmeden kesit hattını seçtiğinizde bu hattın tam ortasında ok işareti göreceksiniz. Ok işareti hangi tarafı gösteriyorsa kesit alma işleminde o yöne doğru bakılacaktır. Bu ok işaretine tıkladığınızda ok'un yönü diğer tarafa olacaktır.

LIVE SECTION

Bu komut ise, kesit düzlemi belirtilmiş modellemelerde kesit alma işleminin uygulanmasını sağlar.

- Komutu çalıştırın.
- **Section Plane** komutu ile yerleştirilen kesit hattını seçin.

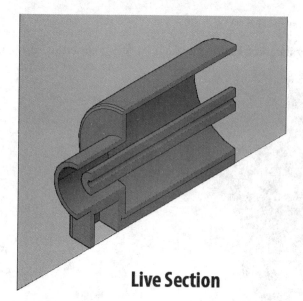

Bu hattı seçtiğinizde kesit alma işlemi resimde görüldüğü gibi gerçekleşecektir. Move komutunu kullanarak kesit hattını yer değiştirdiğinizde kesit alma işlemi güncellenecektir.

Live Section

ADD JOG

Bir modele kesit alınacağı zaman illa düz bir hat olmak zorunda değildir. Add Jog komutu da kesit hattına ek bağlantılar eklenmesini sağlar.

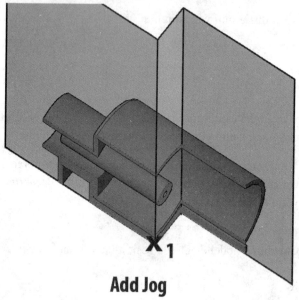

Add Jog

- Komutu çalıştırın.
- Kesit hattını seçin.
- Kesit hattı üzerinde ek bağlantı yapılacak olan noktaya tıklayın.

Kırılma işlemi sonucunda yeni oluşan hatta göre kesit güncellenecektir. Kırılma uzunluğu eğer fazla gelmiş ise, kesit hattını seçin. Her kesit hattını ortasında bulunan mavi kutucuktan çekerek hattın kırıklığını ayarlayabilirsiniz.

GENERATION SECTION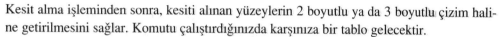

Kesit alma işleminden sonra, kesiti alınan yüzeylerin 2 boyutlu ya da 3 boyutlu çizim haline getirilmesini sağlar. Komutu çalıştırdığınızda karşınıza bir tablo gelecektir.

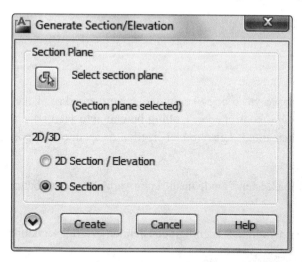

- Select section plane butonuna basın ve kesit hattını seçin.
- Kesiti alınan yüzeylerin 2 boyut mu yoksa 3 boyut mu alınacağını **2D/3D** bölümünden belirtin.
- **Create** butonuna basın.
- Tablo kapanacak ve çizim için ekranda bir nokta gösterilmesi istenecektir. Bir nokta gösterin.
- X yönü ölçek değerini girin. Eğer aynı ölçekte olacak ise enter diyerek devam edin.
- Y yönü ölçek değerini girin. Eğer aynı ölçekte olacak ise enter diyerek devam edin.
- Döndürme açısını girin. Model aynen kalacak ise enter diyerek devam edin.

İşlem sonucunda kesit belirttiğiniz yere yerleştirilmiş olacaktır.

Kesit alma işleminde 2D ile 3D arasındaki fark:

2D alındığında 2 boyutlu çizim gibi karşıdan bakıldığında ne görünüyorsa o çizilecektir.

3D alındığında ise model üzerinde kesit hattının geçtiği tüm yüzeyler 3 boyutlu olarak yerleşecektir.

 Kesit alma işleminde kesit hattının geçtiği yer haricinde diğer kısımlardaki modellerde etkilenecektir. Çizimin yoğun olduğu dosyalarda kesit alma işlemi çok yavaşlayabilir, hatta bilgisayarın kilitlenmesine neden olabilir.

SUBOBJECT

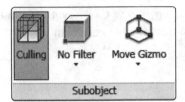

Bir modele ait seçim işlemi uygulandığında modelin seçim işlemine nasıl tabi olacağını belirten bölümdür.

CULLING

Bir model sürüklenirken örneğin; move ya da copy komutu uygulanırken arkada kalan kenar çizgilerinin görünüp görünmeyeceğini kontrol eder. **Culling** butonu aktif iken arkada kalan model çizgileri görünmez. Pasif iken arkada kalan model çizgileri de seçili olarak görünür.

SELECTION MODE

Bir modelin üzerinde seçim yapılmak istendiğinde nasıl seçim yapılabileceğini belirler. Bu bölümde beş seçenek vardır.

No Filter: Bir yüzey ile ilgili seçim yapılmak istendiğinde istenilen özelliği seçilebilir.

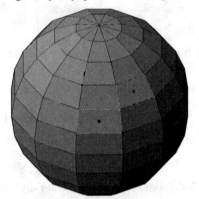

NO FILTER

Vertex: Bir modelin sadece bağlantı noktaları seçilir.

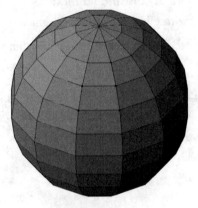

VERTEX

Edge: Modelin sadece kenar çizgileri seçilir.

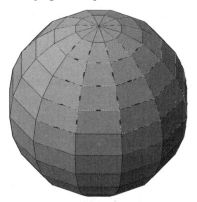

EDGE

Face: Modelin sadece yüzeylerini seçer.

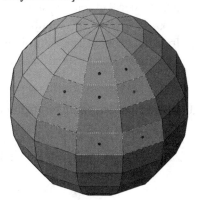

FACE

Solid History: Bir katı modelden başka bir katı model çıkartılmış ya da eklenmiş ise bu modeldeki ekleme-çıkarma yapılan modelleri seçer.

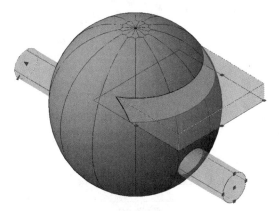

SOLID HISTORY

Gizmo

`Ctrl` tuşuna basılı tutarak modelin herhangi bir yüzeyini seçtiğimizde bu yüzeye uygulanacak işlemler ile ilgili komutlar içerir. Peki, bu komutlar nelerdir?

Move Gizmo

Seçilen yüzeylerin taşınmasını sağlar. Yüzey seçildiğinde 3 eksenli bir ikon göreceksiniz. Bu ikona göre hangi yönde taşıma yapmak istiyorsanız o yöndeki ok işaretine basarak taşıma işlemini yapabilirsiniz. Örneğin; bir yüzeyi ileri-geri yaparak bu yüzeyin çıkıntılı ya da girintili olması sağlanabilir.

Rotate Gizmo

Yüzeyler seçildiğinde X, Y ve Z yönlerini ifade eden 3 halka görünecektir. Hangi yönde döndürme işlemi yapılmak isteniyorsa o halkaya tıklanıp döndürebilir.

Scale Gizmo

Yüzeyler seçildiğinde yine aynı şekilde 3 eksenli bir ikon görünecektir. Bu ikon üzerinde ister tek eksene göre, ister iki eksene göre ya da orantılı olacak ise üç eksene göre büyütme ya da küçültme yapılabilir. İmleci ikonun üzerine getirdiğinizde okların ucundaki kutucuklar sarı renge dönüşürse o eksene göre işlem yapılacak demektir.

No Gizmo

Herhangi bir yüzey seçildiğinde bu yüzeye ait hiçbir gizmo ikonu görünmeyecektir.

Gizmo seçeneklerini model üzerinde görmek için model mutlaka **VisualStyles** görüntü tarzlarından **Wireframe** haricinde birisinden olmalıdır. Aksi takdirde **yüzeyler** (*face*) seçilemez.

SURFACE MODELLEME 35

Diğer bir modelleme aracı olan surface komutudur. Mesh komutlarının geliştirilmiş hali olan bu komutlar kullanıcıya sunuldu. Yeni gelen özellikleri incelediğimizde gerçekten kullanıcıyı heyecanlandıran, zor modellemeleri artık çok kolay bir şekilde yapmamızı sağlamayan bir bölüm olarak karşımıza çıkıyor.

Surface kısmını bölüm bölüm inceleyelim.

CREATE

NETWORK

Seçilen yüzey eğrileri arasında bağ kurularak model oluşturulmasını sağlar.

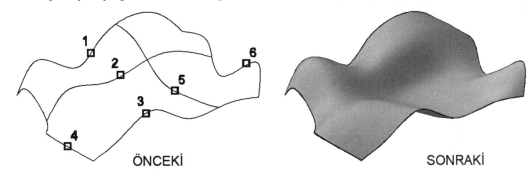

ÖNCEKİ   SONRAKİ

Soldaki resimde iki ayrı eksende üçer tane nesne bulunmaktadır. Ayrı eksen dememizin sebebi bu komut eksenlere göre çalıştığını belirtmek içindir.

- Komutu çalıştırın.
- Aynı eksende bulunan **1**, **2** ve **3** nolu nesneleri seçip enter yapın.
- Daha sonra diğer eksende bulunan **4**, **5** ve **6** nolu nesneleri seçip enter yapın.

İşlem sonucunda bu 6 nesnesine göre hesaplamalar yapılıp sağdaki gibi bir yüzey model oluşturulacaktır.

LOFT

Katı (*solid*) modeller ile ilgili komutları öğrenirken işlediğimiz `loft` komutunun aynısıdır. Bu komut ile seçilen nesnelerin arası katı model değil, surface model olması sağlanır.

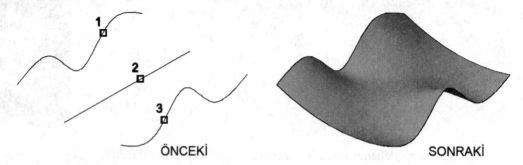

ÖNCEKİ　　　　　　　　　　SONRAKİ

Soldaki resimde üç adet nesne görünmektedir. Bu nesneleri loft komutu ile birbirine bağlayarak surface model elde edelim.

- Komutu çalıştırın.
- **1**, **2** ve **3** nolu nesneleri sırası ile seçip enter yapın.
- Komutu bitirmek için tekrar enter yapın.

Sonuçta sağdaki gibi nesneler birbirine bağlanarak surface model oluşacaktır.

SWEEP

Katı (*solid*) modeller ile ilgili komutları öğrenirken işlediğimiz `loft` komutunun aynısıdır. Bu komut ile seçilen nesnelerin arası katı model değil, surface model olması sağlanır.

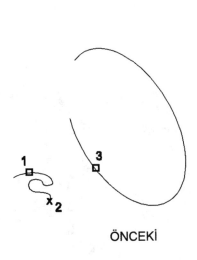
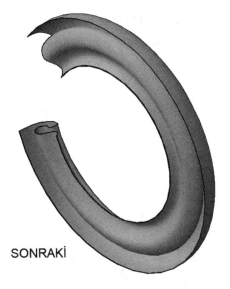

ÖNCEKİ   SONRAKİ

- Komutu çalıştırın.
- **1** nolu nesneyi seçip enter yapın.
- B (Base point) alt komutunu çalıştırın.
- **2** nolu noktaya tıklayın.
- **3** nolu nesneyi seçin.

İşlem sonucunda **1** nolu nesne **2** nolu noktaya göre **3** nolu nesnenin üzerinden takip ederek surface model oluşturulmasını sağladı.

PLANAR

İster seçilen nesneyi ister pencere açarak gösterilen iki nokta arasındaki bölümü surface model yapılmasını sağlar.

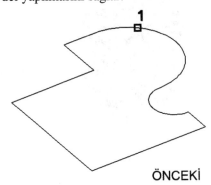
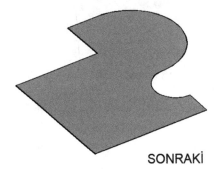

ÖNCEKİ   SONRAKİ

- Komutu çalıştırın.
- O (Object) alt komutunu çalıştırın.
- **1** nolu nesneyi seçip enter yapın.

İşlem sonucunda seçilen nesne surface model olacaktır.

Extrude

Katı modelde kullanılan Extrude komutunun aynısı olan bu komut, seçilen bir nesneyi aynı mantıkla yükseltilerek surface model olmasını sağlar.

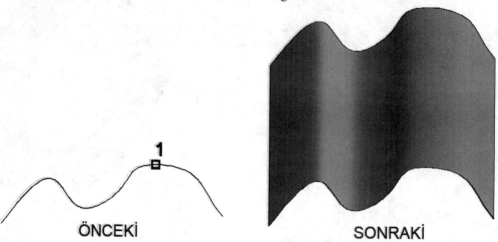

- Komutu çalıştırın.
- **1** nolu nesneyi seçip enter yapın.
- Yüzeyin yüksekliğini Mouse ile belirleyin yada klavyeden bir yükseklik değeri yazıp enter yapın.

Revolve

Diğer komutlarda olduğu gibi bu komutu da katı modellemeler ile ilgili komutlarda görmüştük. Bu bölümdeki komut ise yapılan işlemde modelin surface olmasını sağlar.

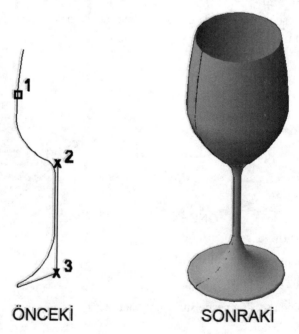

- Komutu çalıştırın.
- **1** nolu nesneyi seçip enter yapın.
- **2** nolu noktaya tıklayın.
- **3** nolu noktaya tıklayın.
- Dönme açısı olarak 360 yazıp enter yapın.

İşlem sonucunda kadehimiz surface olarak modellenecektir.

> **NOT** **Surface** kısmında gördüğümüz komutlar, katı modellemeler ile ilgili bölümde gördüğünüz komutlar ile aynı olup sadece komut çalıştırıldıktan sonra Mode alt komutundan **Surface** yada **Solid** seçeneği seçilerek modelleme yapılmaktadır.

BLEND

Surface modellerde seçilen kenarların arasında bağ kurularak modellenmesini sağlar.

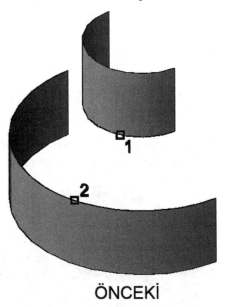
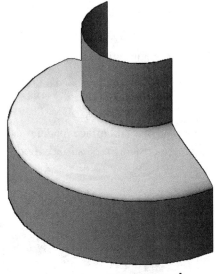

ÖNCEKİ — SONRAKİ

- Komutu çalıştırın.
- **1** nolu kenar çizgisini seçip enter yapın.
- **2** nolu kenar çizgisini seçip enter yapın.
- Komutu bitirmek için tekrar enter yapın.

İşlem sonucunda seçilen iki kenar arası surface model oluşturuldu.

Patch

Kapalı döngü oluşturulan bir surface modelde seçilen yüzey kenarının uygun bir şekilde kapatılmasını sağlar.

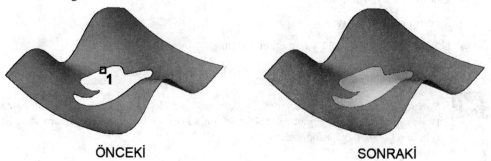

ÖNCEKİ   SONRAKİ

Soldaki modelde yüzeyin ortasında bir boşluk bulunmaktadır. Patch komutunu kullanarak uygun bir şekilde bu boşluğu kapatalım.

- Komutu çalıştırın.
- **1** nolu kenar çizgisini seçip enter yapın.
- Komutu bitirmek için tekrar enter yapın.

İşlem sonucunda sağdaki resimde olduğu gibi modelin boşluk kısmı kapatılacaktır.

Offset

Seçilen bir surface modelin istenilen yönde ötelenerek yeni bir surface model oluşturulmasını, istenirse bu surface modelin belirtilen kalınlıkta katı modele dönüştürülmesini sağlar.

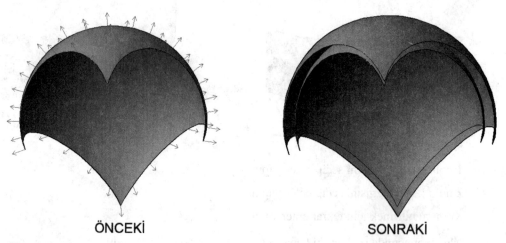

ÖNCEKİ   SONRAKİ

- Komutu çalıştırın.
- Modeli seçip enter yapın.
- **F** (Flip direction) yazıp enter yaparak öteleme yönünü iç veya dış olarak ayarlayın. Her iki tarafa da öteleme yapmak isterseniz **B** (Both sides) yazıp enter yapın.
- Öteleme mesafesini yazıp enter yapın.

İşlem sonucunda seçilen model, istenilen yönde ve istenilen mesafede ötelenerek kopyası çıkartıldı.

Şimdi de bu surface modelini katı modele dönüştürelim.

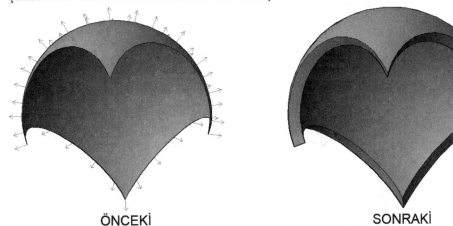

ÖNCEKİ   SONRAKİ

- Komutu çalıştırın.
- Modeli seçip enter yapın.
- F (Flip direction) yazıp enter yaparak öteleme yönünü iç veya dış olarak ayarlayın.
- S (Solid) yazıp enter yaparak modelin katı modele dönüştürüleceğini belirleyin.
- Öteleme mesafesini yazıp enter yapın.

SURFACE ASSOCIATIVITY

Bu seçenek aktif olduğunda seçilen çizgilerin arası surface model oluşturulmak istendiğinde (network komutunu inceleyin) çizgiler silinmez ve model çizgilere bağlanır. Çizgilerin yeri değiştirildiğinde model yeniden uygun bir şekilde oluşturulur. Pasif olduğunda ise çizgiler silinerek sadece modelin kalması sağlanır.

NURBS CREATION

Bu seçenek aktif olduğunda seçilen çizgilerin arası surface model oluşturulmak istendiğinde model oluşturulduktan sonra çizgilerin grip noktaları belirtilmez. Pasif olduğunda ise, model oluşturulduktan sonra bu çizgilerin grip noktaları belirtilir.

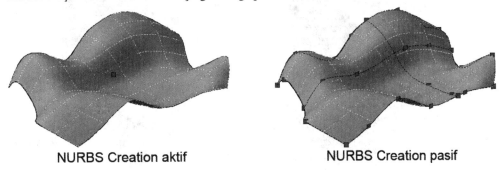

NURBS Creation aktif   NURBS Creation pasif

Bu noktaları görmek için modeli oluşturduktan sonra komut girmeden nesneleri seçin.

EDIT

FILET
Seçilen iki surface model arasını yuvarlatarak birleştirir.

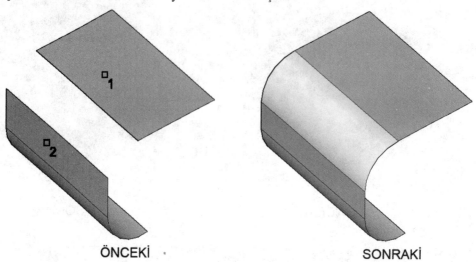

ÖNCEKİ   SONRAKİ

- Komutu çalıştırın.
- R (Radius) yazıp enter yapın.
- Yuvarlama yarıçapını yazıp enter yapın.
- **1** nolu modeli seçin.
- **2** nolu modeli seçin.
- Komutu bitirmek için tekrar enter yapın.

TRIM
Seçilen surface modelin trimlenmesini sağlar.

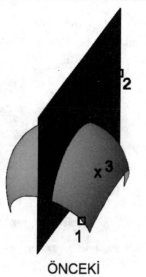 

ÖNCEKİ   SONRAKİ

- Komutu çalıştırın.
- Kesilecek olan **1** nolu modeli seçip enter yapın.
- Kesilecek modelin nereye kadar kesileceğini belirten **2** nolu modeli seçip enter yapın.
- **1** nolu modelin kesilecek olan kısmını **3** nolu noktaya tıklayarak belirtin.

UNTRIM

Trimlenmiş modelin eski haline getirilmesini sağlar.

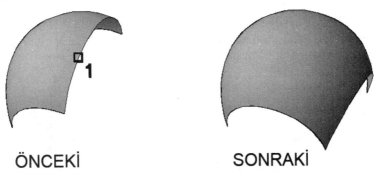

ÖNCEKİ   SONRAKİ

- Komutu çalıştırın.
- **1** nolu modeli seçip enter yapın.

İşlem sonucunda trimlenmiş model eski haline geri gelecektir. Eğer modele `Brep` komutu uygulanmış ise, model eski haline getirilemez.

SCULPT

Seçilen surface modellerin ortak kısımlarında bir boşluk yok ise, yani diğer bir deyişle bu ortak kısım su geçirmezlik diye tabir edeceğimiz şekilde birleşime sahip ise bu ortak kısmı katı model olarak oluşturur.

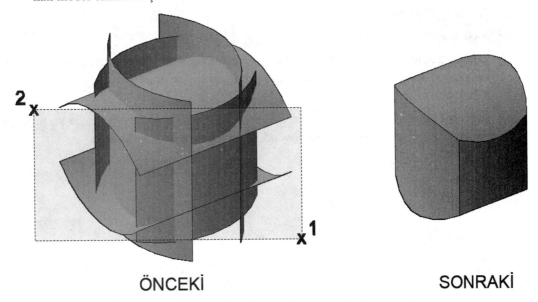

ÖNCEKİ   SONRAKİ

- Komutu çalıştırın.
- Ekran üzerinde nesne olmayan **1** nolu noktaya tıklayarak kesik kesik pencere oluşturun ve **2** nolu noktaya tıklayarak bu pencere içine giren tüm nesnelerin seçilmesini sağlayıp enter'a basın.

İşlem sonucunda eğer nesneler arasında boşluk yok ise sağdaki resimde olduğu gibi bir model oluşacaktır.

CONTROL VERTICES

CV EDIT BAR

Nurbs özelliğine dönüştürülmüş olan surface modellerin U ve V yönlerinde yeniden hassas bir şekilde yeniden şekillendirilmesini sağlar.

Nokta Gösterme

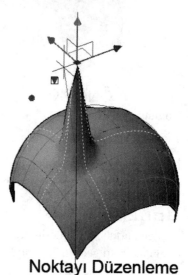
Noktayı Düzenleme

- Komutu çalıştırın.
- Modeli seçin.
- Seçimden sonra imleci model üzerinde hareket ettirdiğinizde modelin üzerinde çift eksenli kırmızı renkli hat göreceksiniz. Hangi bölümü düzenlemek istiyorsanız imleci o bölge üzerine getirip tıklayın.
- Belirtilen bölgede X, Y ve Z eksenini göreceksiniz. Hangi eksende düzenleme yapmak istiyorsanız o eksene tıklayıp eksenin yönünde veya tersi yönünde sürükleyin.

Convert to Nurbs

Seçilen katı modellerin Nurbs özelliğine sahip surface modellere dönüştürülmesini sağlar.

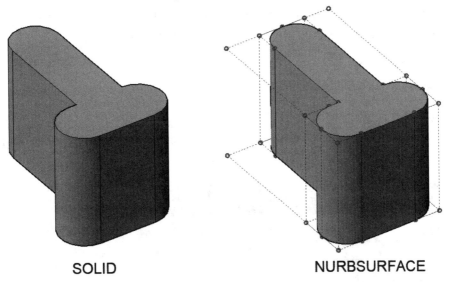

SOLID · NURBSURFACE

- Komutu çalıştırın.
- Modeli seçip enter yapın.

Seçilen model Nurbs özelliğine sahip surface model olacaktır.

Show CV

Nurbs özelliğine sahip surface modellerin ya da spline nesnesinin kontrol noktalarını ekranda görüntülenmesini sağlar.

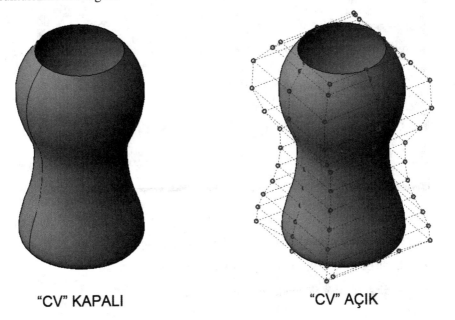

"CV" KAPALI · "CV" AÇIK

- Komutu çalıştırın.
- Modeli seçip enter yapın.

İşlem sonucunda seçilen modelin kontrol noktaları ekranda görünecektir. Bu noktalardan tutup sürükleyerek modelin yeniden şekillendirilmesi sağlanabilir.

HIDE CV
Dosya içinde gösterilen tüm kontrol noktalarının ekranda görünmemesini sağlar.

REBUILD
Nurbs surface modele ait control noktalarının istenilen sayıya göre yeniden oluşturulmasını sağlar. Komutu çalıştırın ve modeli seçin.

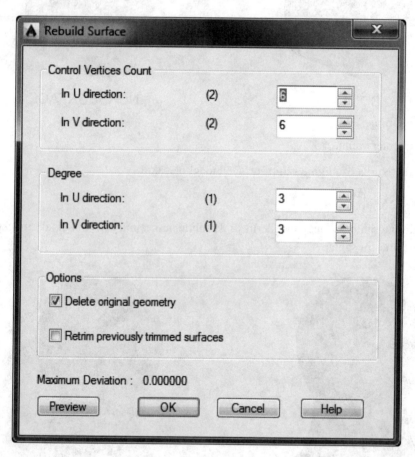

Ekrana gelen tablodan nurbs ile ilgili ayarları öğrenip değerleri değiştirerek uygulayalım.

Control Vertices Count: Tepe noktaların kontrol sayısı.

- **In U direction:** U yönünde tepe nokta sayısı.
- **In V direction:** V yönünde tepe nokta sayısı.

Degree: Aralık başına kullanılabilir kontrol sayısı.

- **In U direction:** U yönünde tepe nokta sayısı.
- **In V direction:** V yönünde tepe nokta sayısı.

Delete original geometry: Komutun uygulanmasından sonra orijinal modelin silinip silinmeyeceğini belirler. Eğer seçili olmaz ise yeni model ile eski orijinal model üst üste yerleştirilir.

Retrim previously trimmed surfaces: Orijinal yüzey alanları da kesilmiş yüzeylere tekrar uygulanır.

Bu değerleri sırası ile 12 12 3 3 şeklinde sıralayarak değiştirelim.

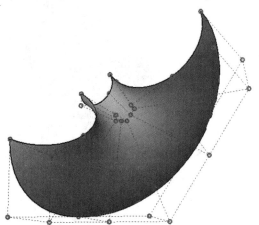

Orijinal Model   "Rebuild" uygulanmış model

Uygulama sonucunda modelin kontrol noktaları istenilen sayılara göre yeniden düzenlendi. Bu şekilde modelin kontrol noktalarından tutulup çekilerek daha hassas müdahalelerde bulunulabilir.

> **NOT** 3 boyutlu nesneleri tanımlamak için XYZ koordinatları kullanılır. Mesh yüzeyler için ise farklı bir sistem tanımlamak için UVW harfleri kullanılır.

ADD

Nurbs surface modele ait kontrol noktalarına ek olarak yeni vertex noktalarının eklenmesini sağlar.

- Komutu çalıştırın.
- Modeli seçin.
- İmleci model üzerinde hareket ettirdiğinizde yeni eklenen kontrol noktalarını göreceksiniz.
- Resim üzerinde eklenen kontrol noktaları dik bir şekilde eklenmiştir. Eğer dik değil de yatay bir şe-

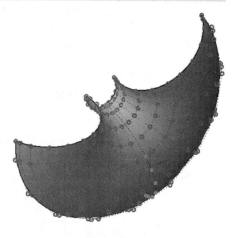

kilde eklemek isterseniz D (Direction) alt komutunu girin. Eklenecek kontrol noktaları yatay olacaktır.

- Model üzerinde istediğiniz noktaya tıklayarak kontrol noktalarını ekleyin.

REMOVE

Nurbs surface modelde istenilen kontrol noktalarının silinmesini sağlar.

Kontrol noktalarının seçilmesi

Kontrol noktalarının silinmiş hali

- Komutu çalıştırın.
- Modeli seçin.
- Seçimden sonra imleci hareket ettirdiğinizde, imleç diğer kontrol noktalarının üzerinde geldiğinde renkleri değişecektir.
- Silmek istediğiniz hattın üzerine gelip tıklayın.

Sonuç olarak sağdaki gibi kontrol hattı silinmiş olacaktır.

CURVES

SPLINE

Bu ikonun altındaki yazıya tıkladığınızda bir liste ekrana gelecektir. Bu listede üç adet komut bulunmaktadır. Bunlar; **Spline CV**, **Spline Knot** ve **Spline Freehand**'dir.

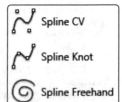

Spline komutunu önceki derslerimizde incelemiştik. Peki neden 3 boyutlu nesnelerin olduğu yerde tekrar bulunmaktadır?

Sebebi, spline nesnesinin her bir kontrol (*vertex*) noktasının Z koordinatını farklı yapabiliriz. Bu sayede yapacağımız modelleme ile ilgili en kesitini çıkartıp modele dönüştürebiliriz. Buna dikkat çekmek amacı ile bu bölüme eklenmiştir. Ek olarak, spline komutu ile yapılmayan ancak oluşan nesnenin spline olmasını sağlayan Freehand komutu vardır. Bu komutları resim üzerinde inceleyelim.

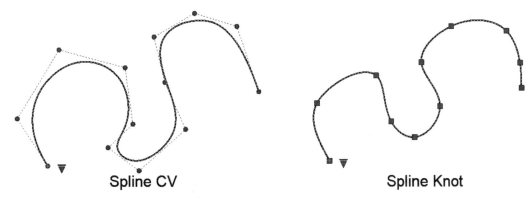

Spline CV   Spline Knot

Spline CV seçeneği kullanıldığında, oluşturulan spline nesnesinin kontrol noktaları nesne üzerinde değil, nesne oluşturulurken belirtilen noktalar üzerinde gösterilir.

Spline Knot seçeneği kullanıldığında ise, kontrol noktaları spline nesnesinin üzerinde gösterilir.

Şimdi ise yeni bir komut olarak Spline Freehand, gerçek komut adı Sketch komutunu inceleyelim.

Bu komut imlecin her hareketinde çizim ekranında serbest çizgi çizilmesini sağlar.

Komutu çalıştırığımızda alt komutları göreceksiniz.

```
Specify sketch or [Type/Increment/toLerance]:
```

Type kısmı, oluşan çizginin hangi türde olacağını belirler.

```
Enter sketch type [Lines/Polyline/Spline] <Spline>:
```

Tür seçiminde 3 nesnenin olduğunu görüyoruz. İstenilen seçenek seçilebilir.

Incerement seçeneği ise, oluşan çizgilerin uzunluğunu tanımlar.

Bu komutu ribbon menüden çalıştırdığınızda oluşacak nesne otomatik olarak spline olacaktır.

Bir uygulama yapalım.

- Komutu çalıştırın.
- I (Increment) alt komutunu çalıştırın ve değerini 5 olarak değiştirin.
- Tekrar enter'a basarsanız imleç hareketine göre nesne oluşmaya başlayacaktır.
- Mouse'un sol tuşuna bastığınızda nesne oluşturulması duracak, tekrar tıkladığınızda ise nesne çizilmeye devam edecektir.
- İşlemi tamamlamak için enter'a basın.

3D Polyline

Normal polyline nesnesi ile arasındaki fark, bu nesnenin her bir kontrol noktasının Z koordinatı farklı olabilir. Bu sayede tümleşik çizgi olup da farklı koordinatlarda çizgi çizilebilir

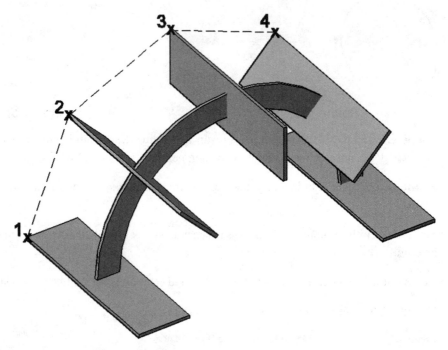

- Komutu çalıştırın.
- **1**, **2**, **3** ve **4** numaralı noktalara sırası ile tıkladıktan sonra enter'a basarak komutu bitirin.

 3dpolyline komutu ile yapılan nesnelere **Offset** komutu uygulanamaz.

Project Geometry

Project to UCS

Seçilen bir nesnenin (*line*, *arc*, *elipse*, *polyline*, *spline*, *helix*) modelin üzerinde nereyi kaplıyorsa o bölgeye ya spline nesnesi oluşturur ya da o bölgeyi modelden çıkartır. Spline oluşması ya da bu bölgenin modelden çıkartılması için **Auto Trim** düğmesinin aktif yada pasif olması gerekir.

Resimde görüldüğü gibi, **Auto Trim** pasif iken nesnenin modelin üzerine düştüğü yere yeni bir nesne oluşturuldu. Aktif olduğunda ise bu bölge modelden çıkartıldı.

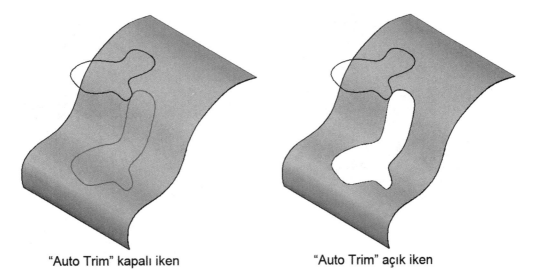

"Auto Trim" kapalı iken   "Auto Trim" açık iken

- Komutu çalıştırın.
- Nesneyi seçip enter yapın.
- Modeli seçin.

PROJECT TO VIEW

Seçilen bir nesnenin (*line*, *arc*, *elipse*, *polyline*, *spline*, *helix*) bakış açısına göre modelin üzerinde nereyi kaplıyorsa o bölgeye ya spline nesnesi oluşturur yada o bölgeyi modelden çıkartır.

Bakış açısına göre denilen özellik, bir nesneye izometrik baktığınızda UCS ikonu modele bakış yönüne göre yön değiştirir.

Yapacağımız örnekte, öncelikle UCS düzlemini değiştirelim.

- Modelinize izometrik bakış açılarından istediğinizi seçerek bakın.
- UCS toolbarından View butonuna basın. Bu komut ile bakış açınız izometrik olsa bile, UCS ikonu plan düzlemindeymiş gibi duracaktır.
- `Circle` komutunu kullanarak modelin üzerine bir çember çizin.

Örnek çizimimiz hazır. Şimdi komutu uygulayalım.

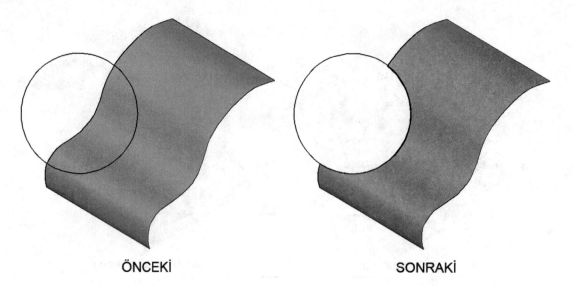

ÖNCEKİ　　　　　　　　SONRAKİ

- Komutu çalıştırın.
- Nesneyi seçip enter yapın.
- Modeli seçin.

İşlem sonucunda bakış açımıza göre nesnenin modelin üzerine düştüğü yer modelden çıkartılacaktır.

3D OPERATION KOMUTLARI 36

3D Move

X, Y ve Z eksenlerinden istenilen eksende taşıma yapılmasını sağlar. Normal Move komutunda serbest taşıma yapılırken bu komutta sadece 3 eksen kullanılarak taşıma yapılır.

Ribbon: Home tab → Modify Panel → 3D Move
Menü: Modify → 3D Operations → 3D Move
Toolbar: Modeling
Komut ile: 3DMOVE
Kısayolu: 3M

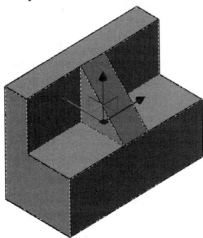

- Komutu çalıştırın.
- Nesneyi seçip enter yapın.
- Model üzerinde **Ucs** ikonunu göreceksiniz. Hangi eksende taşıma yapmak istiyorsanız imleci o eksenin üzerine getirip tıklayın. Mouse'u hareket ettirdiğinizde modelinizin sadece o eksende hareket ettiğini göreceksiniz.

3D ROTATE

Seçilen nesnelerin X, Y ve Z eksenlerinden istenilen yönde döndürülmesini sağlar. Bu komut 2 boyut nesneleri çevirirken kullandığımız `Rotate` komutuna ek olarak Z ekseninde de döndürülmesini sağlar.

Ribbon: Home tab → Modify Panel → 3D Rotate
Menü: Modify → 3D Operations → 3D Rotate
Toolbar: Modeling
Komut ile: 3DROTATE
Kısayolu: 3R

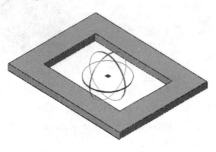

ÖNCEKİ **SONRAKİ**

Soldaki şeklimizdeki modeli bu komutu kullanarak Z ekseninde döndürelim ve sağdaki şekilde olduğu gibi dik bir şekilde görünmesini sağlayalım.

- Komutu çalıştırın.
- Nesneyi seçip enter yapın.
- Bu işlemden sonra model üzerinde **Kırmızı**, **Yeşil** ve **Mavi** renkli 3 eksenli bir daire göreceksiniz. Hangi yönde döndürülmesini istiyorsanız imleci o eksen çizgisi üzerine getirip tıklayın. İmleç istenilen eksen çizgisinin üzerine geldiğinde eksen çizgisinin rengi değişecektir. Resimdeki örnek çizime göre kırmızı eksen çizgisine tıklayın.
- Mouse'u hareket ettirdiğinizde nesnenin döndüğünü göreceksiniz. **Ortho** (F8) fonksiyonunu açarak bu modelin dik bir şekilde dönmesini sağlayabiliriz. Ortho açık iken imleci aşağıya doğru getirip Mouse'un sol tuşu ile tıklayın.

İşlem sonucunda model sağdaki gibi dönmüş olacaktır.

3D Align

Align komutu aracılığı ile nesnelerin hizalanmasını bu şekilde birden fazla komut ile yapabileceğimiz işlemi tek bir komutta yapılmasını sağlar.

Ribbon: Home tab → Modify Panel → 3D Align
Menü: Modify → 3D Operations → 3D Align
Toolbar: Modeling
Komut ile: 3DALIGN
Kısayolu: 3AL

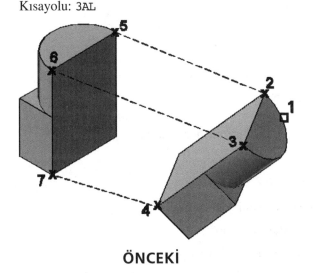
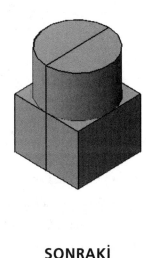

ÖNCEKİ   SONRAKİ

Soldaki resimde iki parça model görünmektedir. Eğik olan modeli 3dAlign komutunu kullanarak düz olan model ile birleştirelim.

- Komutu çalıştırın.
- **1** nolu modeli seçip enter yapın.
- **1** nolu model üzerinde 3 tane referans nokta belirtin. Sırası ile **2**, **3** ve **4** nolu noktalara tıklayın.
- Diğer modelde **5**, **6** ve **7** noktalara sırası ile tıklayın.

İşlem sonucunda sağdaki gibi modeller birleşecektir.

Komutun işlem sırasında şunu söyleyebiliriz. İlk modelde belirtilen 3 noktanın sırası ile diğer modelde hangi noktalar ile birleşeceğini belirtmeliyiz. Resim üzerinde de dikkat edileceği gibi **2**. nokta **5**. noktaya, **3**. nokta **6**. noktaya ve **4**. nokta ise **7**. noktaya gideceğini belirttik.

Align

3D Align komutunu anlatmışken Align komutunu da anlatmamız gerekir. Bu komut 3 boyutta kullanıldığı gibi 2 boyutlu çizimlerde de kullanılır. Bu komut ile ilgili örneğimizi 2 boyutlu bir çizim üzerinden verelim.

Ribbon: Home tab → Modify Panel → Align
Menü: Modify → 3D Operations → Align
Komut ile: ALIGN
Kısayolu: AL

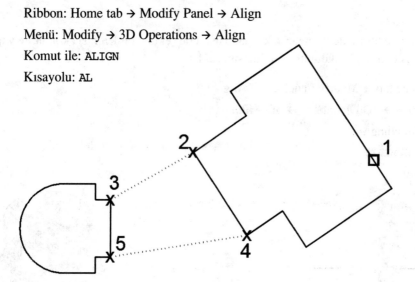

Resimdeki çizimde sağdaki çizimi soldaki çizime hizalayalım.

- Komutu çalıştırın.
- **1** nolu nesneyi seçip enter yapın.
- **2** nolu noktaya ardından **3** nolu noktaya tıklayın.
- **4** nolu noktaya ardından **5** nolu noktaya tıklayın.
- 2 boyutlu bir çizim olduğu için **3.** hizalamayı enter diyerek pas geçin.
- Komut satırında bir uyarı belirecek ve Yes/No şeklinde seçenek sunacaktır. Yes dediğinizde model scale edilerek model ile hizalanacak. No dediğinizde scale komutu uygulanmadan hizalama gerçekleştirilecektir.

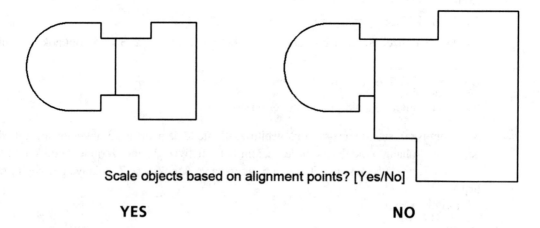

Komut bitiminde, **2** nolu nokta **3** nolu noktaya, **4** nolu nokta **5** nolu noktaya taşınacak ve Yes ve No seçeneğine göre sonuçları göreceksiniz.

3D Array

Array komutu ile aynı işleve sahip olan bu komutta nesneleri Z ekseninde çoğaltılarak kopyalanmasını sağlar.

Ribbon: Home tab → Modify Panel → 3D Array
Menü: Modify → 3D Operations → 3D Array
Toolbar: Modeling
Komut ile: 3DARRAY
Kısayolu: 3A

Resimdeki örnekte 100x100x100 boyutlarında bir kutu çizdik. 3D Array komutunu kullanarak bu kutuyu sıralı bir şekilde kopyalayalım. Bu komutta da Rectangular ve Polar olmak üzere iki bölüm bulunmaktadır.

Rectangle alt komutu:

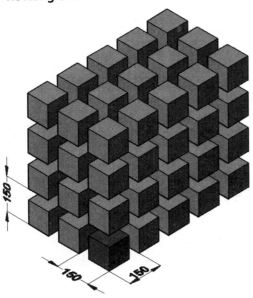

- Komutu çalıştırın.
- Kutu seçip enter yapın.
- R (Rectangular) alt komutunu çalıştırın.
- Satır sayısını girin. (3 satır)
- Sütun sayısını girin. (5 sütun)
- Kat sayısını girin. (4 kat)
- Satırlar arasındaki mesafeyi belirtin. (150)
- Sütunlar arasındaki mesafeyi belirtin. (150)
- Katlar arasındaki mesafeyi belirtin. (150)

Polar alt komutu:

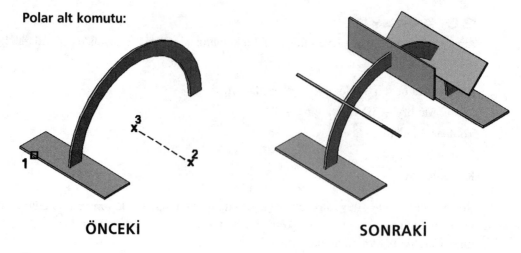

ÖNCEKİ   SONRAKİ

- Komutu çalıştırın.
- **1** nolu nesneyi seçip enter yapın.
- **P (Polar)** alt komutunu çalıştırın.
- Kopyalama adetini yazın. (**5**)
- Dönme açısını yazın. (**180**)
- Nesneler kopyalanırken döndürülsün mü sorusuna **YES** diyerek devam edin.
- **2** nolu noktaya tıklayın.
- **3** nolu noktaya tıklayın.

3D Mirror

Seçilen nesnelerin X ve Y yönlerine ek olarak Z ekseninde kullanılarak simetrisini almak için kullanılan komuttur.

Ribbon: Home tab → Modify Panel → 3D Mirror
Menü: Modify → 3D Operations → 3D Mirror
Komut ile: 3DMIRROR

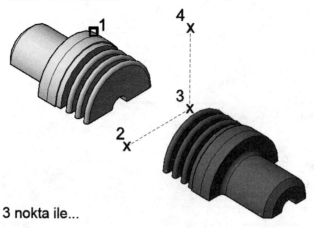

3 nokta ile...

- Komutu çalıştırın.
- **1** nolu nesneyip seçip enter yapın.
- **2** nolu noktaya tıklayın.
- **3** nolu noktaya tıklayın.
- **4** nolu noktaya tıklayın.
- Seçilen nesne silinecek ise `Yes`, silinmeyecek ise `No` yazıp enter yapın.

3 nokta göstererek simetrisini almak haricinde bu komutun alt komutları vardır. Bu alt komutlardan en çok kullanışlı olanlarını inceleyelim.

```
[Object/Last/Zaxis/View/XY/YZ/ZX/3points]
```

Object: Simetri alma işlemi referans seçilen bir nesneye göre yapılır.

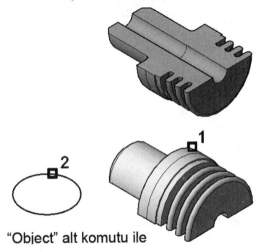

"Object" alt komutu ile

- Komutu çalıştırın.
- **1** nolu nesneyi seçip enter yapın.
- O (Object) alt komutunu çalıştırın.
- **2** nolu nesneyi seçin.
- Seçilen nesne silinecek ise `Yes`, silinmeyecek ise `No` yazıp enter yapın.

XY: Simetri alma işlemi XY düzlemine göre yapılır. Bu işlemi daha iyi anlamak için XY düzlemi arasında ayna bulunduğunu düşünün.

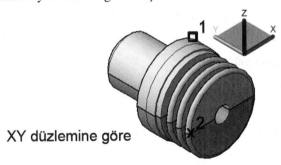

XY düzlemine göre

- Komutu çalıştırın.
- **1** nolu nesneyip seçip enter yapın.
- **XY** alt komutunu çalıştırın.
- **2** nolu noktaya tıklayın.
- Seçilen nesne silinecek ise **Yes**, silinmeyecek ise **No** yazıp enter yapın.

   YZ: Simetri alma işlemi YZ düzlemine göre yapılır.

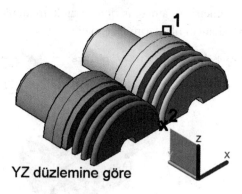

YZ düzlemine göre

- Komutu çalıştırın.
- **1** nolu nesneyip seçip enter yapın.
- **YZ** alt komutunu çalıştırın.
- **2** nolu noktaya tıklayın.
- Seçilen nesne silinecek ise **Yes**, silinmeyecek ise **No** yazıp enter yapın.

   ZX: Simetri alma işlemi ZX düzlemine göre yapılır.

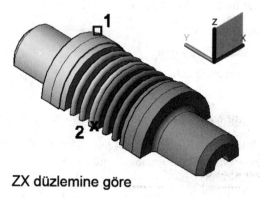

ZX düzlemine göre

- Komutu çalıştırın.
- **1** nolu nesneyi seçip enter yapın.
- **ZX** alt komutunu çalıştırın.
- **2** nolu noktaya tıklayın.
- Seçilen nesne silinecek ise **Yes**, silinmeyecek ise **No** yazıp enter yapın.

INTERFERE

Seçilen katı modellerin ortak kısımlarını gösterir. İstenirse bu ortak kısımları ayrı bir model haline getirir.

Ribbon: Home tab → Solid Editing Panel → Interfere
Menü: Modify → 3D Operations → Interference Checking
Komut ile: INTERFERE

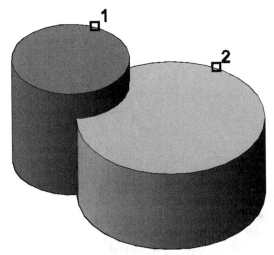

Resimdeki çizimde 2 katı model iç içe geçmiş durumda. Interfere komutu ile bu iki modelin ortak kısmını mevcut modelleri bozmadan ayrı bir model haline getirelim.

- Komutu çalıştırın.
- **1** ve **2** nolu nesneleri seçip enter yapın.
- Tekrar enter yaparak Check alt komutunun çalışmasını sağlayın. Ekrana bir tablo gelecek.

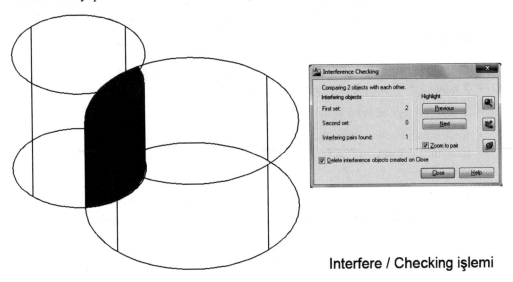

Interfere / Checking işlemi

Çizimimizde iki nesnenin kesişimi boyanmış bir şekilde gösterilecektir. Bununla beraber ekranda bir tablo görünecek. Bu tabloda kullanacağımız seçenek ise, **Delete interference objects created on Close** seçeneğidir. Anlamı, *"Kesişimdeki nesneyi tablo kapatılınca sil"* demektir. Eğer bu işareti kaldırıp da **Close** butonuna basar isek bu kesişimde oluşan model silinmeyecektir. Bu sayede kesişim modelini istediğimiz gibi kullanabiliriz.

SLICE

Seçilen katı modelleri ve Surface nesnelerini istenilen noktalardan itibaren kesilmesini sağlar.

Ribbon: Home tab → Solid Editing Panel → Slice
Menü: Modify → 3D Operations → Slice
Komut ile: `SLICE`
Kısayolu: `SL`

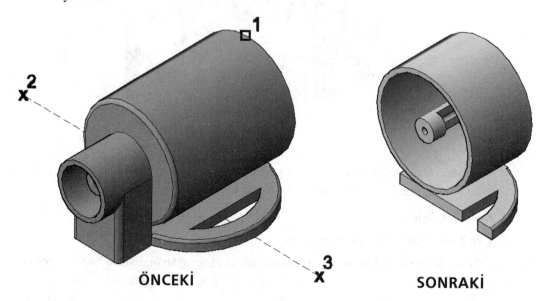

ÖNCEKİ   SONRAKİ

Resimdeki modeli kesmeden önce Ucs düzleminin World olmasını sağlayın.

- Komutu çalıştırın.
- **1** nolu nesneyi seçip enter yapın.
- **2** nolu noktaya tıklayın ardından **3** nolu noktaya tıklayın.
- Kesme işleminden sonra modelin hangi tarafının kalmasını istiyorsanız modelin o tarafına tıklayın. Eğer modelin iki kısmının da kalmasını istiyorsanız bu bölümü enter'a basarak devam edin.

`Slice` komutunda alt komutları mevcuttur. Ucs düzlemi World olduğu sürece `YZ` ve `ZX` alt komutlarına gerek olmadan yukarıda anlatılan işlem gibi kesim yapabilirsiniz. `XY`, `YZ` ve `ZX` alt komutlarının çalışma prensibi `3DMirror` komutundaki gibidir.

Modelleri eğik kesmek için neler yapmalıyız?

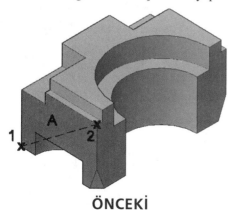 

ÖNCEKİ   SONRAKİ

Resimdeki modeli **1** ile **2** nolu noktaları referans kabul ederek keselim..

Bunun için öncelikle ucs düzlemini A yüzeyine uygun hale getirmeliyiz.

- UCS komutunu çalıştırın.
- F (Face) alt komutunu çalıştırın.
- A yüzeyini seçip enter yapın.

Bu işlem sonucunda UCS düzlemi A yüzeyine uygun hale gelecektir. Şimdi modeli 2'ye ayıralım.

- Komutu çalıştırın.
- Modeli seçip enter yapın.
- **1** nolu noktaya tıklayın ardından **2** nolu noktaya tıklayın.
- Kesme işleminden sonra modelin hangi tarafının kalmasını istiyorsanız modelin o tarafına tıklayın. Eğer modelin iki kısmının da kalmasını istiyorsanız bu bölümü enter'a basarak devam edin.

THICKEN

Seçilen surface nesnelerinin katı model olmasını sağlar.

Ribbon: Home tab → Solid Editing Panel → Thicken
Menü: Modify → 3D Operations → Thicken
Komut ile: THICKEN

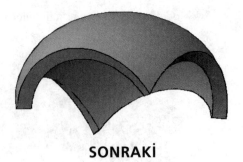

ÖNCEKİ　　　　　　　　　　SONRAKİ

Soldaki resimde bir surface nesnesini görüyorsunuz. Thicken komutu ile bu nesneyi **katı** (*solid*) modele dönüştürelim.

- Komutu çalıştırın.
- Nesneyi seçip enter yapın.
- Katı model için kalınlık değerini girip enter yapın.

İşlem sonucunda seçilen katı model istenilen kalınlıkta katı modele dönüştürüldü.

EXTRACT EDGES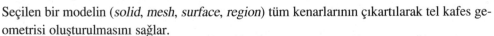

Seçilen bir modelin (*solid*, *mesh*, *surface*, *region*) tüm kenarlarının çıkartılarak tel kafes geometrisi oluşturulmasını sağlar.

Ribbon: Home tab → Solid Editing Panel → Extract Edges
Menü: Modify → 3D Operations → Extract Edges
Komut ile: **XEDGES**

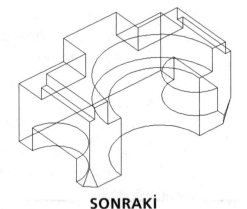

ÖNCEKİ　　　　　　　　　　SONRAKİ

- Komutu çalıştırın.
- Modeli seçip enter yapın.

İşlem sonucunda seçilen modelin tel kafes geometrisi oluşturuldu. Ancak mevcut model ile üst üste olduğu için görünmemektedir. Erase komutu ile modeli silin. Sonuç sağdaki resimde olduğu gibi görünecektir.

FlatShot

Seçilen tüm 3 boyutlu nesneler, o anki bakış açısındaki görüntülerini 2 boyuta çevirir.

Ribbon: Home tab → Section Panel → Flatshot

Komut ile: FLATSHOT

Komutu çalıştırdığınızda ekrana bir tablo gelecek. Bu tablo 2 boyuta dönüştürülürken kullanılacak özellikleri ayarlamanıza yardımcı olur. Tablomuzu inceleyelim.

Insert as new block: Çizimin yeni bir blok olarak çizime yerleştirilmesini sağlar.

Replace existing block: Çizimin istenilen bir bloğun üzerine yeniden yazılarak çizime yerleştirilmesini sağlar.

Export to a file: Çizimin mevcut dosya içine değil de, ayrı bir çizim olarak saklanmasını sağlar.

Foreground lines: Modelin görünen çizgileri ile ilgili bölümdür.

- **Color:** Görünen çizgilerin rengi
- **Linetype:** Görünen çizgilerin çizgi tipi.

Obscured lines: Modelin görünmeyen çizgileri ile ilgili bölümdür.

- **Show:** 2 boyuta dönüştürülürken görünmeyen çizgilerin çizimde olup olmayacağını kontrol eder.
- **Color:** Görünmeyen çizgilerin rengi.
- **Linetype:** Görünmeyen çizgilerin çizgi tipi.

Include tangential edges: Kavisli yüzeyler için siluet kenarları oluşturur.

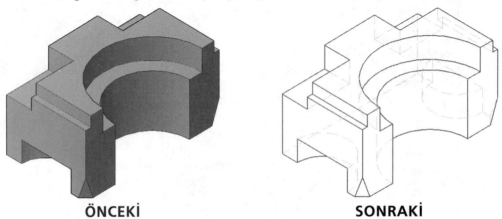

ÖNCEKİ   SONRAKİ

Resimdeki modelin bu bakış açısındaki 2 boyutlu görüntüsünü oluşturalım.

- Komutu çalıştırın.
- **Insert as new block** seçeneğini işaretleyin.
- **Foreground lines** kısmında **color 1** (red), **linetype** "Continuous" olarak ayarlayın.
- **Obscured lines** kısmında **Show** seçeneğini seçin. **color 3** (green), **linetype** "Hidden" olarak ayarlayın.
- **Create** butonuna basın.
- Çizim için ekranda bir nokta gösterin ve diğer alt komut yönergelerini aynen uygulamak için 3 defa enter tuşuna basın.

View görüntüsünü **TOP** seçeneği olarak değiştirin. Plan düzlemine geçeceksiniz. Oluşturulan çizim sağdaki resimde olduğu gibi 2 boyutlu bir çizim olacak ve arkada kalan çizgiler kesik kesik olarak ifade edilecektir.

 NOT İzometrik bakış açısında iken plan düzlemine geçmek için `PLAN` komutunu çalıştırın ve `(W) World` alt komutunu seçin.

3D OSNAP (3 BOYUTLU KENETLEME)

37

Durum düğmelerinde bulunan **3DOSNAP** düğmesinin özelliklerini 3 boyutlu nesneler ile ilgili komutlara geldiğimizde anlatacağımızı söylemiştik. Şimdi de bu komutlar ile neler yapılabileceğine bakalım. Öncelikle imleci durum düğmelerinde bulunan **3DOSNAP** düğmesinin üzerine getirip sağ tuş yapın ve açılan listeden **Osnap Snap Settings...** seçeneğine tıklayın.

3dosnap komutlarını aktif hale getirmek için klavyeden F4 tuşuna basabilirsiniz. Ekrana gelen tabloda 6 ayrı kenetleme seçeneği vardır. Bu kenetleme seçeneklerini inceleyelim.

Vertex
Bir modelin düğüm noktalarından tutulmasını sağlar.

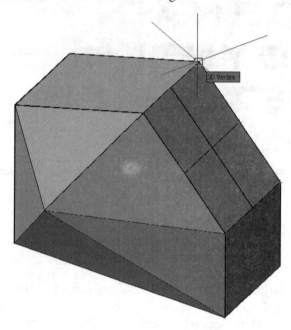

Midpoint on Edge
Bir modelin düğüm çizgilerinin orta noktalarından tutulmasını sağlar.

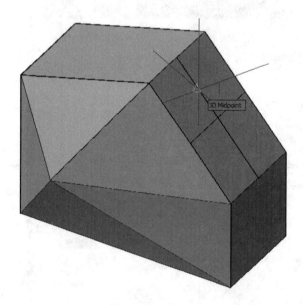

CENTER OF FACE
Bir modelde bulunan yüzeylerin merkez noktasından tutulmasını sağlar.

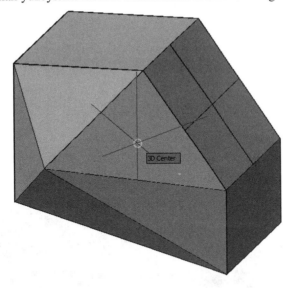

KNOT
Spline nesnesinin düğüm noktalarından tutulmasını sağlar.

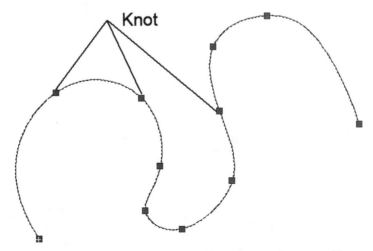

Resimde görülen spline nesnesinin mavi kutucuklarından tutulmasını sağlar.

Perpendicular
Bir yüzeye dik noktadan tutulmasını sağlar.

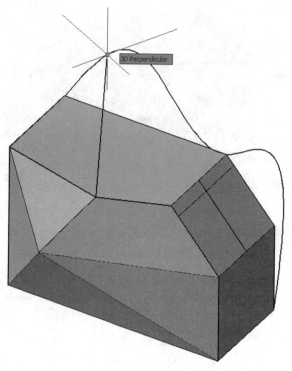

Nearest to Face
3 boyutlu bir yüzeyin en yakın noktasından tutulmasını sağlar.

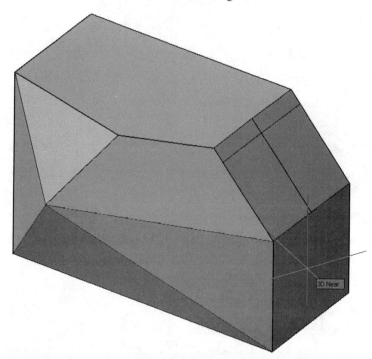

Point Cloud

Node
Recap işleme verileri içeren **pointcloud** *(nokta bulutu)* içerisindeki noktalardan tutmayı sağlar.

Intersection
Pointcloud (nokta bulutu) içerisinde kesişimden tutmayı sağlar. Görüntüye yaklaşarak daha doğru bir sonuç elde edebilirsiniz.

Edge
İki düzlemsel bölüm arasındaki kenar çizgisinden tutulmasını sağlar. Bir kenar tespit edildiğinde, program tarafından bu kenar çizgisi takip edilir. Kenarı tespit ettiğinde **CTRL** tuşuna basılı tutun ve imleci hareket ettirin. Autocad kenarı takip edecektir.

Corner
Üç düzlemsel bölümün kesişimi tespit ediğinde bu kesişimden tutulmasını sağlar.

Nearest to plane
Düzlemsel bölüme en yakın noktadan tutulmasını sağlar.

Perpendicular to Plane

Pointcloud (nokta bulutu) içerisinde referans tutulan bir noktadan yüzey içeren bir bölgeye dik çizilmesini sağlar.

Perpendicular to Edge

Pointcloud (nokta bulutu) içerisinde referans tutulan bir noktadan yüzey içeren bir bölgenin kenar çizgisine dik çizilmesini sağlar.

Center

Pointcloud (nokta bulutu) içerisinde algılanan silindirik parçanın merkez hattından tutulmasını sağlar.

3 BOYUT GÖRSELLEŞTİRME 38

Bu bölüme kadar 3 boyutlu model oluşturma ve bunlara müdahale ile ilgili komutlarımızı inceledik ve uygulamalar yaptık. Bundan sonraki bölümlerde ise yaptığımız modellere görsellik kazandırmak olacaktır. İlk olarak kamera yerleşimini ve ayarlarını inceleyeceğiz. Ardından ışıklar ile ilgili konuları inceleyip sahnemize ışık yerleştirmeyi ve güneş ışığından faydalanmayı öğreneceğiz. Daha sonra yaptığımız modellere materyal atamayı ve materyallere müdahale etmeyi öğrendikten sonra en son olarak da bu öğrendiklerimizi bir çizim üzerinde uygulayarak render almayı öğreneceğiz.

CAMERA

İlk olarak kamera ile görselleştirme komutlarına başlayalım. Kamera ile bir bakış açısı oluşturmamızı sağlar. Yapılan işlemden sonra bu perspektif bakış açısı kaydedilir.

Ribbon : Visualize -> Camera
Toolbar: View 📷
Kısayolu: CAM

Görselleştirme ile ilgili komutlara başlamadan önce basit bir sahne üzerinde işlem yapacağız. Öncelikle çizimi açıp plan düzlemine geçelim. Bu sayede kamera yerleşimini daha rahat yapabiliriz.

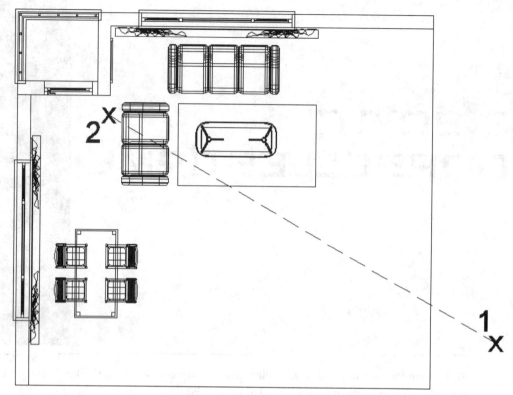

Kamera Yerleştirme

- Komutu çalıştırın.
- **1** nolu noktaya tıklayın.
- **2** nolu noktaya tıklayın.
- Enter'a basarak komutu bitirin.

İşlem sonunda **1.** noktaya bir kamera çiziminin yerleştirildiğini göreceksiniz.

1 nolu nokta kameranın yerleşim noktası, **2** nolu nokta ise bakış için hedef noktadır. Resim üzerinde görüldüğü gibi çizim için bakış noktasını belirledik. Kamera yerleşiminde Z koordinatı 0 olduğundan bakış açımız yerde olacaktır. Bunun için kamera ve hedef noktasının Z koordinatlarını değiştirmeliyiz.

Komut girmeden kamerayı seçtiğinizde ekrana **Camera Preview** tablosu gelecek. Bu tablo aracılığı ile kameranın görüş açısında nelerin göründüğünü kontrol edebilirsiniz.

MO (`Modify`) komutunu çalıştırıp kamerayı seçin.

Modify tablosunda dikkat edilecek noktaları sırası ile belirtelim.

1. **Camera Z:** Bakış noktasının Z koordinatını ifade eder. Yaptığımız çizim bir salon çizimi olduğuna göre vereceğimiz yükseklik ortalama bir göz hizası ya da ona yakın bir şey olmalıdır.
2. **Target Z:** Kamera noktasında duran bir insanın hedef olarak baktığı bir nokta olarak düşünebiliriz. Bu hedef noktasına göre çizimimizin yönünü aşağı ya da yukarı olarak ayarlayabiliriz.
3. **Lens Length (mm):** Kameranın lens uzunluğunu ifade eder. Standard olarak bu değer 35 mm kullanılır. Duruma göre bu değer tabi ki değiştirilebilir. Değeri arttırdıkça sahne yaklaşır, azalttıkça sahne uzaklaşır.
4. **Rool angle:** Kamera döndürme açısıdır. Buraya vereceğiniz bir değer ile bakış açısı dik değil açılı bir şekilde bakılabilir.

Şimdi bizim vereceğimiz değerlerde;

Camera Z koordinatını 180,
Target Z koordinatını 100
Lens Length değerini ise 35 olarak ayarlayalım.

Bu değerleri girdiğimizde **Camera Preview**'de sonuç olarak resimdeki görüntüyü görmekteyiz.

Bu tabloda bulunan **Visual Styles** seçeneği ile kamera görüntüsünü shade görüntü tarzlarından istenilen seçilerek bakılabilir.

Display this window when editing a camera seçeneğinin işaretli olmasının anlamı, kamera seçildiğinde bu tablonun gelmesini sağlar. Eğer bu seçeneği kapatırsanız **Camera Preview** tablosu gelmeyecektir. Bu önizleme tablosu gelmediği takdirde kamerayı seçip Mouse'un sağ tuşuna basın ve açılan menüden **View Camera Preview** seçeneğine tıklayın.

Kamerayı yerleştirdikten sonra bu görüntüyü ekranda görünmesini sağlayalım. Bunun için kullanacağımız komut VIEW komutudur.

Ribbon: Visualize → Named Views
Toolbar: View
Kısayolu: V

Visualize ribbon panelinde "Views" butonuna basılı tuttuğunuzda eklenen kamera ile birlikte diğer bakış açılarını görebilirsiniz. Listeden istediğiniz bakış açısını seçtiğinizde bu bakış görüntüsü ekrana uygulanacaktır.

LIGHT

Bir 3 boyut modellemeyi yaptıktan sonra render alırken en önemli faktör ışığın etkileridir. Yansımalar, geçirgenlik, parlaklık vs. her zaman ışığın sahneye vermiş olduğu etkiler sayesinde gerçekleşir. Yapılan birçok render işlemi görmüşsünüzdür. Bunların bir kısmı ışık konusunda çok iyi sonuçlar vermişken, bazıları ise tatmin edici değildir. Bunun sebebi ışığın sahne ile bir uyum içerisinde olmamasıdır. Sahneye bir ışık yerleştirildikten sonra bu ışığın sahne ile en uygun ayarlarını yakalayabilmek için ışık konusunda iyi bir bilgi deneyimine sahip olmak gerekir.

Bu bölümümüzde ışıkların sahneye yerleşimi hakkında bilgi vereceğiz.

İlk olarak hiçbir ışık yerleştirmeden sahnemizin ışıksız halini görelim.

Işık seçeneklerini model üzerinde görebilmek için çizimimize kamera bakış açısından değil, izometrik bakış açısından bakmak daha uygun olacaktır.

Bunun için komut satırına RENDER yazıp enter yapın (Render konusunu ileriki konularımızda detaylı olarak inceleyeceğiz).

Ekrana bir tablo açılacak ve ekranda görünen modelin renklendirme işlemini yapacaktır.

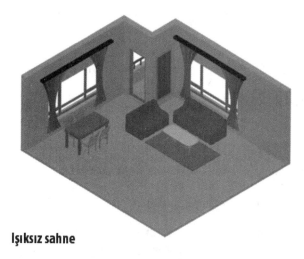

Işıksız sahne

Render işlemi bittiğinde hiçbir ışık etkisi olmayan ve katmanların kendi renginde renklendirilmiş bir sonuç göreceksiniz.

Işık ayarları için ribbon menü üzerinden sırası ile uygulayalım. Öncelikle gün ışığının özelliklerini inceleyelim.

SunProperties komutunu çalıştırın.

Ekrana gelen bu panel güneş ışığı ile ilgili ayarları içerir. Bu panelde dikkat edilecek olan iki bölümü inceleyelim.

General: Genel.

Status: Güneş ışığının açık olup olmadığını gösterir.

Intensity Factor: Işık yoğunluğunu ifade eder. Eğer bu değer 0 olursa güneş ışığı yok demektir. Değer arttırıldıkça güneş ışığının şiddeti artar ve daha aydınlık bir ortam sağlar.

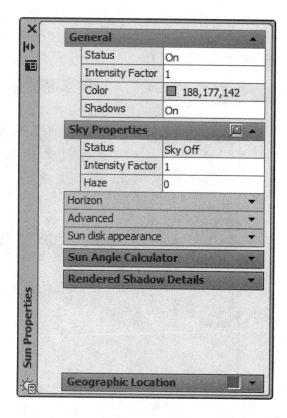

Color: Güneş ışığının rengini belirler.

Shadows: Bu ışık kaynağının gölgesinin olup olmayacağını belirler.

Bununla beraber **Sky Properties** başlığı altında Gökyüzü ile ilgili ayarları inceleyelim.

Sky Properties: Gökyüzü ayarları.

Status: Gökyüzü uygulamasının aktif olup olmayacağını belirler.

Intensity Factor: Gökyüzünün ışık etkisinin ayarlandığını bölümdür.

Haze: Atmosferdeki yayılma etkisi büyüklüğünü belirler.

Bu paneli kapatıp güneş ışığının sahnemize olan etkisini görelim.

Visualize Tab bölümünde bulunan **Lights** panelindeki **No Shadows** seçeneğini **Full Shadows** olarak değiştirin. Bu işlemden sonra dosyadaki nesnelerin gölgelendirildiğini göreceksiniz. Tabi bu ışığın açısı ve modelin dünya üzerindeki yerini belirleme gibi olasılıklarımızda mevcuttur.

Sun & Location panelinde bulunan bu bölüm modelin dünya üzerinde nerede bulunduğu ve güneş ışığının istenilen tarih ve saatteki açısına göre gölgelendirilmesini sağlar.

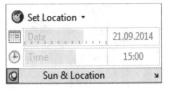

Set Location : Autocad'de hazırlanan modelin istenilirse dünya üzerindeki konumunu belirtmek için kullanılan bölümdür. Bu bölümde iki seçenek mevcuttur.

From Map

Bu seçeneği seçtiğinizde karşınıza gelecek olan tablodan dünya üzerindeki yerinizi belirtebilirsiniz. Tablonun sol üstündeki Adres bölümünden bulunduğunuz ülke / şehir / semt gibi bilgileri yazarak uydu haritası üzerinden konumu tespit etmelisiniz.

Yada Enlem *(Latitude)* ve Boylam değerlerini de girerek konum belirtebilirsiniz.

Harita üzerinde istenilen yer tespit edildikten sonra, uygun alan üzerinde iken mouse'un sağ tuşuna basın **Drop Marker Here** seçeneğine tıklayın. **Continue** butonuna basarak devam edin. Ekrana gelen yeni tabloda **GIS Coordinate System** birimini seçin.

Tablonun sol alt kısmında bulunan **Drawing Unit** seçeneğini kullanmış olduğunuz çizim birimi olarak değiştirin ve **Next** butonuna basın.

Komut satırında bir ileti göreceksiniz.

```
Select a point for the location <0.000, 0.000, 0.000>:
```

Bu ileti, harita üzerinde belirlemiş olduğunuz noktanın çiziminizde neresi olduğunu göstermenizi istemektedir. Mouse yardımı ile çiziminiz üzerinde bir noktaya tıklayın.

```
Specify the north direction angle or [First point] <0>:
```

Ardından yukarıdaki ileti gelecektir. Bu ileti kuzey yönünün hangi açıda olduğunu belirtmemizi istiyor. Aksi bir durum belirtilmedikçe Kuzey yönümüz 90 olmalıdır..

Bu işlemden sonra Autocad çizim ekranına mevcut harita görüntüsü eklenecektir. Zoom komutunu kullanarak çizim ekranından uzaklaştığınızda harita görüntüsü güncellenerek daha geniş bir alanı gösterecektir.

Harita görüntüsü eklendiğinde ribbon kısmında yeni bir bölüm açılacaktır. Bu bölümdeki komutları inceleyelim.

Edit Location : Mevcut harita görüntüsünün başka bir adres girilerek değiştirilmesini sağlar.

Reorient Marker : Harita üzerindeki yer işaretleyicinin yeni bir referans nokta ve açı gösterilerek bu bilgiler doğrultusunda yer değiştirilmesini sağlar.

Remove Location : Çizim ekranındaki harita görüntüsünün kaldırılmasını sağlar. Bu butona tıkladığınızda ekrana gelecek olan iletide Evet butonuna tıklayın.

Locate Me : Modelin, bulunduğunuz konuma gelen koordinatlarını bir gösterge kullanarak harita üzerinde gösterilmesini sağlar yada gizler.

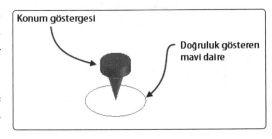

Konum göstergesi işletim sisteminde yerleşik olarak bulunan konum algılama sistemini kullanarak konumunuzu izler.

Göstergedeki Mavi halka işletim sisteminizin özelliklerini kullanarak alanınızı belirlerken küçük mavi halka bulunduğunuz konumu daha net belirlemenizi sağlar. Konum göstergesi geçerli konumunuzu belirlemek için GPS yada WPS yer hizmetlerini kullanır. Sisteminizde Konum algılama özellikleri etkinse Çizim dosyası coğrafi konum bilgilerini görüntüler.

Mark Position

Lat-Long : Kullanıcı tarafından Enlem ve boylam değerleri girilerek çizim ekranında bu bölgenin gösterilmesini sağlar.

My Location : Bulunduğunuz konuma karşılık gelen koordinatları çizim alanında bir işaretleyici gösterge gösterir. Bu işaretleyici gösterge'de açıklama ve etiket yerleri gösterir. Bu komut, çizim dosyası coğrafi konum bilgisi içeriyorsa kullanılabilir.

Point : Harita üzerinde istenilen bir yere işaretleyici yerleştirir.

Map Areal : Harita görüntüsünün uydu görüntüsü olmasını sağlar.

Map Road : Harita görüntüsünde mevcut yolları görüntüler.

Map Hybrid : Harita görüntüsünde uydu görüntüsü ile birlikte yolları birlikte gösterir.

Map Off : Harita görüntüsünü çizim ekranında göstermez.

Capture Area : Bu komut ile harita üzerinde gösterilen bölge, internet bağlantısı olmasa dahi görüntülenir. Bu bölge önbelleğe alınmış harita bilgisini gösterir.

Capture Viewport : Bu komut ile o an ki ekran görüntüsünde gösterilen bölge, internet bağlantısı olmasa dahi görüntülenir.

Bu iki komuttan herhangi birisi ile bir bölge belirtildikten sonra **Remove Location** ile online harita iptal edilir. Seçili bölgeler çizim ekranında gösterilmeye devam eder.

From File

Google Eart programında yer işaretleme dosyası olan KML dosyası ve Google Eart programında harita üzerinde yakın çekim ile dolaşması sağlayan KMZ dosyalarının autocad'e eklenmesini sağlar.

Google Eart programında iken kaydedilen yer imi açıldığında, autodesk'in sitesine bağlanarak bu dosyadaki koordinat verilerini kendi haritasında bulur ve map dosyası autocad'e eklenir.

Sun & Location kısmından **Date** ve **Time** değerlerini değiştirdiğinizde güneş açısı seçilen tarih ve saate göre yeniden hesaplanıp modellere uygulanacaktır. Tabi ki bu gölge render almadan görselliğin nasıl olduğunu anlamak içindir. İstediğiniz tarih ve zamanda sabitleyebilirsiniz.

 Autocad Map özelliğini kullanabilmeniz için Lisanslı ürün sahibi olup Autocad ekranın sağ üstünde bulunan Sign In kısmından üyelik girişi yapmanız gerekmektedir.

Işık Kaynakları

Güneş ışığı hakkında bilgi sahibi olduğumuza göre diğer ışık seçeneklerine geçebiliriz.

Lights panelindeki **Creat Light** yazısına tıkladığınızda bir menü ekrana gelecektir. Bu menü üzerinden ilk olarak **Point** seçeneğini inceleyelim.

Point

Bu ışığı bir ampulün yaymış olduğu ışık olarak düşünebiliriz. İsteğe göre sert ya da yumuşak bir ışık oluşturulması sağlanabilir.

Sahnemizde bu ışığı uygulayarak sonuçlarını görelim.

- **Create Light** bölümünden Point ışık kaynağını seçerek komutu çalıştırın.
- Çizim üzerinde **1** nolu noktaya tıklayın.

Sahnemize bir point ışık yerleştirmiş olduk. Şimdi ise bu ışığın yerini ve özelliklerini inceleyerek değiştirelim.

Resim üzerinde bulunan ok işaretiyle gösterilmiş olan ⬚ işaretine tıklayarak **Lights in Model** panelini açın.

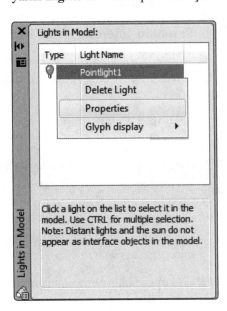

Ekrana gelen bu panel, sahnede bulunan tüm ışıkları listeler. Resimde görüldüğü gibi sahnemize eklediğimiz ışık kaynağı listelenmektedir.

Bu ışık kaynağını (Pointlight1) seçip Mouse'un sağ tuşuna basın. Açılan menüden **Properties** seçeneğine tıklayın.

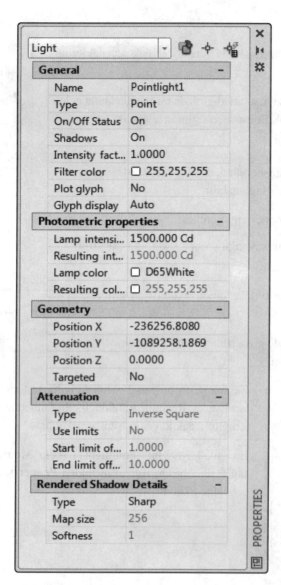

Seçilen ışığın özellikleri **Modify** paneli içerisinde ekrana getirilecektir.

Bu tablodaki bazı özellikleri inceleyelim.

On/Off Status: Işığın açık olup olmayacağını ayarlar. Bu sayede birden fazla ışık kullanıldığında istenilen ışığın etkisi kapatılabilir.

Shadows: Bu ışık kaynağının gölge oluşturup oluşturulmayacağını belirler. Bazı ışık kaynakları sadece aydınlatmak için kullanılacağı için bu özelliği kapatılarak farklı gölgeler oluşturulmasına izin vermez.

Intensity Factor: Işığın şiddetini ayarlar. Değeri arttırdıkça ortam aydınlanır.

Lamp Intensity: Lamba yoğunluğunu belirler. Burada verilen değer **Candela** cinsindendir.

Resulting Intensity: Işık kaynağından çıkan ışığın yoğunluğudur.

Lamb Color: Işık kaynağının rengini belirler.

Resulting Color: Etrafa yayılan ışığın rengini belirler.

Geometry Z: Değer olarak 0 yani kaynağın zeminde olduğunu göstermektedir. Bu koordinatı örnek çizimimize göre 290 yaparak etrafın daha iyi aydınlatılmasını sağlayalım (290 değeri göreceli olup çizimine göre uygun bir değer vermelisiniz).

Hiçbir değeri değiştirmeden render alarak bu değerlerin uygun olup olmadığını görelim. Öncelikle bakış açısını tekrar kamera bakış açısına getirelim ve **Render** komutunu çalıştıralım. Etkiyi daha iyi görmek açısından **Sun Status** yani güneş ışığını kapatın.

Intensity Factor : 1 **Intensity Factor : 0.1**

Soldaki görüntü hiçbir ayar değiştirmeden render alındığında yani **Intensity Factor** değeri 1 iken oluşan görüntüdür.

Sağdaki görüntü ise ışığın özelliklerinde bulunan **Intensity Factor** değerinin 0.1 yapılmış halidir.

Soldaki resimde ışık şiddeti çok fazla olduğundan ortam fazla aydındandı ve sahnedeki objelerin görüntüsünü bozdu. Sağdaki resimde ise bu değeri düşürerek daha farklı bir görüntü oluştu. Buna benzer değerleri değiştirerek sahnemizdeki ışığın daha gerçekçi olmasını sağlayabiliriz.

Spot

Sinema sahnelerinde bulunan projeksiyon etkisi oluşturan ışıklardır. Bu ışığı yerleştirirken ışığın yerleşim noktası ve hedef noktası olarak iki koordinat göstermemiz gerekir.

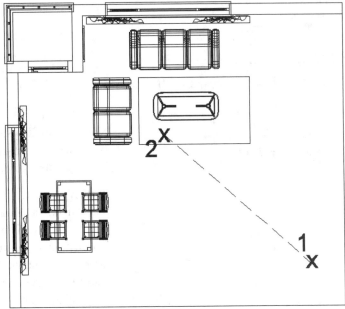

Spot Işık Yerleştirme

- Spot ışık seçeneğini seçin.
- **1** nolu noktaya ardından **2** nolu noktaya tıklayın.

Position X	5058.3211
Position Y	913.5529
Position Z	450
Target X	4721.2864
Target Y	1202.0985
Target Z	200
Targeted	Yes

Yerleşim yerinin Z koordinatı 0 olacağından **Modify** tablosu aracılığı ile bu ışık kaynağının Z koordinatını değiştirin.

Spot ışık kaynağının 2 tane Z koordinatı vardır.

Position Z, ışığı yerleştirirken **1** nolu noktayı ifade eder.

Target Z ise **2** nolu noktayı ifade eder.

Bu değerleri resimdeki gibi arttırdık. Şimdi ise spot ışığının özelliklerini inceleyelim.

`MO (Modify)` aracılığı ile spot ışık kaynağının özelliklerini açın.

Bu tablodaki özellikler point ışık kaynağındaki özelliklerle aynı olduğu için farklı olan önemli kısımları inceleyelim.

Name	Spotlight3
Type	Spotlight
On/Off Status	On
Shadows	On
Hotspot angle	20
Falloff angle	50
Intensity factor	1

Resimde inceleyeceğimiz seçenekler ise **Hotspot angle** ve **Fallof angle** seçenekleridir.

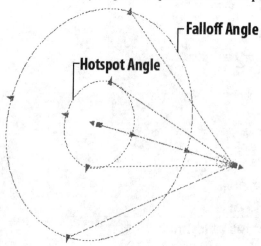

Komut girmeden spot ışığı seçtiğinizde ışığın üzerinde mavi kutucuklar ve iç içe iki çember göreceksiniz.

Dıştaki çember, **Falloff ışık** yani yumuşak ışık, içteki daire ise **Hotspot ışık** yani sıcak ışık anlamına gelir. İçteki dairenin model üzerinde gelen kısmı tamamen aydınlanacak. İki daire arasındaki kısım ise yumuşak bir şekilde geçiş yapılarak daha az ışık olacaktır.

Ayrıca bu falloff ve hotspot değerlerini tabloda değiştirmek yerine ışık nesnesinin üzerindeki mavi renkli üçgenlerden çekip sürükleyerek de değiştirebilirsiniz.

Spot Light uygulaması

Bu ışık kaynağına göre oluşan render görüntüsü resimdeki gibidir. Ayarları değiştirerek daha farklı sonuçlar alabilirsiniz.

DISTANT

Günışığı etkisine yakın bir etki veren bu ışık kaynağı güneş ışığı olarak da kullanılabilir. Belirtilen bir noktadan itibaren dik bir şekilde hedefe doğru ışık huzmeleri gönderir. Başka bir değişle güneş ışığını taklit etmeye çalışır. Bu ışık kaynağında gölgeler güneş ışığına nazaran daha keskindir.

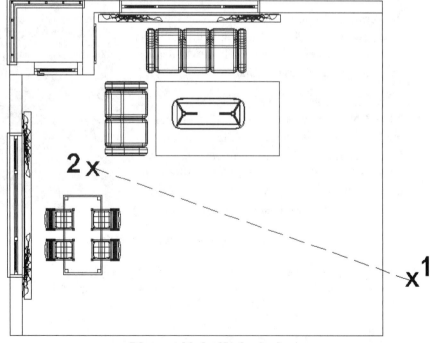

Distant Light Yerleşimi

- **Distant** ışık seçeneğini seçin.
- **1** nolu noktaya, ardından **2** nolu noktaya tıklayın.
- Eklenen ışık nesnesi ekranda görünmediğinden **Lights in Model** tablosu aracılığı ile bu ışık kaynağının özelliklerine girip **From vector Z** ve **To vector Z** değerlerini yani ışık kaynağının yerden ne kadar yüksekte olacağını belirleyin.

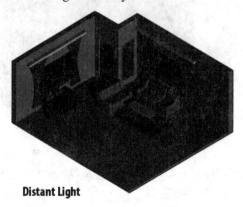

Distant Light

Render sonucunda gölgeler daha keskin bir şekilde oluşacaktır.

WEBLIGHT

Fotometrik ışık olarak adlandıracağımız bu ışık seçeneğinde **IES** formatındaki ışık dosyalarını ekleyerek sahnemizde ışıklandırma yapabiliriz. Peki, nedir bu IES formatındaki dosyalar?

Bazı ışık kaynağı üreticileri satışa sundukları ürünlerinin nasıl bir aydınlatma yapısına sahip olduklarını belirlemek ve bu ürünlerini kullanan profesyonel kişilerin ışığın özelliklerini kullanmaları için oluşturdukları dosyaları içerir.

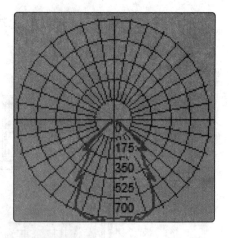

Öncelikle bu ışık kaynağını kullanmak için **LIGTINGUNITS** değerini 1 yapmalısınız. Hatırlarsanız kitabın ilk bölümlerine **UNITS** konusunu anlatırken **Lighting** bölümü için fotometrik ışık yoğunluğu ölçüm ve kontrol ünitesidir demiştik. İster yazarak bu değeri 1 yapın. İsterseniz bu tablodaki seçeneği International olarak değiştirin.

Resimdeki grafik ışık kaynağı için kullanacağımız IES dosyasının ışık dağılım görüntüsüdür.

Bu ışık ile ilgili örneği bir duvar lambası üzerinde uygulayalım. Duvar lambası yandığında çevresel aydınlatma haricinde kendisinin duvar üzerinde ayrı bir aydınlatması vardır. IES örneği kullanarak bizde böyle bir etki oluşturalım.

- Komutu çalıştırın.

- Işık kaynağının yerleşim yerini gösterin.
- Işık kaynağı hangi yöne doğru aydınlatma yapacak ise o yöne doğru ikinci noktası gösterin.

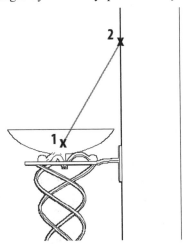

Örnek modelimiz için ışık yerleşimi resimdeki gibidir.

MO (Modify) komutunu çalıştırın ve sahneye eklediğiniz ışık nesnesini seçin.

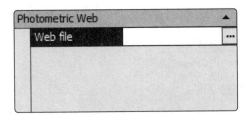

Modify panelinde yer alan **Photometric Web** kısmındaki **Web File** bölümüne tıklayın ve hemen sağında aktif olan butona basarak ekrana gelen tablo aracılığı ile bilgisayarınızda bulunan IES uzantılı dosyayı seçin. Eklenen ies dosyasının önizlemesi hemen alt kısımda görünecektir.

Burada müdahale etmeniz gereken bölüm **Lamb intensity** kısmındaki ışık şiddeti ve **Lamb color** kısmındaki ışığın rengidir. Sebebi ışık kaynağının aydınlatma şiddeti az ya da fazla gelebilir. Bu sayede müdahale edilebilir ve ışığın rengi isteğinize göre düzenleyebilirsiniz.

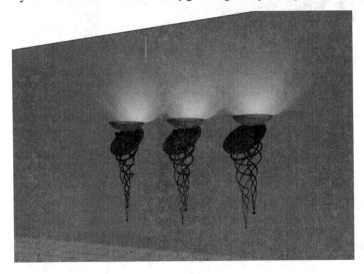

"Weblight" ışık kaynağı uygulaması.

Yerleştirdiğimiz ışık kaynağının sonucu resimdeki gibidir. Bu ışık kaynağı sayesinde istenilen ışık etkisini oluşturabilirsiniz. Konu ile ilgili örnek IES dosyalarını ve IES oluşturma programını *www.cizimokulu.com/autocad/* adresinde bulabilirsiniz.

Materials

Hazırlamış olduğumuz sahnelerde modellemelerimize uygun dokular ya da renkler atanmasını sağlayarak render alındığında daha gerçekçi görünmesini sağlar. Bu dokuları ister AutoCAD'in kendi kütüphanesinden ister bilgisayarımızda bulunan resim dosyalarından oluşturabiliriz.

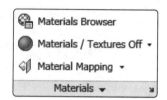

Ribbon menüde material ile ilgili kısımda üç kısım mevcut. İlk olarak materyallerimizi ayarlamak ile başlayalım. **Material Browser** butonuna tıklayın.

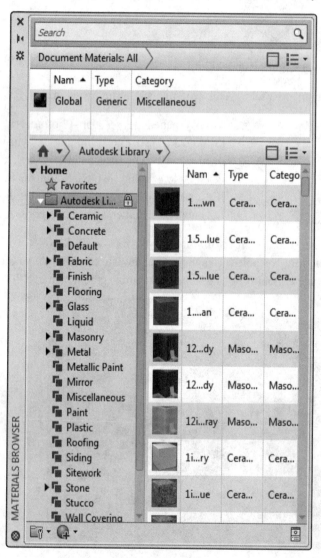

Ekrana gelen bu tabloyu üç kısımda inceleyelim.

1. Bu dosya için kullanılan/kullanılacak olan doku ve materyaller.
2. AutoCAD'in kendi kütüphanesinde bulunan malzeme katalogları.
3. Seçilen kataloğa ait doku ve materyallerin görünümü.

2 nolu bölümden istenilen katalog seçilir. Bu kataloğa ait görüntüler **3** nolu kısımda görünecektir. Bu kısımdan istenilen dokuya bir defa Mouse'un sol tuşu ile tıklanıldığında bu doku **1** nolu bölüme aktarılacaktır.

Sahnede kullanılacak tüm dokuları bu şekilde **1** nolu bölüme aktarın.

İstenmeyen bir dokuyu **1** nolu bölümden kaldırmak için dokunun üzerinde Mouse'un sağ tuşuna basın ve açılan listeden **Delete** seçeneğine tıklayarak kaldırabilirsiniz.

Hazırlanan dokuyu sahnedeki bir modele atamak için **1** nolu bölüme eklenen dokuyu Mouse'un sol tuşu ile basılı tutarak sürükle-bırak yöntemi ile modelin üzerine bırakarak dokunun modele atanmasını sağlayabilirsiniz.

Bu şekilde atama yapmak sadece istenilen bir modele atama yapmak için pratik olabilir. Ancak birçok modele ekleneceğini düşünürsek zahmetli olacaktır.

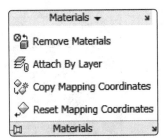

Bunun için sahnedeki tüm modelleri uygun bir şekilde katmanlara göre modellediğimize göre istenilen dokuyu belirttiğimiz katmana ait modellere uygulanmasını sağlayabiliriz.

Ribbon menüde yer alan **Materials** yazısına tıkladığımızda aşağıya doğru bir liste açılacaktır. Bu listeden **Attach by Layer** seçeneğine tıklayın.

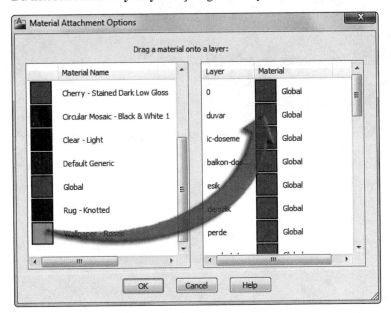

Ekrana gelen tabloda soldaki listede dosya da kullanılacak olan dokuların listesi, sağdaki listede ise bu dosyadaki katmanların listesini içerir.

Soldaki listeden istenilen doku, sürükle-bırak yöntemi ile sağdaki listede bulunan katmanlardan istenilenin üzerine bırakılır.

Resimde görüldüğü gibi **Wallpaper-Roses** dokusu duvar katmanının üzerine sürüklenerek ataması gerçekleştirildi.

Bir modele uygulanan materyali iptal etmek için bu tabloda sağda bulunan katmanın yanındaki X işaretine basabilirsiniz.

Ayrıca bu tablo aracılığı ile değil de, sadece bir modele materyal atandı ise bunun için `MATERIALASSING` komutunu kullanabilirsiniz. Komutu çalıştırdığınızda sizden materyali silinecek modeli seçmenizi isteyecek. Modeli seçer seçmez uygulanmış olan materyal silinecektir.

Mevcut Dokuya Müdahale

Bir doku üzerinde ne gibi değişiklikler yapabiliriz? Bu konuyu inceleyelim.

Değiştirmek istediğiniz dokunun üzerinde sağ tuş yapın ve açılan listeden **Edit** seçeneğine tıklayın.

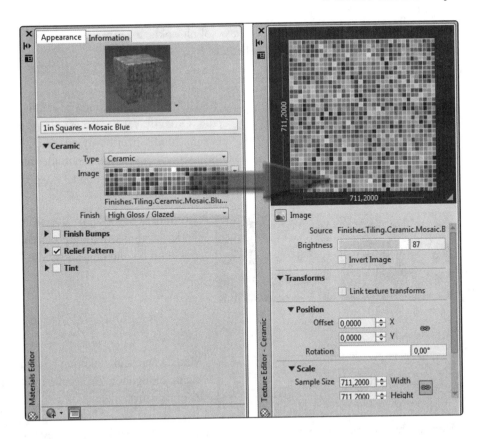

Ekrana gelen ilk panelin **Image** kısmında kullanılan dokuyu göreceksiniz. Bu resme tıkladığınızda sağdaki panel açılacaktır.

Sağdaki panelin alt kısmında **Position**, **Scale** ve **Repeat** kısımlarını inceleyelim.

POSITION

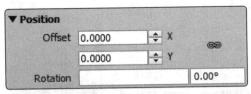

Dokunun atanacak yüzeyde başlangıç noktasının belirtilen X ve Y yönlerinde ötelenerek başlatılmasını sağlar.

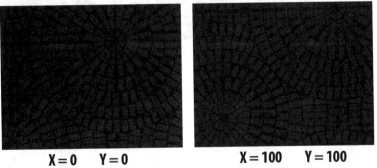

X = 0   Y = 0   X = 100   Y = 100

Resimde görüldüğü gibi başlangıç noktası sol alt noktadan itibaren verilen X ve Y değeri kadar ötelenerek başlangıç noktası belirtildi.

SCALE

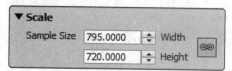

Model üzerindeki dokunun büyüklüğünü kontrol eder. Örneğin; yer kaplaması olarak seramik dokusunu model üzerine uyguladınız. Doku döşeme üzerinde çok büyük seramikler olarak yerleştirildi. Böyle bir büyüklük ya da tam tersi küçüklükte scale bölümündeki değerleri değiştirerek uygun boyutu yakalayabiliriz.

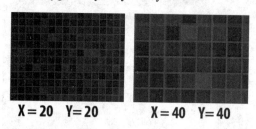

Resimdeki örnekte, iki döşemeye farklı değerler girilmiştir. Sonuç olarak modeldeki dokunun boyutu değişmektedir.

REPEAT

Modele atanacak dokunun boyutu modelden küçük olduğunda tekrarlanıp tekrarlanmayacağını kontrol eder.

Horizontal, yatay yönde tekrarlanıp tekrarlanmayacağını; **Vertical** ise dikey yönde tekrarlanıp tekrarlanmayacağını belirler.

 Modellere uygulanan materyalleri ve dokuları görmek için **Shade** görüntü tarzını **Realistic** olarak ayarlayın.

YENİ DOKU OLUŞTURMAK

Kütüphanedeki kataloglarda her türlü materyal ve doku bulunmayabilir. Bu gibi durumlarda kendimizde doku ya da materyal hazırlayabiliriz. Bunun için yapmamız gereken;

Material Browse tablosunun sol altında bulunan **Creat Material** butonuna basın. Açılan listede ayarları hazır seçeneklerde vardır. Bununla beraber tüm ayarları kendimiz yapabileceğimiz **New Generic Material** seçeneği mevcuttur. Bizde kendimiz bir doku oluşturarak örnek yapalım.

New Generic Material seçeneğini seçin.

Ekrana gelen yeni paneldeki seçenekleri inceleyelim.

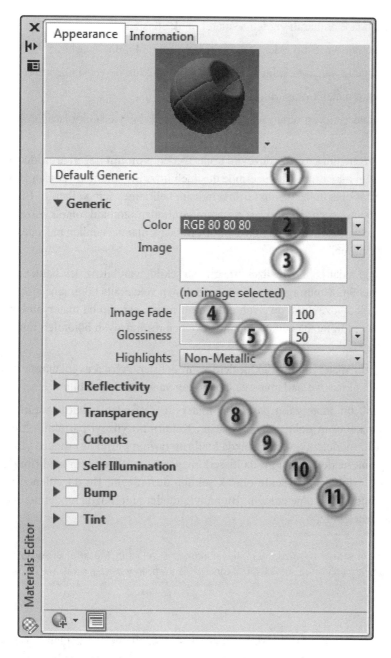

1. **Name:** Oluşturulan yeni materyal için isim yazma yeri.
2. **Color:** Yeni materyalin rengini belirler. Herhangi bir doku belirtilmeyecek ise atama yapılacak materyalin rengidir.
3. **Image:** Bilgisayarda yüklü olan bir resmi doku olarak kullanılacak yerdir. Bu bölüme tıkladığınızda ekrana gelen tablo aracılığı ile bilgisayarda yüklü olan resim seçilir.

Resim seçili olduğunda **2** numaralı yerden seçilerek renk etkisiz kalır.

4. **Image Fade:** Materyale bir resim eklenecek ise resmin solgunluğunu ayarlar.
5. **Glossiness:** Malzemenin yansıtıcı kalitesi, parlaklık ve donukluk derecesini ayarlar.
6. **Highlight:** Materyalin metalik olup olmayacağını belirler.
7. **Reflectivity:** Yansımaların olup olmayacağını ve ne kadarlık bir yansıma olacağını kontrol eder.
8. **Transparency:** Malzemenin şeffaflık düzeyini kontrol eder. **Amount** değeri artırıldıkça şeffaflık artar. Bu özelliği bir cam modeli üzerinde düşünebiliriz. Bu bölümde yer alan **Refraction** bölümü ise, şeffaf olan malzemenin kırılma indisini belirlemek için kullanılır. Bu değere göre modelin içinden geçen ışık miktarı program tarafından otomatik olarak düzenlenir. Hali hazırda bazı malzemelerin kırılma indisi vardır. Buna ek olarak istenilen indis değeri de kullanıcı tarafından girilebilir.
9. **Cutouts:** Bu seçeneği anlatmanın en güzel örneğini şu şekilde verebiliriz. Bir balık ağı yapmak istediğinizi düşünün. Bunun için bir yüzey modelleyin ve cutouts bölümüne ağ çizgilerinin beyaz, boşluk olan yüzeylerin de siyah olduğu bir resimi ekleyip bu materyali bir modele uygulayıp render aldığınızda cutouts kısmına eklenen resmin siyah bölümleri render'da görünmeyecek yani şeffaf olacaktır.
10. **Self Illumination:** Bir materyalin parlaklık derecesini belirler. Ayrıca uygulanacak materyalin bir ışık kaynağı olması ve parlaması ve lamba gibi yanması sağlanabilir.
11. **Bump:** Hazırlanacak bir materyalin başka bir materyal tarafından kabarık görünmesini sağlar. Örneğin; bir kaldırım dokusu hazırlanacak. Kaldırımın yüzeyi pürtüklü olduğunu düşünelim. Materyali modele uyguladığımızda kaldırım taşının pürtükleri sadece yüzeysel olarak görünecek ama render alındığını da hissedilmeyecektir. Bunun için kaldırım dokusundan bir kopya oluştun ve **grayscale** olacak şekilde düzenleyin. Bu düzenlenen resmi **Bump** kısmında **Image** bölümüne ekleyin. Bu haliyle render aldığınızda modelinizin daha farklı olduğunu göreceksiniz.

 Sahnedeki bir modelin sadece bir yüzeyine materyal atamak istiyorsanız, **Material Browser**'daki materyali **Ctrl** tuşuna basılı tutup sürükle-bırak yöntemi ile istenilen yüzeye bırakın.

Mapping

Önceki derslerimizde AutoCAD içerisinde hazırlanan modellemelere kaplama yapmayı öğrenmiştik. Bir modele kaplama atandığında, model üzerindeki dokunun boyutu uygun olmayabilir. Çünkü doku modelin tamamına atanır. Modelin büyüklüğüne ya da küçüklüğüne bağlı olarak orantısal bozukluklar çıkar. Mapping komutları ile modele atanan dokuyu istediğimiz şekilde düzenleriz.

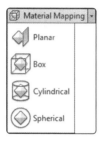
Resimde görüldüğü gibi 4 çeşit mapping (*haritalama*) özelliği vardır. Bu haritalama işlemi ile ilgili örnekleri kendi çiziminizde uygularken görüntü modunu Realistic olarak değiştirin. Bu seçenek ile modellere kaplama atandığında, bu kaplamaları model üzerinde göreceksiniz.

Planar

2 boyutlu modeller olan surface ve mesh nesnelerine atanan materyallerin model üzerinde haritalanmasını sağlar.

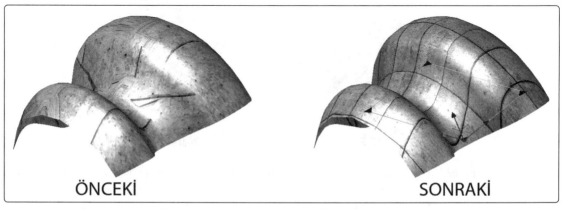

Resimde surface komutu ile yapılmış bir modele materyal ataması yapılmıştır. Ancak düzen açısından hiç hoş görünmüyor.

`Mapping` komutunun `Planar` alt komutunu çalıştırın ve surface nesnesini seçin. Model üzerinde köşelerinde üçgenler bulunan bir dörtgen oluşacaktır. Nesne iki eksenli olduğu için, bu kutulardan tutup sürükleyerek materyalin model üzerinde düzgün görünmesini sağlayın.

Box

Kaplamayı 3 eksenli modellerin etrafına sarmak için kullanılır.

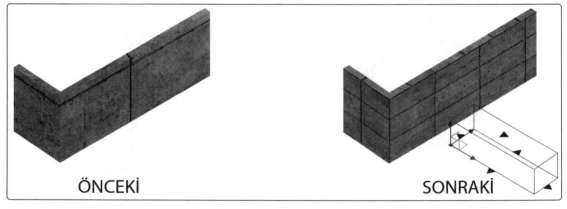

Resimdeki örnekte bir duvar çizimi görünmektedir. Bu duvar modelin kaplama atadığımızda soldaki gibi dengesiz bir kaplama olacaktır.

`Mapping` komutunun `Box` alt komutunu çalıştırın ve modeli seçin. Seçim işlemi ile birlikte modelin yanında 3 boyutlu tel kafes görüntüsünde çizim çıkacaktır. Bu tel kafes üzerindeki üçgenlerden tutup çekerek modelin üzerindeki materyali dengeli bir şekilde yerleştirebilirsiniz.

CYLINDIRICAL

Kaplamanın bir silindir yüzeyin etrafında kaplanmasını sağlar.

Resimdeki uygulamada bir silindir çizimi görünmektedir. Bu modele materyal atamadan önce, materyal özelliklerine girip scale değerini değiştirmelisiniz. Scale değerinde Width değerini 1, Height değerine ise modelin yüksekliğini yazın. Bu değişiklikten sonra materyali model üzerine atayın. Atama işleminden sonra model soldaki resimde olduğu gibi görünecektir.

`Mapping` komutunun `Cylindirical` alt komutunu çalıştırın ve modeli seçin.

Model üzerinde silindir şeklinde 3 boyutlu bir kafes görünecektir. Bu kafesten yukarı aşağı çekerek materyalin model üzerindeki sıklığını değiştirebilirsiniz.

SPHERICAL

Kaplamanın küresel şekilde kaplanmasını sağlar.

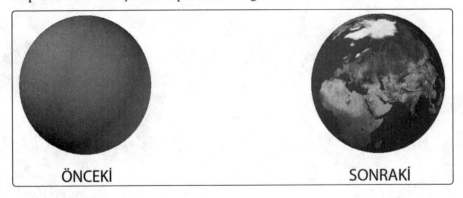

Bu komut için örnek resim olarak dünya resmini kullanalım. **Material Editor** tablosunu açın ve yeni bir materyal hazırlayın. Materyalde kullanılacak olan dünya resmini seçtikten sonra, resmin Scale kısmındaki Sample Size değerlerini 1 yapın. Materyali sürükleyerek modelin üzerine bırakın. Bu şekilde materyali kürenin üzerine atamış olduk.

Mapping komutunun **Spherical** alt komutunu çalıştırın ve modeli seçin.

Model seçilmeden önce dünya resmi kürenin üzerinde belirsiz bir şekilde olacaktı. Seçim işlemi ile birlikte materyal kürenin üzerine tam bir şekilde kaplanmış oldu.

BACKGROUND (ARKA FON)

Render alırken arka fonda ister renk istersek bilgisayarımızda bulunan herhangi bir görüntüyü kullanabiliriz. Bunun için yapmamız gereken BACKGROUND komutunu kullanmaktır.

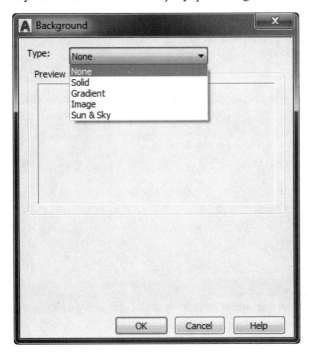

Komutu çalıştırdığınızda ekrana gelen tablonun **Type** kısmında yer alan seçenekler arkafon için kullanılacak seçenekleri içerir.

Solid: Arkafon için bir renk seçilmesini sağlar.

Gradient: Seçilen iki renk arasında yumuşak geçiş sağlayarak oluşan bu rengin arkafona eklenmesini sağlar.

Image: Bilgisayarda bulunan bir resmin arkafon olarak kullanılmasını sağlar.

Sun & Sky: Güneş ışığı ve gökyüzünün etkilerini arka fon için uygulanmasını sağlar.

Bu seçeneklerden istediğinizi seçerek arkafonu belirleyebilirsiniz.

ENVIROMENT AND EXPOSURE

Visualize Ribbon menünün, Render panelinde bulunan Render Environment and Exposure seçeneği ile görüntü tabanlı aydınlatma kullanarak ya da bir arka plan görüntüsü kullanarak render alınmasını sağlar. Görüntü tabanlı aydınlatma seçenekleri ile daha gerçekçi render görüntüsü elde edilebilir.

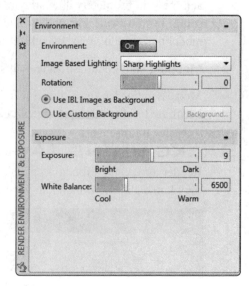

Environment : Çevresel etkeni açmak ya da kapamak için kullanılır.

Image Based Lighting : Görüntü arka plan aydınlatma seçeneklerini içerir.

Use IBL Image as Background : Arka fon olarak Görüntü tabanlı aydınlatmayı ve etkilerini kullan.

Use Custom Background : Arka fon olarak sadece Görüntü tabanlı aydınlatma görüntüsünü kullan.

Exposure : Pozlama seçeneği.

White Balance : Beyaz dengesi ayarlama.

RENDER

Bu bölüme kadarki konularda sahneye ışık yerleştirmeyi ve materyal hazırlayıp modellere uygulamayı gördük. Bu bölüm ise yaptığımız bu işlemlerin sonucunu görmeyi sağlamaktadır. **Render** bölümünde alınan görüntünün kalitesi ayarlanır. Her render denemelerinde ayarların düşük tutulması gerekir. Bu sayede render'ın nasıl göründüğü kontrol edilip müdahale edilmesi gerektiğinde zaman açısından önemlidir. Son aşamaya gelindiğinde kalite arttırılarak sonuç alınır.

Resimdeki Render panelinde en üstte bulunan **Medium** seçeneğine bastığınızda render kalite ayarlarını göreceksiniz.

Low, Medium, High, **Coffee-Break Quality**, **Lunch Quality** ve **Overnight Quality** seçenekleri vardır.

Buna ek olarak **Render Manage Presets..** seçeneği vardır.

Low: Düşük kalitede render sunar. Deneme render'ı için uygundur.

Medium: Orta düzey kalitede render sunar. Derinlik hissi low seçeneğine göre arttırılmıştır.

High: Yüksek kalitede render alınmasını sağlar. Derinlik hissi ve görüntü işleme ayarları daha iyi seviyededir.

Coffee-Break Quality: Adından da anlaşılacağı üzere kahve molası verirken render almayı sağlar. 10 dakikalık render'da görülebilecek kaliteyi gösterir.

Lunch Quality: Öğle yemeği arasında render almak istediğinizde bu seçenek size göre diyebiliriz. Bu seçenek ile 1 saatlik render sonucunu görebilirsiniz.

Overnight Quality: Bu seçenekte ise diğerlerine nazaran daha kaliteli bir görüntü sunar. 12 saatlik bir render görüntüsü ile kaliteli bir sunum hazırlamanıza yardımcı olur.

Render Manage Presets: Ön ayar oluşturma seçeneği ile istediğiniz ayarları kullanıcı kendisi ayarlayarak, isteğine uygun render kalitesi ayarlamasına yardımcı olur.

Render in Window :

Bu bölümde 3 seçenek vardır. **Window, Viewport** ve **Region**.

Window: Render işleminin Render arayüz penceresi içinde yapılmasını sağlar.

Viewport: Render işlemi çizim ekranı içinde model üzerine uygulanır.

Region: Render işlemi başlatıldıktan sonra kullanıcının belirteceği pencere içerisindeki kısım render edilir. Bu işlem **viewport** üzerinde yapılır.

Render to Size :

Render işlemi başlatılmadan önce alınacak render'ın ebatları ile ilgili seçenekleri sunar.

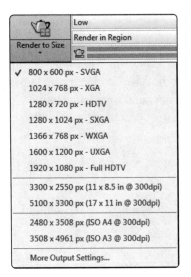

Render işleminde kaliteli render işlemine geçmeden önce düşük seçenekleri seçmeniz daha uygun olacaktır. Bu sayede deneme render'larınız daha kısa süreceğinden bekleme süreniz kısa olacaktır.

Hazırlamış olduğunuz sahnenin son görüntüsü resimdeki gibidir.

ANİMASYON HAZIRLAMA

Animasyon hazırlanırken sahneye yerleştirilen bir kamera vardır. Gerçek hayatta olduğu gibi bu kamera çekimi iki noktaya göre hazırlanır. İlki kameranın yerleşim yeri, diğer ise hedef noktadır. Bir çekim yapılacağı zaman ya kamera noktası sabitlenip hedefe bakılır ya da hedef nokta sabitlenerek veya yol belirlenip kameranın bir yol üzerinde gitmesi sağlanarak animasyon yapılır.

Menü: **Visualize > Animations**

Komut ile: **ANIPATH**

Komutu çalıştırdığınızda resimdeki tablo ekrana gelecektir.

Bu tablo üzerindeki seçeneklerin anlamlarını öğrenelim.

CAMERA

Point: Kameranın yerleşim yeri sabitlenir. Animasyon hazırlığı bu noktadan hedef yöne doğru takip edilir.

Path: Kamera bir yol üzerinde ilerlerken belirtilen bir noktaya kilitlenir ya da gösterilen bir yolu takip eder.

TARGET

Point: Hedef noktanın yeri sabittir. Kamera belirtilen yol üzerinde ilerkerken bu nokta sabitlenir.

Path: Kamera belirtilen yol üzerinde ilerlerken, hedef nokta olarak bir yol belirtilir. Kamera hem kendi yolunda ilerlerken, bakış noktası da bir yol üzerindedir.

Frame rate (FPS): Animasyonun 1 saniyede kaç kare hız ile gösterileceğini belirler. Verilecek değer 1 ila 60 arasındadır. Değer arttırıkça animasyon süresi kısalır.

Number of frames: Animasyonun kare sayısını belirtir. Frame rate ile Duration değerinin çarpılması ile kare sayısı bulunur. Bu bölümdeki değer ise Frame rate ile ters orantılı olup değer arttırıldıkça animasyon süresi uzar.

Duration (seconds): Animasyonun toplam süresini belirler.

Visual Style: Animasyonun görsel görüntüsünü belirler.

Format: Animasyonu kaydetmek istediğimizde hangi video formatı ile kaydedileceğini belirler.

Resolution: Animasyonun piksel cinsinden genişliğini ve yüksekliğini belirler.

Corner Deceleration: Animasyon yolu üzerinde köşeler var ise, bu bölümden geçişlerin yumuşatılmasını sağlar.

Reverse: Animasyonun ters yoldan izlenmesini sağlar.

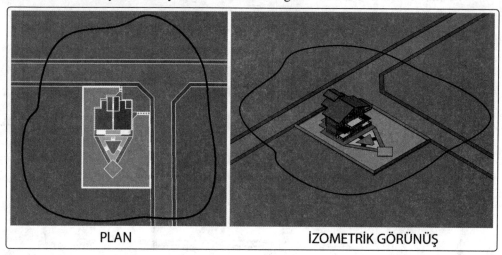

Resimde bir villa projesi var. Bu villa etrafında spline komutunu kullanarak bir yol çizildi.

Yapacağımız animasyon ile bu villanın etrafında dolaşalım.

- Komutu çalıştırın.
- `Camera` kısmından `Path` seçeneğini seçip, sağındaki butona basın ve animasyon yolu için hazırladığımız `spline` nesnesini seçin. Seçim işleminden sonra bu yolun hafızaya alınacağı ile ilgili bir tablo gelecek. Seçilen yol için bir isim verin ve `Ok` butonuna basın.
- `Target` kısmından `Point` seçeneğini seçip sağdaki butona basarak bina üzerinde bir hedef nokta gösterin. Nokta gösteriminden sonra gösterilen noktayı isim vererek hafızaya alın.
- `Frame Rate` değerini 30 yapın.
- `Duration` değerini 10 yaparak animasyonun 10 saniye olacağını belirleyin. Bu işlem ile otomatik olarak `Number of frames` değeri 300 olacaktır.
- `Visual style` seçeneğini `Conseptual` olarak değiştirin.
- Video formatını WMV yapın.
- `Resolution` değerini 320x240 olarak saklayın.

Bu değerleri verdikten sonra animasyonun nasıl görüneceğini `Preview` butonuna basarak önizleme yapabilirsiniz. Animasyon istediğiniz gibi olduğunda `Ok` butonuna basın ve animasyon kaydı için dosya adını yazın ve işlemin bitirilmesini bekleyin. Komut hazırlanan 300 frame için tek tek görüntü alıp bunları birleştirecek ve bu video kaydı olarak kaydedecektir.

EXPRESS TOOLS 39

Autocad içerisine eklenti şeklinde yüklenen, birçok komutu açık kaynak kodlu olan **Express Tools** komutları kullanıcıların tercihine ve kullanımına göre kolaylıklar sağlamaktadır. Bu menüdeki komutlar zaman içeisinde kullanıcıların tercihinden dolayı Autocad'in sabit komutları arasında yerini alıyor.

Resimde **Express Tools** komutlarının **Ribbon** menüdeki görünümü ve **Toolbar** görünümü gösterilmektedir. Komutlarımızı **Ribbon** menü üzerinden grup şeklinde inceleyim.

BLOCKS

Explode Attributes

Attribute nesneleri explode komutu patlatıldığında yazı içeriği olarak **tag** değerini alır. Bu komut ile attribute nesnesi patlatılırsa yazı içeriği mevcut değeri olarak kalması sağlanır.

```
YATAK ODASI
    102
  15.25 m2
```
ATTRIBUTE NESNESİ

```
MAHAL-ISMI
 MAHAL-NO
   ALAN
```
EXPLODE KOMUTU İLE

```
YATAK ODASI
    102
  15.25 m2
```
EXPLODE ATTRIBUTES İLE

Resimde üstte attribute nesnesi bulunmaktadır. Bu nesneyi **Explode** komutu ile patlatırsak soldaki gibi yazı değerlerini tag değerlerinden alacaktır. **Explode Attributes** komutu ile patlatır isek, yazı içeriği aynen korunacaktır.

Replace Block

Dosya içerisinde yer alan blok nesnelerinden istenilen bir blok yerine başka bir blok nesnesinin yerleştirilmesini sağlar.

- Komut çalıştırıldığında ekrana gelen tabloda dosya içerisindeki bloklar listelenir.
- Bu listeden değiştirilmek istenen blok adı seçilir.
- Eğer blok adı bilinmiyor ise **Pick** butonuna basarak blok nesnesi seçilir. Bu işlem ile seçilen blok nesnesinin adı listeden seçili duruma gelir.
- Ok butonuna basarak devam edin.
- Ardından bu blok nesnesi hangi blok ile değiştirileceği ile ilgili tablo gelir. Tablodan yeni blok adı seçilip Ok butonuna basılır.
- Komut satırında `Purge unreferenced items when finished? <Y>:` mesajı görünür. Bu mesajın anlamı, blok değişikliği yapıldıktan sonra blok adı dosya içerisinden temizlensin mi.? Demektir. **Yes** cevabı verilerek ilk seçilen blok adı dosyadan temizlenir.

List Properties

Xres komutu ile dosyas içerisine eklenen çizimde herhangi bir nesne hakkında bilgi almak istenildiğinde bu komut kullanılır. Komutu çalıştırın ve Xref nesnesi içerisinde istenilen bir nesneyi seçin. Nesnenin türüne göre çizim ekranında tablo gelecek ve nesne özelliklerini gösterecektir.

Export Properties

Seçilen attribute nesnelerinin içerik bilgilerini txt dosyasına kaydedilmesini sağlar. Bu veriler saklanırken nesnelein handle yani nesnelere ait özel veri numarasını da saklar.

• Komutu çalıştırın.

• Ekrana gelen tablo ile bilgilerin saklanacağı yeri ve dosya adını belirtin ve **Save** butonuna basın.

• Çizim dosyasındaki **Attribute** nesnelerini seçip enter yapın.

Aşağıda örnek olarak kayıt edilmiş attribute nesnelerinin bilgileri bulunmaktadır.

```
HANDLE  BLOCKNAME   MAHAL-NO    ALAN        MAHAL-ISMI
'43B    YAZI        102         15.25 m2    YATAK ODASI
'4C5    YAZI        103         12.42 m2    ÇOCUK ODASI
```

Import Properties

Verileri saklanmış attribute nesnelerinin içerik bilgileri dosyaya aktarmak için kullanılır. Komutu çalıştırdığınızda Export Properties komutuyla içerik bilgileri saklanmış olan txt uzantılı bilgi dosyası seçilir. Bu dosyanın içeriğindeki her nesneye özel olan handle değerini dosya içerisindeki nesnelerde sorgular. Dosya içerisinde eşleşen değerler otomatik olarak güncellenir. Eğer eşleşmeyen bir değer olursa, kullanıcıdan nesne seçimi istenr ve vu değerlerin attribute nesnelerine uygulanması sağlanır.

Convert block to Xref

Dosya içerisinde bulunan blok nesnesi, başka bir çizim dosyasındaki çizim ile Xref olacak şekilde yer değiştirir.

• Komutu çalıştırın.

• Ekrana gelen tablodan değiştirilecek blok adını seçip Ok butonuna basın.

• Yeni gelecek tablodan ise, blok nesnesi yerine uygulanacak olan çizim dosyasını seçip Open butonuna basın.

• Komut satırında aşağıdaki ileti görüntülenecektir.

```
Purge unreferenced items when finished? <Y>:
```

İletinin anlamı işlem bitince blok adı dosyanın blok kütüphanesinden silinsin mi? Demektir. Bu seçeneğe isteğe göre cevap verip devam edin.

İşlem sonucunda dosya içerisindeki seçilen bloklar yerine belirtilen çizim dosyası Xref olarak yerleştirilecektir.

Copy Nested objects

Blok nesnesini patlatmadan blok nesnesi içerisindeki istenilen nesnelerin kopyalanmasını sağlar.

- Komutu çalıştırın.
- Çoklu seçim olmadığından kopyalamak istediğiniz nesneleri tek tek seçin ve enter'a basın.
- Çizim ekranında referans nokta gösterip seçilen nesneleri istediğiniz yere kopyalayın.

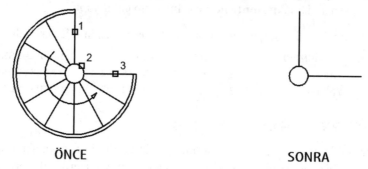

ÖNCE   SONRA

Extend to Nested Objects

Çizim içerisindeki bir nesnenin blok nesnesinde istenilen bir nesneye uzatılmasını sağlar. Autocad'in eski sürümlerinde böyle bir özellik yok iken çok faydalı olan bu komut, zaman içerisinde mevcut Extend komutuna eklenmiştir.

Trim to Nested Objects

Çizim içerisindeki bir nesnenin blok nesnesinde istenilen bir nesne referans alınarak budanmasını sağlar. Autocad'in eski sürümlerinde böyle bir özellik yok iken çok faydalı olan bu komut, zaman içerisinde mevcut Trim komutuna eklenmiştir.

TEXT

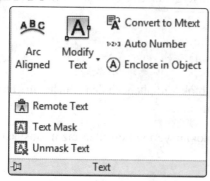

Arc Aligned

Arc komutu ile çizilmiş nesnenin üzerine yazı yazılmasını veya yazılmış bir yazının düzenlenmesini sağlar.

Komutu çalıştırın ve çizim dosyanızda bulunan Arc nesnesini seçin.

Seçim işleminin ardından ekrana resimdeki tablo gelecektir.

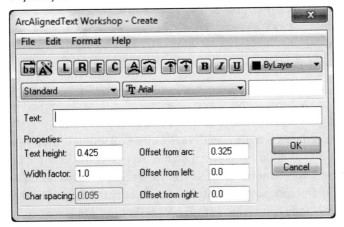

Tablo üzerindeki seçeneklerin ne anlama geldiklerini tek tek anlatalım.

TEXT

Arc nesnesi üzerinde yazılması istenen yazının yazılacağı yerdir.

TEXT HEIGHT

Yazının yüksekliğini belirtir.

WIDTH FACTOR

Yazıdaki karakterlerin genişliklerini belirtir.

CHAR SPACING

Yazıdaki her karakterin arasındaki boşluğu ifade eder.

OFSET FROM ARC

Yazının arc nesnesi ile arasındaki mesafeyi belirtir.

OFSET FROM LEFT

Arc nesnesi üzerindeki yazı, belirtilen mesafe kadar soldan itibaren ötelenerek yazılmaya başlar.

Bu seçenek için örnek uygulama olarak değeri 20 yazarak bir yazı yazalım.

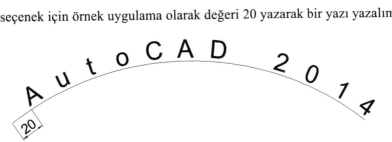

OFSET FROM RIGHT

Arc nesnesi üzerindeki yazı, belirtilen mesafe kadar sağdan itibaren ötelenerek yazılmaya başlar. Bu örnek için de değer olarak 20 yazalım. İki taraftan 20 birim ötelenerek yazıldığında resimdeki gibi görünecektir.

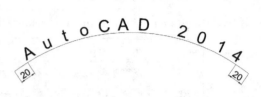

Standard ▼ Yazılacak yazının hangi stil adına sahip olacağı belirtilir. Bu listede STYLE tablosundaki yazı stilleri listelenir.

Tr Arial ▼ Yazılacak yazıda hangi yazı fontu kullanılmak isteniliyorsa bu bölümden seçilir. Burada dikkat edilmesi gereken şudur. Style seçeneklerinden herhangi birisi seçildiğinde stilin yazı fontu bu bölümde gösterilir. Farklılık olarak yazı stilindeki font haricinde bir font kullanılarak yazı yazılabilir. Ancak bu yazı **Explode** komutu ile patlatıldığında **Style** seçeneğinde hangi font var ise o yazı fontuna dönüşecektir.

REVERSE TEXT READING ORDER

Yazının aynadaki ters görüntüsü oluşturularak yazılmasını sağlar.

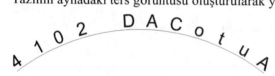

DRAG WIZARD

Arc nesnesi taşındığında metnin davranışını denetler.

ALIGN TO THE LEFT

Yazının Arc nesnesinin sol tarafından başlamasını sağlar.

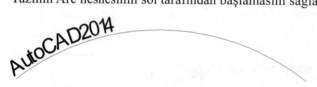

Resimde görüldüğü gibi yazı sol tarafa doğru yığılmış bir şekilde duruyor. **ArcText** komutunu tekrar çalıştırın ve yazıyı seçin. Tablonun alt kısmında yer alan **Char Spacing** seçeneğindeki değeri arttırdığınızda yazı daha düzgün bir hale gelecektir.

ALIGN TO THE RIGHT

Yazının Arc nesnesinin sağ tarafından başlamasını sağlar. Bu yazıda **Char Spacing** değeri arttırılmış halidir.

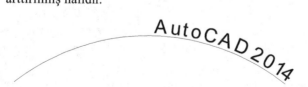

Fit Along to Arc

Yazının **Arc** nesnesinin uzunluğuna göre tam olarak yerleştirilmesini sağlar.

CenterAlong to Arc

Yazının Arc nesnesinin ortasına **Char Spacing** değeri dikkate alınarak yazılmasını sağlar.

On Convex Side

Yazının Arc nesnesinin dış bükey tarafına yazılmasını sağlar.

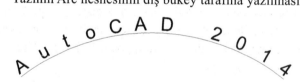

Concave Side

Yazının Arc nesnesinin iç bükey tarafına yazılmasını sağlar.

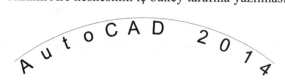

Outward from Center

Yazının yazım yönünün dışarıya doğru olmasını sağlar.

INWARD TO THE CENTER

Yazının yazım yönünün içeriye doğru olmasını sağlar.

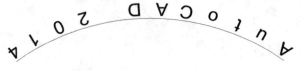

BOLD

Yazının kalın yazılmasını sağlar.

ITALIC

Yazının sağa doğru yatık bir şekilde yazılmasını sağlar.

UNDERLINE

Yazının altının çizilerek yazılmasını sağlar.

ByLayer Yazının istenilen renkte yazılmasını sağlar.

Bu komutu kullandıktan sonra Arc nesnesinin şeklini yada uzunluğunu değiştirdiğinizde **ArxText** nesnesi otomatik olarak güncellenecektir. Yazıyı düzenlemek için yine aynı şekilde **ArcText** komutunu kullanın. Eğer yazıyı patlatırsanız yazıdaki harfler birbirlerinden bağımsız olarak **Text** nesnesine dönüşecektir.

MODIFY TEXT

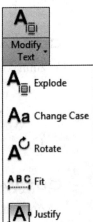

Bu komutta görüldüğü gibi alt seçenekler olarak 5 komut bulunmaktadır. Komutların hepsi yazılar ile ilgili değişiklik için kullanılır. Bu komutları sırası ile inceleyelim.

Explode Seçilen yazıların (Text) patlatılarak yazı özelliğinden çıkarılıp polyline haline dönüştürülmesini sağlar.

AutoCAD 2014   AutoCAD 2014

Patlatılmadan Önce   Patlatıldıktan Sonra

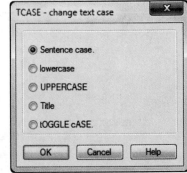

Change Case Seçilen yazıların küçük-büyük harf yapılmasını sağlar.

Komutu çalıştırın ve yazıları seçip enter yapın. Ekrana resimdeki tablo gelecektir.

Bu tablodaki seçeneklerin ne anlama geldiklerini yazalım.

- **Sentence case :** İlk harf büyük geri harfler küçük olur.
- **lowercase :** Tüm harfler küçük olur.
- **UPPERCASE :** Tüm harfler büyük olur.
- **Title :** Her kelimede ilk harfler büyük diğer harfler küçük olur.
- **tOGGLE cASE :** Her kelimede ilk harfler küçük diğer harfler büyük olur.

 Seçilen yazıların açılarının değiştirilmesini sağlar.

- Komutu çalıştırın ve nesneleri seçip enter yapın.
- Yeni açı için klavyeden değer girin yada mouse'un sol tuşu ile çizim ekranında iki nokta gösterin.

Seçilen yazının mouse yardımı ile iki nokta arasına yazının sığdırılmasını sağlar.

Soldaki resimde yazı ve sağ tarafında bir çizgi bulunmaktadır. Yazının sol tarafının sabit kalarak çizgiye kadar genişlemesini sağlayalım.

ÖNCE   SONRA

- Komutu çalıştırın ve yazıyı seçin
- Seçim işleminden sonra yazının sol yerleşim noktasından bir çizgi gösterilerek yazının nereye kadar uzatılacağı sorulmaktadır. Mouse'un sol tuşu ile çizgiyi referans gösterin.

İşlem sonucunda sağdaki gibi yazı çizgiye kadar genişletilecektir.

Seçilen yazıların yerlerinin değiştirilmeden yazı yerleşim yerlerininin değiştirilmesini sağlar. Bu yerleşim yeri konusunu önceki konularımızda incelemiştik. Kullanıcının isteğine bağlı olarak yazının yerleşim yeri değiştirilebilir.

Modify komutunu kullanarak yazının yerleşim yerini değiştirmek istediğimizde yazının çizim ekranındaki yeri de buna da bağlı olarak değişir. Ancak bu komut ile yaptığımızda yazı çizim ekranında yer değiştirmeden yerleşim yeri değiştirilir.

- Komutu çalıştırın ve yazıları seçip enter yapın.
- Komut satırında aşağıdaki iletiyi göreceksiniz.
```
Enter new justification...
[Start/Center/Middle/Right/TL/TC/TR/ML/MC/MR/BL/BC/BR] <Start>:
```
- Yazıların hangi yerleşim yerine göre yerleşmesini istiyorsanız klavye yardımı ile yazın yada mouse'un sol tuşu ile istediğiniz seçeneğe tıklayın.

İşlem sonucunda seçilen yerleşim yeri yazıya uygulanacaktır.

Convert to Mtext

Single Text komutu ile yazılmış yazıların tek nesne halinde Mtext nesnesine dönüştürülmesini sağlar.

Autocad Eğitimi
Autodesk™

Önce

Autocad Eğitimi
Autodesk™

Sonra

Soldaki resimde görüldüğü gibi, **SingleText** komutu ile alt alta yazılmış iki adet yazı bulunmaktadır. İşlem uygulandığında sağdaki gibi tek bir nesne olmasını sağlar.

Auto Number

Seçilen yazıları belirli bir düzene göre istenilen rakamdan başlanıp istenilen aralıklarla sıralanmasını sağlar. Resimdeki örnek üzerinden uygulama yapalım.

A   A   A   A   A   A   A

Örnek yazımızda yan yana yazılmış A harfleri bulunmaktadır.

- Komutu çalıştırıp yazıları seçin ve enter tuşuna basın.
- Komut satırına aşağıdaki iletiyi göreceksiniz.

```
Sort selected objects by [X/Y/Select-order] <Y>:
```

Alt komutların anlamları ise;

- **X** : X yönünde soldan sağa doğru sıralama işlemini uygular.
- **Y** : Y yönünde yukardan aşağıya doğru sıralama işlemini uygular.
- **Select-order** : Seçim sırasına göre sıralama işlemini uygular. Eğer sıralama işleminde bu alt komutu uygulayacak iseniz nesne seçimlerini tek tek yapmanız daha sağlıklı olacaktır.

- Örnek uygulama için X seçeneğini kullanalım. X yazıp enter'a basın.
- Yeni ileti olarak komut satırında aşağıdaki bilgiler gelecektir.

```
Specify starting number and increment (Start,increment) <1,1>:
```

Bu ileti de hangi sayıdan başlanıp, kaçar sayı aralıkla devam edeceğini belirtmemiz gerekiyor.

Örnek uygulama için 5 den başlatıp 3'er sayı aralıklarla devem etmesini sağlayalım.

- Komut satırına 5,3 yazıp enter yapın. (iki sayı arasında virgül olacak)

Komut satırında yeni ileti görünecektir. Bu iletideki alt komutları yazalım.

```
Placement of numbers in text [Overwrite/Prefix/Suffix/Find&replace..]
< Overwrite>:
```

- **Overwrite :** Seçilen yazıların içeriği değiştirilip yeni sıralama yazılacaktır.
- **Prefix :** Sayılar mevcut yazıların başına eklenecektir.
- **Suffx :** Sayılar mevcut yazıların sonuna eklenecektir.
- **Find&replace :** Sayılar, seçilen yazılarda sadece istenen içerikteki yazılara uygulanacaktır.
- **Overwrite** seçeneği için **O** yazıp enter yapın.

5   8   11   14   17   20   23

Sonuç resimdeki gibi olacaktır.

ENCLOSE IN OBJECT

Seçilen Text, Mtext yada Attribe nesnelerinin etrafına kullanıcının isteğine bağlı olarak Circle, Slots, Rectangle çizilmesini sağlar.

- Komutu çalıştırıp yazıları seçin ve enter tuşuna basın.
- Aşağıdaki ileti komut satırına görünecektir.
```
Enter distance offset factor <0.35>:
```
Bu ileti yazının etrafına çizilecek çizimin yazının yüksekliğinin kaç katı oranında ötelenerek çizileceğini belirtir.

- Enter tuşuna basarak devam edebilirsiniz.
- Yazının etrafına çizilecek nesnenin hangisi olacağına dair ileti komut satırında görüntülenecektir.
```
Enclose text with [Circles/Slots/Rectangles] <Rectangles>:
```
- Bu bölümden yazı etrafına çizilecek olan nesneyi seçin.
- Yazı etrafına çizilecek olan nesnenin en-boy oranı ile ilgili komut satırında seçenek gösterilecek.
```
Create rectangles of constant or variable size [Constant/Variable]
<Constant>:
```
- **Constant :** Seçilen yazıların istenilen özelliğine göre en büyüğü referans alınarak çizim yapılır. Bu komutun 3 alt komutu daha vardır.
- **Width :** Yazının genişliğini referans kullanır:
- **Height :** Yazının yüksekliğini referans kullanır
- **Both :** Her ikisini de dikkate alarak çizimi yapar.
- **Variable :** Her yazının genişliğine göre çizim ayrı ayrı hesaplanır.

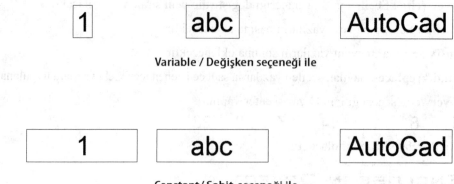

Variable / Değişken seçeneği ile

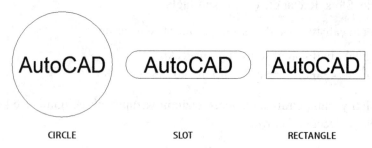

Constant / Sabit seçeneği ile

Resimde **Constant** ve **Variable** seçenekleri ile ilgili örnek uygulama yapılmıştır.

     CIRCLE   SLOT   RECTANGLE

Bu resimde yazının etrafına çizilecek çizimler ile ilgili örnek uygulama yapılmıştır.

REMOTE TEXT

Metin Belgesi (txt) içindeki bilgileri Çizim dosyasına aktarmak için kullanılır. Autocad'in eski sürümlerinde eklenen metinlerin belirli bir satırdan sonrasını göstermiyordu. Bu komut'da sınır olmadan eklenme özelliğine sahiptir.

- Komutu çalıştırın. Komut satırında aşağıdaki iletiler görüntülenecektir.

  ```
  Current settings: Style=1  Height=10.0000  Rotation=12
  Enter an option [Style/Height/Rotation/File/Diesel] <File>:
  ```

- **Style :** Metin belgesinden eklenecek yazıların hangi stile ait olacağı seçilir.
- **Height :** Eklenecek yazıların yazı yüksekliği belirtilir.
- **Rotate :** Eklenecek yazıların hangi döndürme açısında olacağı seçilir.
- **File :** Eklenecek olan metin belgesinin (txt) seçimi için kullanılır.
- **Diesel :** Ekrana gelecek olan metin yazma arayüzü aracılığı ile kullanıcı tarafından eklenecek olan metnin çizime eklenmesini sağlar.

- **File** seçeneğini seçin ve enter yapın.
- Ekrana gelecek olan tablodan eklenecek metin belgesini seçip **Open** butonuna basın.
- Metnin yerleşimi için çizim ekranında referans bir nokta gösterin.

Text Mask

Seçilen yazılara maske uygulanarak yazının altındaki çizimin gösterilmemesini sağlar.

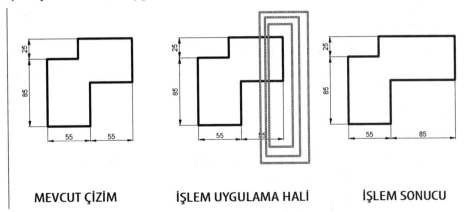

MEVCUT ÇİZİM   İŞLEM UYGULAMA HALİ   İŞLEM SONUCU

- Komutu çalıştırın.
- Yazıyı seçip enter yapın.

İşlem sonucunda soldaki gibi taramanın içinde kalmış olan yazı, sağdaki gibi olup yazının altında kalan tarama çizgileri gösterilmeyecektir.

Text UnMask

Maske uygulanmış yazıların maskelerinin kaldırılmasını sağlar.

- Komutu çalıştırın.
- Yazıyı seçip enter yapın.

İşlem sonucunda yazıların maske uygulaması iptal edilecektir.

MODIFY

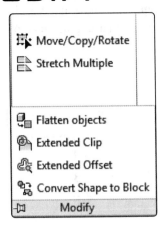

Move / Copy / Rotate

Dosya içerisinde seçilen nesnelere tek komut içerisinde 4 komut uygulanması sağlanabilir. Komut isminde 3 komut geçiyor ancak işlem aşamasında **Scale** komutu da mevcut komutlar arasındadır.

- Komutu çalıştırıp nesneleri seçip enter yapın.
- Nesnelere bu komutların uygulanabilmesi için çizim ekranında mouse'un sol tuşu ile referans bir nokta gösterin.
- Komut satırında aşağıdaki iletiler gösterilecektir.

```
[Move/Copy/Rotate/Scale/Base/Undo]<eXit>:
```

Bu alt komutlarda bulunan **Move**, **Copy**, **Rotate** ve **Scale** komutları 6ncı bölümdeki Nesne düzenleme komutları ile aynıdır.

Base seçeneği ise, gösterilen referans noktanın yerinin değiştirilmesini sağlar.

- Örnek uygulama için **Copy** alt komutunu çalıştırın.
- Kopyası oluşturulan nesnenin yeri için çizim ekranında yeni bir nokta oluşturun.
- Kopyalama işlemi bitince 1 defa **Esc** tuşuna basın. Önceki alt komutları göreceksiniz. Ayrıca çizim ekranında ilk seçilen değil kopyalanan nesnelerin seçili olduğunu göreceksiniz. Bu aşamadan sonra gireceğiniz alt komut son nesneye uygulanacaktır.

Diğer alt komutları da uygulayarak tek komut içerisinde 4 komutu kullanabilirsiniz.

Stretch Multiple

Çoklu stretch yapmayı sağlar. Mevcut Stretch komutunda da çoklu seçim yapılarak işlem yapılabilir. Ancak Express menü'de yer alan bu komutun geçmişi Autocad R14 sürümüne dayanır ve eski autocad sürümlerinde mevcut Stretch komutunda bir defa seçim yapılabilirdi. İkinci seçim yapıldığında işlem yapılmıyordu.

Buna ek olarak bu komutun mevcut Stretch komutundan bir fazlası var. Mevcut **Stretch** komutunda sündürme yapılması istenen yeri bir kere seçebilirsiniz. İkinci kez seçseniz bile işlem bir defa uygulanacaktır. Ancak **Multiple Stretch** komutunda aynı yeri istediğiniz kadar seçebilir ve gireceğiniz değer seçim sayısı çarpımı kadar uygulanacaktır.

Bunu örnek bir uygulama ile anlatalım.

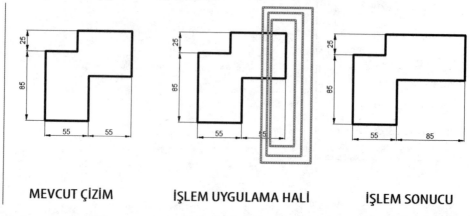

MEVCUT ÇİZİM   İŞLEM UYGULAMA HALİ   İŞLEM SONUCU

Soldaki resim çizimin orijinal halidir. Burada sağdaki 55 değerinde olan ölçüye ait kısma Multiple Strecth komutu uygulanacaktır.

Ortadaki resimde olduğu gibi bu kısımı 3 kere seçin ve enter tuşuna basın.

Çizim ekranında referans bir nokta belirleyin ve değer olarak 10 yazıp enter yapın.

Seçim işlemi 3 kere yapıldığından bu bölümdeki değer 85 olmuştur.

FLATTEN OBJECTS

3d özelliğe sahip çizimlerin bakış açısına göre 2 boyutlu olarak düzlenmesini sağlar. Hassas çizimlerde bozulma olabileceği unutulmamalıdır.

Bu komut için örnek uygulama yapalım.

ORJİNAL MODEL   REMOVE HIDDEN / YES   REMOVE HIDDEN / NO

Soldaki modelin bakış açısına göre görüntüsünün 2 boyutlu halini oluşturalım.

- Komutu çalıştırın.
- Modeli seçip enter yapın.
- Komut satırında aşağıdaki ileti görünecektir.
  Remove hidden lines? <No>:
- Bu soruya Yes / No diyerek resimdeki görüntüyü elde edebilirsiniz.

Oradaki ve sağdaki görüntü modelin 2 boyutlu düzlemde 3 boyutlu görüntüsüdür.

Bu komutun Flatshot komutundan farkı, çizimin illa model olması gerekmez. 3 boyutlu çizgileri de (3dpoly, spline gibi) 2 boyutlu hale çevirir.

EXTENDED CLIP

Polyline, Circle, Arc, Ellipse veya Text objesi referans alınarak, seçilecek olan Image nesnesinin kırpılmasını sağlar.

Örnek olması açısından Circle nesnesini kullanalım.

ÖNCE　　　　　　　　　　　　　SONRA

Soldaki resimde, manzara görüntüsü ve içinde Circle nesnesi bulunmaktadır.

- Komutu çalıştırın.
- Circle nesnesinin seçin
- Image nesnesini seçin.
- Komut satırında aşağıdaki ileti görüntülenecektir.

  `Enter maximum allowable error distance for resolution of arc segments <1>:`

  Bu ileti, kırpılma işlemi yapılırken maksimum hata payı değeridir. Sayı ne kadar küçük olursa daha hassas bir sonuç elde edilecektir.

- İletiye enter diyerek yada istediğiniz bir değeri vererek devam edin.

  Sonuç sağdaki gibi daire dışındaki resimler kırpılacaktır.

EXTENDED OFFSET

Seçilen nesnelere daha seri bir şekilde offfset komutunun uygulanmasını sağlar.

- Komutu çalıştırın.
- Offset mesafesi için bir değer yazıp enter tuşuna basın.
- Offset uygulanacak nesneleri toplu bir şekilde seçin.
- Seçim işleminin ardından nesneler sırası ile seçili durumda gösterilip hangi yöne doğru offset işleminin uygulanacağı sorulacaktır. Mouse'un sol tuşunu kullanarak yönü gösterdiğinizde sırası ile diğer nesneye geçecek ve aynı işlemi tekrarlamanız istenecektir.

LAYOUT

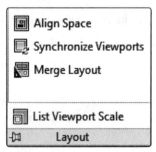

Align Space

Layout düzlemindeki çizimin kullanıcı tarafından gösterilen iki nokta arasındaki açı kadar döndürülmesini sağlar.

Bu işlem için Layout düzlemine geçin. Çizim ekranının sol alt kısmında bulunan Layout1 yada istediğiniz layout sekmesine tıklayın.

- Komutu çalıştırın.
- Mevcut çizim üzerinde döndürme işlemi için referans alınacak iki noktayı gösterin. Bu işlem ile iki nokta arasındaki açı referans alınacaktır.
- Döndürme işlemi için çizim ekranında iki nokta gösterin.
- İlk gösterilen iki nokta, ikinci gösterilen noktalara göre döndürülecektir.

Gösterilen noktalar arasındaki mesafe farklı ise, layout düzlemindeki zoom oranı değişecektir. Bu da baskı aşamasında ölçek farklılığına neden olur. Align Space komutunu uygulamadan önce, ikinci gösterilen açı için referans bir çizgi çizilirse işlem sonucu daha sağlıklı olacaktır.

Synchronize Viewports

Layout düzleminde iken sayfa düzlemini birden fazla bölüme ayırabilir ve her birine farklı çizimleri ekleyip farklı ölçekleri kullanarak baskı alabiliriz.

Bu komutun özelliği ise, bu bölümlere çizimin tamamı bir bütünmüş gibi göstereek senkronize edilmesini sağlar.

Resimde görüldüğü gibi layout düzlemi 4 bölüm olarak ayarlanmış olup, her sayfada el işareti bulunmaktadır. Sol üstteki resim diğerlerine göre daha çok yakınlaştırılmıştır. Bu bölümü referans alarak diğer bölümleri senkronize edelim.

- Komutu çalıştırın.
- Sol üst bölümün çerçevesini seçin.
- Diğer bölümlerin çerçevesini seçip enter tuşuna basın.

Sonuç 4 bölümün tek bir bölüm gibi birbirini tamlayarak sunulmasıdır.

Merge Layout

Seçilen layoutların hedef olarak belirtilen layout düzlemine aktarılmasını sağlar.

- Komutu çalıştırın.
- Ekrana gelen tablodan birleştirilecek layout düzlemini yada düzlemlerini seçip **Ok** butonuna basın.
- Ekrana gelen yeni tablodan, bir önceki tabloda seçilen layout'ların hangi layout'a ekleneceğini belirtin ve **Ok** butonuna basın.
- Komut satırında aşağıdaki iletiyi göreceksiniz.
  ```
  Delete unused layouts? <Y>:
  ```

Bu seçenek, birleştirme işleminden sonra kullanılmayan düzlemler silinsin mi? demektir. Eğer silmek istiyorsanız **Yes** diyerek devam edin.

İşlem sonucunda birleştirme yapılmış olacaktır. Bu aşamadan sonra istediğiniz gibi düzenleme yapabilirsiniz.

List Viewport Scale

Layout düzleminde hazırlanan viewport nesnelerinin ölçek değerlerini gösterir. Bu komut Model düzleminde iken çalışmaz.

- Komutu çalıştırın.
- Viewport nesnesini seçin.

Komut satırında örnek olarak aşağıdaki gibi bir ileti göreceksiniz.
```
PS:MS == 1:5
```

Bunun anlamı, **Paper Space**'in **Model Space**'e oranıdır. Yani **1/5** ölçeklidir.

DRAW

Break-Line Symbol

Kullanıcı tarafından gösterilen iki noktaya çizgi çizer ve bu çizginin istenilen yerine koparma işareti konulmasını sağlar.

- Komutu çalıştırın.
- Komut çalıştırıldıktan sonra komut satırında aşağıdaki iletiler gösterilecektir.
  ```
  Block= BRKLINE.DWG, Size= 20, Extension= 50
  Specify first point for breakline or [Block/Size/Extension]:
  ```

- **Block= BRKLINE.DWG** : Koparma işaretinin dosyasını belirtir. Bu dosya Autocad'in kurulum klasöründe bulunan Express klasörünün içindedir. Kullanıcı isterse kendisi bir işaret hazırlayıp bunu kullanabilir.
- **Size** : Koparma işaretinin büyüklüğünü belirtir.
- **Extension** : Kullanıcı tarafından belirtilen iki noktanın ne kadar daha büyütüleceğini belirtir.
- **Block** : Koparma işareti için başka bir dosya belirmek istenilirse bu alt komut kullanılır.

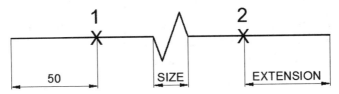

- Çizim ekranında iki nokta gösterin.
- Koparma işaretinin bu iki noktanın tam ortasında olmasını istiyorsanız Enter tuşuna basarak devam edin. Eğer siz yerini belirlemek istiyorsanız oluşan çizgi üzerinde istediğiniz bir noktaya tıklayın.

SuperHatch

Autocad içerisinde oluşturulmuş kapalı bir alan içerisine Image, Block, Xref bağlantılı dwg dosyası, Hatch komutunu uygular gibi istediğiniz nesneyi kapalı alan içerisine doldurabilirsiniz.

Örnek uygulama için kapalı alanımızın içerisine Image ekleyelim.

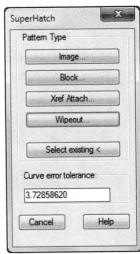

- Komutu çalıştırdığınızda resimdeki tablo ekrana gelecektir.
- Image butonuna basın ve ekrana gelen tablodan eklemek istediğiniz resim dosyasını seçip Open butonuna basın.
- Image ekleme tablosunda değişiklik yapmanıza gerek yok. Bu tabloya Ok diyerek devam edin.
- İmlecin ucunda resmin çerçevesini göreceksiniz. Çiziminize göre bu çerçeve küçük yada büyük olabilir.
- Resmin başlangıcı için çizim ekranında yerleşim noktası gösterin. Bu referans nokta çizim üzerinde de olabilir. Dışında da olabilir.
- Resmin ölçeği konusunda bir değer yazmalısınız. Bu değer girildiğinde resim büyüklüğü çerçeveden küçük olursa, resim kapalı alana yan yana gelecek şekilde yerleştirilecektir. İstediğiniz değeri yazıp enter'a basın.
- Komut satırında aşağıdaki iletiyi göreceksiniz.

```
Is the placement of this IMAGE acceptable? [Yes No] <Yes>:
```

- Yerleştirilen resmin doğru olup olmadığını sormaktadır. Devam etmek için Yes diyerek devam edin.

- Resmin yerleştirileceği kapalı alan içerisine tıklayın. Eğer alan kapalı bir bölgeden oluşuyorsa, bu kapalı alan kesik çizgilerle seçili durumda gösterilecektir. Alan gösteriminden sonra Enter'a basarak devam edin.

İşlem sonucunda resim dosyası kapalı alan içerisine yerleştirilecektir.

Tabloda yer alan iki bölüm daha vardır. Bu bölümler hakkında bilgi verelim.

- **Select existing <** : Kapalı alan içerisine yerleştirilmiş olan nesnenin devamı olacak şekilde başka bir alana işlemi uygulamak için kullanılır. Bu özelliği daha iyi anlamak için bir önceki image örneğimizden devam edelim.

- Image yerleştirdiğimiz kapalı alanın yanına yeni bir kapalı alan çizin.
- Komutu çalıştırın ve Select existing < butonuna basın.
- Bir önceki kapalı alan içerisinde yer alan Image nesnesini seçin.
- Yeni oluşturduğumuz kapalı alan içerisine tıklayıp enter tuşuna basın.

İşlem sonucunda yeni oluşturduğumuz kapalı alan içerisine bir önceki image nesnesinin devamı gelecek şekilde yerleştirilmiş olacaktır.

- **Curve error tolerance** : Kapalı alan içerisine nesne yerleştirilmek istendiğinde kapalı alan kenarı eğrisel ise tolare edilebilecek azami hata payı değerini ifade eder.

Resimde görüldüğü gibi eğrisel bölgelerde kullanılabilecek azami değer burada kullanılmıştır.

DIMENSION

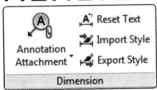

Attach Leader to Annotation

Leader nesnesine Mtext, Tolerance yada blok nesnesinin bağlanmasını sağlar. Leader nesnesi Mleader nesnesi ile karıştırılmasın. Leader nesnesi Autocad'in eski sürümlerinde kullanılan bir nesne türüdür. Bu nesne türünde, ok ve çizgi türü ölçü stilindeki özelliklere göre oluşturulurken, yazısı aktif olan yazı stiline göre hazırlanıyordu. Autocad 2008'den sonraki sürümler MLeader nesne türü geliştirildi.

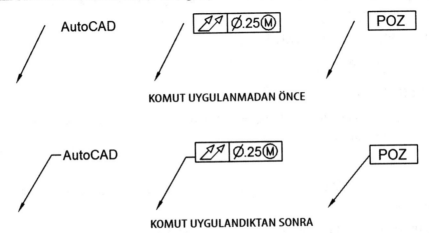

Resimde görüldüğü gibi 3 adet Leader nesnesi ve yanlarında Mtext, Tolerance ve Block nesnesi bulunmaktadır. Bu nesneleri Leader nesnelerine bağlayacağız.

- Komutu çalıştırın.
- Leader nesnesini seçin.
- Bağlanacak nesneyi seçin.

İşlem sonucunda bağlanan nesneyi yer değiştirmek istediğinizde Leader nesnesinin çizgisi de beraber hareket edecektir.

Reset Text

Değeri geçersiz olan veya değiştirilmiş ölçü nesnelerinin gerçek değerlerini geri yükler.

Soldaki resimde görüldüğü gibi, ölçü değeri sayısal değer yerine bir yazı yazılmıştır. Bu ölçü nesnesinin gerçek değerini yazdırmak için **Reset Text** komutu kullanılır.

• Komutu çalıştırın.

• Ölçü nesnelerini seçip enter tuşuna basın.

İşlem sonucunda ölçü nesnesinin gerçek değeri yüklenecektir.

EXPORT STYLE

Dosya içerisinde kullanılan ölçü stilleri ayarlarının bir dosyaya kaydedilmesini sağlar. Bu sayede başka bir dosyada iken bu ayar dosyasının çağırılarak kullanılması sağlanabilir.

• Komutu çalıştırın.

• Ekrana gelen tablodan dosyanın kaydedileceği yeri ve dosya adını Browse butonuna basarak değiştirin.

• **Available Dimension Styles** kısmından kaydedilecek ölçü stili yada stillerini seçin.

• **Ok** butonuna basarak dosyanın ayarlarını kaydedin.

IMPORT STYLE

Export Style komutu ile kaydedilen ölçü stili ayar dosyasının seçilerek bu ölçü stilinin mevcut dosyada oluşturulmasını sağlar.

• Komutu çalıştırın.

• Ekrana gelen tablodan **Browse** butonuna basarak kaydettiğiniz dosyayı seçip **Open** butonuna basın.

• **Import Options** kısmında iki seçenek bulunmaktadır.

• **Keep Existing Style :** Import edilen dosyadaki ölçü stili adı, mevcut dosyada var ise stilin adını değiştirerek ekle.

• **Overwrite Existing Style :** Import edilen dosyadaki ölçü stili adı, mevcut dosyada var ise üzerine yazdır.

• **Ok** butonuna bastığınızda dosyadaki ölçü stili mevcut dosyanıza eklenmiş olacaktır.

TOOLS

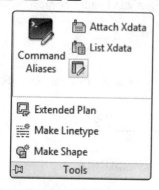

COMMAND ALIASES

Autocad'de kullanmış olduğumuz komutların kısayollarını değiştirmek, yada kısayolu olmayan komutlara kısayol adı vermek yada kısayol adını silmek için kullanılır.

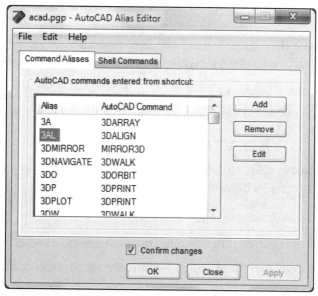

- Komutu çalıştırın.

- Ekrana gelen tabloda **"Alias"** kısmı kısayol adı, **"Autocad Command"** kısmındaki bölüm ise, komutların tam adıdır.

- Mevcut bir komutun kısayolunu değiştirmek için, istediğiniz bir kısayol adına tıklayın. Edit butonuna tıklayın.

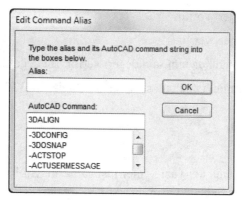

- Ekrana resimdeki bir tablo daha gelecektir.

- Alias kısmından kısayol adını değiştirip **Ok** butonuna basın.

- Kısayol eklemek için, **Add** butonuna basın.

- Ekrana gelen tabloda, **Alias** kısmına kısayol adını yazın.

- **Autocad Command** kısmına komutun tam adını yazın yada alt kısmında komut adı var ise bu listeden seçin ve **Ok** butonuna basın.

- İlk gelen tabloda **Ok** butonuna bastığınızda, yapılan değişikliklerin komutların kısayol dosyası olan acad.pgp' üzerine yazılıp yazılmayacağını soracaktır. **Evet** dediğinizde işlem başarıyla sonlanacaktır.

  Komut kısayolların geçerli olabilmesi için Autocad'in yeniden başlatılması gerekir. Ancak Autocad'i kapatmadan kısayolların aktif olmasını istiyorsanız,

- **REINIT** komutunu çalıştırın.

- Ekrana gelen tablodan **Pgp File** seçeneğini işaretleyip **Ok** butonuna basın.

Attach Xdata

Seçilen nesneye genişletilmiş veri ekler. Bu bilgileri sadece express tools komutlarından **XDLIST** komutu ile öğrenebilirsiniz.

Girilebilecek değerler şunlardır:

- **Layer :** İstenilen layer adı girilebilir. Layer adı mevcut dosyada yok ise hata verir.
- **Hand :** Nesneye özel olan handle adı girilebilir. Bu ad, mevcut dosyada yok ise hata verir.
- **3Real :** 3 sayılı bir değer girilebilir. Bu değer istenilen bir yerin koordinatı olabilir.
- **Pos :** 3 boyutlu bir düzlemde pozisyon kordinatı verilir.
- **Disp :** 3 boyutlu bir düzlemde alan değiştirme koordinatı verilir.
- **Dir :** 3 boyutlu düzlemde dünya yönü koordinatı verilir.
- **Real :** Gerçek sayı verilir.
- **Dist :** Mesafe değeri verilir.
- **Scale :** Ölçek değeri verilir.
- **Int :** 16 bit uzunluğunda tam sayı değeri verilir. Bu değer 0 - 32767 arasında olmalıdır.
- **Long :** 32 bit uzunluğunda tam sayı verilir. Bu değer -32768 - 32767 arasında olmaldırı.

- Komutu çalıştırın.
- Nesneyi seçin.
- Nesne için uygulama adı yazıp enter tuşuna basın. Bu isim nesne için önemlidir. Nesne bilgisi sorgulanırken bu isim sorulacaktır.
- Komut satırında aşağıdaki bilgiler görüntülenecektir.
  ```
  Enter an option [3Real/DIR/DISP/DIST/Hand/Int/LAyer/LOng/Pos/Real/SCale/STr/eXit] <eXit>:
  ```
- Bilgi eklenmesi istenen seçenek seçilir ve değer verilir.
- İstenilen bilgiler eklendikten sonra komutu bitirmek için Enter tuşuna basın.

List Xdata

Attach Xdata komutu ile nesneye eklenmiş olan bilgilerin gösterilmesini sağlar.

- Komutu çalıştırın.
- Nesneyi seçin.
- Xdata oluşturulurken verilmiş olan uygulama adını yazıp enter tuşuna basın.

Örnek olarak hazırlanmış olan bir nesnenin Xdata bilgileri aşağıdadır.

```
* Registered Application Name: TEST
* Code 1002, Starting or ending brace: {
* Code 1003, Layer name: test_katman
* Code 1041, Distance: 12.5
* Code 1011, 3D World space position: (13729.1325 2207.0911 0)
* Code 1042, Scale factor: 50
* Code 1002, Starting or ending brace: }
Object has 16330 bytes of Xdata space available.
```

System Variable Editor

Autocad'de komutlar içinde kullanılan değerler, girdiler, yollar, seçenekler v.s. tüm değişkenler autocad'in veritabanında saklanır. Her sistem değişkeninin kendine özgü seçenekleri vardır.

Örneğin Tarih ve saat bilgilerini içeren sistem değişkeni **CDATE** komutudur. Bu sistem değişkeninde gerekli bilgiler mevcuttur. Peki autocad'de bu şekilde bulunan sistem değişkenlerinin anlamları ve seçeneklerini nasıl öğrenebilir yada değiştirebiliriz?

System Variable Editor komutu bu iş için hazırlanmış bir komuttur. Autocad tarafından değişiklik izni verilen değişkenler bu tablodan değiştirilebilir.

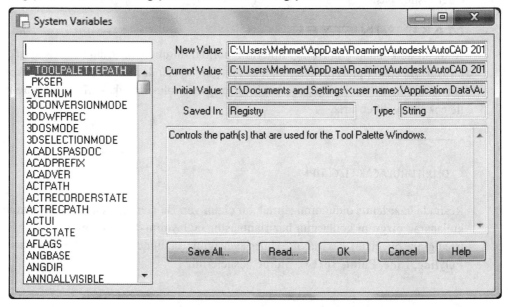

Komutu çalıştırdığımızda ekrana gelen tabloda soldaki listeden sistem değişkenlerini görüyoruz. İstenilen bir sistem değişkenini seçtiğinizde sağ bölümde bu değişken ile ilgili bilgi ve alt seçenekleri ile ilgili bilgi gösterilecektir. Eğer bu bilgi kullanıcı tarafından değiştirilme hakkı var ise, **New Value** kısmından yeni bilgi girişi yapılabilir.

İstenilirse seçilen değişkenler **Save All…** farklı bir dosya olarak kaydedilebilir veya önceden kaydedilmiş olan liste **Read…** butonuna basılıp kaydedilen dosya seçilerek bilgiler okunabilir.

Bu bölümdeki bilgiler autocad'in can damarı olduğundan bazı değişkenlerin ciddi sıkıntılara yol açabileceği unutulmamalı ve değişiklik yapılacağı zaman dikkatli olunmalıdır.

Extended Plan

3 boyutlu düzlemde iken seçilen modeli, plan düzleminde iken ekrana getirilmesini sağlar. Autocad'in düzlemini değiştirdiğimizde yani, izometrik bakış açısından plan düzlemine geçiş yaptığımızda dosyadaki tüm nesneler ekrana getirilir. Bu komut kullanıldığında, sadece seçilen nesneler plan düzleminde ekrana getirilir.

- Komutu çalıştırın.
- İstenilen nesne yada nesneleri seçip enter tuşuna basın.
- Komut satırında aşağıdaki ileti görüntülenecektir.
    ```
    Enter an option [Current ucs/Ucs/World] <Current>:
    ```
- **Current ucs** : Ucs ikonuna göre plan düzlemine geçer.
- **Ucs** : Kaydedilen ucs seçeneğine göre işlem yapılır.
- **World** : Her zaman dünya düzlemine göre plan düzlemine geçer
- **Ucs** ikonunun yönlerinin farklı olabileceği düşünülerek Burada **World** seçeneğini seçip enter tuşuna basın.

Make Linetype

Autocad'de kullandığımız çizgi tiplerinin normal durumda hazırlanması karmaşık ve zor bir iştir. Bu çizgi tiplerinin hazırlanması için gerekli standartları ve şartları bilmek gerekir. Autocad kullanıcıları için isteğe bağlı bir çizgi tipi oluşturmak **Make Linetype** komutu ile çok kolay diyebiliriz.

OLUŞTURULACAK ÇİZGİ TİPİ

Resimde hazırlamış olduğumuz örnek bir çizim var. Bu çizimi **Make Linetype** komutunu kullanarak çizgitipi kodlarının hazırlanmasını sağlayalım. Sizlerde buna benzer bir yada istediğiniz bir çizim hazırlayın. Hazırlayacağınız çizimde kullanacağınız nesne türleri, **Polyline**, **Line**, **Point**, **Text** ve **Shape** nesneleridir.

```
    1                 2
    X———  —  —  —X
```

ÇİZGİ TİPİ İÇİN REFERANS NOKTA GÖSTERİMİ

- Komutu çalıştırın.
- Ekrana gelen tablodan oluşturulacak çizgi tipi dosyası için dosya kayıt yeri ve dosya adını belirtin.
- Komut satırında aşağıdaki iletiyi göreceksiniz.
  ```
  Enter linetype name:
  ```
- Çizgitipi için bir isim yazın.
- Komut satırında yeni bir ileti göreceksiniz.
  ```
  Enter linetype description:
  ```
- Oluşturulacak çizgi tipi için bir açıklama yazın.
- Çizgi tipinin nereden nereye referans alınacağını belirtin. Resimde görüldüğü gibi 1 nolu nokta çizimin sol tarafı, 2 nolu nokta ise, çizimin bitiminin biraz daha ilerisidir. Nedeni ise, çizgi tipi tekrarlanırken ilk çizgi ile son çizgi yan yana gelirken arasında boşluk olması içindir. Resimdeki gibi iki referans noktayı mouse'un sol tuşu ile gösterin.
- Çizimde yer alan tüm nesneleri seçip enter tuşuna basın.

İşlem sonucunda yaptığımız çizimin çizgitipi kodları hazırlanmıştır.

Resimdeki çizimin çizgitipi kodu aşağıdaki gibidir.

```
*test,test cizgi tipi
A,1,-3,2,-3,4,-3,2,-3
```

Sizde oluşturduğunuz dosya tipi dosyasını Metin Belgesi'nde açarak kodlarını görebilirsiniz.

Oluşturduğumuz bu çizgi tipini **Layer** tablosundan çizgitipi dosyasını yükleyerek istediğiniz katman'da kullanabilirsiniz.

MAKE SHAPE

Shape nesneleri kullanım açısından Blok nesnelere çok benzeyen objelerdir. Derlenmiş shape tanımları dosyasından *(*.shx)* **Load** komutuyla yükleyeceğiniz objeleri **Shape** komutuyla çiziminizin istenilen yerlerinde belirleyeceğiniz ölçek ve açılarda yerleştirebilir, mevcut shape objelerinizin konum, ölçek ve açılarını değiştirebilirsiniz. Autocad'in kurulum klasöründe Font klasöründe bulunan **Shx** uzantılı dosyalarda shape dosyalarıdır. Karakterlerin hazırlanması ve kodlanması diğer shape nesnelerine göre daha farklıdır.

Shape nesneleri Blok nesneleri gibi olsa da, hazırlanması çok karmaşıktır. Ancak karmaşık olmayan sade çizim parçaları çok sayıda kullanılacak ise shape nesnelerini kullanmak daha verimli olacaktır.

Blok tanımları çizim dosyası içerisinde yer alırken, shape nesneleri bağımsız bir Shx dosyasında yer aldıklarından, çizim dosyası herhangi bir yola transfer edilirken Shx uzantılı shape nesnesi de çizim dosyası ile birlikte transfer edilmek zorundadır.

Make Shape komutu ile basit çizimlerin kodlarını hazırlamak yerine sadece oluşturduğumuz çizimi seçerek bu kodların oluşturulmasını ve gerekli Shx dosyasının oluşturulmasını sağlayabiliriz.

BASINÇ ANAHTARI ÇİZİMİ

Resimde basınç anahtarı çizimi bulunmaktadır. Bu çizimin shape dosyasını oluşturalım.

- Komutu çalıştırın.
- Ekrana gelen tablodan Shp dosyasının kaydedileceği yeri ve dosya adını belirleyin.
- Komut satırında aşağıdaki iletiyi göreceksiniz.

  `Enter the name of the shape:`

- Bu bölümde shape ismi istemektedir. Bu isim çizime çağırılırken kullanılacak isimdir. Shape ismi olarak B-ANAHTAR yazıp enter tuşuna basın.
- Komut satırında aşağıdaki iletiyi göreceksiniz.

  `Enter resolution <128>:`

Çizim çözünürlük değerini belirtmemizi istiyor. Yüksek değer geometrinin özellikle eğrisel yüzeylerin daha net oluşturulmasını sağlar. Ancak yüksek çözünürlük değerleri, rejenerasyon (çizime regen komutunu uygulamak) esnasında daha çok işlem yükü yüklenmesine neden olur. Küçük çözünürlükteki çizimler ise, Autocad tarafından daha çabuk işlenir ancak eğrisel yüzeylerde hata oranı daha çok olur. Farklı çizimlerde ihtiyacınıza uygun bir değeri bulana kadar deneme yapmalısınız. Bu değer 8 – 32767 arasında bir değer olmalıdır.

- Bu çizim için değer olarak 512 yazıp devam edin.
- Komut satırında aşağıdaki iletiyi göreceksiniz.

  `Specify insertion base point:`

- Shape nesnesi Autocad'e çağırılırken hangi noktayı referans alarak gelmesini istiyorsanız çizim üzerinde o noktayı mouse'un sol tuşu ile gösterin.
- Tüm çizimi seçip enter'a basın.

Shape nesnesini oluşturduk. Bu aşamadan sonra yapmamız gereken, shape dosyasını autocad'e çağırmaktır.

Bunun için ilk önce shape dosyasını Autocad'e yüklemeliyiz.

- Load komutunu çalıştırın.
- Ekrana gelen tablodan kaydettiğimiz **Shx** uzantılı dosyayı seçin ve **Open** butonuna basın.

Shape nesnesini yüklediğimize göre yapmamız gereken tek şey shape nesnesini Autocad'e çağırmaktır.

- **Shape** komutunu çalıştırın.
- Hazırladığımız shape nesnesinin adı olan **B-ANAHTAR** yazıp enter tuşuna basın.
- Çizim imlecin üstünde görünecektir. Yerleşim yeri için çizim ekranında bir nokta gösterin.
- Büyüklük için bir değer girin. Aynı ölçek kalmasını istiyorsanız enter tuşuna basın.
- Açı için bir değer girin. Aynı açıda kalmasını istiyorsanız enter'a basın.

Shape nesnesini Autocad'e yerleştirmiş olduk. Bu nesneyi kopyalayarak, ölçeğini yada açısını değiştirerek istediğiniz kadar çoğaltabilirsiniz.

WEB

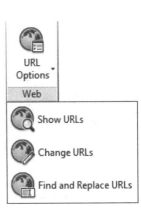

Bu bölümü anlatmadan önce, başlangıç olarak nesnelere herhangi bir dosyanın yada web adresinin nasıl bağlantı verilmesi gerektiğini anlatalım.

Insert menüsü altında **Hyperlink… (CTRL+K)** komutu çizim içerisindeki herhangi bir nesneyi köprü vazifesi olarak görüp bir yol bağlamamızı sağlar. Öncelikle bu komutun nasıl kullanıldığını anlatalım.

Çizim dosyası içerisinde herhangi bir nesne çizin.

- Hyperlink komutunu çalıştırın.
- Nesneyi seçip enter tuşuna basın.
- Ekrana resimdeki tablo gelecektir. Bu tablo üzerindeki seçenekleri inceleyelim.

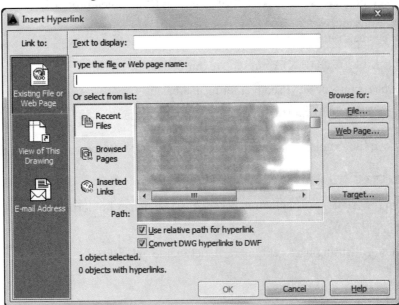

- **Existing File or Web Page :** Bağlantı yolu başka bir dosya yada web adresi seçilecek ise bu bölüm kulanılır.

- **View of This Drawing :** Dosya içerisindeki Model veya Layout seçenekleri bağlantı olarak kullanılacak ise bu bölüm kullanılır:

- **E-Mail Address :** Link olarak e-mail adresi kullanılacak ise bu bölüm kullanılır.

- **File :** Link olarak bir dosya bağlantısı sağlanak ise bu butona basın. Ekrana gelen tablodan istediğiniz dosyayı seçin

- **Web Page :** Link olarak bir web adresi girilecek ise bu butona basın ve ekrana gelen tablodan istediğiniz web adresini girin.

Örnek olması açısından bu nesnemize bir web adresini link olarak atayalım.

- **Web Page..** butonuna basın ve ekrana gelen tabloya *www.cizimokulu.com/autocad* adresini yazıp **Ok** butonuna basın.

- Önceki tabloda bulunan **Ok** butonuna da basarak işlemimizi sonlandıralım.

İmleci nesnenin üzerinde tıklamadan beklettiğimizde köprü bağlantısını göreceksiniz.

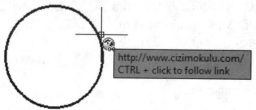

Nesneye bağlı linki çalıştırmak için **CTRL** tuşuna basılı tutup mouse'un sol tuşu ile nesneye tıklayın.

İnternet tarayıcısı açılacak ve belirttiğimiz sayfaya yönlendirecektir.

Nesneye bağlı linki silmek için;

- **HyperLink (CTRL+K)** komutunu tekrar çalıştırın.
- Link bağlanmış nesneyi seçip enter tuşuna basın.
- Ekrana gelen tablodan **Remove Link** butonuna basın.

Nesneye link bağlama komutunu öğrendiğimize göre diğer komutlara geçebiliriz.

Show URLs

Çizim içerisinde link bağlanmış nesneleri ve bağlanan linkleri gösterir ve bunları düzenlemek için

Komutu çalıştırdığınızda ekrana resimdeki tablo gelecektir.

Bu tabloda bağlı olan adresleri yada dosyaları, link bağlanan nesnenin türü ve hangi düzlemde bağlandığını gösterir.

Buna ek olarak 3 seçenek daha vardır. Bunlar;

- **Show URL :** Link bağlanmış nesneyi ekranda gösterir.
- **Edit :** Linki değiştirmek için kullanılır.
- **Replace :** Eklenmiş linkleri, Bul-Değiştir iletişim kutusunu kullanarak düzenlenmesini sağlar.

Change URLs

Seçilen nesnenin bir linki var ise, bu linkin değiştirilmesini sağlar.

- Komutu çalıştırın.
- Link bağlı nesneyi seçip enter tuşuna basın.
- Ekrana gelen iletişim kutusuna yeni bağlantı adresini yazın.

Find and Replace URLs

Seçilen nesnenin linklerini, **Bul-Değiştir** iletişim kutusunu kullanarak düzenlenmesini sağlar.

Nesneye link bağlanmasını öğrenirken örnek adres olarak *www.cizimokulu.com* adresini kulanmıştık. Bu linkin birçok nesnede olduğunu varsayalım. Linklerin hepsini *www.autocadokulu.com* olarak değiştirelim.

- Komutu çalıştırın.
- Link bağlı nesneleri seçip enter tuşuna basın.
- Ekrana gelen tabloda

   Find what kısmında **cizim**

   Replace with kısmına da **autocad**

   Yazıp **Ok** butonuna basın.

   Seçilen nesnelerdeki tüm adresler, *www.autocadokulu.com* olarak değiştirilmiş oldu.

Expres menü komutlarını Ribbon menü üzerinden işlemiş olduk. Ancak toolbar yada Ribbon menüde bulunmayan, sadece Express çekme menüsünde gösterilen komutları anlatalım.

SELECTION TOOLS

GET SELECTION SET

Çizim dosyası içinde istenilen katman referans seçilerek istenilirse nesne türü belirtilerek çizim dosyasındaki tüm nesnelerin seçilmesi sağlanır. Bu komutu kullanırken çiziminiz layer'lardan oluşmalıdır.

- Komutu çalıştırın.

- Komut satırında aşağıdaki iletiyi göreceksiniz.
  ```
  Select an object on the Source layer <*>:
  ```

- Katman ismi için referans bir nesneyi seçin. Bu bölüm enter ile pas geçilirse, seçim işleminde katmanlar dikkate alınmayacaktır.

- Katman işlemi için referans nesne seçiminden sonra aşağıdaki ileti görüntülenecektir.
  ```
  Select an object of the Type you want <*>:
  ```

Seçim işleminde nesne türüne göre seçim yapılacak ise, örnek nesnenizi seçin. Eğer nesne türü önemli değil ise enter'a basarak devam edin.

Sonuç olarak aşağıdaki gibi bir ileti alacaksınız.
```
Select an object on the Source layer <*>:
Select an object of the Type you want <*>:
Collecting all LINE objects on layer sv...
1287 objects have been placed in the active selection set.
```

Buradaki bilgiye göre **SV** katmanına ait **1287** adet **LINE** nesnesi seçim setine eklendi.

Örneğin bu nesneleri silmek ister isek;

Erase komutunu çalıştırdıktan sonra seçim aşamasında iken **P** yazıp enter tuşuna basarsak seçim setine eklenmiş olan bu nesnelerin seçildiğini göreceğiz.

FAST SELECT

Referans olarak seçilen nesneye temas eden nesnelerin seçilmesini sağlar. Bu komutun bir sistem ayar komutu vardır.

FSMODE komutu seçim işlemi ile ilgili kıstası belirler. Bu komutun iki değeri vardır

ON : Referans olarak seçilen nesneye temas eden nesnelere başka temas eden nesneler var ise o nesneleri de seçili duruma getirir.

OFF : Sadece referans olarak seçilen nesneye temas eden nesnelerin seçilmesini sağlar.

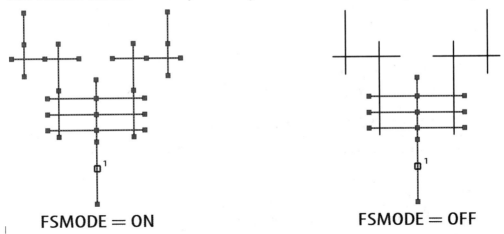

FSMODE = ON   FSMODE = OFF

Resimde görüldüğü gibi, **FSMODE** sistem değişkenine bağlı olarak 1 nolu nesne seçildi. Seçime bağlı olarak temas eden nesneler de beraberinde seçili duruma geldi.

FILE TOOLS

Move Backup Files (Movebak)

Çizim dosyasınızı her kayıt ettiğinizde bir önceki halini BAK uzantlı hale çevirip yeni hali DWG olarak saklar. BAK uzantlı yedek dosya, her zaman mevcut çizim dosyasının bulunduğu klasöre kaydedilir.

Bu komut ile istenilirse yedekleme dosyaları belirlenen bir klasörde toplanır.

• Komutu çalıştırın.

• Dosyaların kaydedileceği klasörün adresini yazın. Örnek *D:\BACKUP*

• Bu işlemden sonra artık dosyanızı kaydettiğinizde BAK uzantlı yedek dosya belirtilen klasöre taşınacaktır.

Bu komutun işlemini iptal etmek için;

• Komutu çalıştırın.

• Klasör adı olarak **.** *(nokta)* işaretini kullanıp enter tuşuna basın.

Convert PLT to DWG (Plt2dwg)

HP-GL destekli bir yazıcı kullanarak baskı alınmak istenen çizim PLT formatında kaydedildiğinde bu PLT dosyasının tekrar çizim dosyasına dönüştürülmesinde kullanılır. Eski sürümlerde bu komut 3 boyutlu bir çizimi düzleştirmek için kullanılırdı.

Bu komutu çalıştırmadan önce Yazıcılar kısmına HP-GL destekli bir yazıcının yüklenmesi gerekir. Plot işlemi esnasında tabloda yer alan **Plot to file** seçeneği işaretlenir.

Tüm işlemler yapıldıktan sonra **Ok** butonuna basıldığında baskı alınacak bölüm PLT formatında bir dosya olarak kaydedilir.

Hazırlanan PLT dosyasını dwg yapmak için;

- Komutu çalıştırın.
- Ekrana gelen tablodan PLT dosyasını seçip Open butonuna basın.

EDIT IMAGE (IMAGEEDIT)

Çizim dosyası içerisinde yer alan resmin (image) yerine başka bir resim dosyasının konmasını sağlar.

- Komutu çalıştırın.
- Çizim dosyası içerisindeki Image nesnesini seçin.
- Ekrana gelen tablodan yeni resmi seçip Open butonuna basın.
- Komut satırında yeni Image için isim isteyecektir. Mevcut ismi onaylıyorsanız Enter'a basarak devam edin.

SAVE ALL DRAWING (SAVEALL)

Açık olan tüm çizim dosyalarının topluca kaydedilmesini sağlar.

CLOSE ALL DRAWING (CLOSEALL)

Açık olan tüm çizim dosyaları eğer kaydedilmişse topluca kapatılmasını sağlar. Kayıt edilmedi ise, kaydedilmesi için kayıt tablosu ekrana gelir ve bu tablodan seçilecek seçenekten sonra dosya kapatılır. Bu komut sadece dosyaların kapatılmasını sağlar. Autocad kapatılmaz.

AutoCAD PÜF NOKTALARI 40

Bu bölümde sizlere AutoCAD ile ilgili püf noktaları anlatacağız. Öncelikle AutoCAD'de bulunan bazı sistem değişkenlerinden bahsedelim. Bu sistem değişkenleri değiştiğinde kullanıcıya bazı zorluklar yaşatır. Madem zorluklar var neden değiştiriyorlar diyebilirsiniz. Ancak yazılım ve ile uğraşanlar ve ileri seviye kullanıcılar için bu özelliklerin olması gerekir. Anlatacağımız sistem değişkenlerini komut satırına yazıp çalıştırabilirsiniz.

FILEDIA (1)

Bu değer 0 olduğunda Open ve Save komutları gibi tabloları olan komutlarda tablo ekrana gelmez. Bilgiler komut satırından yazılması gerekir. Bu değeri 1 yaparak komut çalıştırıldığında tabloların gelmesini sağlayabilirsiniz.

INPUTHISTORYMODE (12)

AutoCAD 2006 sürümünden itibaren var olan değişken, komut kullanımında bir takım değişiklikler getirmiştir. Önceki versiyonlarda AutoCAD'a verdiğiniz komutları ve diğer değerleri ok tuşlarıyla geri getirebiliyordunuz (yukarı veya aşağı gösteren ok tuşları). Şimdi ise önceki komutlar yerine koordinatlar verecektir. Bunun sebebi ise 2006 sürümüyle yeni uygulanan dinamik girişler. Başlangıç değeri 15 olan sistem değişkenini 12 olarak değiştirin. Bu uygulamanın sayesinde dinamik girişlerde herhangi bir değişiklik olmayacak ve önce girdiğiniz komutları tekrar kullanabileceksiniz.

Yukarıda anlattığımız değişkenle bağlantısı olan bir diğeri ise CMDINPUTHISTORYMAX. Saklama miktarını belirleyen bir sistem değişkenidir. Başlangıç değeri 20 olarak ayarlıdır.

MEASUREMENT (1)

AutoCAD içinde çizgi tiplerinin görümünü ve tarama ölçüsünü önemli derecede belirleyen bir değişkendir.

İngiliz birimi (inch/imperial) ile çizmek istiyorsanız değeri 0 olarak ayarlayın. (AutoCAD *acad.lin* ve *acad.pat* dosyalarını kullanır).

Metrik, yani Avrupa birimi olarak istiyorsak 1 olması gerekiyor. (AutoCAD *acadiso.lin* ve *acadiso.pat* dosyalarını kullanır).

MBUTTONPAN (1)

Üç tuşlu farenin orta tuşu ya gerçek-zamanlı pan komutunu çalıştırır ya da kısa yol menüsünü açar. Gerçek zamanlı pan komutunun orta tuş ile aktifleştirilmesi ya da kapatılmasını MBUTTONPAN sistem değişkeni sağlar. Bu değişkeni 1 yaparak düzeltebilirsiniz.

MIRRTEXT (0)

Mirror komutunu kullanırken seçilen nesneler içinde bulunan yazıların nasıl etkileneceğini belirler. Değeri 0 ise yazı öğeleri, doğrultularını muhafaza eder, yani yazılar okunulabilir durumdadır; değeri 1 ise yazı öğeleri aynalanır.

PICKADD (1)

Herhangi bir seçim komutunda nesne seçimi yaparken seçilen nesneden sonra başka bir nesne seçildiğinde ilk seçilen nesnelerin bırakılıp son seçilen nesnelerin aktif hale geldiği durumlarda bu değişken ile düzenlenir. Değeri 1 yaparak bu sorunu çözebilirsiniz.

DRAGMODE (AUTO)

Modify komutlarını kullanırken, (copy, move, rotate) işlem yapılan nesnelerin hareketli önizlemesi yok ise bu değeri AUTO olarak değiştirin.

DBLCLKEDIT (ON)/PICKFIRST (1)

Bir nesneye çift tıkladığınızda o nesneye ait değiştirme tablosu gelmiyorsa, bu sistem değişkenlerini belirtilen şekilde değiştirin.

EDGEMODE (1)

Trim veya Extend komutu uygulanırken işlem yapılmasını istediğiniz nesnelerin işlem yapılacak nesneye değip değmemesi ile ilgili sistem değişkenidir.

Bu değer 0 olduğunda işlem yapılacak nesneler, eksen nesnesi üzerinde olmalıdır. Bu değer 1 olduğunda işlem yapılacak nesneler, eksen nesnesi üzerinde olmak zorunda değildir.

BLIPMODE (0)

Çizim yaparken her gösterdiğiniz noktaya beyaz artı işaretleri konulup konulmayacağını belirtir. Bu artı işaretleri sadece gösterim olup, hiçbir şekilde çizim olarak teşkil etmez. Eğer istemez iseniz bu değişkeni 0 yapın.

OSNAPHATCH (1)

Çiziminizde tarama yaptığınızda tarama çizgilerinin snap noktalarından tutamıyorsanız, bu değişkeni 1 yapın.

OSNAPZ (0)

3 boyutlu çizimlerde z koordinatı 0'dan farklı bir noktayı referans almak istediğinizde gösterilen noktanın X ve Y değerleri aynen kalır ve Z koordinatı 0 olarak gösterilir. Bu şekilde bir sorunla karşılaşırsanız değişkeni 0 yapın.

SKPOLY (1)

Sketch komutu ile yapılan çizimlerde oluşturulan çizginin **line-pline** olmasını sağlar. 0 yapıldığında Line olur. 1 yapıldığında Polyline olur.

ZOOMWHEEL (0)

Mouse'un orta tekerleğini ileri-geri yaptığımızda gerçekleştirilen zoom işlemini tersine çevirmekte kullanılır.

ZOOMFACTOR

Mouse'un orta tekerleğini ileri-geri yaptığımızda gerçekleştirilen zoom işleminin hassasiyet değerini ayarlamamıza yarar. Değer düştükçe hassasiyet artar.

HIGHLIGHT (1)

Herhangi bir seçim komutunu kullanırken nesneleri seçmenize rağmen seçili olduğu gösterilmiyorsa bu komutu çalıştırdıktan sonra değerini 1 yapın.

FILETAB

Çizim ekranının üstünde yer alan dosya geçiş seçenekleri kapalı ise bu komutu çalıştırarak açabilirsiniz.

FILETABCLOSE

Filetab seçeneğini kapatmak için bu komutu çalıştırabilirsiniz.

MENUBAR (1)

Programın üstünde yer alan **File, Edit, View...** gibi çekme menüler kapalı ise bu komutu çalıştırın ve değerini 1 yapın. Kapatmak için ise değerini 0 (sıfır) yapın.

SDI (0)

Autocad'de her dosya ayrı bir pencerede açılıyor ise, bu komutu çalıştırın ve değerini 0 (sıfır) yapın.

TASKBAR

Autocad içerisinde birden fazla dosya açtığınızda her açılan dosya için Windows'un **Başlat** çubuğundaki Autocad ikonu alt alta sıralanır. Bu ikona tıklayarak açılır menüden istediğiniz dosyaya geçiş yapabilirsiniz. Eğer birden fazla dosya açık olmasına rağmen **Başlat** çubuğunda tek bir Autocad ikonu var ise bu komutu çalıştırın ve değerini 1 yapın.

ALIŞTIRMALAR

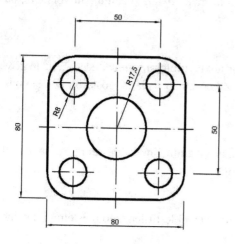
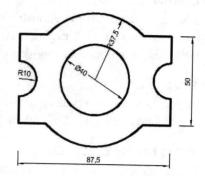
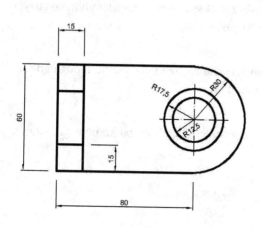
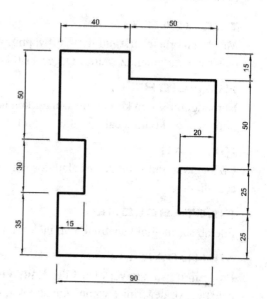
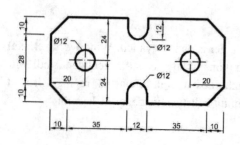
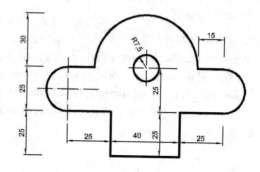

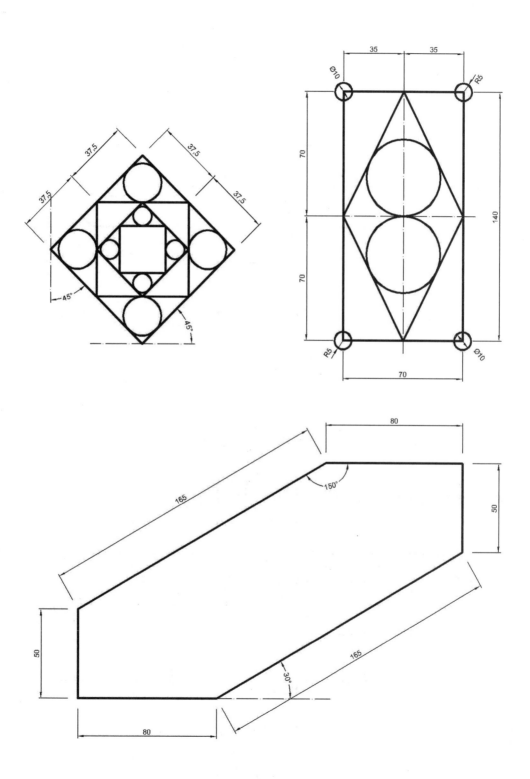

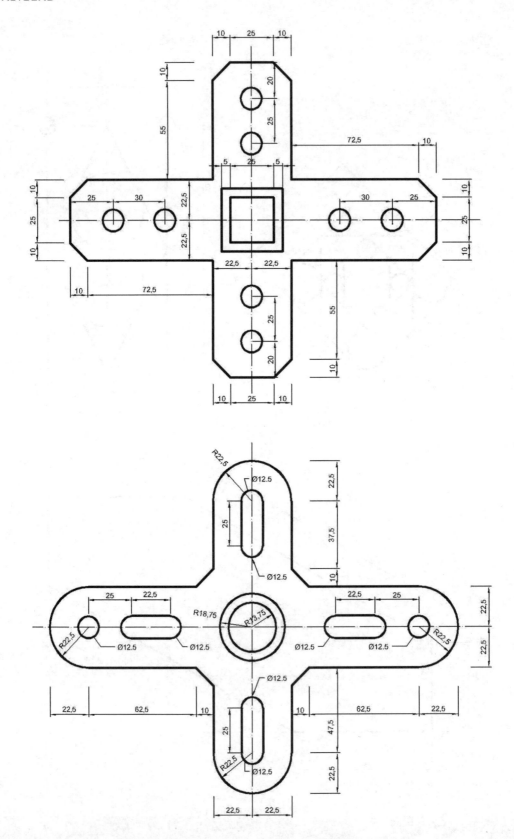

ALIŞTIRMALAR 495

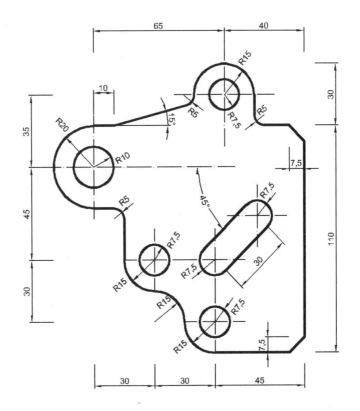

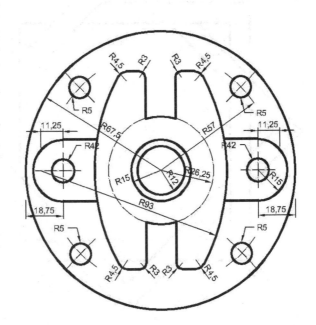

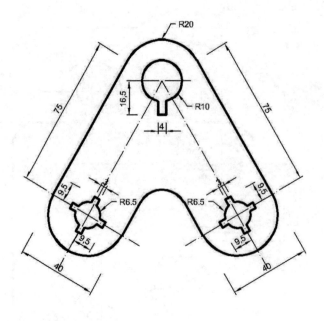

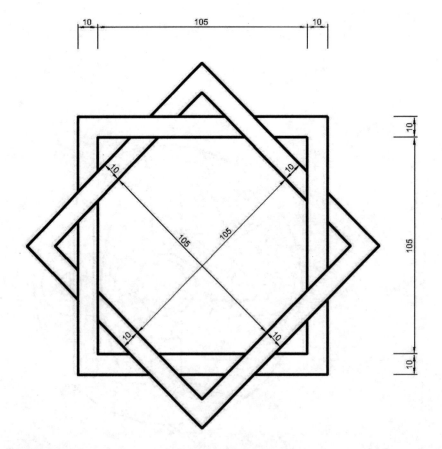

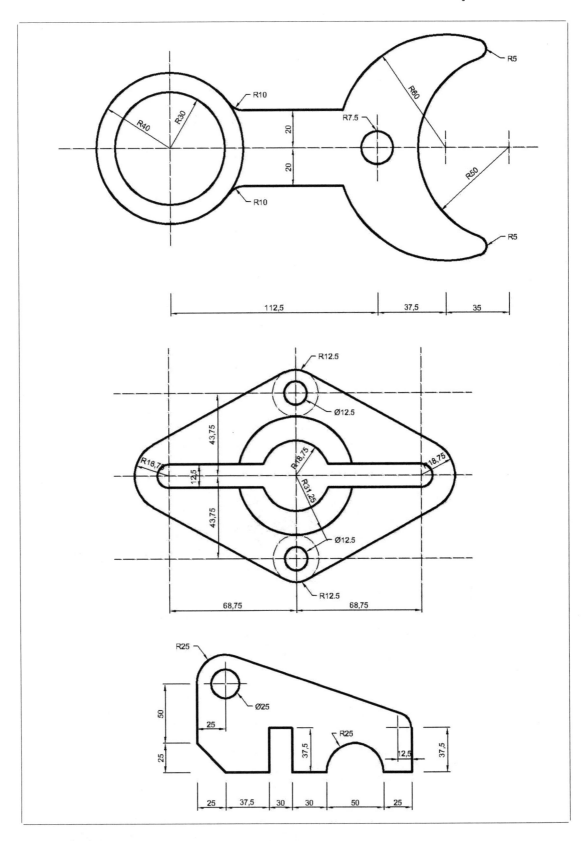

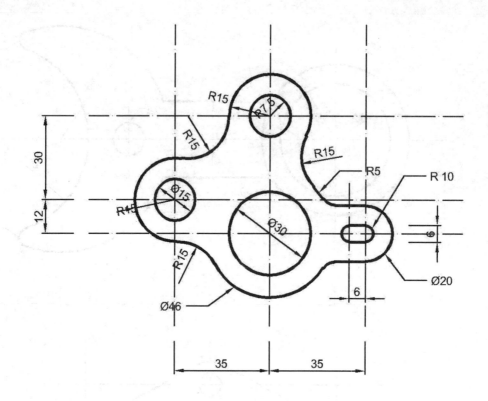
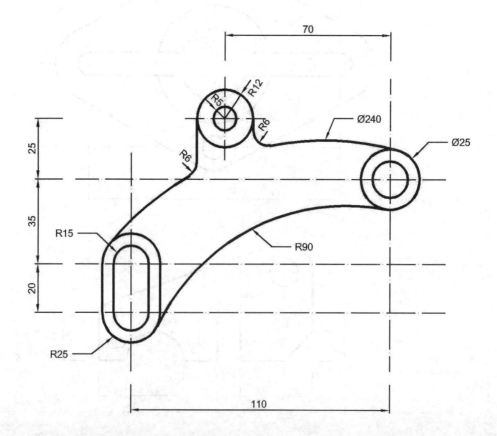

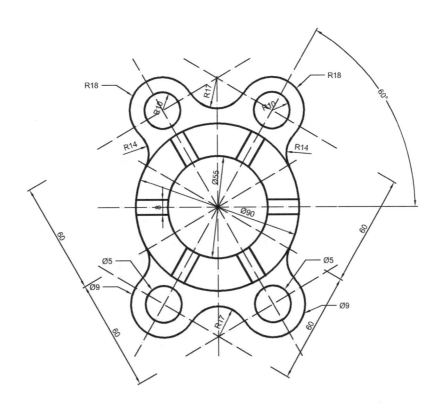
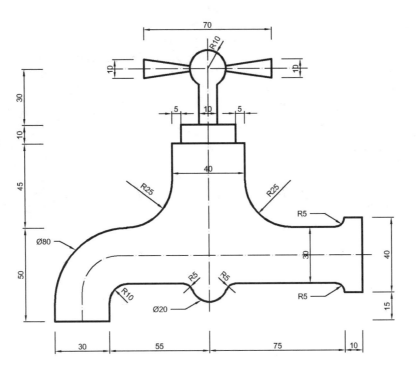

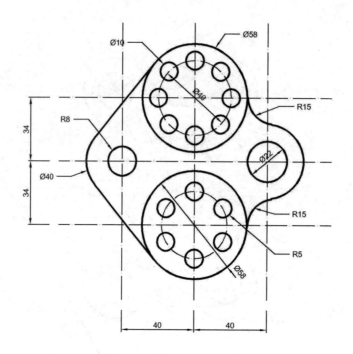

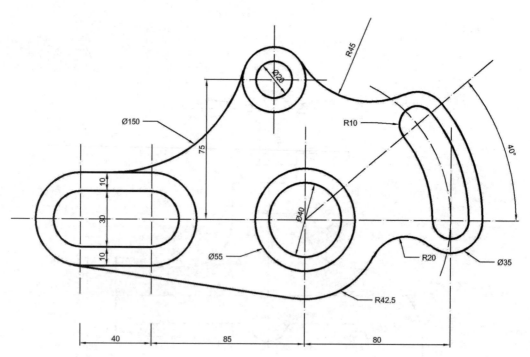

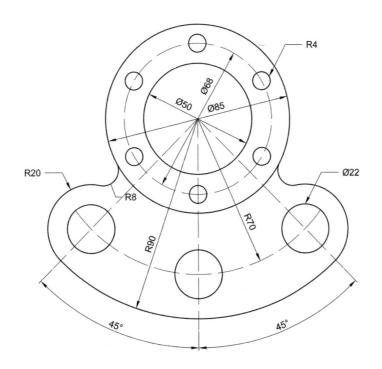
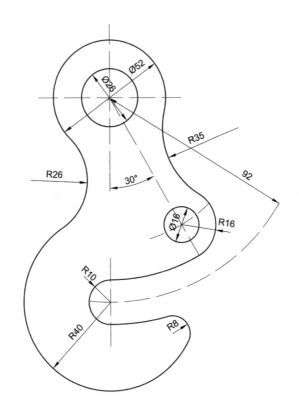

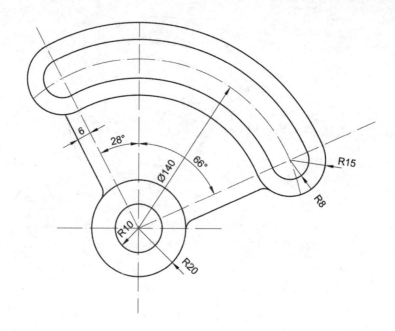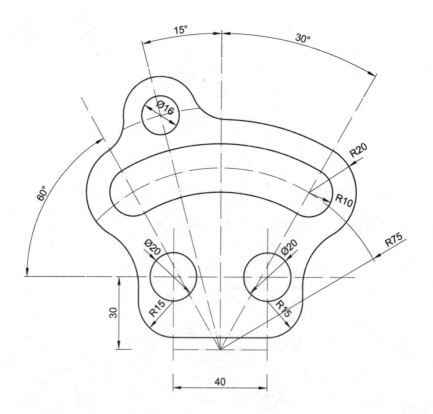

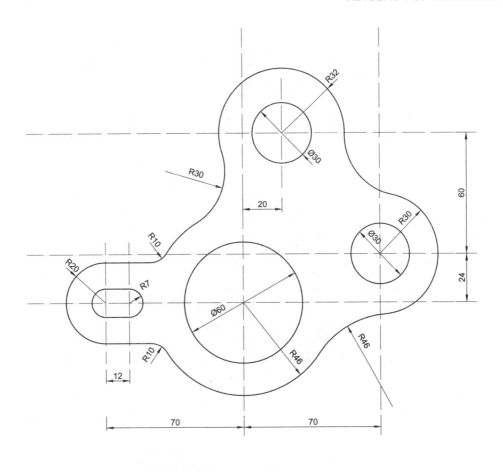
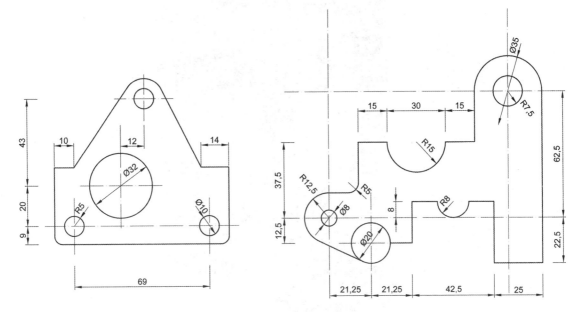

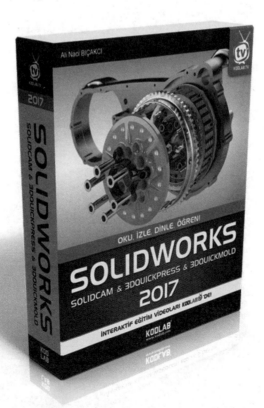

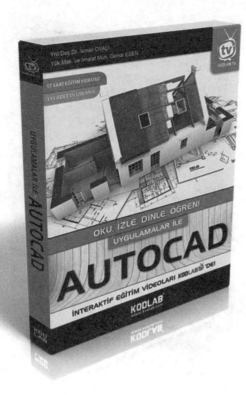

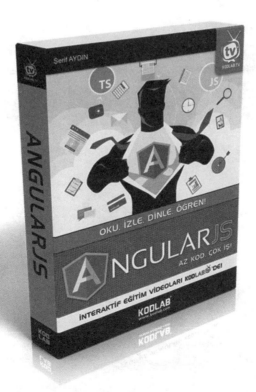

"Binlerce hobi elektronik ve robotik ürünleri bulabileceğiniz tek adres!"

 arduino
 raspberry pi
 devre elemanları
 motorlar
 geliştirme kartları
eğitim kitapları
 drone
 daha fazlası...

Destek Hattı 0 (212) 550 76 26
150TL Üzeri Alışverişlerde Ücretsiz Kargo Avantajı
Türkiyenin Her Yerine 5TL Sabit Kargo Ücreti
Tek Tıkla KARGO TAKİBİ

Ürün, kategori veya marka ara — ARA
Kullanıcı Girişi / Giriş Yap / Üye Ol
0,00 TL

TÜM KATEGORİLER | EN YENİLER | İNDİRİMDEKİLER | KAMPANYALILAR | OUTLET | VİDEOLAR | PROJELER | BLOG

- Arduino
- Raspberry Pi
- Geliştirme Kartları
- Motor ve Sürücüler
- Elektronik Kartlar
- Kablosuz İletişim
- Devre Elemanları
- Güç Kaynakları
- Sensörler
- Robotik Ürünler
- Drone ve Bileşenler
- 3D Yazıcı ve Tarayıcılar
- Eğitim ve Kitaplar
- Araç ve Gereçler

 arduino shield

Haftanın Fırsatı
Arduino ve chipKit UNO32 Uyumlu 3,5" Dokunmatik LCD
399,00 TL

 maker eğitim kitapları %30

EN YENİ MAKER EĞİTİM KİTLERİ
UYGUN FİYATLARLA STOKLARDA
raspberry pi modelleri ve aksesuarları

Öne Çıkanlar | İndirimli Ürünler | Çok Satanlar | Kargo Bedavalar | Bugün Teslimat

 Türkiye'nin her yerine kargo 5TL

 süper hızlı gönderi

 size özel fiyatlar

/robocombocom